뇌를 이기는 습관

뇌를 이기는 습관

1판 1쇄 인쇄 2025. 1. 14.
1판 1쇄 발행 2025. 2. 1.

지은이 코널 코완, 데이비드 키퍼
옮긴이 김두완

발행인 박강휘
편집 태호 디자인 조명이 마케팅 박유진 홍보 반재서
발행처 김영사
등록 1979년 5월 17일(제406-2003-036호)
주소 경기도 파주시 문발로 197(문발동) 우편번호 10881
전화 마케팅부 031)955-3100, 편집부 031)955-3200 | 팩스 031)955-3111

이 책의 한국어판 저작권은 임프리마 코리아 에이전시를 통한
저작권사와의 독점 계약으로 김영사에 있습니다.
저작권법에 의해 한국 내에서 보호를 받는 저작물이므로 무단전재와 무단복제를 금합니다.

값은 뒤표지에 있습니다.
ISBN 979-11-7332-048-4 03190

홈페이지 www.gimmyoung.com   블로그 blog.naver.com/gybook
인스타그램 instagram.com/gimmyoung   이메일 bestbook@gimmyoung.com

좋은 독자가 좋은 책을 만듭니다.
김영사는 독자 여러분의 의견에 항상 귀 기울이고 있습니다.

도파민형 인간·세로토닌형 인간
맞춤형 솔루션

뇌를

이기는

습관

OVERRIDE

코널 코완×데이비드 키퍼 | 김두환 옮김

김영사

추천사

나를 자극하는 게 무엇인지 늘 궁금해했었다. 그래서 이 책을 빨리 읽고 싶었다. 나에 대해 더 많은 것을 알고 싶다면 이 책을 추천한다. _대니 드비토(배우, 성우, 감독)

이해하기 어려웠던 주제에 대해 훌륭한 통찰력과 명쾌함을 선사한다. 도파민 부족형이든 세로토닌 부족형이든 이 특별한 책을 꼭 읽어보길 바란다. _앨버트 브룩스(배우, 작가, 감독)

키퍼 박사와 30년 동안 알고 지냈다. 그만큼 경험과 지성을 겸비하고 다정함까지 갖춘 임상의는 본 적이 없다. 이 주제에 대해 오랫동안 이야기를 나누었고, 그 덕에 내 삶은 이루 말할 수 없을 만큼 더 나은 방향으로 변화했다. 그의 말에 귀를 기울이고 그를 친구라고 부를 수 있다는 것은 축복이다. _크리스 파인(배우, 성우)

유전적으로 결정된 신경전달물질의 차이에 의해 결정되는 행동 패턴의 생리적 기초를 다루는 증거 기반의 혁신적인 책이다. 정밀 의학에서 진화하는 표적 치료법을 강하게 연상시킨다. 사회적·직업적 목표와 균형을 이루고 스트레스를 관리하기 위한 맞춤형 전략을 제공한다.
_B. 카민스키(외과 병리학자, 다큐멘터리 영화 제작자)

의학이 점점 개인 맞춤화되는 시대에 맞춰 출간한 이 책을 환영한다. 이 책은 복잡한 주제를 쉽게 이해할 수 있도록 흥미로운 사례와 정보로 가득하다.

_마리 매드슨(자연요법 의사, 바이오힐클리닉 공동설립자)

스트레스에 대한 반응에서 신경전달물질의 역할에 대해 과학적 증거를 바탕으로 심층 분석한 책이다. 스트레스를 잘 관리하기 위한 맞춤형 전략을 제공한다.

_주디스 델라필드(시더스시나이메디컬센터 의학박사)

스트레스를 받는 방식과 뇌 생리학의 이해가 건강과 행복에 대한 개인화된 접근 방식으로 어떻게 이어질 수 있는지 설명한다. 이 책은 당신의 삶을 바꿀 수 있다.

_할랜드 윈터(하버드 의과대학 소아과 부교수)

이 책은 우리의 뇌 화학작용이 우리를 어떻게 정의하는지 설명한다. 우리의 행동에 대한 새로운 이론으로 가득한 이 책은 우리에게 맞춤형 도구를 제공하여 목표를 달성하고 삶을 개선할 수 있도록 힘을 실어준다. _노먼 펄스타인(전 로스앤젤레스 타임즈 편집장)

언제나 사랑하는

수전, 션, 코비에게

_코널 코완

내가 무자비한 공격형이 되지 않도록 영원히 나를 지켜주는

샘, 셔널, 실즈에게

_데이비드 키퍼

차례

더 편한 행동이 아닌
더 현명한 행동으로

내게 득이 되는 게 아닌 줄 알면서도 난 왜 그걸 계속할까?

"왜 나는 내 삶의 질을 떨어뜨릴 것이 뻔한 일을 **하고**, 나한테 도움이 되고 건설적인 일은 **안 하는** 걸까?" 우리가 계속 고민하는 질문들을 나열해보면 다음과 같다.

"왜 나는 다이어트를 다짐해놓고 자꾸 유혹을 떨칠 수 없는 걸까?" "왜 나는 운동하러 갈 계획을 세워놓고는 집에 있을까?" "왜 나는 더 침착하게 구는 게 더 효과적인 걸 알면서도 자식들한테 화를 낼까?" "왜 나는 자꾸 주저하고 망설일까?" "왜 나는 그다지 필요 없는 물건을 사들일까?" "공부하기로 마음먹었으면서 왜 나는 다시 소셜미디어를 보고 있을까?" "다른 사람들은 자기 건강에 그다지 신경 쓰지 않는 것 같은데, 나는 왜 그리 내 건강을 걱정할까?" "퇴근하고 집에 와서 술 한두 잔 마시면서 쉬는 일이 왜 그렇게 끌릴까?" "나는 왜 이렇게 걱정이 많을까?" "남들이 비관적으로 보는 일에 왜 나만 낙관적일까?" "왜 나는 내가 할 수 있길 바라는 일을 피하기만 할까? 그리고 왜 해서는 안 되는 일에는 빠져들까?" 대체 왜?

우리가 수년 동안 입증해온 새로운 이론이 이러한 질문에 명확하고 실용적인 대답을 줄 것이다. 이론의 골자는 다음과 같다. 유전학에 근거하고 뇌 화학작용에 기반하며 수천 년에 걸쳐 발전해온 이 이론은 스트레스에 대한 인간의 대처 유형을 두 가지로 나눈다. 이러한 '유형들'은 예측이 어려운 만큼 가치 있는 특성을 우리에게 제공한다. 인간은 예지력 그리고 아주 복잡한 방식으로 미래를 내다보는 능력을 갖춘 유일무이한 종species이다. 우리는 자신이 가진 이 능력을 통해 결정을 내린다. 우리 각자의 마음에는 다양한 시나리오를 선보이는 무대가 하나씩 있다. 연구에 따르면, 우리는 네다섯 살쯤에 현실의 중요한 측면 한 가지를 이해하기 시작한다. 그것은 바로 자신에게 일어나는 일들이 예상과 다른 방향으로 전개될 수 있고, 우리는 이와 상호작용하면서 이러한 결과들을 적극적으로 만들어간다는 점이다. 우리는 기본적으로 예언자이자 돌발 사건을 만들어내는 주체다. 우리가 이것 혹은 저것을 하면, 이런 일 혹은 저런 일이 생길수 있다. 이러한 시나리오는 가능한 결과를 만들도록 고안되어 우리의 행동에 얽힌 기본적인 계산식을 내놓는다. 우리가 이 단계에 놓이면 자신이 상상한 시나리오마다 각각 다른 '필터들'을 적용하는데, 필터들은 저마다 정보를 제공하고, 그렇게 쌓인 정보가 우리의 행동을 만든다. 이 필터들은 과거 경험에 대한 기억, 우리가 사는 문화와의 연관성, 가족의 영향과 전통, 가치와 태도, 주변 사람에 대한 감정, 상상력, 필요와 욕구, 상황에 대한 물리적 제약 그리고 **뇌 화학 작용으로 인한 숨겨진 영향** 등으로 이루어진다. 우리가 오랫동안 자신의 행동을 이해하는 데 애를 먹게 한 그것, 우리의 이론의 핵심이자 이 책의 주제가 되는 것이 바로 이 마지막 필터다.

우리가 함께하기까지

수년 전, 우리 두 사람은 어떤 친구를 통해 처음 만났다. 그리고 만나자마자 각자의 분야 중 서로 겹치는 내용을 두고 이야기 나누기 시작했다. 데이비드는 의사로서 병든 인체의 '무엇'을 다루느라 바빴던 한편, 코널은 심리학자로서 '왜 그리고 어떻게'라는 문제를 해결해야 했다. 물론 데이비드는 자기 환자 중 다수의 증상이 심리적인 측면에서 비롯했음을 알았고, 코널은 개인적인 문제와 관계없이 고통의 영향을 지극히 신체적 측면에서 경험하는 내담자들을 보았다. 서로 언쟁할 때도 동의할 때도 있었다. 그렇지만 늘 서로에게 배웠다. 그리고 우리는 질병의 '대상'과 '이유'는 아주 밀접하다는 사실을 알게 되었다.

우리는 스트레스를 예측할 수 없다는 점에 동의했다. 좋은 스트레스건 나쁜 스트레스건 상관없었다. 스트레스가 나타나면 판도가 뒤바뀔 수 있었다. 우리가 초반에 벌인 언쟁 중 하나는 소화궤양의 주요 원인이 스트레스냐 아니냐 하는 것이었다. 데이비드는 이렇게 말하기도 했다. "당신이 증거 없는 스트레스 이론을 내세워서 내가 궤양을 앓게 생겼어요." 그러다가 1982년에 **헬리코박터균**이라는 박테리아가 궤양의 주요 원인이라는 사실이 밝혀졌고, 결국 마지막에 웃은 사람은 데이비드였다.

한동안 우리의 관심사는 서로 다른 곳을 향해 있었다. 데이비드는 중독과 뇌 화학물질의 역학을 연구했고, 코널은 인간관계 문제를 다룬 책들을 출간했다. 하지만 우리의 대화는 스트레스와 질병의 복잡한 교차로로 늘 돌아오곤 했다.

우리는 지난 40년 동안 대화하고 협업했다. 우정도 깊어져 갔다. 괴롭고 고통스러울 때도 만났고, 좋은 일을 기념하는 자리에서도 만났다. 중간에 맥주 몇 잔을 함께하는 일뿐만 아니라 생일, 부모의 부고, 뜨거운 여름밤에 펼쳐진 LA 다저스 경기 관람도 함께했다. 우리는 여러 가지 특성을 공유하기도 했다. 우리의 연구 관심사는 인생 관심사와 교차했다. 둘 다 왜 그러한 현상이 일어나는지 끝없는 호기심을 품고 있었고, 친구와 가족과 환자를 매우 신경 썼다. 우리의 비슷한 점은 이게 전부다. 데이비드가 훨씬 더 사교적이고 외향적인 반면, 코널은 더 과묵하고 사색적이다. 데이비드가 밝은 면을 보는 반면, 코널은 어두운 면을 자세히 들여다본다. 상극의 중요한 기능을 갖춘 동반자 관계가 둘 사이에 형성된 셈이었다.

우리는 경쟁, 생산성, 스트레스가 기하급수적으로 증가하는 모습을 오랫동안 지켜봤다. 환자들의 정서 문제가 신체 질환을 복잡하게 만들거나 그 반대의 현상이 나타나는 것도 점점 더 많이 목격하게 되었다. 우리는 환자들의 사례를 공유하면서 정신 영역과 신체 영역 사이의 연관성을 깊이 탐구하기 시작했다. 그러면서 스트레스에 대처하는 방법이 전반적인 만족감과 정신 건강 그리고 수명을 결정하는 데 독보적인 요인이 된다는 사실을 점점 더 또렷이 알게 되었다. 어떤 환자들은 스트레스를 인식하고 대처하기 위한 전략을 적극적으로 만든 반면, 또 어떤 환자들은 문제의 심각성을 느끼지 못한 채 이러한 해결책에 저항했다. 스트레스가 우리의 삶에 미치는 영향도 살펴봤다. 그 결과, 스트레스는 실제로 큰 문제가 아니라는 점을 확인했다. 스트레스 요인이 좋건 나쁘건 불편을 만들 때, 거기에 **우리가 보이는 반응**이 중요했다. 이것은 잃어버린 퍼즐 조각을 찾은 것과 같았다.

우리는 환자들과 함께 나이 들어가며 최근에 등장한 흥미로운 생물노화학biogerontology에 매료되었다. 더 구체적으로 말하자면, 노화의 핵심 원인과 우리의 생활방식 및 태도가 노화의 속도를 좌우하는 방식에 주목했다. 일상의 스트레스와 압박은 우리의 신체 기관, 미생물군집, 질병 위험부터 수면 패턴, 운동 의지, 식습관, 감정 상태까지 모든 면에 영향을 미친다. 스트레스와 수명은 서로 얽혀 있는 요소임이 분명했고, 우리는 두 요소가 서로 어떻게 관련이 있는지를 이해하고자 했다.

우리는 노화 속도를 측정하는 정교한 방법을 고안했다. 요컨대 우리는 수명 지수longevity quotient, LQ라는 것을 계산할 수 있는 심층 설문지를 만들었다(LQ는 노화 속도와 반비례하며, LQ가 높을수록 노화 속도는 낮아진다). 설문지는 지능검사와 유사한 방식으로 설계되었고, LQ 평균은 100으로 맞췄다. 우리는 이 측정 수단을 '수명 스캔Longevity Scan'이라고 명명했다. 하지만 불행히도 검사 자체에 문제가 있었다. 환자가 담당의로부터 얻어야 하는 정보를 요구하는 항목이 약 400 가지나 있어서 여간 번거로운 게 아니었기 때문이다. 물론 환자들이 자신과 같은 나이나 성별을 가진 다른 환자들과 어떻게 비교되는지를 보여주는 데이터는 가치 있었다. 그러나 좋거나 나쁜 유전자를 가진 것을 넘어서, 왜 어떤 사람은 다른 사람보다 더 높은 점수를 얻었는지 그리고 낮은 점수를 받은 사람이 점수를 꾸준히 올릴 수 있는 최고의 방법은 무엇인지, 이 검사는 설명하지 못했다. 우리에게는 환자들과 공유할 확실하고 유용한 정보가 많았다. 환자들이 살면서 이룰 수 있는 유익한 변화를 이해하는 일은 전혀 걸림돌이 아니었다. 다만 정보를 활용하여 실제로 변화하는 일에 대한 저마다의 저항감이 가장 큰 장애물이었다.

우리는 스트레스와 그것이 우리의 몸과 마음에 미치는 해로운 영향을 다룬 어마어마한 양의 연구를 살펴봤다. 하지만 사실대로 말하면, 딱히 진전된 내용은 얻을 수 없었다. 가능성의 문을 살짝 열어두었음에도 더 깊이 있는 발견은 보이지 않았다. 그 연구들은 너무 많은 순열과 조합으로 이루어져 다루기 힘들었다. 우리는 어떤 사람이 유익한 변화를 이루고 나서 유지하지 못하는 상황이 이어지는 이유를 파악하지 못한 채 머리만 계속 긁적였다.

그러다 어느 순간 깨달았다. 계속 코앞에 있던 걸 몰랐다. 우리는 나이와 관련된 질병 그리고 빠르거나 느리게 진행되는 노화 손상에 관한 예측 가능한 행동군을 찾고 있었다. 그런데 실제로 찾은 것은 차원이 달랐다. 우리가 확인한 행동군은 노화aging보다는 각성arousal과 밀접한 관계가 있었다. 더 정확히 말하면, 중추신경계에서 나타나는 흥분의 정도와 관련이 있었다. 자극을 덜 받은 사람은 자극을 과하게 받은 사람과 아주 다르게 예측 가능한 방식으로 행동했다. 우리의 행동은 신경전달물질의 분포와 관련 있고, 스트레스에 대처하면서 나타난 표현이다. **사람들이 스트레스를 관리하기 위해 사용하는 패턴화된 전략은 타고난 것이고, 우리가 유전으로 물려받은 신경전달물질에 깊이 새겨져 있다.** 우리가 연구와 문서 더미에서 시선을 돌린 순간, 가족, 친구, 환자 그리고 당연히 우리 자신에게서도 이 패턴을 확인했다. 우리는 스트레스를 받으면 특정한 방식으로 행동하고, 그 행동의 뿌리는 **자율신경계**의 구성요소에 코드화되어 있다. 아주 간단하고 명확하다.

따져보면, '자동' 신경계라고 불려야 하는 자율신경계는 우리의 한 생리적 부분이다. 심장 박동, 호흡 방식, 자세 변화에 따른 혈압 조절, 수면 시 뇌가 하루의 기억을 지우거나 저장하는 방식, **스트레스를 받았을 때 나타나는 반사 행동** 등 우리가 무의식적으로 대수롭지 않게 여기는 생명 유지 체계를 조절하는 부분이다. 그런데 자신을 차분하게 만들기 위해 신경계 자극을 낮출 필요(담배 피우기, 초콜릿케이크 먹기, 와인 마시기 등)가 있어서 문제를 겪는 환자가 있는 반면, 자기 진정을 위해 신경계 자극을 높일 필요(사치 부리기, 동료에게 화내기, 박진감 넘치는 비디오 게임하기 등)가 있어서 문제를 겪는 환자가 있는 이유는 무엇일까? 우리는 그 이유를 확인하고 놀라움을 금치 못했다. 우리는 편안함을 얻기 위해 대개 자신을 진정시키거나 자극시키는데, 완벽하게 균형을 이룬 사람은 없고 모두가 둘 중 한쪽에 치우쳐 있다는 사실이다. 물론 그 과정에 편차는 있다. 우리의 자율신경계 체계는 유전적이다. 우리 몸의 다양한 뇌 화학작용은 사랑하는 우리 부모님으로부터 온 것이다. 우리는 빠르게 작용하는 그러한 화학작용에 반응하여 자신의 삶과 성격, 습관 등을 형성한다. 보통 이렇게 패턴화된 성향은 거의 눈치채지 못할 만큼 평소에 잘 드러나지 않는다. 그러다가 스트레스를 받는 일이 생기거나 결정을 내려야 할 때 모습을 드러내어 영향력을 발휘한다.

우리는 이렇게 처음에 이해한 내용을 기준으로 수년간 과학 자료를 살펴보면서 스트레스 관리에 관한 새로운 이론을 정리하고 가다듬었다. 대자연은 살짝 균형이 맞지 않는 신경전달물질들을 통해 서로 아주 다른 두 가지 스트레스 대처 유형을 우리에게 부여했다. 일종의 우연이라고 할 수 있을까? 우리는 그렇게 생각하지 않는다. 우리는 이렇게 서로 다른 유형들이 스트레스 요인의 상태에 따라 생존에 중요한 도움을 준다고 믿는다. 만약 긴 세월을 거쳐서 하나의 유형이 상대적으로 더 나은 것으로 증명되었다면, 자연선택은 서로 아주 다른 강점과 약점을 지닌 두 가지 유형 대신 한 가지 유형만 우리에게 부여했을 것이다.

더 나아가 우리는 눈에 띄는 사실을 한 가지 더 발견했다. 이렇게 서로 다른 스트레스 대처 전략을 활용하는 생물체는 우리 인간만이 아니라는 것. 이렇게 공격적이거나 방어적인 반응, 대담하거나 조심스러운 반응은 동물계 전반에서 나타난다. 두 가지 예를 살펴보자.

속이 훤히 들여다보이는 두 개의 우리가 양옆으로 나란히 놓여 있고, 그 안에 원숭이가 한 마리씩 들어가 있다. 두 원숭이는 평소에 주어지는 식사에 더해 오이 조각을 간식으로 받았다. 그렇게 둘 다 오이 간식을 받다가 어느 시점에서 한 마리에게는 오이 대신 크고 통통한 포도를 주기 시작했다. 그러자 분위기가 달라졌다. '공평'의 개념을 가진 종이 우리뿐이 아니라는 사실이 밝혀진 것이다. 스트레스를 유도한 이 연구에서 오이만 계속 받은 원숭이는 옆에 있는 친구가 특별한 대접을 받고 있다는 사실을 곧 알아차렸다. 이러한 노골적인 불평등은 두 원숭이를 불편하게 만들었는데, 오이를 받은 원숭이가 상대적으로 더 큰 스트레스를 받았다(포도를 받은 원숭이는 그렇게 불편해하지 않았다). 실제로 오이를 받은 원숭이는 화가 나서 실험자에게 오이 조각을 도로 던지거나 뒤돌아서서 간식 받기를 거부했다. 다수의 원숭이 쌍으로 이 실험을 여러 번 반복한 결과 모두 똑같이 행동했다. 즉 포도를 받지 못한 원숭이들은 스트레스를 받고 공격적으로 변하거나 방어적으로 변했다. 이 원숭이들에게 가해진 스트레스가 서로 다른 대처 유형을 초래한 셈이다.

스트레스 대처 유형이 어떻게 두 가지 유형으로 분류되는가를 보여주는 또 다른 예는 박새의 행동에서 확인할 수 있다. 작지만 사나운 박새는 유럽과 아시아 등지의 삼림지대, 공원 등에서 서식한다.

부리로 개암, 도토리를 깨서 열거나 가끔은 상대적으로 작은 먹잇감의 머리를 깨부술 정도로 크기에 비해 강한 모습을 보인다. 그러나 이 작은 새가 아무리 거칠다고 해도 천적인 새매에게는 상대가 안 된다. 박새 종의 스트레스를 연구한 학자들이 일반적으로 4월 초부터 6월 말까지 이어지는 박새의 번식기에 맞춰서, 녹음된 사냥 중인 새매의 울음소리를 박새 12마리에게 노출했다. 보통 박새 종은 대부분 느직하게 번식기를 갖는다. 하지만 자신을 사냥하는 포식자로부터 확실한 위협을 받는 상황에 놓이자, 의연한 박새들은 평소보다 일찍 새끼를 낳았다. 반면에 이보다 용기 없는 동족들은 정반대로 아주 늦은 번식기에 새끼를 낳았다. 보통 때보다 더 일찍 하건 늦게 하건 번식 성공률에는 별 차이가 없었다. 천적인 새매의 울음소리를 듣고 어떤 박새들은 기회를 잡아서 아주 이른 번식기에 새끼를 낳은 반면, 또 어떤 박새들은 그 소리를 듣고 기다렸다가 아주 늦은 번식기에 새끼를 낳기로 한 것이다. 이처럼 서로 다른 두 가지 대처 유형은 포도를 받지 못한 원숭이들에게서 관찰된 결과와 같았다. 콜 포터Cole Porter(1891~1964, 미국의 작곡가. 다수의 뮤지컬 및 영화에서 수많은 명곡을 남겼다―옮긴이)는 과학적으로 뛰어난 통찰력을 갖고 있었다. 그는 "새들도 그걸 하고, 벌들도 그걸 하지"(콜 포터가 작사·작곡하여 1928년 뮤지컬 《파리Paris》에 수록한 〈Let's Do It, Let's Fall in Love〉의 가사 중 일부―옮긴이)라는 가사를 쓰면서, 동물들이 서로 다른 두 가지 행동 패턴으로 스트레스를 관리하는 방법을 "그것"이라고 표현했다. 인간도 "그것"을 한다. 우리 두 사람은 이 책의 제목을 '원숭이,

박새 그리고 당신'이라고 지을까 고민하다가 오해받을 수 있겠다고
판단했다.

그렇다면 당신은 어떨까? 이야기를 더 끌고 가기 전에 간단한 테
스트를 진행해보자. 다음에 나오는 간단한 항목들을 읽고 자신의 답
을 바로 체크해보자. 다만 답을 너무 깊이 생각하지는 말자. 이 테스
트는 우리가 스트레스 상황에 반응할 때 이 두 가지 유형 중에 어디
에 속할지를 보여준다. 당신은 상대방에게 적극적으로 대응하는 편
인가, 아니면 조심스러운 편인가? 쉽게 토라지는 원숭이인가, 아니
면 평소보다 일찍 새끼를 낳는 박새인가? 한번 알아보자.

개인별 뇌 유형 질문지

1. 나는 다른 사람들보다 걱정이 많은 편이다.	그렇다	아니다
2. 나는 이것저것 따져보기도 전에 행동할 때가 많다.	그렇다	아니다
3. 나는 아드레날린이 솟구치는 것을 즐긴다.	그렇다	아니다
4. 나는 행동하기 전에 모든 면을 살펴본다.	그렇다	아니다
5. 나는 내가 표현을 잘한다고 생각한다.	그렇다	아니다
6. 나는 무언가를 원하면 마음이 급해진다.	그렇다	아니다
7. 나는 내 건강에 걱정이 많다.	그렇다	아니다
8. 나는 공격적인 이미지를 갖고 있지 않다.	그렇다	아니다
9. 나는 아주 쉽게 산만해진다.	그렇다	아니다
10. 나는 따르기보다 앞장서기를 좋아한다.	그렇다	아니다

11. 나는 하던 일을 끝내기 전에 새로운 일을 시작한다.	그렇다	아니다
12. 사회적인 상황은 자주 나를 불안하게 만든다.	그렇다	아니다
13. 나는 내가 원하는 것을 얻기 위해 기꺼이 기다리며 계획을 세운다.	그렇다	아니다
14. 나는 늘 새로운 것을 찾는다.	그렇다	아니다
15. 나는 지나치게 걱정하는 일이 꽤 자주 있다.	그렇다	아니다
16. 나는 화가 나도 티를 안 내는 편이다.	그렇다	아니다
17. 나는 뻔한 일을 반복해야 하는 상황이 싫다.	그렇다	아니다
18. 나는 상황이 잘못되면 자책하는 경향이 있다.	그렇다	아니다
19. 나는 평소에 아주 적극적이다.	그렇다	아니다
20. 내가 화가 나면 사람들이 쉽게 알아차린다.	그렇다	아니다
21. 나는 속으로는 아닌데 겉으로는 그렇다고 말할 때가 자주 있다.	그렇다	아니다
22. 나는 세세한 부분에 집중하기보다 큰 그림을 보는 편이다.	그렇다	아니다
23. 나는 불확실한 상황에도 쉽게 흔들리지 않는다.	그렇다	아니다
24. 유연한 자세는 나의 강점 중 하나다.	그렇다	아니다
25. 나는 보통 집중하는 데 애를 먹는다.	그렇다	아니다
26. 나는 위험한 상황에 과할 정도로 조심스럽다.	그렇다	아니다
27. 나는 세세한 부분에 집중을 잘한다.	그렇다	아니다
28. 나는 내 감정을 대부분 감추는 편이다.	그렇다	아니다
29. 나는 이른 아침에 컨디션이 가장 좋다.	그렇다	아니다
30. 나는 속도가 느리긴 하나 매우 정확한 편이다.	그렇다	아니다

채점하기

아래의 뇌 이미지에서 자신이 '그렇다'고 표시한 항목의 숫자가 있으면 모두 표시해보자. 표시를 많이 한 쪽이 자신의 뇌 유형이다. **공격형 뇌**Sword brain 아니면 **방어형 뇌**Shield brain다. 실제로 순수한 뇌 유형은 없기 때문에 아마 표시가 두 그림 모두에 있을 것이다. 당신도 볼 수 있듯이, 공격형은 방어형 성향을 일부 갖고, 그 반대도 마찬가지다.

대신에 둘 중에 어느 쪽이 우세한지 파악했다면, 자신이 스트레스에 어떻게 반응할 가능성이 크고 어떤 방식으로 불편함을 이겨낼지 예측할 수 있다.

공격형   방어형

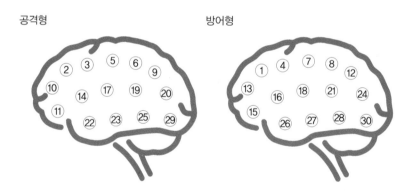

스트레스에 반응하고 대처하는 방식에 관해서 자신이 공격형인지 아니면 방어형인지를 이제 확인했다. 방어형 뇌 쪽에 표시가 더 많다면, 스트레스와 싸울 때 공격적으로 나서지 않고 방어적으로 나올 가능성이 크다. 하지만 공격형 뇌 쪽에 표시가 더 많다면, 무기의 사

용법을 잘 익혀야 한다.

이제 당신도 예상할 수 있을 것이다. 공격형은 자극과 새로운 것, 보상에 아주 민감한 특성을 갖는 반면, 방어형은 위험과 처벌을 피하는 데 더 예민한 특성을 갖는다. 각각의 대처 방식은 행동상 장단점을 두루 갖는다. 다음 리스트를 보고 자신이 공격형 행동 혹은 방어형 행동과 어떻게 들어맞는지 확인해보자. 앞서 말했듯이 이 표의 양쪽 모두에서 자신의 행동을 확인할 수 있을 텐데, 이는 우리 모두가 둘 중에 우세하지 않은 뇌 유형의 일부 행동을 공유한다고 할 수 있다.

뇌 유형별 행동

방어형	공격형
사색적 성격-내향적인 인간	표현적 성격-외향적 인간
부교감 반응성	교감 반응성
자극을 피하려고 한다	자극을 받으려고 한다
쉽게 각성한다	각성하기 어렵다
처벌을 피함으로써 동기를 얻는다	보상을 기대함으로써 동기를 얻는다
부정적인 결과의 기억을 더 각인할 가능성이 크다	긍정적인 결과의 기억을 더 각인할 가능성이 크다
행동하기 전에 생각하는 편이다	생각하기 전에 행동하는 편이다
만족을 미루기 쉽다	만족을 미루기 힘들다
충동을 조절하기 쉽다	충동을 조절하기 어렵다

새로운 것에 대한 욕구가 낮다	새로운 것에 대한 욕구가 높다
위험을 피하는 편이다	위험을 감수하는 편이다
화를 마음속에 담아둔다	화를 표출한다
비관적인 편이다	낙관적인 편이다
느리지만 정확한 사고방식을 갖고 있다	빠르지만 부정확한 사고방식을 갖고 있다
세부적인 사항에 관심이 높다	세부적인 사항에 관심이 적다
루틴을 피한다	루틴에 기댄다
변화에 유연하고 적응을 잘한다	융통성이 없고 변화에 잘 대처하지 못한다
건강염려증이 있는 편이다	증상을 부인하는 편이다
성적 위축	섹스 중독
알코올과 진정제에 중독될 가능성이 있다	코카인과 각성제에 중독될 가능성이 있다
고통을 잘 견딘다	고통을 잘 견디지 못한다

인간은 스트레스에 대처할 때 이렇게 두 가지 패턴에 기댄다. 이 패턴들을 이해하면 근본적인 이유가 제대로 파악되지 않은 다양한 행동을 이해할 수 있다. 무엇보다 스트레스 대처 유형이 환자들의 생활에 도움이 되지 못할 때, 효과적으로 증명된 유형별 해결책을 제시한다.

두 부류의 사람들

성격 유형이 두 가지로 나뉜다는 개념은 예전부터 있었다. A 유형 성격·B 유형 성격을 기억하는가? 1974년 베스트셀러《A형 행동과 당신의 마음Type A Behavior and Your Heart》으로 유명해진 이 이론은 활동적인 A 유형 환자가 상대적으로 더 느긋한 B 유형 환자보다 심장마비에 걸릴 확률이 훨씬 더 높다고 단정한다. 이 이론을 뒷받침하는 과학적 정보는 현재 완전히 신빙성을 잃었다. 저자들인 심장전문의 마이어 프리드먼Meyer Friedman과 레이 로즌먼Ray H. Rosenman은 음주, 흡연, 기름진 음식 섭취 등 A 유형의 다른 습관들을 설명하지 못했다. 그럼에도 다혈질의 상사, 쉽게 화내는 아버지, 일과 운동에 중독된 사람 등 A 유형 성격에 딱 들어맞는 누군가를 모두가 알고 있었고, 이 이론 또한 상식적으로는 아주 타당했기 때문에 관련 용어는 살아남았다. 그리고 우리가 스트레스 탓에 목숨이 위협당할 정도로 건강을 해치면서도 바쁘게 살아가는 방식에 대해 이 용어는 심오한 무언가를 전해주는 듯했다.

프리드먼은 사람들이 자신의 이론을 일종의 성격 유형으로 일컫는 방식이 불만스러웠다. 이 방식에 따르면, 사람은 둘 중 어느 한쪽으로만 태어나고 자신의 건강 상태에 아주 효과적으로 대응할 수 없어 보였기 때문이다. 결국 그는 역으로 행동을 강조하려고 했고, A 유형이 심장마비의 위험을 줄일 수 있는 프로그램까지 만들었다. 그는 자신이 노력해서 A 유형에서 B 유형으로 변했다고 말했다. 이후 과학이 크게 발전하면서 프리드먼의 이 이론은 여러 오류가 드러났지만, 사람은 크게 두 종류로 나뉜다는 그의 개념만은 그대로 이어졌다.

신경전달물질의 불균형

우리가 태어난 날부터 줄곧 마주하는 문제는 시간의 흐름과 함께 그저 살아 있으면서 받는 스트레스다. 우리가 이 피할 수 없는 힘을 어떻게 다루느냐에 따라 성공과 친밀한 인간관계와 활력을 얻을 수도 있고, 반대로 실패와 무능함과 불화를 경험하고 건강을 해칠 수도 있다. 왜 어떤 사람은 필요 없는 기회조차 잡으려 하고, 또 어떤 사람은 더 신중하고 조심스러울까? 왜 어떤 사람은 화를 내면서 공격적인 태도를 보이고, 또 어떤 사람은 남몰래 속을 썩이거나 자책하는 태도를 보일까? 왜 어떤 사람은 자신에게 만족을 주는 대상을 기꺼이 기다리고, 또 어떤 사람은 보상을 기다리는 것을 고통스러워할까? 왜 어떤 사람은 융통성이 없고, 또 어떤 사람은 적응력과 유연성이 뛰어날까? 왜 어떤 사람한테는 건강한 생활 루틴을 만드는 일이 쉽고, 또 어떤 사람한테는 그 일이 그토록 어려울까? 왜 어떤 사람은 자주 불안해 보이고, 또 어떤 사람은 삶에 그토록 의연해 보일까?

우리는 이러한 결과를 의도하지 않았다. 알아차렸을 뿐이다. 이처럼 우리의 바탕을 이루는 성향은 신경과학을 통해 나타난 결과다. 그러한 성향은 우리의 일상적인 행동과 삶을 대하는 방식으로 바뀌고, DNA의 청사진에 새겨진다.

우리를 둘 중 하나로 분류하는 곳이 우리 몸의 어디인지를 알면 다들 놀랄 것이다. 아마 우리의 뇌라고 생각했을 텐데, 아니다. 그곳은 소장에 있는 낯설고 작은 소화관이다. 그곳의 작은 세포 무리 속에 코드가 새겨져 있는데, 우리의 신경계를 따라 흐르고 우리의 행동에 깊은 영향을 미치는 화학물질(신경전달물질)이 이 코드를 통해 분배된다. 이 신경전달물질은 자율신경계를 통해 조직화되어 아주 개인화된 뇌 유형을 만든다.

자율신경계는 강력한 두 가지 요소로 움직인다. 첫 번째는 우리를 흥분시키고 각성시키며 자극하는 **교감신경계**다. 그리고 두 번째는 반대로 우리를 이완시키고 억제하며 진정시키는 **부교감신경계**다. 신경계에서 대척점을 이룬 이 두 가지 요소가 없었다면, 우리는 하나의 종으로서 살아남지 못했을 것이다. 두 시스템을 점화하는 신경전달물질은 항상성 혹은 균형을 위해 지속적이고 활발하게 움직여 **편안함**, 즉 **안전에 대한 지각**을 되찾아준다. 교감신경계가 활성화되면 부교감신경계는 진정시키고 균형을 되찾기 위해 반응한다. 우리가 뇌에서 '안정화'를 위해 인식하는 감각 신호는 편안함이다. 결정적인 순간 혹은 중대한 결정을 내릴 때 편안함을 얻는 일이 가장 큰 관심사인지 아닌지는 상관없이 말이다.

안타깝게도 신경전달물질을 각성시키고 진정시키는 데 완벽한 균형을 갖춘 사람은 아무도 없다. 유전적·후생적·환경적인 다양한 영향 때문에, 우리의 신경전달물질은 둘 중 한쪽으로 더 쏠리는 경향이 있다. 우리는 이 미묘한 불균형이 진화 과정에서 부가적으로 나타난 결과이고, 인간에게 중요한 생존 도구를 부여했다고 믿고 있다.

바꾸어 말하면, 흥분성(자극성) 측면이나 억제성(진정성) 측면으로 쏠린 신경전달물질의 불균형이 신경계를 움직인다는 의미다. 둘 중 한쪽에 대한 불균형은 우리 행동에 대한 지배력과 통제력을 갖는 한편, **편안함**의 지각을 유지하기 위한 노력에 특별히 초점이 맞춰져 있다. 신경전달물질로 인한 이 두 가지 불균형은 **도파민**(자극 체계의 대장) 또는 **세로토닌**(억제 체계의 대장)을 통해 만들어진다.

신경전달물질인 도파민은 같은 부류인 아드레날린, 노르아드레날린, 글루타메이트, 아세틸콜린과 더불어 신경계를 흥분시키고, 위협을 지각했을 때 나타나는 투쟁-회피 반응에서 핵심적인 역할을 한다(스트레스에 대한 가장 기본적인 반응이 이 두 가지 뇌 유형의 성향을 반영하는 것은 우연이 아니다). 또한 동기 부여, 쾌락, 보상 회로를 통제한다. 테이블 위에 놓인 블랙잭 칩, 야망, 막 시작한 모험, 연애편지는 도파민에 흠뻑 젖어 있다.

세로토닌 체계는 그 신경전달물질 일가인 가바GABA와 더불어 과하게 흥분한 뇌를 진정시키는 역할을 하고, 불안·우울·강박의 영역이나 관대함·행복감 같은 긍정적인 영역에서 조타기를 잡고 있다. 주의를 기울이고, 충동을 조절하며, 만족을 미루고, 행동을 억제하거나 피하는 것은 모두 세로토닌과 관련이 있다.

우리의 뇌는 이러한 신경전달물질이 주도하는 유형을 의식적 행동과 무의식적 행동으로 바꾼다. 바로 이 지점에서 우리의 방어적 혹은 공격적 성향이 작동하기 시작한다. 뇌의 화학적 불균형에 따른 결정과 행동 성향은 피질의 활성화 혹은 각성 정도에 따라 결정되고 유지된다. 보통 공격형은 각성 수준이 낮은 상태에서, 방어형은 높은 상태에서 기능한다. 이렇게 상대적으로 안정적이고 지속적인 각성의 불균형은 서로 다른 행동 패턴과 성향의 원동력이 된다. 그러나 예외는 있다. 우리가 자신을 주로 방어형이나 공격형으로 정의한다 해도 우리의 결정과 행동에서 반대 성향에 가까운 면을 볼 수 있다. 특정한 시기나 환경에서 그러한 모습을 보인다.

피질 각성은 개개인 안에서 대표적인 설정 값 혹은 수준을 가질 뿐 아니라 변하기도 한다. 이러한 각성 수준의 변화를 일으키는 강력한 결정 요인이 바로 맥락과 상황이다. 예를 들어, 방어형이 늘 조심스럽고 수동적인 것은 아니다. 안전하다고 느끼면 훨씬 더 대담한 태도를 보이고 더 적극적으로 표현할 수 있다. 안전 신호는 각성을 잠시 줄이고 결정을 내릴 때 고민을 덜어준다. 방어형에게 정말 안전한 느낌을 준다면, 그 안에 숨어 있던 공격형의 성향이 번뜩이는 모습을 확인할 수 있을 것이다.

감정이 고조되면 피질 각성이 활성화된다. 공격형도 방어형과 마찬가지로 몸 안에서 너무 많은 각성이 이루어지는 것을 좋아하지 않는다. 여기에 딱 맞는 예가 분노다. 분노는 억눌린 각성이라 할 수 있는데, 공격형은 비난하고 분노함으로써 발산(감소)을 꾀할 가능성이 더 크다. 이와 마찬가지로 각성이 과해졌을 때, 방어형은 부정적인 에너지를 내면으로 향하게 함으로써 불편을 줄일 가능성이 크다.

결국 방어형은 안전함을 느끼면 공격적인 성향을 드러내고, 공격형은 불안함을 느끼면 방어적인 행동을 보인다. 왜일까? 다시 말하지만 모두 각성 때문이다. 건강에 대한 불안을 예로 들어보자. 어떤 사람이 꽤 충격적일 수 있는 진단 결과를 기다리고 있다고 치자. 그 사이에 공격형은 누가 봐도 방어형에 가까운 행동을 보일 수 있다. 불안증, 강박장애, 우울증은 방어형 쪽에 더 가깝지만, 공격형이 위협을 느껴서 각성 수준이 올라가면 꼭 그렇지도 않다. 방어형은 진정 작용을 하는 뇌 화학물질인 세로토닌이 부족하기 때문에 각성을 느끼지 못하는 경우가 드물다. 공격형 역시 환경과 상황에 따라 과한 각성을 경험할 수도 있다. 감정이나 신체에 가해진 위협이 뇌 화학물질을 강하게 자극하면, 공격형은 고통스럽고 불안하며 안전하지 못한 느낌을 받는다. 각성 수준이 높은 상태에 있는 동안에는 공격형 역시 그 수준을 낮출 방법을 고민한다. 감정에 위협을 받으면 각성을 발산할 수 있는 외적인 방법을 찾는데, 여기서 주를 이루는 것이 바로 분노 표출이다. 그러나 치명적인 진단을 받을 수 있는 앞선 예시처럼, 큰 위협을 받으면 방어형처럼 내적인 보상 행동을 취한다. 즉 불안감에 갈팡질팡하고 무너져 내리는 것이다.

　정리하면 이렇다. 각성이 너무 과하거나 적게 이루어지면 방어형과 공격형 모두에게 불쾌함과 불편함을 초래한다는 것. 분명히 피질 각성에도 골디락스Goldilocks의 원리(적정한 정도를 유지하려는 원리)가 있다. 너무 적지 않고 너무 과하지도 않은 적정량을 원하는 것이다.

스트레스와 편안함의 관계

스트레스는 피할 수 없다. 스트레스를 겪지 않으면서 사는 사람은 아무도 없다. 스트레스란 정확히 무엇일까? 가장 간단하게 말하면, 내적 균형감에 대한 방해를 가리킨다. 우리는 하나의 종으로서 고통스러운 위협을 숱하게 처리하도록 만들어졌다. 그러나 이러한 공격에 대한 우리의 최우선 방어책은 단기적인 사건에 대처하여 균형의 방해 요인을 빠르게 처리할 수 있도록 고안되었다. 우리는 자신에게 돌진하는 차를 흘깃 보고는 그 길에서 물러선다. 우리의 편도체는 우리가 사건을 완전히 이해하고 처리하길 기다리지 않고 뇌의 지휘 본부에 해당하는 시상하부에 메시지를 보내는데, 이로써 화학물질이 왕성하게 분비되고 교감신경계가 활성화된다. 그러고 나서 자율신경계의 이 요소는 부신에 신호를 전파하고, 부신은 혈류에 아드레날린을 퍼붓기 시작한다. 손에 땀이 나고 심장이 빠르게 뛰는 느낌을 다들 알 것이다. 폐의 기도는 열려서 더 많은 산소를 공급하고, 우리의 감각은 날카로워지며, 혈당과 지방은 혈관계에 범람하여 곧바로 에너지를 공급한다. 그러고 나면 시상하부는 스트레스 반응 체계의 또 다른 요소인 시상하부뇌하수체부신축Hypothalamic Pituitary Adrenal, HPA을 자극한다. 이러한 관계망은 교감신경계를 작동 상태로 유지하기 위해 만들어진 것이다. 이후 뇌가 계속 위협을 인지하면, 스트레스 호르몬인 코르티솔을 분비하여 몸을 삼엄한 경계 상태로 유지한다. 그러나 우리는 어느 순간 안전함을 감지하면 인도에 잠시 멈춰서 안도의 한숨을 내쉬는데, 바로 이때 신경계의 브레이크 장치가 우리 몸속에 일어난 화학물질 폭풍을 진정시키면서 경보 해제 신호를 보낸다. 사건 종료. 이로써 우리는 그러한 고통스러운 사건을 쉽게 처리하고, 이는 우리 몸에 장기적인 피해를 초래하지 않는다.

반면에 만성적이고 근본적인 스트레스는 완전히 다른 문제다. 조금씩 미묘하게 나타나는 스트레스로서 가장 공감할 만한 사례는 우리가 모두 팬데믹 상황에서 경험한 스트레스다. 이 때문에 가정 폭력, 알코올 중독, 정신 건강 문제가 늘지 않았는가. 이러한 스트레스는 아주 미묘하고 널리 퍼져 있어서 우리가 그 존재의 신호에 적응할 수도 있다. 그러나 우리의 몸은 그렇지 않다. 스트레스는 감정만 불편하게 만들지 않는다. 몸에도 점점 만성적인 형태로 악영향을 미친다. 곧 엄마가 될 사람이 스트레스를 받으면, 아기는 산도産道를 따라 들어온 엄마의 미생물군집을 뒤집어쓰면서 스트레스를 흡수하게 된다. 이렇게 스트레스 호르몬에 일찍 노출되면 면역체계에 지속적이고 부정적인 변화를 초래할 수 있다. 이는 감염과 일부 만성 질환을 막아내는 정도가 사람마다 천차만별인 이유를 설명할 수도 있다. 스트레스는 뇌의 형태도 바꿀 수 있다. 연구에 따르면, 스트레스 상황에서 활성화되는 노르에피네프린은 우리의 뉴런과 뇌세포의 구조에 장기적인 영향을 미친다. 이러한 신체적 변화는 뇌의 기능을 바꾸고 불안증, 우울증, 약물 중독 등을 초래할 수 있다. 스트레스와 그것이 건강에 미치는 악영향에 대한 우리의 대처 방식은 암, 당뇨병, 심장병, 치매 등 노화와 관련된 모든 질병에 결정적인 역할을 한다.

스트레스는 텔로미어의 길이를 줄이고, 수명을 단축한다.

의학 기술은 어마어마한 발전을 이루었지만, 전 세계 기대 수명은 낮아지고 있다. 이 슬픈 하향 궤도는 대체로 한 가지 요인에서 비롯했다. 그것은 바로 스트레스를 건강한 방식으로 처리하지 못하는 우리의 무능함이다. 간 질환, 약물 남용, 자살 등의 증가는 주로 스트레스 때문에 나타난 결과다. 그리고 우리가 치열한 경쟁 속에 정신없이 살아가는 것으로는 스트레스가 충분하지 않다는 듯, 코로나 팬데믹까지 덮쳐서 이미 분열된 세계에 훨씬 더 심한 고통을 초래했다.

우리의 스트레스 대처법

우리는 모두 살아가면서 별생각 없이 무수한 스트레스 요인과 싸운다. 스트레스가 우리에게 위험하다는 사실을 우리는 본능적으로 알고 있다. 스트레스가 불편하기 때문이다. 스트레스는 정서적인 불균형을 초래하고, 우리의 자연적인 성향은 균형과 항상성 상태로 돌아오려고 한다. 공격형이건 방어형이건 우리는 내적인 균형·안정 지표를 활용하여 불쾌한 경험을 피하려고 한다. 인간이 지구 전역에 퍼진 이래로 계속 이렇게 해왔다. 그리고 상대적인 편안함의 상태를 유지하는 것이 삶의 목적이라면, 우리가 사용하는 전략은 사실 성공적이었다.

문제는 편안함이 동기를 주는 강력한 자극제이긴 하지만, 우리를 늘 건강한 방향으로 이끌지는 않는다는 점이다. 편안함이 중심이 된 본능적인 대처 전략은 여러모로 우리를 나쁜 길로 이끌었다. 보통 더 현명한 대처 전략을 세워야 편안함의 유혹을 물리치고 좀 더 강해질 것이다. 그러나 우리는 모두 안이해졌고, 편안함을 좇으면서 자신에게 고통을 주고 있다. 잠깐의 편안함을 오래 지속되는 고통과 바꾸는 일은 현명한 처사가 아니다.

앞서 설명했듯이, 만성적인 스트레스는 시상하부뇌하수체부신축 (HPA)의 활성화와 코르티솔 호르몬의 생성을 동반한다. 신경계에서 코르티솔 냄새가 난다는 것은 삼엄한 경계 상태에 있다는 의미다. 공격형 뇌와 방어형 뇌는 호르몬의 존재를 서로 다른 방식으로 대한다. 진정 작용을 하는 뇌 화학물질인 세로토닌이 부족한 방어형 뇌는 스트레스를 잠재적인 위협과 불안으로 받아들여 고조된 경계 상태가 된다. 이처럼 근본적인 스트레스는 방어형의 타고난 성향을 두드러지게 하여 보호 모드에 돌입하게 하고, 잠재적 고통의 신호와 관련 있는 환경이나 활동을 피하게 만든다. 공격형 뇌는 코르티솔의 분비를 과하게 자극하여 스트레스를 처리한다. 공격형은 이 불편한 상황에 반응하여 긴장을 풀기 위한 방식(보통은 분노 표출)을 찾는다. 공격형은 뇌의 보상 중추를 활성화하는 뇌 화학물질인 도파민이 부족하기 때문에 방어형처럼 피해에 민감한 게 아니라 보상에 민감하다. 코르티솔의 존재는 자연스러운 편안함과 즐거움을 방해하는데, 이로써 공격형은 일종의 도파민 세례를 갈구하게 되고, 그 결과 만족을 미루기 힘들어지며 충동을 조절하기가 어려워진다.

여기서 중요한 점은 자신과 각성과의 관계성이다. 각성을 쉽게 측정하는 방법은 없다. 온도계나 혈압계로도 측정이 안 된다. 우리는 자신의 각성 수준을 각자 주관적인 방법으로 느낀다. 공격형은 각성의 정도가 전형적으로 낮은 편인데, 그러한 감각을 경험하면 보통 지루해하거나 산만해하거나 예민해지거나 짜증을 낸다. 그리고 방어형은 과하게 각성한 느낌을 받으면 대부분 미묘하게 괴롭고 긴장하며 불안해한다. 우리에게 마법의 가변저항기가 있어서 각성 수준을 조절할 수 있다면, 우리는 더 편안함을 느낄 수 있고 각성 수준을 높이거나 낮추기 위한 전략을 취할 필요도 없을 것이다.

핵심은 이렇다. 우리는 자극을 줄이거나 키우는 방법을 무의식적으로 찾는다. 공격형과 방어형은 편안함을 얻기 위한 기준이 서로 다르다. 방어형은 아주 쉽게 지나친 자극을 받았다고 느끼는 경향이 있다. 그러한 느낌 때문에 각성을 줄이는 행동으로 자신의 불편함을 무의식적으로 조절하고, 편안한 느낌이나 정상 상태의 느낌으로 돌아가려고 한다. 반면에 도파민이 부족한 공격형은 자극을 충분히 받지 못했다고 느끼고, 무의식적으로 감각을 자극하고 각성을 높이는 방법을 찾는 경향이 있다.

스트레스는 힘들다. 계속 손 쥐고 있던 장난감을 빼앗겨서 악을 쓰며 우는 두 살배기 아이가 가진 힘과 같다. 모든 시선이 당신을 향한다. 당신은 뭔가를 해야 한다. 바로 이때 습관이 작용한다. 습관은 우리가 알다시피 익숙해서 편하고, 과거에 통한 것이다. 그리고 이러한 습관적인 반응은 뇌의 화학적 불균형에 따라 좌우된다.

우리는 모두 습관의 동물이고, 습관은 좋은 판단과 지혜로 이어질 수 있다. 퇴근 후 집으로 돌아와서 술 한잔을 하고 탁자에 다리를 올린 채 저녁 뉴스를 시청하는 사람이 얼마나 될까? "그 과자 어디 있어? 아껴 먹으려고 남겨뒀는데!"라고 할지도 모르고, 무언가 지켜지지 않았다는 사실에 대해 아이들에게 고함을 지르거나 배우자에게 언성을 높일지도 모른다. 아니면 폰에 명상 알림이 와서 몇 분 동안 눈을 감고 명상을 시도할 수도 있다. 그러고는 '오늘 같은 날이면 이 정도는 먹어도 되겠지'라고 생각하면서 파인트 사이즈의 민트 초코칩 아이스크림을 꺼내려고 할지도 모른다. 이러한 모든 행동은 허용 가능한 수준의 각성을 회복하기 위한 것으로, 이는 편안한 상태를 만들어준다.

습관은 맹목적이고 즉각적이다. 스트레스 요인이 처리됨에 따라 '정상화'에 대한 요구가 발생하고, 우리만의 습관적인 속임수들은 행동 개시에 돌입한다. 안도감은 반사적인 습관일 뿐이다.

주체의식은 잘 조직된 삶을 설계하는 데 중요하다. 우리는 모두 자신의 경험을 지배하기 위해 노력하고, 자신이 주도권을 잡은 척한다. 그러나 우리는 진정한 지배권을 잡지 못한 채 맹목적이고 습관적으로 행동하기 마련이다. 물론 스트레스는 분명히 불쾌하다. 인생은 골칫거리로 가득하고, 항상 압박과 불편을 예견한다. 그러나 자신이 어떻게 뇌 화학작용을 통해 스트레스에 반응하도록 설정되었는지를 알지 못하면, 스트레스는 계속 당신의 목덜미를 붙잡고 괴롭힐 것이다.

이 책에서 우리의 임무는 앞서 논한 두 유형의 스트레스 대처법을 파악하고, 이러한 역동이 당신에게 어떻게 유리하게 혹은 불리하게 작용하는지를 보여주는 것이다. 그러나 이 책은 단순한 관찰을 넘어서서 가능성을 보여준다. 우리는 스트레스에 대처할 수 있는 더 유익하고 건설적인 방법이 있다고 믿고, 그것을 삶에 끌어들이는 방식을 익히는 방법을 당신에게 전할 것이다. 자신의 반사적인 성향을 이해하면, 강한 동기를 얻을 뿐 아니라 유익한 변화를 더 쉽고 오래가게 만들 수 있다.

1부

나의 뇌 유형은
어떻게 느끼고
생각하고 행동하는가?

1장

피할 수 없는 각성의 밀당

뇌의 각성은 우리가 내부에 더 집중할지 아니면 외부에 더 집중할지를 어떻게 결정하는가?

2014년, 리처드 드라이퍼스Richard Dreyfuss(1947~ , 미국의 배우. 영화 〈조스〉〈굿바이 걸〉 등 다수의 유명 작품에 출연했다.—옮긴이)는 아카데미 상을 수상한 후 CNN과 인터뷰하면서, 자서전을 쓸 계획이 있냐는 질문을 받았다. 이때 그의 대답은 뇌의 화학적 상태를 잘 보여준다.

"잘 모르겠어요. 그런데 만약 쓰게 된다면 제목은 '사냥'이라고 할 거예요. 사냥할 때가 훨씬 더 편하니까요."

1982년 로스앤젤레스의 구불구불한 협곡 길에서 메르세데스를 몰다가 야자나무를 들이받고 코카인 소지 혐의로 체포되었을 때, 그는 자신의 뇌 유형을 슬쩍 내비친 적이 있다. 이 배우가 공격형인지 방어형인지 한번 알아보자.

만약에 '사냥'의 스릴이 아카데미상 수상과 무모한 운전에 따른 위험 감수보다 더 의미 있다고 분석했다면, 딱 하나만 더 찾으면 된다. 그것은 바로 코카인이다. 이 모든 증거가 가진 공통점은 불균형한 도파민 체계와의 연관성이다.

우리는 리처드 드라이퍼스가 공격형이라고 아주 자신할 수 있다. 가령 방어형인 사람의 자서전이라면 '무대 공포증을 이겨내고'와 같은 제목이 달릴 것이다. 방어형은 자신의 메르세데스를 들이받은 후 술 냄새 때문에 체포될 가능성이 더 크다.

방어형의 선택은 공격형의 선택과 크게 다를 수 있지만, 동기를 부여하는 주요 동인은 똑같다. 양쪽 다 감정의 불편한 정도를 조절하려고 하는 것이다. 그러나 두 집단이 그 불편함을 경험하는 방식이 다르고, 이는 피질 활성화 혹은 각성을 처리하는 방식이 기준이 된다. 그렇다. **모두 각성 때문이다.** 앞서 설명한 것처럼, 각성은 신경계의 자극 혹은 흥분 정도를 가리키고, 동기의 추진체이며, 우리가 하는 모든 행동의 원인이 된다. 공격형은 거기에 끌릴 것이고, 방어형은 그것을 피할 것이다. 그렇다면 당신은 각성과 어떤 관계가 있는가? 혹시 각성이 어떻게 삶에서 알게 모르게 당신을 등 떠미는지 생각해본 적 있는가? 각성을 낮추거나 높이는 역할을 하는 행동에 대해 아는가? 앞으로 나올 내용을 읽으면서 염두에 두어야 하는 질문이다.

우리가 미리 알아두어야 하는 뇌 유형 간의 차이는 또 있다. 각성과의 관계성 때문에 공격형은 훨씬 더 큰 즐거움을 얻는 경향이 있는 반면, 방어형은 자신을 지키면서 더 편안함을 느끼는 경향이 있다. 최근에 CNN에서 소개한 한 일화는 이 부분을 잘 설명한다. 유타주 오그던에서 출발하는 고속도로에서 있었던 일이다. SUV 한 대가 차선을 마구 누비며 다니는 모습이 목격되자, 경찰이 해당 차량을 멈춰 세웠다. 차의 운전석 쪽으로 다가간 경찰은 믿을 수 없다는 듯이 안쪽을 보고는 질문을 던졌다. "몇 살이니?" "다섯 살이요." 운전대 앞의 남자아이는 이렇게 말하고는 자신의 사연을 줄줄이 읊었다. 아이는 자기 엄마한테 람보르기니를 사달라고 했다가 엄마가 안된다고 하자 화가 났다. 그래서 모아둔 3달러와 가족 차량의 차 키를 가지고 자신의 꿈을 이루기 위해 캘리포니아로 향했다는 것이다. 여기서 확실히 정리해보자. 이 남자아이는 공격형이다.

방어형은 확실히 덜 극적이긴 해도 마찬가지로 당연히 복잡하다. 저 대담한 남자아이가 공격형이 아닌 방어형이었다면, 이야기는 이렇게 되었을 가능성이 크다. '멋진 스포츠카를 갖기를 꿈꾸는 한 남자아이.' 여기서 이야기가 끝날 것이다. 방어형이라면 '엄마 조르기'를 가정하고 엄마의 거절을 상상해서 그 꿈을 내면화할 가능성이 크다. 그 남자아이는 똑같이 분노를 느끼겠지만, 표현하지는 않을 것이다. 그리고 차 키를 찾아서 운전하다가 경찰한테 잡히는 대신, 여러 시나리오를 머릿속에 그릴 것이다. 시나리오 하나는 이럴 것이다. 길을 잃고 고속도로를 못 찾으면 어쩌지? 고속도로를 찾아서 집에서 최대한 멀리 벗어났다가 경찰한테 잡히는 장면을 상상할 수 있다. 또 다른 행동을 상상했다면, 캘리포니아까지 가는 데 성공해서 가진 돈으로 차를 구하는 것이다. 그러나 이 모든 경우는 방어형 아이가 자기 방에 앉아 있는 동안 머릿속에서 진행될 것이다.

자신의 삶에서 얼마나 통제력을 갖고 있는지 생각해본 적 있는가? 자신이 원하는 방식대로 일을 할 때 가장 편안하다고 느끼는가? 우리 뇌 유형의 동인은 그러한 통제 충동이다. 방어형은 자기 일의 대부분을 몰래 마음속으로 진행하는 반면, 상대적으로 공격형은 현실에서 행위를 통해 자신의 통제 욕구를 실행한다. 잠시 앞에서 소개한 내용을 생각해보자. 당신은 어떤 아이에 더 가까웠나? 다섯 살 때 가족 차량을 빌린 적은 없다고 해도 지금 돌이켜봤을 때 자신도 놀랄 만한 모험을 시도해봤는가, 아니면 비교적 자제하고 조심했는가?

자연은 이처럼 약간 불균형한 화학물질군을 우리에게 놀라운 선물로 남겼다. 우리가 모두 이러한 불균형 없이 태어났다면 살면서 경험하는 도전과 압박을 모두 비슷한 방식으로 대처했을 것이다. 자연은 스트레스에 비교적 애매한 반응보다는 다양하고 어느 정도 확실한 반응을 선호하는 것으로 보인다. 자연은 우리에게 더 큰 자유를 주기 위해 서로 거울상이 되는 선천적이고 반사적인 두 가지 반응을 선택했다. 우리의 선조들은 수천 년 동안 살면서 여러 가지 복잡한 실존적 위협을 마주해야 했다. 만약 우리의 결정 방식이 그렇게 상반되지 않았다면, 그리고 이러한 대처법이 내장되어 있지 않거나 진을 쏙 뺄 만큼 많은 사고를 요구했다면, 현대의 인간은 생존해 있지 못했을 것이다.

공격형 유아와 방어형 유아

공격형과 방어형의 특성은 어린 시절에 아주 일찍부터 뚜렷이 드러나고, 이는 발달을 지배한다. 공격형이 각성과 갖는 관계성을 다시 떠올려보자. 공격형은 피질 활성화가 부족하여 그것을 증가시킬 방법을 늘 찾는다. 우리는 모두 각자가 주관적으로 느끼는 어떠한 '좋음'을 기대하는데, 공격형은 자극이 풍부한 환경에 놓임으로써 그 느낌을 얻는다. 공격형은 유아기에 감각적 흥분을 견딜 뿐만 아니라 이러한 외적 자극에서 편안함을 느낀다. 자극은 공격형에게 선천적으로 부족한 각성을 강화하기 때문에 환영받는다.

공격형 아기는 자극으로부터 편안함을 얻기 때문에 상대적으로 쉽게 신뢰를 쌓을 수 있다. 그들이 각성을 좇을 때, 세상은 아주 친숙하고 안전한 곳처럼 느껴진다. 신뢰를 쌓으려면 큰 믿음이 필요한데, 이때는 아무리 작더라도 약간의 간격을 열어야 한다. 이 간격을 열지 않으면 신뢰는 생길 수 없다. 이 틈을 긍정적인 방식으로 채운다면 신뢰를 한 단계 높일 수 있다. 공격형 아이들은 이러한 간격을 만드는 주체로서 사회적이고 새로운 경험에 상대적으로 열려 있다. 그리고 그러한 자발성이 대개 타인에 대한 신뢰로 이어진다. 다른 사람뿐 아니라 자신에게도 신뢰가 생긴다. 공격형이 자극에 이끌리기 위해서는 목표가 필요한데, 새로운 것이야말로 여기에 쉽게 통하여 관심을 사로잡는다. 새로운 것에 대한 호감은 두 가지 방향성을 띤다. 우선 초기의 사회적 학습에 긍정적인 방식으로 시야를 넓혀주지만, 새로운 자극에 대한 편안함은 경미하거나 보통 수준의 주의 산만으로 이어질 수 있다. 우리 뇌에서 집중력과 주의력을 지배하는 회로는 충동성을 지배하는 회로와 동일하다. 새로운 것을 소비하려는 성향은 곧 주의력을 제대로 통제하지 못하는 성향과도 같은 셈이다.

한편 방어형이 갖는 각성과의 관계성은 아주 다르다. 한마디로 방어형은 각성을 확실히 싫어하고, 이러한 반감은 그들의 패턴화된 반응에서 중심을 이룬다. 방어형의 반감은 우연이 아니다. 앞서 언급했듯이, 방어형의 경우 신경계에서 진정 역할을 하는 부분이 불균형하다. 그래서 적재적소에서 활용할 수 있는 세로토닌이 상당히 적다. 방어형은 어렸을 때부터 세상을 경험하면서 자극이 과하다는 느낌을 받기 쉽다. 그리고 자극이 과하다는 느낌을 약간 위험한 것으로 경험한다. 산도를 빠져나오면서 불시의 각성을 받는다는 사실을 고려할 때, 아기의 첫 번째 정서적 장애물은 신뢰다. 자신의 정서와 내면세계를 통제할 능력이 여전히 부족한 방어형은 특히 어머니를 통해 관계 맺는 방식에 취약하다.

아이가 초기에 가진 정서적 경험에 대해서는 해리 할로Harry Harlow의 원숭이 실험을 비롯해 장 피아제Jean Piaget 그리고 존 볼비John Bowlby의 중요한 애착 연구에 이르기까지 수많은 기록이 남아 있다. 이 중요한 문헌들은 이 책에서 다루는 범위 밖에 있지만, 방어형 아기에게는 무엇보다 침착하고 배려심 넘치며 자상한 어머니가 필요하다는 점을 지적하는 것만으로도 충분하다. 방어형 아기는 스스로 자연스럽게 긴장을 낮추는 뇌 화학물질을 충분히 갖고 있지 않은 상태로 태어나기 때문에, 세상과 가족 안에서의 자신의 위치가 안전하다는 사실을 실시간으로 입증해줄 수 있는 보호자가 필요하다. 이러한 안전 입증이 신뢰를 위한 구성요소를 아주 이른 시기에 만드는 데 큰 도움이 될 수 있다. 우리가 '입증'이라는 표현을 쓰는 이유는 신뢰를 단순히 의도할 수 없기 때문이다. 한결같이 믿을 수 있고 안전한 행동을 통해 시간이 지나면서 얻고 익히는 것이 바로 신뢰다. 그러나 방어형 아기는 정말 좋은 엄마나 아빠를 두었다고 해도 스스로 오랫동안 만족스러운 편안함을 느끼기에는 약간 과한 각성 상태로 남아 있을 수 있다. 그러니 부모들이여, 좌절하지 말자. 당신은 방어형 아기에게 사랑을 줄 수 있지만 세로토닌을 줄 수는 없다. 이 중요한 뇌 화학물질이 선천적으로 부족하다는 것은 누구의 잘못도 아니다. 실제로 세상과 관계 맺는 아주 확실한 방식을 방어형 아기에게 알려주는 것이 자연스러운 방식이다.

방어형 아기가 원래부터 가진 대처 능력은 어느 정도 예측할 수 있으면서도 가끔은 고통스러운 싸움을 초래하지만, 앞으로 우리가 언급할 훌륭한 강점과 특성을 부여하기도 한다. 워런 버핏Warren Buffet은 여러 사람 앞에서 말할 때 느끼는 두려움을 극복하기 위해 데일 카네기 코스(자기 계발 분야의 선구자로 통하는 데일 카네기Dale Carnagey의 실용적 기술 및 이론을 바탕으로 설계된 교육 강좌—옮긴이)에 등록했다. 도널드 트럼프Donald Trump는 건물부터 소고기에 이르는 모든 것에 자기 이름을 붙였다. 그는 고위험군의 벤처 사업을 주도

하면서까지 자신의 꿈을 팔아 상당한 부를 축적했다. 두 사람 모두 엄청난 성공을 거두었지만, 누가 방어형이고 누가 공격형인지는 당신의 추측에 맡기겠다.

쾌락과 고통

인간의 동기 부여에서 쾌락의 역할은 고대 때부터 명시되었고, 에피쿠로스Epicurus를 통해 처음으로 언급되었다. 근래에는 유아가 쾌락과 고통 회피를 추구하는 본능에 따라서 즉각적인 만족을 좇는 경향을 설명하는 데 지그문트 프로이트Sigmund Freud의 쾌락 원칙이 활용되었다. 그런데 우리는 쾌락과 고통이라는 이 두 가지 역학을 조금 다르게 본다. 쾌락과 고통은 우리의 스트레스 대처 유형 각각에 동기를 부여하는 엔진 역할을 한다. 공격형과 방어형은 뇌의 서로 다른 부분에 지배받거나 더 민감하게 반응한다. 방어형은 위협을 추적하여 우회하는 뇌의 작용에서, 공격형은 뇌의 보상 회로에서 가장 큰 영향을 받는다. 공격형은 일종의 즐거운 경험(보상)을 얻으려는 접근법을 동기 부여 전략으로 활용하고, 방어형은 고통(처벌)을 회피하는 데서 동기 부여의 원동력을 얻는다. 실제로 방어형에게 가장 본능적으로 동기를 부여하는 것은 피해를 회피하는 일이다. 물론 무언가 잘못된 것 같거나 위협이나 위험이 도사리고 있는 것 같다는 신호는 편도체를 따라 확산하는 피질 각성으로 나타난다. 우리가 그들에게 그러한 이름을 부여한 이유가 여기 있다. 방어형은 말 그대로 수비적이고 보호적인 자세를 갖추게 되어 있다. 그리고 이처럼 가장 원초적이고 무의식적인 방식은 그들이 살아가면서 행하는 모든 것에 영향을 미친다.

방어형의 자세를 더 자세히 들여다보자. 방어형이 자신을 보호하는 한 가지 방법은 걱정이다. 방어형은 걱정이 많기로 악명 높은 사람일 수 있다. 아주 사소한 이유라도 방어형은 가만히 있지를 못한다. 걱정은 고통스럽다. 그러나 최근 연구는 걱정이 시간이 지나면서 어떻게 보상으로 돌아오는지를 밝힌다. 그 과정은 이렇다. 걱정이 많은 사람은 나쁜 결과가 나타날 가능성을 인식하고 곧 걱정하는 과정에 돌입한다. 그 후 나쁜 결과가 나타나지 않으면 그 사람은 안도감을 느낀다. 그런데 거기서 끝이 아니다. '에이, 괜히 걱정했네'라고 단순하게 생각하지 않는다. 실제로 걱정이 많은 사람은 무의식적으로 자신의 걱정을 결과에 연결한다. 다시 말해, 나쁜 일이 안 생기면 그건 걱정한 덕이다. 걱정 덕에 나쁜 결과를 피한 셈이다. 여기서 우리는 걱정을 많이 하기로 타고난 사람이 자신의 걱정 성향에 나중에 보상을 준다는 점을 알 수 있다. 그러한 사람은 '내가 할 필요도 없는 걱정을 했네'가 아니라, '걱정하면 결과를 통제할 수 있어'라는 마음을 무의식적으로 갖는다.

반면에 공격형은 위협받을 가능성보다는 쾌락과 일종의 보상을 얻을 가능성에 더 활기차게 반응한다. 쾌락과의 관계성은 분명한 생존 가치를 갖는다. 음식을 맛있게 먹고 성적 활동이 극적인 것은 우연이 아니다. 공격형은 긍정적인 상황이 일어날 가능성에 선천적으로 끌린다. 공격형은 걱정하고 고통을 피하는 대신, 즐거움을 지향하고 자신감이 넘쳐서 세상에 더 적극적인 자세를 갖는다.

공격형은 흥미로운 방식을 통해 상대적으로 명랑하고 외향적인 천성을 물려받는다. 다들 알다시피, 공격형은 각성에 예민하고, 도파민을 자극하여 각성을 높이려고 한다. 어떻게 이런 현상이 벌어지는지 더 확실히 이해하기 위해 잠시 눈길을 돌려 DRD2 A1 대립유전자에 대해 알아보자. 이 유전적 변이형은 뇌의 보상 중추에서 도파민 수용기의 발현을 방해한다. 이는 보상 경로를 활성화하는 도파민의 능력을 약하게 만드는 것은 물론, 기쁘고 즐겁고 살아 있다는 느낌을 제대로 받지 못하도록 한다. 이것이 과해졌을 때 나타나는 상태를 '보상결핍증후군reward deficiency syndrome'이라고 한다. 특히 이 유전적 변이형은 공격형이 뇌의 보상 체계를 정상화하기 위해 도파민을 찾는 이유를 설명한다. 방어형은 각성을 피하려고 무던히 애를 쓰는 반면, 공격형은 각성을 높이는 데 시간과 에너지를 쏟는다.

접근과 회피

'접근과 회피'라는 표현은 일종의 갈등을 설명하는 데 자주 쓰인다. 이때의 갈등이란, 목표를 향한 움직임이 기대와 걱정을 모두 낳아서 달가우면서도 달갑지 않은 경우를 가리킨다. 당신이 무언가를 할지 말지 결심하는 데 애를 먹고 있을 때처럼 말이다. 장단점이 두루 담긴 리스트를 받았을 때 공격형이라면 장점에 더 초점을 맞춰서 긍정적인 태도를 보일 가능성이 크다. 반면에 기본적으로 같은 정보를 받은 방어형은 단점을 눈여겨보고 부정적인 태도를 보이기 쉬울 것이다. 공격형과 방어형의 의사결정을 특징짓는 이러한 상반된 경향이 각각 접근과 회피에 해당한다.

싱글 남녀들이 자주 찾는 어느 바에 두 남성이 맥주를 마시고 있다고 해보자. 외모가 뛰어난 한 여성이 두 사람이 있는 쪽을 흘깃 보면서 두 사람의 주목을 받는다. 두 남성 모두 이 여성에게 똑같이 끌린다. 그렇다면 두 사람 중에 누가 여자한테 가서 인사를 하고, 또 누가 가만히 앉아 있을까? 그렇다. 공격형이 자리에서 일어나 여성에게 미소를 보이며 자신을 소개하는 반면, 방어형은 그걸 지켜보면서 부러워할 것이다. 두 남성 모두 온갖 가정에 따른 여러 가능성을 머릿속으로 떠올려보고 각자 계산한 다음, 서로 다른 방식에서 나타난 가능성에 따라 행동한다.

물론 접근과 회피의 역학은 우리 삶의 모든 측면에서 나타난다. 이러한 성향이 곧 감정 조절 도구이자 자기 진정 전략이다. 공격형은 자극받기 위해 접근하는 경향이 있고, 방어형은 진정하기 위해 회피하는 경향이 있는데, 가끔은 어느 쪽도 최선이 아닐 때가 있다.

확실히 말해보자. 방어형은 언제나 "No"라고 말하지 않는다. 실제로 방어형은 종종 "Yes"라고 말하기도 한다. 그러나 방어형의 "Yes"는 공격형의 "Yes"와는 그 동기가 다르다. 예를 들어, 도넛을 먹을 때 공격형과 방어형의 동기가 어떻게 다를까? 방어형과 공격형 모두 체중이 과하게 늘어날 위험을 똑같이 각오하고 도넛에 '접근' 하지만, 그 달콤함을 맛보는 데 서로 다른 전략적 목표를 갖는다. 공격형은 자신을 흥분시키고 각성을 높이기 위해 먹고, 방어형은 자신을 진정시키고 각성을 낮추기 위해 먹는다.

뇌의 화학작용은 우리가 각성과 갖는 관계성 때문에 상반된 목표들을 추구하는 똑같은 행동으로 이끌 수 있다. 그리고 다른 때에는 이외의 결정과 결과에 숨은 영향력을 행사한다. 혹시 당신은 자신이 불확실성 혹은 확실성의 차원과 어떤 관계를 갖는지 생각해본 적 있는가? 만약 당신이 어떤 사건이나 문제를 맞닥뜨렸을 때 자신이 가진 모든 정보를 종합해서 빠르게 결정을 내리는 편인가, 아니면 당장 가진 정보가 부족하다고 생각해서 좀 더 정보를 얻을 때까지 결정을 미루는 편인가? 공격형이라면 전자의 전략에 가까울 테고, 방어형이라면 후자의 전략에 가까울 것이다.

모든 사람은 확실한 것을 좋아한다. 불확실성에 특별히 끌리는 사람은 없다. 그러나 공격형은 방어형보다 불확실성에 덜 민감하다. 각성과의 관계성이 다르기 때문이다. 신경전달물질인 도파민은 **확실성**을 코드화하고, 세로토닌은 **불확실성**을 코드화한다. 우리가 어떠한 행위나 결정을 둘러싼 상황에 확신이 있다면, 우리의 도파민 뉴런은 더 높은 비율로 흥분한다. 이 감각 신호는 그 경험에 "Yes"라고 반응하는 승인 신호를 동반한다. 그리고 이 경험은 순환한다. 우리는 좋은 기분 때문에 확실성과 "Yes"라고 반응하기를 선호한다. 외적 감각 신호를 지향하는 편인 공격형은 도파민 흥분을 통한 보상 사이클을 자극하는 행위에 끌린다. 자신의 외향적인 성격에서 얻은 피드백을 통해 보상받고 시간과 경험이 축적될수록 더 큰 자신감을 얻는데, 이러한 사이클은 반복된다. 바에 있던 두 남성이 받는 감각 정보가 서로 같다고 치고, 그것이 중립적이라고 가정해보자. 두 사람 모두 해당 여성이 매력적이라고 느끼지만, 그녀에게서 아무런 신호도 받지 못하고 있다. 또한 두 사람 모두 우정에 대한 같은 바람을 품고 있다고 가정해보자. 이 남성들은 모두 결정을 내려서 정신적·정서적 위험 혹은 보상에 대한 평가를 해야 한다. 마주하는 결과는 양쪽 다 확실치 않다. 바로 이곳이 갈림길이다. 방어형은 보상의 가능성을 포기하고 확실성을 위한 더 큰 정보 욕구를 채울 것이다. 그 남성이 자리에 그대로 앉아 있는 이유는 상황의 불확실성 탓에 그리고 거절당할 가능성 탓에 숨을 죽인 '승인' 신호를 기다리고 있기 때문이다. 반면에 공격형 남성은 부정적인 결과에 신경을 덜 쓴 상태로 여자에게 다가가 인사한다. 세상을 향한 이러한 지향성은 '접근'이라고 알려진 것에 대한 적확한 정의다. 그리고 다들 알다시피 방어형은 세상에 대해 다른 방향성을 갖는데, 그것이 바로 '회피'다.

이제 회피에 대해 더 자세히 알아보자. 회피는 외부와 단절된 상황에서 일어나지 않는다. 가능성의 맥락에서 일어난다. 그 가능성이란 절대적으로 좋을 수도 있고 나쁠 수도 있지만, 그 사이의 아주 미묘한 가능성도 있다. 방어형은 공격형과는 아주 다른 방식으로 좋고 나쁨을 떠난 본질을 평가한다. 방어형은 그것의 유해한 가능성에 더 주목하는 경향이 있는 한편, 공격형은 같은 가능성도 이득이 될 수 있는 쪽으로 바라보는 편이다. 당연히 가능성의 범위는 같고, 반응만 다르다. 이것은 일정 부분 편도체의 크기 때문일까? 연구에 따르면, 상대적으로 큰 편도체를 갖고 태어난 아이(방어형)는 불안 장애를 앓기 쉽다. 공격형은 편도체가 아닌 보상 체계에 더 얽매인다.

사실 공격형은 선천적으로 보상 회로의 작용에 이끌리기 때문에 중독에 빠지기 쉽다. 중독이란, 간단히 말해서 쾌락적인 보상을 주는 반복적 행위를 가리킨다. 나쁜 습관은 유해성이 강한 불량한 보상으로 이어진다. 뇌는 우거진 숲과 비슷하다. 습관은 우리가 따르는 길을 통해 만들어진다. 처음 숲을 걸어가면 남겨진 자국이 별로 없지만(뉴런의 연결이 이루어진다), 같은 길을 반복해서 이동하면 바닥에 분명한 자국이 새겨진다(뉴런의 연결이 고정된다). 그리고 머지않아 우리는 자신이 목표한 바가 자멸의 결과를 초래할 수 있음을 알면서도 걷게 된다. 나쁜 습관의 형성과 중독성 그리고 그릇된 자기 진정 방식과의 관계에 대해서는 나중에 이야기하겠다.

앞서 이야기했듯이, 각성을 추구하는 공격형의 접근 방식에는 장단점이 있다. 방어형의 각성에 대한 반감 역시 나름의 장단점을 갖는다.

강화된 각성 신호는 자석과 같아서 붙잡을 무언가를, 즉 이해할 수 있고 통제할 수 있는 원인을 찾는다. 방어형에게 '통제'란 중요한 표현이다. 각성의 강도가 너무 세지면 방어형은 불안 발작을 일으킬 수도 있기 때문이다. 방어형은 잠시 불안 발작을 무시한 채 피질 각

1부 나의 뇌 유형은 어떻게 느끼고 생각하고 행동하는가?

성을 적정 수준으로 통제하는 법을 배우는데, 이때 활용하는 전략이 바로 회피다. 방어형은 각성의 이유를 알려고 하면서 '지금 내가 가진 이 불편한 감정은 왜 생긴 거지?'라는 의문을 품는다. 그리고 '어떻게 하면 이걸 피할 수 있을까?'라는 두 번째 질문을 내놓는다.

여기서 몇 가지 정의가 도움이 될지 모른다. 두려움이라는 문으로 걸어 들어와서 당신을 향해 이빨을 드러내는 곰의 모습을 보는 것이다. 불안이란 곰이 눈앞에 없는데도 비슷한 느낌을 받는 것이다. 그저 불편한 게 아니라 당황스러운 것이다. 거기에 곰은 없지만 느낌은 있다. 각성은 관련 환경이 위험하지 않더라도 위험하다고 느낀다. 안타깝게도 일부 방어형은 상당 시간을 이렇게 고조된 감정 상태로 지낸다.

피해를 면하는 것은 방어형이 동기를 얻는 중요한 자극 요인이다. 물론 피해란 넓게 보면 각성에 딸리는 거의 모든 것으로 정의된다. 루시라는 30대 여성은 어린 시절에 경험한 일을 아직도 기억하고 있다. 어느 날 방과 후, 루시는 충격과 흥분에 비명을 질러대면서 소란스럽게 구는 몇몇 아이의 모습을 보았다. 그래서 뭘 그렇게 다들 보고 있는지 확인하려고 그들 사이를 비집고 들어갔다. 그러고는 아래를 봤을 때, 그녀의 눈앞에는 한쪽 다리가 없는 다친 쥐 한 마리가 있었다. 그 순간 루시는 공포와 혐오감에 흠칫 놀랐고, 이때부터 평생 설치류를 두려워하게 되었다. 이후 루시는 설치류가 있을 만한 곳이면 어디든 피했고, 아들의 유치원 교실에도 햄스터가 있다는 이유로 쉽게 들어가질 못했다.

쥐는 웬만하면 쉽게 피할 수 있다. 그러나 사람은 그렇지 않다. 각성이 타인과의 소통에 엮이면 사회불안이 생길 수 있다. 메이슨이라는 자애롭고 사려 깊은 한 아버지가 있었다. 그는 자신의 다섯 살짜리 아들이 자기 생일 파티를 앞두고 아침에 복통을 느끼더니 파티에 간신히 참여하는 모습을 보고 쉽게 이해하지 못했다. 방어형은 이미 지나친 자극을 받은 상태에서 사회적 소통에 들어간다. 여기에 제멋대로 구는 아이가 여럿 나타나게 되면 완전히 압도당하기 쉽다.

회피는 효과적이기 때문에 그만큼 많은 것에 애착을 갖게 된다. 회피가 효과적인 이유는 그러한 행동이 각성을 낮추고 우리의 불편함을 덜어주기 때문이다. 적어도 당장은 말이다. 그러나 회피가 그저 어떤 사건에 대한 반응이 아니라는 점은 꼭 알아두어야 한다. 회피는 곧 **예상**이기도 하다. 방어형은 각성이 살짝 높아지리라 예상하면, 그러한 불편함에 대한 예상이 회피 행동을 자극한다.

인간으로서 우리는 효과적인 행동을 배운다. 그러나 안타깝게도 '효과적'이란 상대적인 표현이다. 우리는 모두 그 순간의 편안함이 유익하고 건설적이건, 그와 반대건 편하길 바란다. 인간의 학습에는 대부분 체계적인 보상이 주어지는 반복적인 행위가 필요한데, 회피성 행동도 예외는 아니다. 회피성 행동 역시 뇌를 통해 보상을 받기 때문에 시간이 지나면서 학습된다. 적어도 각 회피 행동은 습관의 구성요소라 할 수 있는 일시적인 안도감으로 조금은 보상받는다.

외향형과 내향형

행동을 형성하는 내외적 요인의 밀당과 관련해서 오랫동안 많은 논의가 있었다. 우리가 자신을 입증하는 데 더 의존하는 기준은 자기평가일까, 아니면 타인의 반응과 인정일까? 우리에게 더 큰 동기를 주는 것은 내면의 두려움일까, 아니면 무언가 기분 좋은 보상을 얻을 수 있다는 기대감일까? 우리가 어린 나이에 학습하는 가족 가치와 사회적 가치는 확실히 의사를 결정할 때 우리를 평생 쫓아다니는 불변의 원칙을 만든다. 그러나 그러한 경험에 따르는 행동은 내적 세계 혹은 외적 세계를 강조하는 뇌의 화학적 불균형으로 만들어진다. 둘 중 어느 한쪽에만 관계되는 사람은 없다. 그러나 방어형에게 두드러진 방식은 주로 내적 요소가 좌우하는 반면, 공격형은 주로 외적 세계가 장악한다.

미국의 사회학자인 데이비드 리스먼David Riesman은 자신의 내적 가치를 따르거나 타인에게 인정받는 가치를 추구하는 사람들을 분석하면서 '내적 지향형inner-directed'과 '타인 지향형other-directed'이라는 용어를 도입했다. 다양한 사회활동에서 즐거움과 편안함을 얻는 공격형은 보통 리스먼이 언급한 타인 지향형에 해당한다. 말콤 글래드웰Malcom Gladwell은 자신의 책《아웃라이어Outliers》에서 내적 지향형인 사람이 자신의 통제를 벗어난 환경에 특히 잘 대처한다고 밝혔다. 우리가 봤을 때 자신의 생각과 감정, 느낌이 내적 세계로 향하는 성향은 방어형의 본질적 지향성과 통하고, 외적 세계에 집중하면서 얻는 상호 간의 에너지는 공격형의 지향성을 형성한다.

80여 년 전, 카를 융Carl Jung은 성격의 차원으로서 '내향성'과 '외향성'의 개념을 널리 알렸다. 우리는 모두 자신과 주변 사람들에 대해 나름의 생각과 이미지를 갖고 있고, 이는 자신과 친구들을 그 스펙트럼의 어딘가에 위치시킨다. 그러나 융은 아주 구체적이었다. 그는 이러한 차원을, 사람이 에너지를 안으로부터 주고받거나(내성적인 사람) 밖으로부터 주고받는(외향적인 사람) 무의식적인 경향으로 봤다. 조지 W. 부시Geroge W. Bush가 폭음을 일삼으며 불량한 젊은 시절을 보내다가, 상냥하고 겸손한 사서 로라 부시Laura Bush와 부부가된 것을 떠올려보자. 조지는 군중과 사회적 경험을 통해 힘을 얻었고, 로라는 홀로 시간을 보내며 더 큰 활력을 얻었다. 그렇다면 사회적인 소통과 에너지를 기꺼이 받아들이는 사람은 누구일까? 다들 알것이다. 공격형은 그것을 빠르게 흡수한다. 그러면 사색적인 활동에서는 잘 느낄 수 없는 정상의 느낌, 살아 있는 느낌을 얻을 수 있기때문이다.

이러한 차원을 연구하고 이해하는 방식과 관련하여 그동안 많은 변화가 있었다. 앞서 우리는 보상에 예민한 공격형과 피해나 처벌에 예민한 방어형을 이야기하면서 프로이트의 쾌락 원칙의 개념이 실제로 어떻게 생물학적인 기반을 두었는지를 설명했다. 영국의 심리학자 한스 아이젠크Hans Eysenck의 경우, 내향성과 외향성의 생물학적 모델을 이론화했다. 그는 외향적인 사람이 더 자극적인 환경을 경험하길 좋아하고, 내향적인 사람은 자극이 덜한 것을 좋아한다고 주장하며, 피질 각성의 차이와 이와 관련된 행동을 연결했다. 지금 우리는 그 이유를 잘 알고 있다. 우리가 보기에 위의 두 이론가가 설명한 성향은 뇌 화학물질인 도파민과 세로토닌의 부족과 관련되어 있다. 내향성은 오랫동안 유전적인 성격 특성이라고 여겨져 왔다. 앞서 논의한 대로, 우리의 뇌 화학물질 분배는 유전과 관련되어 있다. 세로토닌이 부족한 상태로 태어난 사람은 내적인 감정과 생각에 집중하는 편이고, 도파민이 부족한 상태로 세상에 나온 사람은 외부 사건에 집중하는 편이다. 방어형과 공격형이라는 큰 구분은 내향형과 외향형을 완벽하게 설명하고 정의한다.

공격형 아이들은 외적인 관계로 자신을 진정시키고 감각 자극을 통해 편안함을 느끼면서 사회성을 키운다. 공격형 아이들은 사회적·감각적 관계를 갈구한다. 외부 세계에 집중하면 중추신경계의 자극이 강해지는데, 이렇게 각성 수준이 높아지면 신체의 균형감이 향상되고 기분도 좋아진다. 이와 반대로 과도한 각성 수준을 낮추는 데 필요한 세로토닌이 부족한 방어형 아이들은 자신을 진정시키지 못하면 불안해지고 (실제로 있든 없든) 위험을 인식하게 된다. 태어났을 때부터 그러한 상태에 놓이면 과한 각성으로 몸 안에 온갖 잡음이 생긴다는 이유 하나 때문에 내면에 집중하게 된다. 자기 안에서 그렇게 관심을 가져달라고 요구하는 상황에서 바깥세상을 이해하기란 그들에게 그리 쉬운 일이 아니다. 이런 아이들은 포대기에 싸여 안기길 좋아하며, 어둡고 조용한 방에서 가장 잘 잔다.

몇 년 전, 미국 심리학자 제롬 케이건Jerome Kagan은 지금까지 계속 진행 중인 일련의 연구를 통해 유아가 자극과 어떤 관계를 맺는지 알아보기 시작했다. 케이건은 생후 4개월인 아기 500명을 모아놓고 45분간 세션을 진행해서 어떤 아이가 내향적으로 자라고, 또 어떤 아이가 외향적으로 자라는지를 살펴보았다. 이를 위해 강한 냄새가 나는 알코올 솜을 아기들 주변에 두었고, 아기들 얼굴 위에서 움직이는 알록달록한 모빌을 설치했으며, 풍선이 터지는 소리와 크고 낯선 목소리들을 녹음하여 들려줬다. 그 결과 20%의 아기들은 극심한 괴로움을 드러내며 울고 손을 흔들며 발을 찼다. 그리고 약 40%는 조용히 있으면서 거의 움직이지 않았고, 괴로운 기색도 보이지 않았다. 나머지 40%는 두 부류의 중간 그 어딘가에 있었다. 우리가 보기에 이 '중간'의 40%는 우리가 알고 있는 '혼종'에 해당한다. 이들은 방어형·공격형 행동이 이루는 종형 곡선에서 중간쯤에 위치한다. 그러나 비록 확실히 구분되는 반응을 보이진 않았더라도 모두 어느 한쪽으로는 치우친 성향을 갖고 있다는 게 우리의 생각이다.

케이건은 이 아이들이 성장한 후에도 연구를 계속했다. 그가 발견한 바에 따르면, 크게 반응하고 가만히 있지 못하던 아기들은 대부분 조용하고 진지하며 조심성 있는 성격을 갖추면서 성장했다. 반면에 반응도가 낮았던 아기들은 비교적 느긋하고 자신감 있는 아이가 되었다. 우리의 기준에서 볼 때 케이건의 실험에서 가만히 있지 못하던 아기들이 방어형이었고, 온갖 자극이 넘치는 경험을 아무렇지 않게 받아들이던 아기들이 공격형이었다. 공격형 아기는 경험으로부터 활력을 얻었고(경험이 뇌 화학물질의 균형을 잡아주었고 보상 회로를

1부 나의 뇌 유형은 어떻게 느끼고 생각하고 행동하는가?

자극했다), 방어형 아기는 같은 경험이라도 높은 자극 값으로 인해 위협 회로를 발동했다.

우리는 모두 각성의 경험을 이해하려고 한다. 예를 들어보자. 한 여성이 앉아서 점심을 먹고 있다. 그런데 갑자기 자신이 앉은 의자가 약간 흔들리는 것을 느끼며 꽤 불안한 경험을 한다. 이때 공격형이라면 몇 초 안에 무슨 일이 일어나고 있는지, 즉 가벼운 지진이 일어났다는 것을 정확하게 파악할 수 있을 것이다. 반면에 방어형은 자기 안에서 문제가 생겨 정신을 잃는 것은 아닌지 걱정한 후에 지진이 원인임을 알아차릴 것이다.

공격형의 외부 지향성은 타인과 주변 환경을 사건의 원인과 이유로 삼으려는 성향을 만든다. '당신 혹은 그것'에 초점을 맞추는 이러한 성향은 일이 자기 뜻대로 풀리지 않을 때를 비롯하여 스트레스가 심할 때 강하게 나타난다. 공격형은 사건의 원인을 찾을 때 보통 자신을 배제하고 외부를 살피는 편이다.

반면에 방어형은 원인과 결과에 약간 다른 식으로 반응한다. 지나친 자극을 받는 신경계를 가진 탓에 외부보다는 '나'에게 초점을 맞춘다. 그리고 내면에 초점을 맞추기 때문에 자기 경험에 대한 책임이 무조건 자기에게 있다고 보는 편이다. 이러한 지향성은 큰 힘이 되는 동시에 예측 가능한 정서적 부담이 되기도 한다. 대인 간의 갈등에서 자신이 한 역할을 알고 인지한다는 것은 장점이다. 그러나 책임의 원인을 균형 있게 바라보는 편이 더 적절할 수 있는 상황에서 자신을 비난하는 일은 마음을 무겁게 만든다. 당신은 갈등 상황에 놓이면 우선 자신에게 원인이나 책임이 있다고 생각하는 편인가, 아니면 타인에 대한 비난으로 먼저 맞서는 편인가?

성격 유형의 방향성을 탐구한 미국의 심리학자 줄리언 로터Julian Rotter는 '통제 위치locus of control'라는 개념을 만들었다. 그는 상황과 경험에 대한 통제와 관련해서 사람들이 어떤 것을 믿는지 이야기했는데, 그의 의견을 두고 그동안 많은 연구가 이루어졌다. 내적 통제 위치를 가진 사람은 경험의 원인이 자기 자신에게 있다고 여기는 편이고, 외적 통제 위치를 가진 사람은 사건 발생의 원인을 외부 요인으로 돌리는 편이다. 외적 통제 위치를 가지면 상대적으로 스트레스 인지 수준이 높고, 대인 갈등이 심하며, 직업 만족도가 낮고, 신체적·정신적 건강도 좋지 않다. 우리는 살면서 새로운 경험을 할 때마다 나름의 역할을 맡게 되는데, 뇌의 화학적 불균형은 우리가 이러한 역할과 관계하는 방식에 대한 생물학적 근거가 된다. 방어형은 내적 통제 위치를 갖는 한편, 공격형은 외적 통제 위치를 갖는다.

당신은 속으로 만족하고 남몰래 쟁취하는 상황, 그러니까 자신만 알 수 있는 소소한 성취를 어떻게 평가하는가? 살면서 느끼는 자신의 통제 수준은 어떻게 보는가? 상황이 나빠지면 다른 사람의 잘못을 찾는 편인가, 아니면 자책하는 편인가?

가만히 있지 못하는 아기들은 상대적으로 조용하고 진지한 성인이 되고, 조용한 아기들은 상대적으로 적극적이고 사교적인 어른이 된다. 이게 어떻게 말이 될까? 주의력 결핍 및 과잉행동 장애attention deficit hyperactivity disorder, ADHD를 진단받은 아이는 의사로부터 보통 각성제를 처방받는다. 쉽게 산만해지고 제자리에 가만히 있지 못하는 아이에게 각성제라고? 그 반대가 되어야지 않는가! 이 부분에 대해선 이렇게 설명할 수 있다. 몸의 피질 각성을 측정하는 수직선이 있다고 생각해보자. 그리고 중간에는 수평선이 있는데, 무난하고 안전하며 평화로운 느낌을 주는 자극의 적정치를 가리킨다. 자연적인 각성이 부족하면 아이들은 자신을 각성시키기 위해 무엇이든 해야 한다. 이러한 자기 자극 행동이 소위 말하는 과잉행동이다. 그리고 몸의 각성 수준을 높이는 각성제를 복용할 때, 이 아이들은 정상적인 느낌을 얻으려고 의존했던 보상적 불안 행동을 멈출 수 있다.

방어형이 정상적인 느낌을 얻으려면 다른 보상 과제를 수행해야 한다. 앞서 이야기한 각성의 척도에서 보면, 방어형은 수평선 위쪽에 위치한다. 성장 과정에서 기준 이상의 자극을 받는 방어형은 두 가지 이유로 내향성을 띠곤 한다. 첫째, 방어형은 원래 공격형보다 뇌의 보상 회로에 덜 예민하다. 둘째, 방어형은 사생활이 보장되고 혼자만의 시간에 가질 수 있는, 자극이 적은 환경을 선호한다. 사회적 활동은 공격형에게 에너지를 채워주지만, 방어형에게는 에너지를 소진시킨다. 우리에게 찾아온 루스는 이런 말을 털어놓은 적이 있다.

"남편 테드는 사람이 많고 시끄러운 음식점에서 친구들과 함께하기를 좋아해요. 저는 그 소음을 상대하는 대신에 주변 사람들을 조용히 관찰하고, 저만의 생각에 더 흥미를 느끼죠. 제가 보기에 테드는 마지못해 작별 인사를 하는 것 같아요. 그럴 때 저는 안심하면서도 이미 상당히 지쳐 있는 상태고요. 테드가 재미있었냐고 물어볼 때, 저는 어떻게 답해야 할지 모르겠어요. 제가 느끼는 재미와 테드가 느끼는 재미가 다르거든요. 그 사람들을 싫어하는 건 절대 아니에요. 좋아해요. 하지만 우리 둘이 만나거나 적은 인원으로 조촐히 만나는 게 더 좋아요. 이런 말을 하면 테드는 제가 편하게 생각했으면 좋겠다고 하겠죠. 저도 가능하면 이런 시간을 더 즐겼으면 하고요. 여러 면에서 즐기지 못하는 건 아니지만 테드만큼은 당연히 아니죠. 그리고 솔직히 말하면, 그런 시간이 일처럼 느껴지기도 해요."

루스가 테드보다 부정적인 감정이 많은 걸까? 꼭 그런 건 아니다. 더 큰 자극과 사회적 요구가 관계되는 상황에서 루스는 자기 마음의 흐름을 자유롭게 따를 수 있는 순간들을 소중히 여기고 우선시할 뿐이다. 반면에 누가 봐도 공격형인 테드는 사회적 활동을 하면서 기운을 내고 필요한 에너지를 얻는다.

사색적 성격과 표현적 성격

뇌의 화학적 불균형 때문에, 우리는 매우 다른 뇌 영역과 회로에 민감하게 반응한다. 도파민이 아주 적은 상태로 태어난 아기는 감각 자극을 선호하고 그로 인해 편안함을 느낀다. 특히 뇌의 보상 회로에 민감하게 반응하는 것은 각성을 높이는 경험에서 얻는 편안함이다. 자극적인 외부 세계에서 얻은 편안함이 외향성을 강화한다.

상대적으로 사색적인 성격은 꽤 이른 시기부터 발현하는데, 이는

1부 나의 뇌 유형은 어떻게 느끼고 생각하고 행동하는가?

편도체의 강한 신호와 관련 있다. 뇌에는 두 개의 반구가 있고, 편도체는 우리의 왼쪽 귀와 오른쪽 귀 바로 위, 두개골 안쪽에 위치한다. 편도체를 포함하는 변연계는 배고픔, 목마름, 성적 충동, 공포 등 본능적 행동을 통제하는 '짓궂은' 혹은 '정서적인' 뇌의 네트워크다. 편도체는 감각 정보를 빠르게 처리하여 우리에게 반응을 명령한다. 이는 위험 신호일 때 더욱 두드러진다. 예를 들어, 우리는 자신에게 날아오는 공을 곁눈으로 힐긋 보게 되면 몸을 움직여서 피한다. 그것이 현명한 일인지 피질을 통해 확인하지 않는다. 그저 몸을 피할 뿐이다. 날아오는 공의 메시지가 피질에 닿기도 전에 편도체는 위협 신호를 입력하고 우리는 반응한다. 실제로 우리는 먼저 반응하고 나중에 생각한다. 편도체가 자극되면 신경계 곳곳에서 즉각적인 반응이 일어난다. 혈관이 수축하고, 혈압은 높아지며, 심장은 빠르게 뛰고, 스트레스 호르몬은 우리 몸에 퍼진다.

우리는 두 개의 편도체를 갖고 있지만, 어떤 편도체는 상대적으로 쉽게 활성화되고 분주하게 움직인다. 방어형에게는 이 편도체가 더 활발하게 활동하여, 이로부터 오류 경보가 너무 자주 나오는 바람에 각성과 경계 수준이 강화된 상태를 보인다. 방어형은 어릴 때 내면에 집중함으로써 불쾌한 각성 수준을 낮추고 각성으로 활성화된 위협 신호도 약화할 수 있다는 사실을 배운다. 이렇게 학습한 성향은 몸 안의 잡음을 줄이고 안정된 느낌을 만들게 된다.

여기서 우리가 이야기하는 내용은 양자택일이 아니라 성향일 뿐이다. 우리는 모두 통제력을 원하고, 그러한 느낌을 만드는 행동을 선택한다. 그러한 성향은 '좋다' '나쁘다'가 아니라 서로 다를 뿐이다. 방어형의 사색적인 성향은 창의적인 잠재력, 깊이 있는 사고력 등의 장점이 있고, 공격형의 표현적인 성향에는 긍정적인 기질, 강한 사회적 자신감 등의 장점이 있다.

우리는 보통 성향을 통해 내향적인 사람 혹은 외향적인 사람으로 구분되고 세상과 경험을 대하는 방식이 결정된다. 외향적인 사람과 내향적인 사람에게 낯선 이의 얼굴 사진을 보여주면 뇌의 활동이 정말 다르게 나타난다. 외향적인 사람은 내향적인 사람보다 훨씬 더 활발한 뇌 활동을 보인다. 방어형이 친밀감, 사랑, 변치 않는 우정을 공격형만큼 소중히 여기지 않아서가 아니다. 실제로 방어형은 자신이 선택한 소수의 사람을 통해 인간관계에 훨씬 더 깊은 가치를 매길 수도 있다. 이와 대조적으로 공격형은 타인과의 상호작용, 자신에게 특별히 보람 있다고 받아들이는 경험을 중시하는 성향을 보인다.

부정적인 감정을 다루는 일반적인 방법에서도 방어형과 공격형의 이분적인 방향성이 드러난다. 여기서 나타나는 차이를 에너지의 방향으로 생각해보자. 방어형은 부정적인 감정을 수용하는 쪽에 있으며 그것을 내면화하는 경향이 있는 반면, 공격형은 내보내는 쪽에 있으며 그것을 다른 사람에게 발산하는 편이다.

분노를 한번 살펴보자. 분노보다 원초적인 인간의 감정은 없으며, 분노를 경험하는 데에는 엄청난 에너지가 필요하다. 그 에너지는 자극과 각성의 증가와 관련이 있다. 비록 공격형이 방어형에 비해 각성 수준이 높아진 상황을 긍정적으로 받아들이지만, 각성 수준이 과하게 높아지면 모두가 불편하다. 그러면 모두 이러한 느낌을 해소하기 위해 일정한 방법을 찾는다. 방어형은 그 불편한 피질 활성화를 조절하기 위해 관련 에너지를 안으로 돌리는 한편, 공격형은 에너지를 바깥으로 표출하는 편이다.

우리는 모두 화를 낸다. 우리가 자아를 지키기 위해 활용하는 감정이 바로 분노다. 공격성은 이와 완전히 다르다. 공격성은 보다 중대하고 심각한 위협에 대한 반응이다. 폭력은 공격성이 과해진 형태다. 뇌에서 분노와 공격성을 제어하는 신경 회로는 광학 카메라를 활용한 새로운 기술로 파악할 수 있다. 이 복잡한 통제 방식을 더 잘 이해하기 위해서 공격성에 관한 신경해부학의 간략한 설명이 도움이 될 수 있다. 우리 뇌에는 변연계라는 강력한 체계가 있다. 이 체계는 감정, 위협 감지, 학습, 기억, 의사결정 등과 관련이 있다. 그중 편도체는 위협 탐지, 해마는 기억과 학습, 시상하부는 공격성과 보상, 전전두피질은 의사결정과 관련이 있다.

방어형과 공격형은 모두 변연계를 구성하는 같은 신경 회로를 갖고 있다. 앞서 설명했듯이, 공격형은 화난 감정을 외부로 표출하는 편인 반면, 방어형은 분노를 내면화하는 편이다. 화나는 일이 이어진다고 치자. 공격형은 흔히 '너'라는 단어로, 방어형은 '나'라는 단어로 시작하는 무언가를 생각하거나 말하도록 프로그래밍된다. 분노를 해소하기 위해 방어형은 사건을 책임지려 하고, 공격형은 비교적 다른 사람을 공격하고 비난하기 쉽다.

그런데 여기서 한 단계 더 나아가, 잠시 더 강한 분노인 격노를 이야기해보자. 우선 모든 동물이 그렇듯이, 우리도 모두 격노할 수 있다. 온갖 종의 동물은 위협을 받을 때 폭력적 본성을 드러내어, 새끼를 보호하고 음식을 구하며 자신을 지킨다. 그러한 실험은 이제 윤리적인 이유로 더 이상 실행할 수 없지만, 1960년대에만 해도 스페인의 신경과학자 호세 로드리게스Jose Rodriguez가 한 여성의 우측 편도체에 자극을 가하는 실험을 진행한 적이 있다. 당시 그 여성은 의자에 앉아서 기타를 연주하며 노래를 부르고 있었고, 호세는 그러한 그녀에게 전극으로 자극을 가했다. 그러자 여성은 연주와 노래를 멈추고 일어서서 기타를 방 저편으로 던지더니 근처의 벽을 쳐대기 시작했다. 여성의 편도체가 시상하부의 공격 센터라고 알려진, 시상하부의 작은 뉴런 군집에 위협의 메시지를 전하고 맹목적인 분노를 촉발했던 것이다.

이러한 사실들이 공격형과 방어형에 연결되는 방식은 다음과 같다. 분노는 상향식(저 여성의 분노가 낳은 반사 행동) 혹은 하향식으로 처리된다. '하향식'은 전전두피질이 의사결정에 관여하는 것을 의미한다. 공격형의 분노는 더 외부 지향적이기 때문에 상향식으로 작용한다. 너무 높은 각성 수준에 대한 공격형의 첫 번째 방어 명령은 자신의 불편을 조절하기 위해 원인과 해결책을 '밖에서' 찾는 것이다. 보통 비난과 고발의 형태가 주된 전략이다. 반대로 방어형은 격한 논쟁을 낳는 상황에 대처할 때 비교적 안정적인 편이다. 그러나 이러한 이점에는 불안감, 자책, 우울감 등의 대가가 따른다. 과정은 이렇다. 방어형의 편도체가 위협을 감지하고 시상하부와 전전두피질

1부   나의 뇌 유형은 어떻게 느끼고 생각하고 행동하는가?

에 신호를 보낸다. 이때 방어형의 전전두피질은 상황을 잠시 파악한 후, 보통 '워워, 너무 많은 각성이 일어나고 있어. 어떻게 하면 각성을 낮출 수 있을까?'라고 반응한다. 방어형은 불편한 각성을 조절하기 위해 자신에게 책임을 묻고 갈등 상황에서 자신이 어떤 역할을 했는지 파악하려고 한다. '이러한 상황에 처할 때까지 난 무얼 한 걸까?' 하는 식이다.

공격형과 방어형이 어떻게 각성에 관계되는지를 내부 혹은 외부에 초점을 맞춰서 살펴보면, 왜 그 사람이 그렇게 반응했는지를 이해할 수 있다. 그렇다면 우리가 왜 그런 행동을 했는지 더 깊이 이해하는 일보다 더 중요한 게 있을까? 여기서 당신은 잠시 자신에게 초점을 맞출지도 모른다. 자신의 결정과 행동을 좌우하는 버튼을 이해하는 일에는 큰 가치가 있다. 당신은 어디에서 편안함을 얻는가? 당신의 편도체는 얼마나 정신없는가? 당신 뇌의 보상 중추는 얼마나 지배적인가? 사색하는 순간이 어느 정도 편안한가, 혹은 얼마나 안절부절못하고 산만한가? 갈등에 얽히면 남을 비난하는 편인가, 아니면 자신을 자책하는 편인가?

다음 장에서 우리는 시선을 조금 바꿔서 우리 뇌의 화학적 불균형이 자신의 감정 세계에 영향을 미치는 주요 방식들을 살펴보고, 우리가 어떻게 감정을 처리하고 표현하는 방법을 배우는지를 더 깊이 알아볼 것이다.

2장

감정 조절의 롤러코스터

뇌의 화학적 불균형은 어떻게 우리의 감정과 그로 인한 결정에 영향을 미치는가?

뇌 유형에 따라 각성이 너무 낮거나 높으면 그러한 불균형을 보완하도록 고안된 상반된 감정 전략이 나타난다. 방어형은 시끄러운 세상에 약간 거리를 둔 채 자신이 느낀 각성에 대응한다. 반면에 공격형의 중심 전략은 기본적으로 '덤벼 봐'에 해당한다. 그 두드러진 전략적 충동은 그들의 선택과 의사결정에 관한 질과 다양성에 영향을 미친다. 이처럼 타고난 성향은 광범위한 결과를 초래한다.

감정적 취약성

방어형에게는 불안증, 우울증, 강박장애 등의 위험이 따르는데, 이는 모두 신경계의 진정 기능이 결핍된 것과 관련이 있다. 실제로 우울증과 불안증은 동전의 양면과도 같다. 우울하면 불안해지고, 불안하면 우울해지기 때문이다. 그래서 우울증이나 불안증을 경험하는 많은 사람이 세로토닌 수치를 높이기 위해 선택적 세로토닌 재흡수 저해제selective serotonin reuptake inhibitor, SSRI를 처방받는다.

이러한 SSRI나 세로토닌·노르에피네프린 재흡수 저해제serotonin and norepinephrine reuptake inhibitor, SNRI 복용 외에 신경화학적인 균형을 다시 잡고 감소한 세로토닌 수준을 끌어올리는 방법은 더 있다. 비타민 B6는 뇌의 세로토닌 생산을 촉진하고, 비타민 B 복합체는 5-하이드록시트립토판5-hydroxytryptophan, 5-HTP, 세인트존스워트(서양고추나물), 인삼, 육두구와 마찬가지로 스트레스 감소에 도움이 될 수 있다. 또 무엇이 세로토닌의 양을 늘릴까? 모두가 잘 아는 운동도 즐거운 느낌을 주는 엔도르핀을 증가시킨다. 햇빛 역시 세로토닌 수치에 긍정적으로 작용한다.

방어형은 천성적으로 걱정만 많은 게 아니다. 통제에 집착하는 정도를 따져보면, 그 점수도 높게 나온다. 물론 우리는 모두 통제하고 있다는 느낌을 좋아하지만, 방어형은 저 고도로 발달된 통제 요소 탓에 강박장애에 취약할 수 있다. 방어형은 자신을 자극하는 각성과 관련지을 수 있는 것을 살피는데, 이는 임의로 떠오르는 생각이면서 가능성의 영역에서 완전히 벗어나지는 않는다. 당신이 자신의 차 안에서 이렇게 생각한다고 치자. '잠깐, 내가 현관문을 잠갔나?' '에어컨 플러그는 뽑았나?' '가스레인지 불은 잘 껐나?' 그래서 당신은 집으로 돌아가서 확인해본다. 한 번 이러고 말면 적절하고 신중한 행동이라 할 수 있지만, 몇 번이고 다시 가서 확인한다면 그것은 강박장애다.

강박행동은 방어형이 불확실성으로 인한 각성을 피하려고 쓰는 방법이다. 한 내담자는 자신이 실수로 보행자를 치지 않았을까 걱정돼서 자택 근처의 블록을 빙빙 돌면서 차 휘발유를 다 써버렸다는 이야기를 들려주었다. 그는 매번 자신의 기억을 믿지 못하면서 반복을 일삼아야 한다는 사실에 상당히 고통스러워했다.

이에 대한 해결책을 설명하기는 쉽지만 실천하기는 쉽지 않다. 돌아가서 확인하는 행위, 즉 강박을 버려야 하기 때문이다. 그리고 자신의 강박행동으로 통제해왔던 각성을 참아내는 방법을 익혀야 한다는 의미이기 때문에 방어형에게는 꽤 어려운 일이다.

앞서 설명했듯이, 방어형은 세로토닌이 약간 불균형한 사람이다. 세로토닌이 과해도 문제가 생길 수 있다. 과량의 세로토닌이 생기면 이른바 세로토닌 증후군이 나타난다. 이 증상이 가벼우면 불안과 초조함을 느끼게 되고, 더 심하면 발작, 고열, 의식불명이 생긴다. 세로토닌 증후군은 세로토닌 강화 약물의 남용에 의해, 그리고 엑스터시Ecstasy라고 알려진 기분 전환 약물인 MDMA 3, 4-methylene dioxymethamphetamine에 의해 나타난다.

도파민이 너무 과하거나 적어도 건강을 해칠 수 있다. 도파민의 심각한 부족 상태는 파킨슨병의 근본 원인이다. 반대로 도파민의 과한 상태는 조현병과 관련이 있다. 그러나 공격형은 대부분 도파민이

1부   나의 뇌 유형은 어떻게 느끼고 생각하고 행동하는가?

약간 불균형할 뿐이다. 양극성 정동장애bipolar disorder나 ADHD의 과학적 원인이 아직 제대로 밝혀지진 않았지만, 이 두 상태 모두 공격형에게 위험 요인이다. 두 상태 모두 만성적이지만 약물과 치료를 혼용하면 치료할 수 있다. 세로토닌과 마찬가지로 도파민 상태도 나아질 수 있다. 운동, 수면, 음악 감상, 명상 등은 모두 도파민 신호를 증가시킨다. 포화지방은 도파민을 억제하는 반면, 바나나, 아몬드 등 티로신tyrosine을 다량 함유한 음식을 비롯하여 유제품과 단백질은 도파민 생산을 촉진한다.

건강염려증과 건강불감증

자동차 대리점에서 영업 관리자로 일하는 58세의 러셀은 지난 2주 동안 속쓰림으로 고생했다. 그는 이번에 월별 할당량을 채우지 못할 것임을 잘 알고 있었다. 성격이 급한 그는 자신의 영업 사원 두 명과 대출 전문가, 코로나바이러스 탓에 매출이 부진했다고 생각했다. 간혹 변덕을 보이던 그의 경영 수완이 최근에 계속 수면 위로 드러나면서 만성적인 짜증과 분노에 시달렸고, 결국 속쓰림까지 생겼다. 그는 자신이 그동안 얼마나 많은 제산제를 먹었는지, 담배를 얼마나 많이 피웠는지 제대로 알고 있지 못했다. 그럼에도 병원에 갈 계획은 없었다. 공격형은 외부의 시선으로 세상을 바라본다. 매장에서 일어나는 일이 몸에서 일어나는 일보다 훨씬 더 중요하다. 그렇다고 러셀이 가슴의 불편함을 인식하지 못하거나 제산제에 그렇게 자주 손대지 않으리라 다짐하지 않은 건 아니다. 그는 원인을 상황에 따른 스트레스로 보았고, 근본적으로 중대한 문제가 생길 가능성은 부정했다. 그러다가 러셀은 결국 병원에 갔다. 자신이 제산제를 먹는 모습을 본 형의 말 한마디 때문이었다.

"사달이 날 때까지 기다렸다가 그 고통이 무엇 때문인지 확인하려고?"

당시 러셀은 가벼운 심장마비를 겪고 병원에서 회복하고 있던 형을 병문안 중이었다.

방어형의 신체 증상과 걱정거리는 이와 완전히 다르다.

"샐러드에서 세제 냄새가 나면 말해줘. 버려버릴 테니까."

애덤은 탁자 너머로 아내의 얼굴을 멋쩍은 듯이 쳐다보고는 이렇게 답했다.

"내가 제대로 안 헹궜나 봐."

애덤은 코로나 팬데믹 초기에 재택근무를 허락받고는 안심했다. 그러나 몇 주가 지나자 그의 불안감은 커지기만 했다. 예를 들어, 그는 온라인에서 주문한 택배 상자를 이틀 동안 집 안에 들이지 않았는데, 바이러스가 판지 위에서 48시간 동안 살아 있다는 이야기를 들었기 때문이다. 몇 주가 몇 개월이 되면서 불안은 점점 더 커져만 갔고, 이날 밤에는 상황을 새로운 국면으로 몰고 갔다. 평소처럼 음식 포장을 소독용 티슈로 닦은 것은 물론, 양상추 포기를 뜯어서 잎을 하나하나 주방세제로 닦은 후 그릇에 담아낸 것이다.

애덤은 건강염려증을 앓고 있다. 건강염려증이란 의학적으로 설명되지 않는 신체 증상 혹은 실제로 고통이 있다고 해도 거기에 제대로 비례하지 않는 신체 증상에 근거하여 자신이 아프다는 두려움이나 믿음을 가리킨다. 피부의 잡티를 새로 발견했다고 피부암을 걱정하고, 두통이 생겼다고 뇌종양을 염려하는 식이다. 이러한 건강염려증은 정신적 고통만 유발하는 게 아니다. 실제로 신체적 손상을 초래하는 스트레스 호르몬 분비를 유도하게 된다. 건강염려증은 어린 시절에 심한 병이나 트라우마를 앓은 기록과는 큰 관련이 없어 보인다. 정확히 무엇 때문에 나타나는지는 아무도 모른다. 그러나 우리는 나름대로 설득력 있는 견해를 갖고 있다. 뇌의 화학물질 불균형이 그러한 결과를 가져올 수 있다는 것이다. 다만 방어형이라고 모두 신체 증상에 과하게 반응하는 것은 아니라는 점은 염두에 두길 바란다.

방어형은 공격형보다 건강에 대한 걱정을 쉽게 하는 편이다. 애덤을 더 자세히 살펴보자. 애덤은 유년기에 특별한 질병이나 트라우마를 겪은 적이 없다. 그러나 청소년기 막바지에 피부가 갈라질 정도로 손을 자주 씻기 시작했고, 그 시기에 실제 증상과 상상한 증상을 모두 검색하기 시작했다. 건강염려증 환자는 애덤처럼 감각을 증폭시키고 가설을 생성하기 바쁘다. 마치 애덤은 자신의 신체적 건강 및 웰빙과 관련된 모든 것을 끊임없이 경계하기로 자신과 계약한 것 같다. 그도 자신의 머릿속을 지배하는 규율이 아내 질의 것과는 확실히 다르다는 점을 잘 알고 있다. 질은 남편이 가진 건강염려증에 대해 아주 너그러운 편이다.

애덤은 진정의 측면에서 화학적 불균형을 겪고 있었기 때문에, 과잉 경계는 우연이 아니었다. 과잉 경계가 작동하고 유지되는 이유는 피질 활성화, 즉 각성이 더 높은 수준으로 나타나기 때문이다. 어린 시절에도 애덤은 자신에게 이렇게 질문한 적이 있다. '걱정할 것도, 두려워할 것도 없는 것 같은데, 왜 나는 불안하거나 이상한 기분을 느끼는 걸까?' 그가 두려움을 느끼는 기준이 낮은 이유는 강해진 각성 신호 때문이다. 그 과정을 정리하자면 다음과 같다.

각성 → 감각 증폭 → 위험 감지 → 이유에 관한 질문을 만드는 가설

애덤에게는 병원 검진을 받으러 갔다가 집에 늦게 돌아온 어머니를 기다린 기억이 있다. 당시 애덤은 창가에 앉아서 어머니의 차가 보이기를 기다렸다. 날이 슬슬 어두워지면서 벽에 걸린 시계를 계속 확인했고, 시간이 조금씩 지날 때마다 두려움은 점점 커져갔다. 애덤의 두려움은 강화된 각성과 가설 제기로 나타난 결과였다. 애덤은 타이어에 바람이 빠지고 휘발유가 동났을 수 있다고 생각하기 시작했다. 그러다가 곧 의사가 어머니한테 큰 이상을 발견해서 어머니를 입원시켰다는 생각으로 바뀌었고, 그러자 어머니한테 일종의 끔찍한 사고가 발생했다는 확신으로 바뀌었다.

어머니의 차가 주차장에 진입했을 때쯤 애덤은 침을 삼킬 수 없을 정도로 입이 바싹 말라 있었다. 이후 며칠 동안 애덤은 침을 삼키는 데 집중하며, 이런 증상이 나타나는 이유를 찾느라 여념이 없었다. 어머니가 데려간 병원에서 검사를 받은 후 목이 정상이라는 이야기를 들었음에도 애덤의 걱정은 계속 남아 있었다. 그렇게 애덤은 궤도에 진입했다.

건강염려증은 강박장애와 형제 사이다. 여기서 가리키는 '강박'이란 증상 검색, 병원 방문, 응급실 방문 등을 일삼는 것이다. 각성을 조절하고 줄이기 위해 이러한 강박적인 전략을 외면했다가는 감당할 수 없는 문제를 맞닥뜨릴 수 있다.

최선의 방법은 자신의 이러한 성향을 파악하고, 이를 의사에게 이야기하며, 검진 횟수를 제한해달라고 요청하고, 안심할 수 있는 표현을 검진당 1회로 요청하는 것이다. 걱정은 뇌에서 보상을 받기 때문에, '암에 걸릴까 봐 걱정이야'는 '나는 암에 신경 쓰기 때문에 암에 걸리지 않아'로 바뀔 수 있다. 그리고 이러한 활동이 특별히 의식적인 사고를 따르지는 않는다. 건강에 대한 과도한 집착이 아주 오래 지속되는 이유가 여기에 있다.

건강염려증 환자라고 규정하기란 쉬운 일이 아니다. 혹시 당신이 자신의 신체 증상에 크게 신경 쓰고 있다면 이상한 게 아님을 명심하길 바란다. 우리는 모두 풍부한 상상력으로 가설을 만들어내는 사람들이다. 지나친 각성 때문에 고생하는 사람은 누구든 그 이유에 대해 의문을 품기 쉽다. 자신의 불편함을 이해하고 불편함의 원인을 찾고 싶어 하는 것은 평범하고 자연스러운 일이기 때문이다. 추상적인 느낌을 신체 증상과 연관 지으면 안도감과 통제할 수 있다는 자신감이 생긴다. 증상을 걱정하는 사람들이 할 수 있는 일은 이러한 성향을 인식하고 이해와 연민으로 공감하는 것이다. 어떤 사람은 자신에게는 아무 문제가 없으며, 그저 몸 안에서 일어나는 자연스러운 각성의 원인을 무엇으로 삼을지 찾고 있을 뿐이라고 생각하며 안도한다. 또 어떤 사람은 3일 규칙을 활용하여 도움을 얻는다. 예를 들면, '내가 지금부터 3일 후에도 계속 이런 식으로 느끼면 의사한테 연락할 거야' 하는 식이다(물론 여기에 급성 복부 혹은 흉부 통증이나 뇌졸중 증상처럼 바로 확인해야 하는 경우는 포함하면 안 된다). 아니면 자신이 자연적인 각성을 보통 이런 방식으로 조절한다는 점을 이해한 상태에서 마음을 달래고, 용기와 안심을 전하는 적극적인 내적 대화로 문제를 해결하려고 하는 편이 가장 좋다. 우리의 내담자 한 사람이 실제로 유용하다고 밝힌 훈련법은 다음과 같다.

"전에도 여기에 온 적이 있어요. 내용은 다르지만 이렇게 걱정하는 건 똑같았죠. 하지만 걱정한들 무슨 소용이 있겠어요. 선택권은 저한테 있죠. 그런데 이번에는 뭔가 다르게 할 수 있었어요. 불안한 길을 똑같이 갈 필요가 없는 거죠. 저는 저 자신을 굳게 믿고 있어요. 각성 신호를 해석하는 방법을 익히는 게 제 일이라고 생각하고 있고요. 지금은 이런 상황이고, 저는 아프지 않다고 생각하고 있어요. 저는 원래 그렇지 않다고 증명될 때까지 아프다고 가정하는 편이었거든요. 그런데 지금은 다른 뭔가를 하기로 했어요. 건강하다고 생각하는 거죠. 만약 이번에는 달라서 정말 뭔가 잘못됐다면 바로 알아차릴 거예요. 이번만큼은 나는 정말 괜찮다고, 지금 내가 가진 이 걱정들은 그저 걱정일 뿐 병의 징후는 아니라고 생각하고 있어요. 그리고 다시 걱정이 들 때마다 저를 진정시키고 안심시키기 위한 시간을 다시 한번 가질 거고요. 이 연습이 습관이 되고 걱정의 순환을 대신할 때까지 반복해서 연습하려고요."

변화를 위해 최악이 아닌 최상의 시나리오를 염두에 두고, 최근의 증상이 자연적인 각성으로 과장될 수 있음을 명심하자. 당신은 주기적인 계획을 짜서 마음챙김 명상을 실행하는 데 전념할 수도 있다. 이는 각성의 불편함에 대한 실제 원인을 처리하는 데 아주 효과적인 방법이다.

혹시 당신이 건강염려증 성향을 띤 누군가와 가깝다면, 그 사람의 잘못을 지적하는 것은 역효과가 날 것이다. 그 사람은 이렇게 반복되는 걱정 때문에 이미 당황해하고 있다. 친절과 이해로 그 사람을 대하는 것이 가장 좋다.

그리고 당신이 무언가 잘못되었음을 깨닫고도 '아, 별것 아니야. 그냥 지나가겠지' 하고 생각하는 편이라면, 그러한 증상 부정과 희망적인 생각은 공격형의 특성이다. 근본적으로 낙관적인 공격형의 성격은 가끔은 중요한 신체 문제도 무시하거나 외면하는 결과로 이어질 수 있다. 대장내시경이나 유방촬영술처럼 당신이 미뤘을지 모르는 일을 계획하기 좋은 시기가 바로 지금일지 모른다.

반응성, 유연성, 적응성

앞서 우리는 하버드 심리학자 제롬 케이건이 유아들과 그들의 외부 자극에 대한 반응을 관찰한 연구를 이야기했다. 40%의 아기들이 낯선 광경과 풍선이 터지는 상황에 반응을 거의 하지 않았다. 이 아기들은 편도체가 얌전한 편으로, 나중에 자라서 사교성과 자신감을 가진 외향적인 어른, 즉 공격형이 된다. 연구에 참여한 아이들이 성장하는 과정에서도 인터뷰가 이어졌는데, 반응의 정도가 약한 아기들은 자신보다 나이가 훨씬 더 많은 인터뷰 진행자를 권위자가 아닌 동료로 여기는 편이었다. 이 아기들은 잠재적인 위험 영역을 살피지 않고 자신을 편하게 여기는 듯했다. 이처럼 세로토닌이 충분한 공격형 아이는 자신감과 자기 확신을 가진 어른으로 성장하는 편이다. 반면에 방어형은 예민한 편도체를 가지고 있다. 그래서 불리할 수 있는 측면, 즉 실수하고 무례할 수 있는 상황에 신경 쓰게 된다. 아쉽게도 이러한 역학은 무엇보다 사회적 상황에서 경험할 수 있는 즐거움을 방해한다. 공격형 아기는 사회적으로 행동하고 실험하는 주체인 반면, 방어형 아기는 사회적으로 지켜보거나 관찰하는 주체가 된다. 물론 이러한 역학은 더 지배적인 뇌 회로(두려움 혹은 보상)의 궤도를 돈다. 어려서부터 시행착오를 통해 많은 것을 배우는 공격형은 각성에 대한 편안함(혹은 이끌림) 덕에 더 활발한 사회적 상호작용을 할 수 있다. 이 아이들은 자신을 사회적으로 자신을 실험하고 가끔은 실수도 하면서 혼나기도 하지만 빠르게 학습한다.

세로토닌이 아주 적은 사람은 어려서부터 성격이 예민한 편이다. 아주 어릴 때는 분리 상황에 힘들어하고 부모와 함께할 때 더 편안함을 느낀다. 유아원과 유치원에서는 불확실함, 생소함, 분리 상황이 모두 어우러지고, 이에 따른 강력한 요구가 불편한 수준의 각성을 자극하기 때문에 처음에는 더 힘들 수 있다. 방어형 아이는 이러한 상황에 대처할 때 간혹 복통을 앓고, 소극성을 보이며, 반발심을 드러내면서 그러한 경험을 피하려고 한다. 이들에게는 보이지 않는 각성 안테나의 볼륨이 높게 설정되어 있고, 그것을 낮추기 위한 예비 화학물질이 부족하다. 다행히 엄마나 아빠의 목소리가 걱정을 덜어주고, 실제 경험을 통해 불확실성과 생소함이 점점 줄면서 이러한 반응성도 시간이 가며 사라진다.

감정적 과민 반응은 불쾌한 경험이 될 수도 있다. 이 불편함을 없애려면 시간의 경과와 경험만으로는 부족하다. 자신을 진정시키는 방법을 익혀야 한다. 자신을 진정시키려는 행위는 자연적이고 반사적이지만, 안타깝게도 우리는 그것을 바람직하게 실천하는 방법을 본능적으로 알지 못한다. 우리 주변에는 자신을 긍정적으로 진정시키는 방법을 배운 경험이 없어서, 결국 스스로 무너지고 좋지 않게 행동하는 어른이 많다. 예를 들어, 초코칩 아이스크림과 보드카 토닉은 방어형이 선호하는 자기 진정 전략 중 하나지만, 그것이 지나치면 건강을 해친다. 공격형의 휴식 상태는 각성이 적은 상태이기 때문에 두려움에 특별히 민감하지 않다. 대신에 자극을 찾는 과정에서 주의가 산만해지고 자기 진정에 취약해질 수 있다. 이 때문에 공격형은 자신을 자극하는 코카인이나 (똑같은) 초코칩 아이스크림 등에 중독되기 쉽다.

놀라운 사실일 수 있는데, 방어형은 신경계로 인해 예기치 못한 새로운 것에 아주 민감하게 반응한다. 그리고 계획을 아주 잘 따를 수 있는 한편, 상황이 바뀌거나 예상치 못한 문제가 생겼을 때 진가를 발휘한다. 반면에 공격형은 보통 복잡한 논리를 전개하는 데 탁월하지만, 상황이 잘못되면 당황하고 실패할 수 있다.

그 이유를 설명하기 위해 잠시 물러나 다른 이야기를 더 해보겠다. 앞서 우리는 도파민과 세로토닌의 기능을 설명했다. 이 두 가지가 우리의 자율신경계를 활성화하는 주요 뇌 화학물질이기 때문인데, 물론 그런 역할을 하는 것은 더 있다. 아드레날린, 노르아드레날린, 글루타메이트, 아세틸콜린이 도파민과 함께 모두 신경계를 자극하는 역할을 한다. 또한 세로토닌뿐만 아니라 아세틸콜린(그렇다, 두 팀 모두에 속한다), GABA 등도 지나치게 흥분한 뇌를 진정시키는 역할을 한다. 공격형의 신경계에서 흥분에 관여하는 뇌 화학물질들은 도파민뿐만 아니라 전체적으로 약간 부족한 편이다. 마찬가지로 방어형의 경우도, 세로토닌뿐만 아니라 진정에 관여하는 다른 친구들이 부족한 편이다.

이 사실을 활용하여 우리가 불확실한 상황에서 반응할 때 노르아드레날린이 하는 중요한 역할을 설명하고자 한다. 이는 우리가 변화하는 상황에 적응하고 그것을 배우는 데 도움이 될 것이다. 지금 닥친 상황이 안정적으로 보일 때, 우리는 앞으로 일어날 일을 예측할 수 있도록 과거의 경험에 의존하는 편이다. 그러나 상황이 불확실해지면 우리의 뇌는 기대를 포기하고 변화에 적응하는 데 필요한 빠른 학습을 허락한다. 뇌 화학물질인 노르아드레날린은 이렇게 상황에 따라 접근법을 바꾸는 기능을 한다.

이에 관한 최신 연구가 하나 있다. 연구자들은 실험 참가자에게 우선 집 혹은 얼굴의 이미지를 보여주고 각각의 이미지마다 특정한 소리를 들려주었다. 그러면서 자신이 들었던 소리에 기반하여 자신이 본 이미지를 직접 보기 전에 예측하는 방법을 빠르게 익혔다. 그러고 나서 연구자들은 실험 요소들을 살짝 섞기 시작했다. 소리와 이미지가 바뀌기 시작했고, 그렇게 불확실성이 커지면서 새로운 관계를 빨리 익혀야 할 필요가 생겼다. 그 후 참가자 절반은 가짜 약을 받았고, 나머지 반은 항불안제인 프로프라놀롤을 받았다(불안에 시달린 참가자가 한 명도 없었다는 사실에 주목하자). 프로프라놀롤은 신경전달물질인 노르아드레날린을 차단한다. 실험 결과에 따르면, 상황이 달라지면서 어떤 이미지가 이어서 나타날지 예측하기 위한 새로운 정보의 활용법을 익혀야 하는 시점에 놓였을 때, 프로프라놀롤 그룹이 가짜 약 그룹보다 더 느리게 반응했다. 프로프라놀롤 그룹은 불확실한 상황을 마주했을 때 새로운 관계를 빠르게 익히기보다 과거의 경험에 더 의존하여 예측을 진행했다.

실제 세계에서 이것은 무엇을 의미할까? 이는 보통 노르아드레날린과 같은 뇌 화학물질을 쉽게 자극하지 못하는 공격형이 방어형보다 과거에 훨씬 더 의존하는 이유가 될 것이다. 방어형은 자극 쪽의 뇌 화학물질이 풍부하고, 급변하는 환경에 더 유연하게 대처한다. 결국 공격형은 과거에 좀 더 집중하여 미래를 예견하는 편인 반면, 방어형은 미래 예측을 위해 현재에 좀 더 집중하는 편이다.

여기서 중요한 점은 무엇일까? 방어형은 정신없는 신경계를 처리해야 하기에 유연해지고, 이런 식의 평생 학습은 특히 변화를 대할 때 긍정적으로 작용하는 기술이 된다. 빠르게 변화하는 요구와 환경에 더 민첩하게 움직일 수 있다는 점은 방어형 뇌의 화학적 불균형이 낳는 기능적인 부수 효과다. 공격형은 세상에 대해 보다 경직된 자세를 취하기 때문에, 루틴에 좀 더 기대고 변화에 저항하는 편이다. 공격형은 어린 시절 이후 지금까지 자신을 자극하는 (보통 수준의 각성을 느끼는) 방법을 찾아야 할 때면 목표 달성을 위해 믿고 예측할 수 있는 전략을 만들곤 한다. 이러한 패턴이 뿌리내리게 되면, 환경이 조금 바뀐다 해도 그 패턴을 포기해야 하는 것이 싫어진다. 이런 성향이 공격형의 변화 과정을 더 어렵게 만들 수 있다.

당신이 자신을 공격형이라고 생각한다면, 자신의 일상을 정의하는 오래되고 신뢰할 수 있는 패턴을 다시 확인해서, 그것이 아직 건강하고 자신에게 유효한지 살펴봐야겠다고 생각할 수 있다. 여기서 우리가 이야기하는 것은 먹고 운동하고 쉬고 스트레스를 관리하는 방식 같은 생활 습관 문제다. 당신이 먹고 운동하고 자고 자신을 진정시키는 방법은 건설적 방식인가, 아니면 그저 익숙한 방식인가? 당신은 새롭게 변화하는 상황과 요구에 어떻게 대처하는가? 필요하면 새로 배울 수 있는가, 아니면 미묘하게 저항하는가? 자신이 변화

1부 나의 뇌 유형은 어떻게 느끼고 생각하고 행동하는가?

를 마다해서 꾸물거리고는 있지만, 제대로 하면 도움이 될지 모른다는 사실을 아는 것을 한 가지 떠올려볼 수 있는가? 그럴 수 있다면 그것을 도전해보는 건 어떤가? 그것이 뭐든 간에 자신이 감당할 수 있는 양으로 나누고 시작 일을 정하자. 여기서 좋은 소식 하나. 변화와 새롭게 무언가를 시작하는 것은 불확실성을 만들어내는 동시에, 각성을 만들어낸다! 저 작은 충돌을 긍정적인 무언가를 나타내는 징후로, 도전의 지표로 활용하자. 그리고 새로운 무언가를 하는 데 익숙해지려면 시간과 인내가 필요하다는 사실을 명심하자(인내는 학습에 대한 의지를 시험하는 척도가 될 수 있다). 무리하지 않고 조금씩 실천한다는 규칙을 염두에 두는 것이 가장 중요하다. 방향성은 정확하되 조금씩 실천하면 곧 숙달로 이어질 것이다.

반면 당신이 방어형이라면, 여기서 너무 우쭐대지 말기를. 물론 방어형은 변화하는 요구에 유연성 있게 잘 대처하지만, 회피 행동과 관련된 생활 패턴을 바꾸는 데 능숙하지 않을 수 있다. 각성을 피하려고 되풀이하는 습관들을 한번 살펴보자. 건강하지 못한 식습관이 있는가? 혹시 음주 습관이 있는가? 꾸준하게 운동하고 있는가? 너무 늦게 자는가? 너무 늦게 일어나는가? 이겨낸다면 강해지고 자신감을 얻을 수 있는 사회적 혹은 업무적인 도전을 피하고 있는가? 자신에게 큰 도움이 되지 않는데도 바꾸기를 주저하는 행동이 있는가? 단순히 즐거움을 위해 무엇을 할 수 있는가? 오늘이 기회다. 장기적으로 더 나은 결과를 가져올 수 있는 변화에 과감하게 도전해보자. 여기에도 작은 실천의 규칙이 적용된다. 회피 성향에 맞서는 일은 쉽지 않다. 감정적으로 불편한 순간을 견디는 법을 배워야 하기 때문이다. 기억하자. 강해져야 좋은 일이 생길 수 있다.

여기서 주의할 점이 있다. 자신을 공격형이나 방어형으로 여긴다고 해서 우리가 설명한 방어형 혹은 공격형 행동의 모든 범위나 방향에 일치한다는 뜻은 아니다. 이것은 절대적인 특성이 아니라 기호 또는 성향일 뿐이다.

충동 조절과 만족 지연

방어형은 일반적으로 충동 조절에 아주 능하다. 공격형과 달리 많은 각성을 경험해서 감각자극 요소를 찾지 않을 뿐만 아니라 피하기도 한다. 감각을 자극하는 요소는 충동적인 행동을 유발할 수 있다. 공격형은 (보상 회로에 도파민 한 방울을 떨어뜨리는) 보상에 대한 감정적인 기대에 얽매여 있어서 충동에 빠지기 쉽다. 앞서 설명했듯이, 공격형이 이러는 이유는 그것이 자극적이고 각성을 높이기 때문이다.

캐런은 또 다른 지갑이 전혀 필요 없었지만 자제할 수 없었다. 그녀는 인터넷 쇼핑몰에서 마음에 드는 지갑을 발견하고는 구매 버튼을 눌렀다. 신용카드 고지서가 눈에 아른거렸지만 그녀의 손가락이 더 빨랐다. 종종 그랬듯, 캐런은 택배 차량이 바깥에 정차하는 광경을 보고 죄책감과 후회가 밀려왔다. 남편이 보면 잔소리할 것을 알기에, 그녀는 새 지갑을 옷장 깊숙이 숨겼다. '더는 안 돼' 하고 자신

1부   나의 뇌 유형은 어떻게 느끼고 생각하고 행동하는가?

과 약속까지 했다. 그렇게 다짐했음에도 바로 그날 밤, 그녀는 인터넷 쇼핑몰을 뒤지고 있었다. 충동을 억누를 수 없었다.

이런 식으로 충동에 빠지는 일은 방어형이 겪는 경험과는 거리가 멀다. 흥미롭게도 충동 조절이 오로지 도파민 부족과 관련 있는 것은 아니다. 연구에 따르면, 높아진 세로토닌 수치의 문제이기도 하다. 그렇다. 진정 역할을 하는 신경전달물질인 세로토닌이 과할 때도 충동 행동이 탄력받는다.

세로토닌 과다는 결코 방어형의 문제가 아니다. 실제 많은 경우 충동 억제가 문제다. 공격형의 충동이 보상에 대한 기대와 관련이 있다면, 방어형은 보통 충동에 대한 기대를 부정적인 결과와 연결한다. 기억하자. 세로토닌이 부족한 사람에게는 위험 회피가 핵심적인 동기 부여다. 이러한 방어 본능이 어떤 경우에는 도움이 되고 강점이 될 수 있지만, 또 어떤 경우에는 걸림돌이 될 수 있다.

샌디는 공부를 열심히 하는 17세 고3 학생이다. 수줍음이 많고 날씬하며 자신이 느끼는 것보다 훨씬 더 매력적이다. 샌디는 사회불안을 앓고 있다. 건강하고 어린 10대 시절, 성적 매력에 대한 충동을 억누르기 위해 아주 열심히 노력했다. 남자아이들을 상대해야 하는 상황이면 무엇이든 피했다. 공립학교에 가면서 이것은 어려워졌지만, 샌디는 현명한 소녀답게 아주 효과적인 전략을 만들었다. 샌디는 우리와 처음 만난 자리에서 자신에게는 성적 감정이 없다고 확신했다. 그녀의 꿈은 다른 이야기를 들려주었지만 말이다. 샌디는 '성욕이 왕성한' 모든 남자아이의 눈에 띄지 않으려고 일부러 촌스러운 옷을 입고 다녔다. 그녀는 이렇게 말했다.

"저는 가톨릭 신자는 아니지만, 수녀 같은 사람이 될 운명인 거 같아요."

샌디는 TV 오디션 프로그램의 숨은 팬이었고, 자기 침실에 혼자 있을 때 그러한 프로그램을 즐겨 봤다. 특정 가수의 노래를 따라 부르곤 했지만, 그것은 오로지 집에 혼자 있을 때의 이야기였다. 그리고 엄밀히 말하면 거식증 환자는 아니었지만, 어떻게든 당근을 주식으로 먹는 스파르타식 식단 계획을 따랐다. 또한 사교 행사에 자주 초대받았지만, 늘 거절하곤 했다.

때로 방어형은 건강한 느낌과 욕구(충동)를 너무 엄격하게 대해서 자신을 옥죌 수 있다. 샌디가 처음으로 변화의 기미를 보인 것은 자신이 꾼 꿈을 이야기할 때였다. 그 꿈에서 샌디는 집 뒤의 언덕에서 수풀이 우거진 오솔길을 걷고 있었다. 그런데 갑자기 그 오솔길 앞에 빠르게 흐르는 개울이 나타났다. 샌디는 맞은편으로 가고 싶었지만 건너기가 두려웠다. 그렇게 돌아서려는 찰나, 개울 바로 아래에서 자신을 보고 활짝 웃으며 서 있는 한 남자아이를 발견했다. 그녀가 그다음으로 기억하는 장면은 자기 손이 그 남자아이의 손안에 있고, 두 사람이 물을 가로질러 맞은편 둑으로 함께 걸어가는 모습이었다. 그 남자아이가 누구인지 알아봤느냐는 질문에, 그녀는 얼굴을 붉히며 이렇게 대답했다.

"저와 같이 영어 수업을 듣는 정말 귀여운 남자애예요."

얼마 전인 어느 날, 샌디는 함께 나눠 먹을 초코칩 쿠키 몇 개를 가지고 우리를 찾아왔다.

"글루텐 프리지만 정말 맛있어요."

그녀가 힘주어 말했다. 그리고 얼굴을 다시 붉히며 이렇게 말했다.

"어떤 충동은 표현하는 게 좋다고 선생님이 말씀하신 적 있잖아요? 음, 어떤 남자애가 파티에 함께 가자고 해서 승낙했어요."

샌디는 자기가 한창 성장하고 있는 젊은 여성임을 깨닫기 시작했다.

충동을 받아들일 때와 거부할 때를 아는 일은 중요하다. 충동은 어떠한 결정이 내려지길 바라는 감정과 엮인 생각이다. 충동은 그 자체로 좋거나 나쁜 게 아니며, 우리에게 좋은지 아닌지는 상황에 따라 달라진다. 공격형의 기본 성향은 거절하는 편이 더 안전하고 현명한 상황에서도 그 경험을 받아들일 가능성을 높인다. 캐런 역시 자신의 쇼핑 중독이 실제로 도파민 부족과 관련이 있다는 사실을 이해하고 충동을 억제하는 방법을 배우기까지 어느 정도 시간이 필요했다. 우리는 캐런에게 자신의 모든 지갑을 꺼내서 침대 위에 나란히 놓고 그 위에 하나씩 포스트잇을 붙이도록 했다. 그리고 포스트잇에 그 지갑을 마지막으로 사용한 시기를 적도록 했다. 침대가 거의 꽉 찰 정도로 많은, 41개나 되는 지갑 중에 캐런이 지난 6개월 안에 사용한 것은 3개에 불과했다. 나머지는 그녀의 장롱 구석에 처박혀 있었다. 캐런의 소비가 충동에 따른 결과였음을 확인해주는 의식이었다. 우리는 행동의 뇌 화학적 측면을 캐런에게 설명했다. 이렇게 하면 죄책감과 수치심을 어느 정도 없애고, 충동에 대한 복잡한 감정을 단순한 화학 반응과 연결시킬 수 있다. 그러고 나서 우리는 사용하지 않은 지갑들을 지적하며 충동(기대와 소비)과 결과(지갑 자체에 대한 감상) 사이의 단절을 설명했다. 도파민은 어떤 활동이나 물건을 통해 꿈꾸고 계획하는 것과 밀접한 관련이 있지, 그것을 감상하는 것과는 아무런 관련이 없다. 그리고 무언가를 '하는 것'에 대한 동기부여와 관련이 있지, 행위의 결과를 누리는 것과는 무관하다. 캐런은 소비 충동과 소비의 즐거움(혹은 즐거움의 부족)을 분리하여, 도파민 보상이 앞에서 이루어졌고 이 모든 것이 환상에서 비롯한 흥분이었음을 이해하게 되었다. 그녀가 우리한테 와서 이렇게 말했을 때 그녀에게 정말로 상황에 대한 통제력이 생겼음을 우리는 알게 되었다.

"저는 컴퓨터를 하면서 화면에 보이는 지갑 중 하나를 만약에 갖게 된다면 어떤 기분일지 상상할 수 있어요. 하지만 실제로 살 필요는 없죠. 사봤자 한 번도 사용하지 않을 거라는 걸 아니까요."

시험 준비를 하느라고 밤을 새워본 사람이라면, 만족을 미루는 결정과 경험에 대해 잘 알고 있을 것이다. 계속 열심히 책을 보는 행위는 자신에게 가장 필요한 휴식을 비롯하여 그 순간에 자신이 하고 있었을지도 모르는 다른 수많은 일을 희생한 결과다. 물론 공격형과 방어형 모두 만족을 미룰 수 있지만, 방어형이 좀 더 쉽게 하는 편이다. 왜 그럴까?

공격형과 방어형 모두 자신이 무엇을 놓치고 있는지, 즉 지연으로 어떤 대가를 치르는지에 초점을 맞춘다. 공격형의 경우, 시험공부를 함으로써 두 시간 정도 게임을 하거나 뜨거운 데이트를 즐기거나 몇 시간 동안 소파에 널브러져서 새로운 넷플릭스 시리즈를 시청하지 못하게 된다. 그리고 그 어떤 지연 비용이 발생하건 일종의 보상 경험이 부재하게 된다.

반면에 방어형의 경우, 보상을 포기해야 하는 것에 관심을 쏟는 대신에 보상을 포기하지 않음으로써 생기는 결과에 더 집중하는 편이다. 비디오 게임을 하며 몇 시간이 날아가는 상황에 집중하는 대신, 공부를 하지 않으면 시험을 얼마나 망칠까에 초점을 맞춘다. 공격형의 경우, 보상을 놓치면 의지의 끈을 놓고 텔레비전을 켰을지 모른다. 그러나 방어형의 경우, 관련 역학이 다르다. 보상에 덜 예민하고 손해를 더 피하려 하는 만큼, 낮은 시험 점수를 받을 가능성을 피하는 것이 실제로 내적 보상을 받는 경험이 된다. 따라서 공격형은 만족을 미뤄야 하는 상황을 보통 순손실로 경험하는 반면, 방어형은 그러한 지연을 순이익으로 받아들인다. 자기 통제와 이득 얻기를 미루는 능력에 대해 좀 더 깊이 알아보자.

심리학자 월터 미셸Walter Mischel이 주도한 스탠퍼드 마시멜로 실험을 많은 이가 기억할 것이다. 먼저 다섯 살짜리 아이들이 방에 들어가서 탁자 앞에 앉았다. 탁자 위에는 마시멜로 하나가 놓여 있었고, 아이들은 15분 동안 그것을 먹지 않고 기다리면 두 번째 간식을 받을 것이라는 이야기를 들었다. 그러고 나서 실험자는 방을 나갔고, 15분이 지나서 다시 들어왔다. 그 결과 어떤 아이들은 처음에 문이 닫히자마자 마시멜로를 먹어 치운 반면, 다른 아이들은 마시멜로를 먹는 충동을 억제하고 두 번째 간식을 받을 때까지 기다렸다.

실험자들이 발견한 것은 훗날 입시시험에서 점수를 더 잘 받고 행동 문제를 덜 일으키는 것과 같은 성공적인 삶과 만족 지연 능력 사이의 강한 상관관계였다. 그러나 후에 미셸의 연구 결과에 의문이 제기되었다. 예를 들면, 가족 소득을 통제하자 이러한 상관관계가 사라진 것이다. 애초에 두 형제자매가 굶주리고 있고 먹을 것도 전혀 없는 상태였다면, 간식을 봤을 때 그게 나중에 다시 보면 없어진 상태일 것이라는 두려움을 느끼고는 그 간식을 바로 낚아챘을 가능성이 높다.

그러나 자기 통제와 만족 지연 능력은 연구상의 문제와 상관없이 우리가 갖춰야 하는 중요한 기술이다. 뇌의 화학적 불균형 때문에 공격형은 보상받기를 미루는 데 방어형보다 힘든 시간을 보낸다. 방어형은 보상에 덜 예민하기 때문에 실제로 유혹을 덜 받는다. 유혹은 본질적으로 감정에 휩쓸려 충동 조절 능력을 잃을 수 있다는 두려움을 수반할 수 있다. 방어형이 기를 쓰고 피하고자 하는 현상이다.

공격형은 보상과 각성 가능성에 민감하기 때문에 만족을 쉽게 미루지 못한다. 이러한 지연은 부족한 각성 상태와 관련 있고, 이에 대한 예측은 불편함을 불러일으킨다.

방어형은 때때로 무언가 불편할 것이라고 예상해서 그것을 나중에 처리하려고 하는 것과 건설적인 만족 지연 능력을 혼동하기도 한다. 여기서 자기 합리화를 하지 않는 것이 최선이다. 방어형은 불편한 느낌을 피하려고 할 때 자기변명에 아주 쉽게 기댈 수 있다. 우리는 자신이 얻으려고 하는 바를 파악하고 그것을 얻을 수 있는 방법을 찾아야 한다. 목적보다는 과정을 생각하자. 우리가 만난 한 내담자는 여성과 함께 춤추기를 늘 바라왔다고 했다. 하지만 학교 파티에서 자신이 좋아하는 여자아이를 보고도 같이 춤추자고 말할 용기가 전혀 생기지 않았다. 후에 결혼식을 비롯한 각종 사교 행사에 갔을 때 데이트 상대가 있어도 춤추는 것은 늘 피해 다녔다. 몇 발자국도 떼지 못하고 비틀거리고 싶지 않아서 그랬다고 했다. 한편으로는 자신감을 얻고 춤 레슨도 받고 싶어 했다. 하지만 그는 늘 핑곗거리를 찾아서 그것을 실천에 옮기지 못했는데, 수업 등록하기가 너무 부끄럽고 불편한 것이 진짜 이유였다. 그러다가 마침내 수업 등록에 성공했을 때 그는 춤보다 훨씬 더 가치 있는 선물을 얻었다. 자신이 하지 못할 거라고 믿었던 무언가를 실제로 할 수 있다는 자신감과 믿음을 얻었던 것이다.

비슷한 상황에서 공격형의 움직임은 조금 다르다. 공격형은 충동에 빠지거나 상황을 마무리하기 전 중도에 포기함으로써 스스로 문제를 일으킬 수 있다. 지루함을 느끼거나 인내심을 잃거나 어느 순간 더 흥미롭고 자극적으로 보이는 무언가에 더 관심이 생기는 탓이다. 예를 들어, 취미를 계속 바꾸기도 하고, 세 번째 데이트를 굳이 할 필요를 못 느끼기도 한다. 그렇게 새로움이 사라지면 끝내지 못한 프로젝트만 잔뜩 남거나, 늘 자신을 들뜨게 할 새로운 누군가를 찾기만 한 끝에 혼자 남는 신세가 될 수 있다.

낙관주의와 비관주의

밝고 외향적인 모습은 공격형의 대표적인 장점 중 하나다. 공격형의 공통된 주요 특징인 낙관성은 회복력부터 만족감에 이르는 인생의 다양한 이점과 연결된다. 보상을 지향하고 위험을 감수하는 태도는 아주 어렸을 때부터 모험적인 경험치를 높이는 방식이 된다. 또한 공격형은 나쁜 결과의 가능성과 처벌에 덜 예민하기 때문에, 우리가 모두 견뎌야 하는 불가피한 작은 실패의 가능성을 덜 두려워한다. 긍정적인 결과를 기대하는 사고방식은 바로 그러한 결과를 만드는 데 큰 도움이 될 수 있다. 긍정적인 관점이 경험상 더 좋은 느낌을 주기 때문에 공격형은 행복한 편이다. 실제로 낙관적인 사람과 관련해서 가장 꾸준히 발견되는 사실이 있다면, 이들이 대체로 행복하게 지낸다는 점 그리고 행복감이 몇십 년 동안 지속될 수 있다는 점이다. 연구에 따르면, 이러한 행복은 보상이 되는 사회적 상황에 대한 민감성, 더 많은 사회적 활동 참여, 더 효과적인 감정 조절 등과 관련될 수 있다. 이 모든 설명이 공격형의 범주에 들어간다. 다만 긍정적인 측면의 가능성은 과대평가하고 부정적인 위험성을 과소평가하기 때문에, 이를 토대로 의사결정을 내리는 점은 위험할 수 있다.

방어형으로 지내는 일이 항상 쉽거나 즐겁지 않다는 점을 지금쯤이면 알 수 있을 것이다. 이들의 비관주의 성향은 방어적인 성격에서 나타난 단순한 결과물이다. 공격형이 결정에 찬성할 이유를 찾는 반면, 방어형은 거절해야 하는 이유를 찾는 편이다. 안타깝게도 비관주의는 방어형의 큰 약점 중 하나다.

최근 연구에 따르면, 반복된 부정적인 생각은 인지 저하와 관련이 있다. 런던대학교의 연구자들은 55세 이상의 성인 292명을 대상으로 언어 능력, 공간 능력, 주의력, 기억력, 인지 기능 등을 측정하는 여러 가지 테스트를 통해 연구를 진행했다. 그리고 연구 대상자 중 약 절반에게 뇌 정밀 검사에 대한 동의를 얻어서 알츠하이머병의 생물학적 지표 역할을 하는 침착물인 타우tau 및 아밀로이드amyloid 단백질의 양을 파악했다. 실험 참가자들은 부정적인 경험을 어떻게 생각하고 대하는지, 과거에 얼마나 자주 매몰되었는지, 미래에 대한 걱정거리는 무엇인지 등에 대한 질문을 받았다.

4년의 기간 동안 부정적인 사고 패턴을 가장 많이 반복한 사람들은 상대적으로 긍정적인 사고 패턴을 가진 이들보다 기억력과 인지 기능에서 더 큰 문제를 드러냈다. 그리고 가장 중요한 이야기일 텐데, 바로 이들이 뇌의 타우 및 아밀로이드 단백질 침착물에서 가장 큰 증가 추세를 보였다.

그렇다면 부정적인 사고가 알츠하이머병으로 이어지는 것일까? 결론으로 바로 넘어가기 전에 관련 연구를 더 자세히 살펴보자. 이러한 연구는 연관성이나 상관관계를 보여주는 것이지 반드시 인과 관계를 드러내는 것은 아니다. 부정적인 사고와 인지 저하 모두에 제3의 요소가 개입되었을 수도 있다.

문제가 있다면, 방어형이 가진 부정적인 사고 패턴에 대한 편향이 아니라, 익숙지 않은 기술을 발전시켜야 하는 새로운 도전, 새로운 사회적 상황, 새로운 경험을 평생 회피하려는 성향일 것이다. 방어형의 뇌는 높아진 각성 수준에 대한 만성적인 반감 그리고 그 반응이 가져오는 새로운 경험에 대한 거부에 익숙해져 있다. 그러나 우리의 뇌는 가변적이다. 우리의 뇌는 새로운 경험을 통해 물리적으로 계속 다시 만들어지고 있다. 여기서 눈여겨볼 점은 새로운 것, 즉 경험의 새로움과 우리의 뇌를 다시금 형성하는 낯선 자극이다. 우리의 뇌를 재형성하는 새로운 도전과 자극적인 경험을 받아들일 때, 기억력과 인지력을 온전한 상태로 오랫동안 지키고 해로운 타우 및 아밀로이드 단백질 침착물을 피할 수 있다.

방어형이 해야 할 일은 갑자기 긍정적인 사고를 갖기 시작하는 게 아니다. 새로운 경험을 반사적으로 거부하지 않고 더 자주 받아들이는 방법을 찾는 일이 중요하다. 이러한 과정에 돌입하기 위해 회피 일지(4장 참고)를 작성해보는 건 어떨까?

공격형이 지닌 개방적이고 낙관적인 태도는 세상을 살아가는 데 아주 좋은 특성이자 방식이다. 이 점은 유용하기 때문에 꾸준히 고집하길 권한다. 다만 놓쳐서는 안 될 무언가를 놓칠 수 있다는 점은 유의해야 한다. 낙관주의가 현실주의를 대체해서는 절대 안 된다. 팬데믹 기간에 조심하지 않다가 병을 앓은 사람들이 있었다. 이런 일이 자신에게 일어나지 않을 것이라는 태도는 낙관적인 사고일지 모르지만, 응당 자신을 보호하는 데에는 거의 보탬이 되지 않는다. 여기서 자신이 실질적인 무언가를 위해서가 아니라 바람, 기대, 굳은 신념 때문에 하고 있는 것이 무엇인지 자문할 수도 있다. 더 현실적

1부 나의 뇌 유형은 어떻게 느끼고 생각하고 행동하는가?

이고 적절한 선택을 하는 것은 자신의 이면을 감추기 위한 비관적인 태도가 아니다.

위험 내성

우리의 행동을 형성하는 마지막 정서적 요인은 위험 내성이다. 우리의 자발적인 위험 감수 성향은 각성과의 관계성에 크게 좌우된다. 각성 수준이 낮은 사람은 높은 사람보다 위험을 더 잘 견딘다. 대규모 이주처럼 아주 오래되고 중대한 무언가를 한번 빠르게 살펴보자. 우리의 세계를 형성해온 자발적인 이주 행렬을 돌이켜보면, 이러한 질문이 나올 수 있다. 사냥감이 줄고 사냥꾼이 빈손으로 집에 돌아오는 일이 너무 잦아진 상황에서는 누가 가만히 있지를 못했을까? 혹은 과잉 수확이나 미기후microclimate(지면에 접한 대기층의 기후)의 변화로 뿌리와 씨앗을 찾기가 더 어려워진 상황에서는 누가 남고 누가 떠났을까? 물론 그들의 이름은 시간의 먼지 속으로 사라졌다. 그러나 우리는 신경화학에 관해 아는 바가 있고, 이는 우리에게 많은 것을 말해준다. 방어형은 불확실하고 어려운 시기에 이런 식으로 말하기 위한 근거를 찾느라 바빴을지 모른다. "맞아, 지금은 어려운 시기지만, 더 안 좋아질 수 있는 알 수 없는 영역으로 들어가기보다는 우리의 형편에 맞게 잘 지내는 편이 더 안전할 수 있어." 반면에 공격형은 저 멀리 언덕 너머에 어떤 위험이 도사리고 있을지라도 겁을 덜 내고 더 움직이려고 할 것이다. 익숙함 자체는 그 익숙한 대상이 불쾌하거나 단점이 있어도 방어형에게는 어느 정도 편안함을 준다. 그러나 공격형에게는 그렇지 않다. 편안함을 중요시하지 않아서가 아니라, 위험을 과소평가하는 것만큼 익숙함의 가치를 무시하는 편이기 때문이다.

방어형은 위험을 회피하는 편이다. 정서적 위안의 범주를 벗어나는 새로운 무언가에 발을 들인다는 것은 각성 수준이 불쾌하게 치솟는 상황에 대처해야 한다는 의미다. 우리는 모두 편안함을 중심으로 움직이고, 그중에 방어형은 대부분 위험 감수를 불편한 노력으로 받아들인다. 당신이 투자자라면 위험을 회피하는 것이 진정한 자산일 수 있다. 이 덕에 거짓 양성 오류false positive error를 적게 범하고, 누군가가 차세대 아마존이라고 광고하는 투기적 저가주에 돈을 걸지 않는다. 그러나 이처럼 똑같은 의사결정 성향에는 단점이 있다. 방어형은 거짓 음성 오류false negative error를 쉽게 범할 수 있다. 예를 들어, 자신이 투자한 주식이 폭락해도 그 주식이 다시 오를 때까지 기다릴 가능성이 크다. 더 하락할까 봐 걱정하면서 망설이다가 속절없이 이를 꽉 깨문 상태에서 매수자들이 주식을 싹쓸이하며 다시 한번 상승시키는 모습을 지켜보려 할 것이다.

반면에 공격형은 방어형과 조금 다르게 불확실함을 읽는 편이다. 각성 수준의 급증을 불편한 것이나 위험으로 보지 않고 흥미로운 것이나 발생 가능한 보상을 얻는 과정으로 받아들인다. 공격형 한 사람과 방어형 한 사람이 처음으로 래프팅을 같이한다고 치자. 두 사람은 똑같은 경험을 하지만, 한 사람은 물에서 나온 후 안도의 한숨을 쉬고, 다른 한 사람은 한 번 더 타려고 준비할 것이다.

자신을 위험과 연관시키는 방법에 대해 잠시 생각해보자. 당신은 보통 어느 쪽에 해당하는가? 당신의 위험 내성이 의사결정에 지금까지 어떠한 영향을 미쳐왔는가? 자신의 위험 내성이 사회적 관계에 어떻게 작용했는가? 당신은 친구를 선택하는 편인가, 아니면 친구에게 선택받는 편인가? 돈과 관련한 결정을 내릴 때 위험을 감수하는 것을 어떻게 보는가? 자신의 일과 경력에 영향을 미쳤던 위험 요소가 있는가? 자신의 건강에 나타나는 위험 내성이 있다면 무엇인가? 술을 과하게 마시는 편인가? 담배를 피우는가? 매일 마냥 앉아서 시간을 보내는가? 건강검진 일정을 잡기에는 너무 불안해서 혹시 필요 없는 척하고 있진 않은가? 자신이 위험을 감수하는 정도가 평균적으로 너무 낮거나 높다고 생각하는가? 이런 식으로 아이디어를 얻어보자. 이 모든 질문이 이해에 도움이 될 것이다.

당신이 뇌의 화학적 불균형에 기반하여 둘 중 한쪽으로 무의식적인 대답을 하게 되어 있다는 사실을 명심하자. 물론 이러한 결과를 이끄는 힘은 논리와 무관한 연역적 사고다. 당신이 공격형이라면 중대한 위험을 내포한 결정이나 행위에 대한 열의를 누그러뜨리는 편이 도움이 될 수 있다. 우리를 부르는 것은 아주 매력적으로 보이는 이성적인 사고 과정이 아니라 도파민을 얻으려는 교활하면서도 자멸적일 수 있는 술책에 불과할지 모른다. 이와 반대로 자신이 결정에 너무 망설이고 조심하는 방어형이라면, 당신이 마주하는 위험은 실제 세계가 아닌 뇌 화학작용이 일으킨 시끄러운 잡음에서 비롯한 것일 수 있다. 대담하게 생각하고, 좀 더 자유롭게 살아가자.

우리의 정서는 우리의 의사결정과 그것에 기반한 습관을 만든다. 이러한 의사결정 가운데 대다수는 미시적인 수준에 있고, 그러한 결정이 만들어낸 습관은 무의식적으로 드러난다. 특정한 뇌 화학작용이 당신의 삶에 미치는 영향력을 더 잘 이해한다면, 이렇게 숨겨진 방식을 양성화하고, 자신에게 도움이 되는 방식을 소중히 여기며, 도움이 되지 않는 방식을 거부하고 무시하는 일이 수월해질 수 있다. 이 세상을 통틀어서 자신이 **하지는 않았지만 하고 싶은 것**은 물론, **했던 것**도 자세히 살펴보자. 당신의 뇌 유형이 작용하는 모습이 보이는가?

물론 당신의 뇌 유형만이 자신의 정서가 작용하는 데 주된 역할을 하는 것은 아니다. 당신의 사고방식에는 뇌 유형 특유의 조용하면서도 분주한 지침이 있다. 이어지는 내용에서 이 부분에 대해 확인해보자.

3장

사고방식을 이끄는 줄다리기

각성과의 관계성은 인지 패턴을 어떻게 결정하는가?

우리가 생각하고 결론에 도달하고 의사결정을 내리는 방식에는 많은 공통 요인이 있다. 몇 가지만 예로 든다면, 어린 시절의 가족 경험부터 교육, 친구, 종교 및 정치 성향 등이 있다. 그러나 정보를 소화하고 활용하는 방식에 분명한 요인이 있는가 하면 미묘한 요인도 있다. 그것이 바로 뇌의 화학작용이 강력한 힘을 행사하는 방식인데, 우리가 감지할 수 없는 영역이다. 그 방식은 의식적인 자각이 거의 없는 상태에서 자연적으로 움직여서 우리를 형성한다. 야구 경기 중 높이 뜬 공에 작용하는 보이지 않는 중력의 힘처럼, 어떤 것은 우리가 관찰이 아닌 효과로 알아차리게 된다. 마찬가지로 우리 행동의 특징을 살펴보면, 뇌 화학작용이 어떻게 이뤄지는지를 제대로 파악할 수 있다.

보상 처리

우리의 행동 방식은 우리의 학습 방식과 관련이 있다. 우리는 뇌가 파악하는 것을 행동으로 옮기면서 배운다. 뇌가 파악한 것을 부호화할 때 도파민이 큰 역할을 한다. 이 현상을 연구한 사람들이 쓰는 표현을 따르자면, 뇌는 '보상 예측 오류reward predictions errors'라는 것을 추적함으로써 복잡한 학습 과정을 완수한다. 이것이 정확히 무슨 뜻일까?

우리는 세상에서 일종의 주체라는 느낌을 얻기 위해 관찰 결과와 경험을 얼추 페어맞추고 시행착오 실험을 시작한다. 바닥을 기어서 가로지르기 같은 운동 과제를 해보든, 아니면 들은 단어를 비슷하게 표현하기 위해 중얼거리든 간에 우리는 목표를 이루기 위해 시도한다. 이러한 '실험'은 우리가 바란 것이 성공적으로 이루어질지도 모른다는 예측과 같다. 도파민은 우리의 예측이 얼마나 정확한지를 뇌가 암호화하도록 돕는다. 근본적으로 보상 예측 오류란 **우리가 예측한 보상(우리가 진행한 실험의 성공)과 우리가 실제로 받은 보상(우리가 성공에 얼마나 근접했는가) 사이의 차이**를 가리킨다.

작용 방식은 이렇다. 우리가 예측한 것보다 더 큰 성공을 거두면, **긍정 예측 오류**positive prediction error가 암호화되면서 거대한 도파민 세례가 주어진다. 그리고 우리가 생각한 것만큼 어느 정도 성공을 거두면 도파민 신호는 기본 수준에 머무른다. 반대로 우리가 생각한 것보다 성공을 거두지 못하면 **부정 예측 오류**negative prediction error가

1부   나의 뇌 유형은 어떻게 느끼고 생각하고 행동하는가?

암호화되면서 도파민 신호는 줄어든다. 이러한 실험의 순간이 끝없이 축적되면서 우리는 자신을 고유한 인간으로 만드는 모든 것을 학습한다. 본질적으로 우리는 일을 더 성공적으로 진행하도록 유인되는데, 이는 신경전달물질인 도파민이 조직적으로 우리의 추정(보상을 얻는 가장 효율적인 방법에 대한 우리의 추측)을 보상하고 강화하는 방식에 기반한다. 우리가 아기였을 때 눈을 감고 머리를 뒤로 젖히는 행위는 잠깐 자려고 할 때 잘 통했지만, 지금 밥을 먹고 싶다고 하면 전혀 통하지 않는다. 우리의 무작위적인 시행착오 예측은 우리가 처한 환경에 어우러지고 대처하는 방식을 아주 빠르게 익히도록 한다. 기어다니기는 곧 두 발로 서기와 걷기로 이어지고, 우리가 내는 이상한 소리는 단어로 바뀌어 결국 문장 형태로 이어진다. 이 모든 것 그리고 그 이상은 우리의 일정한 예측 실험에 따라 차별적으로 나타나는 도파민 분비의 산물이다.

여기서 끝이 아니다. 우리는 기분 좋은 도파민 세례로부터 무언가에 접근하고 행동하고 관여하는 것(정적 강화)만 배우지 않는다. 이 똑같은 뇌 화학물질로부터 무언가를 피하는 방법을 배우기도 한다. 예를 들어보겠다. 수업 중에 질문이 나왔는데 당신이 답을 알고 있어서 손을 들려고 한다. 그러나 창피당할까 봐 너무 신경 쓰이고 두려워서, 손을 들기 전에 도로 무릎 위에 둔다. 손을 잽싸게 내리자마자 안도감이 찾아온다. 심장 박동과 호흡도 안정을 찾는다. 불편할 수 있을 것으로 예상한 경험을 피하면 성공을 거둔 것 못지않게 뇌에 보상이 주어진다. 결국 기본적인 학습은 정적 강화positive reinforcement와 부적 강화negative reinforcement가 서로 층층이 결합하면서 이루어진다.

모든 보상은 저마다 다르고 보상을 얻는 데 드는 시간 역시 제각각이다. 우리가 선택권을 얻었을 때 적은 보상보다는 많은 보상을 얻으려고 하고, 나중보다는 최대한 빨리 받고 싶어 한다. 그러나 보상의 양과 보상을 얻는 데 드는 시간이 서로 충돌하면(지금 적게 받든지, 나중에 많이 받든지) 선택은 복잡해진다. 마시멜로 실험에서, 어떤 아이들은 몇 분 더 기다리면 맛있는 간식을 더 먹을 수 있다는 것을 알면서도 유혹을 이기지 못하고 마시멜로를 먹었다. 우리는 모두 자신이 인식한 보상의 중요성과 보상을 얻는 데 드는 시간의 조합에 따라 보상의 가치를 평가하곤 한다. 나중에 더 많이 받는 보상은 **자기 통제 선택**, 더 적더라도 최대한 빨리 받는 보상은 **충동 선택**이라고 알려져 있다. 사람들은 대부분 뜨겁고 짠 감자튀김을 쌓아놓고 먹어치우는 순간적인 기쁨보다는 날씬하고 매력적인 몸을 갖는 편이 더 좋다고 말할 것이다. 그러나 어떤 보상에는 시간과 에너지가 소비되는 반면, 또 어떤 보상에는 엄지와 검지만으로 충분하다. 지금 당장 1달러를 받는 것보다 10분 기다려서 10달러를 받는 편이 더 낫다고 여기지 않는 사람이 어디 있겠는가? 그러나 10달을 기다려야 한다면 어떨까?

복측선조체ventral striatum는 뇌의 한 부위로서 보상 경험, 동기 부여, 움직임 등을 중재한다. 우리는 살아남기 위해 평생 노력을 마다하지 않는데, 이러한 노력은 우리가 내린 의사결정의 산물이다. 신경 영상 연구에 따르면, 복측선조체는 우리가 의사를 결정하는 동안 활성화되고, 이러한 활성화는 대기 시간, 노력, 확률 등 비용에 따른 보상에 대해 우리가 부여하는 가치를 암호화한다. 이 뇌 부위는 다른 역할도 한다. **활성 신호**를 만들어서 우리가 에너지를 쏟을 준비를 시키기도 하고, **무시 신호**를 만들어서 우리가 최소한의 노력만 들이면 되는 행위를 선택하도록 도와 헛된 노력을 들이는 일이 없게 만들기도 한다. 뇌는 열량을 잘 의식하도록 만들어졌다.

이러한 역학을 방어형과 공격형의 측면에서 보면 모든 사실이 정말 흥미로워진다. 이 보이지 않는 기류는 궁극적으로 뇌의 화학적 불균형으로 인해 우리가 의사결정 과정을 지배하도록 선택한 오류에 지대한 영향을 미친다. 각성을 갈구하는 공격형은 더 위험하고 충동적인 선택을 하는 편이다. 정적 강화에 이끌리다 보니 시간과 노력의 측면에서 품이 많이 드는 중요한 보상을 평가절하할 가능성도 더 크다. 반대로 각성에 반감을 갖는 방어형은 만족을 더 잘 미룰 수 있다. 방어형이 의사결정의 측면에서 문제를 겪는 경우는 회피에 대한 친숙함과 부적 강화로 잘못된 길에 들어설 때다. 우리가 앞서 이야기한 그 학생(답을 알고 있었을 것이다)은 자신의 자신감을 높일 경험을 잃었다. 강화된 것은 적절한 기회를 얻은 데 대한 보상이 아니라, 손을 든다고 생각하면서 느낀 각성을 약화하는 전략(회피)이었다.

방어형은 부정적인 결과를 과대평가하고 긍정적인 보상을 과소평가하는 편이고, 공격형은 그 반대다. 2장에서 시험을 곧 앞두고 있던 학생들을 다시 예로 들어보자. 두 사람은 주어진 시간에 하고 싶은 것에 대한 단기적인 바람과 시험 성적에 따르는 장기적인 결과를 최대한 효율적으로 선택해야 한다. 두 사람은 공부를 할까, 아니면 즉각적인 즐거움을 느낄 수 있는 무언가를 할까? 문제는 공부로 인한 시간 지연에 큰 희생이 따른다는 점이다. 두 사람 모두 지연으로 인한 대가뿐 아니라 자신이 당장 놓치고 있는 것에도 초점을 맞춘다. 공격형에게 그 대가란 두 시간 동안 게임하기, 최신 영화 보기, SNS하기 등일 수 있다. 그리고 지연에 따른 비용과 함께 발생하는 것은 일종의 보상 경험을 누리지 못한다는 것이다.

방어형은 어떠한 사업을 진행할 때 신중한 자세를 취하고 기회를 적극적으로 잡으려 하지 않는 편이다. 방어형이 공격형만큼 보상 경험을 좋아하지 않아서가 아니다. 보상을 얻으려고 할 때 잃을지도 모르는 것 혹은 포기해야 하는 것을 더 중요하게 여기기 때문이다. 공격형은 **보상을 포기할 때** 잃을지도 모르는 것보다는 **보상을 포기하지 않을 때** 따르는 결과에 더 중점을 두는 편이다. 보상 예측은 늘 '내가 이렇게 하면 저런 일이 생길 수 있겠군'이라는 생각과 관련이 있다. 의사결정에 앞서 예측하는 사이에 방어형과 공격형은 서로 다른 방식으로 보상을 생각한다. 방어형은 시험을 망칠 가능성이 커지는 상황을 피함으로써 무언가를 얻는 반면, 공격형은 지금의 보상을 미루면 손해라는 생각에 끌릴 수 있다.

도파민 신경은 보상 예측과 실제 보상을 구별하지 않는다. 이들은 서로 동등한 가치를 갖고 뇌에서 비슷한 방식으로 다뤄진다. 우리가

1부　나의 뇌 유형은 어떻게 느끼고 생각하고 행동하는가?

보상 예측을 활용하여 계획을 세우고 의사결정의 기반으로 삼는다는 의미다. 그리고 예측이 정확하면 도파민 반응은 사라진다. 예측이 우리의 기대를 뛰어넘을 때만 도파민 세례가 나타난다. 우리의 뇌는 예측을 계속 업데이트하고, 우리가 방금 받은 놀라울 정도로 큰 보상은 격하되어 기준으로 자리한다. 뇌에서 소용돌이치는 도파민은 단순한 보상뿐 아니라 계속 커지는 보상으로 우리를 이끈다.

인간으로서 우리는 더욱더 많은 보상을 갈구하도록 타고난 듯하다. 이러한 본성은 생존과 진화적 가치를 규정하면서 우리의 지적 호기심을 이끄는 요소는 물론 경쟁 본능까지 책임질 것이다. 의심할 나위 없이 이것이 물질세계의 원동력이기도 하다. 인간 본연의 의사결정과 모든 성공적인 마케팅 계획 사이의 연결고리다. 차나 집을 새로 장만할 때, 예전에 쓰던 지갑이 멀쩡한 상황에서도 새 지갑을 구입할 때, 심지어 연애 상대를 갈아탈 때도 우리의 예측 오류가 작용할 가능성은 크다. 그리고 이와 동일한 역학이 정반대 상황에서도 작용한다. 바로 두려움에 의한 동기 부여다. 극도로 암울한 예측을 하는 예언자, 오래 살 수 있다는 약속, 늙지 않는 피부로 만들어준다는 크림 등은 예측에 반응하는 것이다.

모든 조건이 같을 때, 뇌의 화학적 불균형이 미치는 보이지 않는 영향은 중요한 의미가 있다. 방어형은 부적 강화에 예민하기 때문에 확실한 안전을 내다보는 결정에 좀 더 무게를 두는 편이고, 보상에 중점을 두는 공격형은 정적 강화를 약속하는 예측에 더 무게를 싣는다. 조심성이 부족한 공격형의 성격은 사회적 기술과 자신감을 키우는 데 아주 요긴하지만, 금전적인 여유가 없는 데도 값비싼 물건을 또 하나 장만하려고 신용카드를 최대한도까지 끌어다 쓸까 고민할 때는 악영향을 미칠 수 있다. 그리고 방어형은 거절당할 것이라는 예측을 무시하고 끌리는 이성에게 데이트를 신청하는 편이 나을 수 있는 상황에서도, 자신의 타고난 신중함을 따른다. 공격형과 방어형은 분명히 각자의 각본에서 교훈을 얻을 수 있다.

어떻게 얻을까? 자신을 방어형으로 보는 사람은 자신의 행동이 얼마나 부적 강화의 영향을 받는지 비판적으로 따져보는 일이 큰 도움이 된다. 부적 강화는 불안감을 주거나 심지어 위험하다고 인식하는 어떠한 상황으로부터 잠시 멀어짐에 따라 나타나는 결과라서 좋은 기분을 준다는 사실을 명심하자. 이러한 역학이 만들어내는 결정은 건전하거나 건설적이거나 생산적인 이유가 아니라 편안함이 이유인 경우가 많다. 중요한 것은 정확함이다. 방어형에게 최악의 두려움은 실제 경험이 턱없이 부족한 상황에서 내리는 부정확한 결정과 판단이다. **경험**을 통해 배우는 게 아니라 반복적인 회피만 배우는 셈이다. 건설적일 수 있는 경험을 무작정 피하다 보면 두 가지 결과가 생긴다. 그러한 경험에 대한 두려움을 강화하고, 중요하고 유익한 학습 경험을 놓치게 되는 것이다.

방어형이 "Go" "Yes"라는 말을 더 자주 할 필요가 있는 상황에서 공격형은 조금 다른 문제를 겪는다. 공격형은 "Stop" "No"라고 말하고 심사숙고하는 시간을 더 자주 가질 필요가 있다. 내면에서 소란스러운 신경계를 걸러내는 장치가 방어형에게는 있지만, 공격형

1부 나의 뇌 유형은 어떻게 느끼고 생각하고 행동하는가?

에게는 없다. 따라서 공격형은 그러한 장치를 만드는 방법을 찾을 필요가 있다. 이를 위해, "Yes"라는 표현이 그 상황에서 어떤 의미를 갖는지 잠시 생각해보고, 무조건 그렇게 말하려고 하는 순간을 인식해야 한다. 내면에서 그러한 신호를 인지할 때 자신에게 "기다려"라는 명령처럼 간단한 무언가를 전한다면, 행위의 결과를 예상하는 데 충분한 시간과 신중함을 얻을 수 있다. 이렇게 한다고 해서 방어형이 되는 것은 절대 아니다. 대신 잔걱정을 달고 사는 일을 줄이고, 언제나 더 많은 재미를 얻을 것이다. 우리는 공격형이 상황에 맞게 좀 더 주의해서 이득을 얻지 못했다는 경우를 여태껏 본 적이 없다. 그러나 그렇게 하려면 나름의 노력이 필요하다. 방어형에게 자연스러운 일이 공격형에게는 분명히 부자연스러울 일일 것이다. 그러나 공격형에게 부자연스러운 일이란 실제로 자신에게 무기를 선사하는 아주 건설적인 전략이라는 사실을 잊지 말자.

모호함에 대한 인내와 이분법적 사고

모호한 것을 좋아하는 사람은 없다. 모호함은 혼란스럽고 골치 아프게 만들며, 그 뉘앙스를 파악하기 위한 엄청난 에너지를 요구하기 때문이다. 우리는 모두 의사를 결정하고 생각을 정리하며 자신의 확실한 의견을 만들기 위해 두 점 사이의 직선을 추구한다. 우리는 모두 현실이 수많은 회색으로 이루어져 있음을 알면서도 무조건 '예'

혹은 '아니오', 흑 혹은 백을 원한다. 모호함은 정서적인 갈등을 초래한다. 모호함이 가진 복잡한 메시지는 원래 불편하기 마련이다. 우리는 대부분 이처럼 복잡하고 모호한 상황을 일정한 시각을 통해 걸러내어 자신의 생각과 느낌을 정리한다.

예를 들어, 트럼프와 바이든이 맞붙은 선거 직후 정치적으로 애매한 상황이 나타났을 때 우리가 어떻게 대처했는지 살펴보자. 2020년 팬데믹 상황은 엄청난 위협과 불확실성 그리고 자신의 통제에 한계가 생겼다는 심각한 인식을 낳았다. 그러고 나서 선거가 있었고, 여기서 바이든이 승리하고 트럼프가 결과에 불복함으로써 불확실함은 배가 되었다. 주법원과 연방법원 모두 선거가 사기라는 트럼프 진영의 주장을 근거 없는 이야기로 일축했지만, 수백만의 미국인과 공화당원의 70~80%는 선거가 조작되고 도둑맞았다고 믿었다. 우리는 자신을 끊임없이 괴롭히는 뉴스 피드를 어떻게 살펴봤을까? 공격형과 방어형을 구분할 것 없이, 우리는 늘 무언가를 구별하도록 타고났다. 스토리텔러로서 우리는 대부분 빈약하고 조악한 내러티브를 만드는데, 그러한 내러티브는 우리에게 타당하고 우리의 태도와 가치에 맞는 방식으로 세상을 보여준다.

우리 가운데 상당수는 소셜미디어를 통해 뉴스를 얻는다. 페이스북이 큰 성공을 거둔 이유 중 하나는 사용자가 페이스북을 통해 자신만의 뉴스 피드를 큐레이팅할 수 있다는 사실에 있다. 뉴스 사이트는 비즈니스 모델을 운영하는 데 도움이 되도록 세간의 관심을 끌기를 바라기 때문에, 정보 제공보다는 수용자 확보에 더 중점을 둔다. 소셜미디어 이용자는 자신이 듣고 싶어 하는 뉴스를 통해 편향된 시각을 갖고, 이를 통해 자기 세계관을 확인하고 강화한다. 그러한 뉴스가 편안함을 주기 때문에, 이러한 편향된 시각은 진실이 되어 우리를 '대안적' 사실의 늪에서 허우적대게 한다. 우리의 뇌는 사실과 가능성을 서로 아주 다른 방식으로 처리한다. 여기서 표현이 중요한 역할을 한다. 뇌는 '가능'의 범주에 있는 정보보다 사실에 기반한 정보를 표현할 때 더 크게 활성화한다. '~일 것이다' 혹은 '~일지도 모른다'라는 표현은 '~이다' 혹은 '~하다'라는 표현에 비해 약한 피질 활성화 신호를 보낸다. 이것이 바로 거짓말이 빈번하게 반복될 때 쉽게 현혹되는 이유다.

우리는 현실에 대한 이러한 모호한 시각을 어떻게 대할까? 우리는 자신의 이유를 찾기 위해 과잉 공급된 정보를 자신의 편견에 얼추 맞는 해석과 함께 이념적인 시각으로 걸러내곤 한다. 이것을 '확증편향'이라고 하는데, 이는 새롭게 확인한 증거를 개인에게 이미 존재하는 신념이나 이론에 대한 확증으로 해석하는 경향을 가리킨다.

우리는 복잡함보다 단순함에 더 끌린다. 단순함이 우리가 사는 세상을 더 예측 가능하고 확실하게 보이도록 하기 때문이다. 이러한 사실은 2020년 선거 후에도 확인되었다. 선거는 여러 가지 이유로 승패가 갈린다. 사람들이 선거 결과를 탐탁지 않게 여기거나 충격적으로까지 받아들인다고 해도 마찬가지다. 2020년 선거 결과에 기뻐한 사람들은 바이든이 승리했다고 단순하게 결론을 내린 반면, 결과를 불쾌해하거나 불신한 사람들은 무슨 일이 일어난 건지 이해하고 일종의 이야기를 만들어야 했다. 그 이야기란 노골적인 사기라는 주장이었다. 많은 사람이 조직적인 투표 조작 탓에 생각지 못한 결과가 나왔다는 결론을 내림으로써 세상을 명확하고 질서정연하게 보고자 하는 자기 욕구를 채웠다.

무언가를 이해하고 그 원인을 파악하려는 인간의 욕구는 예측 가능한 세상에서 살고자 하는 욕구에서 비롯한다. 그러나 질서와 확실성에 대한 이러한 욕구에는 어두운 면이 있다. 그것은 바로 현실을 왜곡하는 힘이다. 실제로 최근 연구에 따르면, 사람이 살면서 질서를 확인하고자 하는 욕구를 크게 가질수록 자신에게 못마땅한 이야기를 의도적으로 조작된 것으로 보는 경향도 강해진다. 혼란 속에 질서가 있는 것처럼 느끼려고 하는 우리의 욕구는 자신의 취향과 반대되는 정보를 사실로 받아들이는 우리의 의지보다 강하다.

우리는 모호함이 주는 불편을 줄이기 위해 자신의 이야기 흐름에 맞는 요소에 꼬리표를 붙이기도 한다. 좋은 이야기에는 영웅과 악당이 있기 마련이다. 사회심리학 연구에 따르면, 사람들은 자신이 제대로 통제할 수 없는 상황을 경험할 때 자신의 불운에 대한 책임을 애매한 무언가에 돌리기도 한다. 우리는 지난 역사에서 이러한 경우를 봐왔고, 최근에는 세계 곳곳에서 대두한 포퓰리즘과 민족주의를 통해 확인했다. 우리의 경험이 만든 이야기에서 서로 이질적인 사건들을 엮을 때 확실한 적을 두는 것만큼 아주 효과적인 방법은 없다. 그 적이 비밀리에 움직이고 엄청난 힘을 가지면 더욱 좋다.

그렇다면 이것이 뇌 화학작용과는 어떻게 관련이 있을까? 방어형과 공격형 모두 모호한 것을 똑같이 꺼리지만, 서로 살짝 다른 방식으로 관계를 맺는다. 공격형은 대개 모호함을 장애물로, 즉 핵심이나 결과에 도달하기 위한 자신의 레이스에서 밀어내야 하는 무언가로 여긴다. 점들이 모두 드러나기 한참 전에 점들을 연결하느라 바쁘다. 반면에 방어형은 군데군데 모호한 상황을 마주치면 속도를 줄이는데, 불확실하면 위험할 수 있기 때문이다. 방어형 역시 혼란을 줄이길 바라지만, 자신을 위험에 빠뜨릴 수 있는 무언가를 놓치는 대가를 치르지는 않는다.

인간의 뇌는 명확함을 좋아한다. 모호함은 우리가 대상을 원하는 대로 깔끔하게 구별하여 정리하는 데 방해가 된다. 우리는 무언가를 일정한 무리로 한 번 구분하고 나면 더는 거기에 크게 신경 쓰지 않는다. 그렇게 선택하고 확인하고 구별했다. 도덕적이다/비도덕적이다, 맞다/틀리다, 좋다/나쁘다 등과 같이 편리한 구분을 우리는 좋아한다.

공격형은 보통 보상 및 목표를 더 중시하기 때문에 신중함보다는 결단력에 더 가치를 두는 편이다. 그래서 '완벽하지 않을지도 모른다고? 이미 끝났잖아!' 이렇게 정확성보다는 속도를 선호하는 경향은 모호함에 대한 너그럽지 않은 태도와 관련이 있다. 모호함, 불분명함, 복잡한 뉘앙스 등은 인지적인 감속이 필요한 병목 지점이다. 많은 공격형은 이러한 정지 신호를 바로 뚫고 지나가려고 하는데, 그러한 신호를 자신이 처리하고 의사결정에 반영해야 하는 관련 정보가 아니라 방해물로 인식한다.

예를 들어보자. 똑같이 어떠한 계약을 성사시키고 싶어 하는 두 사람이 계약서에 적힌 난해한 법률 용어를 읽고 있다고 치자. 두 사람 모두 이 과정이 끝나길 바라고, 문구 대부분이 표준 양식이라고 본다. 그러나 한 사람만이 시간을 들이면서 조항을 하나씩 읽고, 사인을 섣불리 할 수 없게 만드는 어떤 문구를 지적한다. 당신은 이 사람이 공격형인지 방어형인지 추측할 수 있을 것이다.

우리는 모두 확실한 답을 원한다. 애매한 세부 사항은 상황을 혼란에 빠뜨린다. 그러나 공격형은 이렇게 외친다. "뭐라는 거야!? 요점만 말해. 너무 복잡하다고." 이렇게 요점을 얻고자 하는 욕구는 절충안을 밀어내고 우리를 양자택일의 갈림길에 세운다. 그러나 때로는 양자택일이 아니라 이것도 저것도 아닌 경우가 있다. 또 가끔은 확실한 선택지가 아니라 가능한 여러 결과가 정신없이 층지어 있을 때도 있다.

모호함에 대한 반감은 이분법적 사고로 이어진다. 영국의 철학자인 앨런 와츠Alan Watts는 이 경직된 사고방식을 한 문장으로 표현했는데, 이는 같은 주제를 다룬 다른 책보다 더 많은 의미를 담고 있다. "그것은 빵 한 덩어리를 사러 가게에 갔다가 부스러기만 갖고 집으로 돌아오는 것과 같다." 악마는 디테일에 있다는 오랜 비유가 실제로 맞을 때도 있다. 그리고 양자택일의 결론에 너무 급히 다다르다 보면, 우리는 그 안에 담긴 즐거움, 미묘한 차이, 더 깊은 의미를 놓칠 수 있다. 안타깝지만 이 부분은 빵과 다르게 완전히 소화하려면 엄청난 노력이 필요할 수 있다.

자신을 공격형이라고 생각한다면, 잠시 멈춰서 자신이 무언가를 빠르게 구별하고 넘어가려고 하는 편인지를 자문하고 싶을 것이다. 평소 나는 "바로 본론으로 들어갑시다"라고 말하는 편인가? 바로 결론으로 넘어가는 일이 잦은가? 이 두 질문 중에 하나라도 그렇다고 대답했다면, 이러한 공격형의 성향을 인정하고 속도를 늦출 수 있도록 조절하기 바란다. 서두르면 의사결정 과정에서 아주 중요한 정보를 놓칠 수 있다. 본래의 성향이 모습을 드러낼 때 심호흡하고 조금만 인내하면서 신중함을 지키면 자신을 보호할 수 있다는 사실을 명심하자.

같은 상황에서 방어형이 겪는 딜레마는 조금 다르다. 방어형은 전체 중 아주 작은 세부 사항에 사로잡혀서 큰 그림을 보지 못하거나 놓치는 편이다. 당신이 자신을 이러한 성향으로 판단한다면 그러한 순간을 인식하고, "좋아, 그런데 그게 다 무슨 의미인데?" "이 모든 게 더 큰 그림과 어떤 관계가 있는데?" 식의 질문을 스스로에게 던져 보자. 당신은 세부 사항에 매몰되어 필요한 행위를 하지 못하는 상황을 원치 않을 것이다.

세부 사항에 대한 집중력과 주의력

다른 사람보다 집중력이 더 좋은 사람이 있다. 넓게 보고 위험을 감수하며 빠르게 움직이는 공격형은 보통 쉽게 산만해지는 반면, 늘 신중한 방어형은 주의력이 더 좋고 세부 사항에 대한 집중력과 관찰력도 더 뛰어나다. 방어형은 경계심을 가지면서 부가적으로 얻은 이러한 특징을 통해 본능적으로 드러낸다. 자신에게 세상의 잠재적인 위험을 탐지하는 레이더가 있을 때, 아주 작은 세부 사항에 집중하고 주의를 기울이는 능력이 향상된다.

계속 집중하고 주의를 기울이는 능력은 효과적인 인지 처리에 필수적인데, 이 능력은 신체에서 일어나는 알맞은 수준의 각성과 관련 있다는 점에서 중요하다. 다들 알다시피, 각성 수준은 유전적이고, 그 차이가 우리의 뇌 유형이나 스트레스 대처 방식을 만든다. 집중과 관련해서 이해해야 할 중요한 사실이 있다면, 각성이 적정 수준으로 일어나야 집중을 효과적으로 유지할 수 있다는 점이다. 예전에 한 내담자는 집중을 이렇게 말했다.

"누군가가 무언가 복잡한 것을 설명하기 시작하면, 저는 듣다가 결국 딴생각을 해요."

물론 집중은 세부 사항에 주의를 기울이기 위한 전제 조건이다. 집중하지 못하면 세부 사항은 각기 따로 놀거나 이해되고 처리되지 못하기 때문이다. 책을 읽다가 마음이 다른 데 가 있으면, 페이지를 넘겼을 때 자신이 읽은 내용을 이해하지 못했다는 사실을 갑자기 깨닫게 된다. 각성이 너무 적거나 너무 많이 일어날 때 이러한 현상이 생긴다. 중추신경계의 각성을 꽤 좁은 범위에서 유지할 수 있을 때, 우리는 자극으로부터 안전하고 편안한 느낌을 얻는다.

우리는 이러한 인지 처리 원리를 자연스럽게 경험한다. 자전거 타기나 피아노 배우기와 다르게 선천적인 부분이다. 우리는 원래부터 집중을 아주 잘하거나 못한다. 이는 우리가 어렸을 때부터 알고 있는 사실이다. 자신이 조용히 앉아서 숙제하기가 힘들었거나 읽은 내용을 기억하기 힘들었거나 책을 펼치는 시간만큼도 앉아 있기 힘들었다면, 그 사람은 공격형일 가능성이 높다. 그리고 정리를 잘하지 못한다고 크게 꾸지람을 들은 적이 있다면, 그것은 그 사람 잘못이 아니다. 신체 안에서 각성이 낮은 수준으로 일어났기 때문이다. 적정한 각성 수준을 유지하기 위해 충분한 자극을 찾고 있다면, 어떠한 활동으로부터 원하는 만큼 충분한 자극을 받지 못했다면 주의가 산만해질 수 있다.

방어형은 보통 각성을 과하게 받기 때문에 그 순간에 관계된 무언가에 집중하고 주의를 기울이는 데 아주 뛰어난 편이다. 방어형이 집중하고 주의를 기울이는 이유는 자신이 원하거나 의도해서만은 아니다. 아니, 집중력은 의도되지 않는다. 방어형이 사소한 것에 몰두하는 이유는 더 많은 정보를 얻으면 모르는 것이 적어질 거라고 느끼면서 안정감을 얻기 때문이다.

결국 각성 수준에 적절하게 도달했을 때 집중을 더 잘하게 된다. 그러나 각성이 적정 수준에 이르면 괜찮지만, 너무 많이 일어나면 좋지 않다. 연구에 따르면, 실제로 시험 점수는 어느 정도 불안감이 생겼을 때 증가한다. 그러나 불안감이 과해지면 오히려 집중력이 흐트러지면서 점수가 떨어지는 것으로 나타났다. 즉 약간의 불안은 괜찮고 과하면 좋지 않은 경우를 나타내는, 일반적인 거꾸로 된 U자곡선을 사실상 따른다.

각성 수준이 너무 높아지지 않는 한, 집중력과 주의력은 방어형에게 소중한 자산이 된다. 지나친 불안감은 주의 산만과 유사한 집중력 저하를 초래한다. 이러한 상황에서는 과도한 내적 각성이 활개를 치기 때문에 외부에 집중하기 어렵다. 외부 세계의 세세한 요소에 신경을 쓸 만한 여지가 거의 없는 것이다.

앞서 이야기했듯, 많은 아이가 학교에서 주의력과 초조함의 문제를 겪는 것으로 드러났다. 이는 일반적으로 주의력 결핍 장애attention deficit disorder, ADD 혹은 ADHD로 진단된다. 일반적으로 교실에서 정신없이 뛰어다니는 아이는 각성 수준이 과하다고 생각할 것이다. 그런데 아니다. 각성이 과한 게 아니라 부족한 것이다. 부족 상태에 맞서서 정상성을 느끼기 위해 각성 수준을 높일 방법을 찾는 것이다.

보통 ADHD 치료에 쓰이는 애더럴, 덱세드린, 리탈린 등의 암페타민류 약제는 전전두피질의 도파민 수준을 높이고 집중력을 크게 향상시킨다. 뇌에 도파민을 운반하는 수송체가 적으면 전전두피질에 도파민을 전달하는 양이 줄기 때문에 해당 증후군에서 나타나는 주의력 부족에 영향을 미칠 것이라는 증거도 있다. 신경전달물질이 불균형한 상태로 방치되면 공격형의 인지 능력은 분명히 나빠진다. 그리고 충동성은 도파민 불균형과 관련이 있으며, 이는 집중력 유지에 어려움을 겪는 공격형의 문제를 더욱 악화한다. 일부 부모가 ADD나 ADHD를 겪는 자녀에게 '약을 먹이기' 주저할 만큼, 해당 의학 분야는 여전히 논쟁의 대상이다. 그러나 다음 논의를 생각해보자. 당뇨병 환자는 췌장의 분비 문제 때문에 충분한 인슐린을 생산할 수 없고, ADHD 환자는 뇌의 분비 문제 때문에 충분한 도파민을 생산할 수 없다. 여기 서로 다른 두 기관이 저마다 중요한 화학물질을 충분히 분비하지 못하고 있다. 똑같은 문제에는 똑같은 해결책이 필요한 법. 뇌는 췌장보다 훨씬 더 많은 감정을 함축한 기관이다. 뇌의 화학적 불균형 때문에 집중력을 높이고 인지 능력을 키우는 데 어려움을 겪는 아이들에게는 유감스러운 사실이다. 행동 요법도 이 진단을 받은 아이들에게 중요한 도움을 주지만, 균형부터 잡아야 효과를 극대화할 수 있다. 이제는 뇌 화학작용에 초점을 맞춰야 한다.

집중 장애와 독서 장애 사이에는 겹치는 부분이 있다. 독서 장애가 심한 사람 중에 약 3분의 1이 ADHD 진단을 받는다. 그러나 흥미롭게도 난독증을 앓는 아이는 또 다른 특성을 드러낸다. 아주 흔한 이 증후군은 그저 독서 능력상의 약점만 가진 게 아니라 대인 관계상의 강점과 관련이 있는 것으로 보인다. 확증된 내용은 아니지만 여러 보고에 따르면, 난독증을 앓는 아이 가운데 일부는 상대적으로 더 정교한 사회적 기술을 갖추고 있다. 또한 독서 장애가 있는 아이와 그렇지 않은 아이의 MRI 데이터를 비교한 최근 연구에 따르면, 난독증을 앓는 아이들은 감정 표현이 더 풍부할 뿐 아니라 감정 생성과 자기 인식을 지원하는 주요 뇌 구조에 더 강한 연결성을 보였다. 결국 난독증을 앓는 많은 아이가 사회적으로 중요한 강점과 더 높은 수준의 정서 지능을 지니고 있다고 예상할 수 있다.

다들 알다시피, 공격형은 외부 세계에 더 초점을 맞추고, 사회적 신호에 아주 민감하며, 정확성과 "No"라는 표현보다 속도와 "Yes"라는 표현을 더 좋아하는 편이다. 상대적으로 덜 소란스러운 신경계를 통해서 방어형의 관심을 끄는 것과는 다른 측면에 집중하고 초점을 맞추는 편이다. 방어형은 상황상 어느 정도 위험할 수 있는 아주 세세한 부분까지 주의를 기울이는 반면, 공격형은 보상 경험의 가능성에 초점을 맞추는 능력이 더 강할 수 있다. 공격형과 방어형은 경험의 가치를 서로 다르게 보는 편이다. 공격형은 새로운 것, 모험, 대인 상황, 바로 본론으로 들어가는 것 등을 더 중요시하여 긍정적인 결과를 얻길 기대한다. 반면에 방어형은 따져볼 수 있는 시간이 충분한, 익숙하고 예측할 수 있는 경험 그리고 자신이 마주한 위험 가능 요인에 대한 깊은 생각을 중시한다. 여기서 짚고 넘어갈 부분이 있다. 어느 한쪽의 우선 사항이 다른 한쪽의 우선 사항보다 꼭 나은 것은 아니다. 둘은 그저 다르기 때문에, 서로 다른 결정과 선택, 결과를 낳을 뿐이다.

각성에 대한 개인적인 관계가 어떤 역할을 하는지 이해하려는 목적을 잠시 되짚어보자. 간추리자면, 우리는 각성의 존재를 좋아하거나 싫어하고, 그러한 선호는 강점과 약점으로 나타난다는 것이다. 이러한 점을 이해하면 약점을 보완하여 강점으로 바꿀 수 있다.

공격형의 가장 중요한 취약점은 중요한 세부 사항을 보지 못하거나 하찮게 여기고 대충 넘어가서는 나중에 따져보지 못했다고 후회하는 성향이다. 우리가 내리는 의사결정에 끔찍한 결과와 후회가 따를 수 있지만, 대부분 예방할 수 있다. 여기서는 두 가지 연습이 도움

1부　나의 뇌 유형은 어떻게 느끼고 생각하고 행동하는가?

이 될 것이다. 하나는 과거에 관한 것이고, 다른 하나는 미래에 관한 것이다. 우선 자신이 의사결정을 했다가 나중에 후회하게 된 경우를 떠올려보자. 그 사람과 결혼하지 못한 일이든 하게 된 일이든, 아니면 열심히 벌어서 모은 돈을 투자했다가 망한 일이든 무엇이든 좋다. 해당 범주에 맞는 네다섯 가지 경우를 한번 생각해보자. 그리고 각각에 대해서 자신이 의사결정을 하다가 놓치거나 대수롭지 않게 여긴 세부 내용을 적어보자. 최대한 정직하고 자세하게 정리해야 한다. 다음은 미래에 관한 연습이다. 방금 적은 리스트의 세부 내용을 읽고 공통된 요소와 반복된 맥락을 찾아보자. 당신은 어디에 초점을 맞추었고, 어떠한 세부 사항을 놓쳤는가? 이 리스트를 언제든 다시 참고할 수 있도록 적당한 곳에 두고, 다음에 중요한 의사결정을 할 때 꺼내서 같은 실수를 반복하지 않도록 하자. 초점을 잘못 둔 곳은 어디인가? 확인하고 평가하지 못한 세부 내용은 어떤 것인가? 추후의 결정을 위해 이 정보를 활용할 수 있을지 확인하고, 자신에게 가장 도움이 되는 부분에 집중할 수 있도록 하자. 그리고 간과하기 쉬운 중요한 세부 내용을 놓치지 말자.

공격형은 긍정적인 보상에 너무 집중한 나머지 부정적인 세부 내용을 외면하는 경우가 많다. 반면에 방어형은 다른 딜레마를 마주한다. 방어형은 잠재적인 위험을 피하려는 욕구를 따르기 때문에, 세부 사항을 놓치지 않는 것은 의사결정 과정에서 나타나는 긍정적인 요소에 해당한다. 방어형은 나쁜 부분보다는 좋은 부분에 대한 감응성이 부족한 편이다. 일어날 가능성이 있는 부정적인 결과에 크게 불안해하다가 긍정적인 측면을 자주 놓친다. 방어형은 주어진 상황의 모든 측면을 따져보는 일이 중요하다.

방어형에 도움이 될 만한 한 가지 연습이 있다면, 지금까지 실현하지 못한 바람이나 시도해보길 바랐던 기회를 리스트로 만들어보는 것이다. '부동산 시장이 침체되어 있었을 때 집을 샀어야 했어' '며칠 전 저녁 파티 때 좀 더 적극적으로 참여했으면 좋았을 텐데' 등 모든 것이 포함될 수 있다. 이렇게 바라는 점을 네다섯 가지 적어보자. 그리고 각각의 항목을 생각하며 당시에 무엇을 피하고 있었는지 적어보자. 보통 이러한 회피는 잠재적인 실수 혹은 불편한 감정에 대한 예상과 관련이 있다. 최대한 구체적으로 정리해보자. 그동안 당신은 손해가 될 수 있는 것을 피할 수 있었지만, 이득이 되는 중요한 무언가는 놓치고 말았다. 이제 "No" 대신 "Yes"라고 대답했을 때 얻을 수 있는 긍정적인 측면을 모두 적어보자. 다음에 결정을 내려야 할 때, 이 단순한 연습을 기억하고 있길 바란다. 자신이 조심하는 쪽으로 과하게 기운다는 점을 잊지 말자. 자신의 변화를 위해 의사결정에 "Yes"라고 응할 때 얻을 수 있는 강점과 약점을 적어도 똑같이 중요시해보자. 긍정적인 자세를 취함으로써 얻을 수 있는 측면에 대한 세부적인 내용을 최대한 많이 적어보자. 우리는 당신을 무모한 사람으로 바꾸려고 하는 게 아니다. 좀 더 균형 있게 살았으면 하는 바람이다.

피드포워드와 피드백

우리는 행위를 하기 전의 기대치인 **피드포워드**feedforward와 행위를 한 후의 반응인 **피드백**feedback으로 의사를 결정한다. 우리는 모두 자신이 가장 잘하는 것을 할 때 가장 편하다. 공격형은 자신의 예측이 확실한 윤곽을 드러낼 때 그리고 과거 경험에서 예상되는 결과(피드포워드)를 연결하여 미래를 가장 정확하게 예측할 수 있을 때 가장 큰 편안함을 느낀다. 반대로 방어형은 타고난 높은 각성으로 인해 피드백에 더 예민하다. 예측과 피드포워드를 활용하지 않는 것은 아니다. 대신에 방어형은 그러한 예측이 실시간으로 어떻게 이루어지고 있는지(피드백)에 대해 공격형보다 좀 더 민감한 편이다. 방어형은 지속적인 감각자극 세례에 대처하는 데 익숙하기 때문에, 그 순간(그리고 그것으로부터 얻는 피드백)에 기대어 행위를 결정하는 편이다. 방어형은 자신의 말과 행동, 자신이 주변에 미치는 영향을 판단하는 방식 사이에서 순간순간 일어나는 상호작용을 통해 변화무쌍한 상황에 잘 대처한다(노르아드레날린과 같은 자극적인 신경전달물질이 충분한 것도 도움이 된다).

이 모든 것이 중요한 이유는 무엇일까? 자연스럽게 나타나는 상황에 바탕을 두고, 그리 쉽게 찾아오지 않는 것을 얻는 방법을 익히는 것이 여기서의 목표다. 보상 지향적인 공격형은 긍정적인 결과를 아주 잘 예측한다. 공격형은 과거에 자신이 한 행위들을 정리함으로써 이러한 예측을 하고, 자신의 기대가 확실한 윤곽을 드러내는 상황에서 가장 효과적인 역할을 수행한다. 물론 과거가 현재의 긍정적인 결과에 좋은 예측 변수가 되지 못하면 공격형은 곤란해질 수 있다. 예측 불가능한 변화가 있을 때 그러한 상황이 벌어진다. 여기서 문제는 상황이 바뀌어도 똑같은 반응을 반복적으로 보이는 공격형의 성향인데, 다르게 표현하자면 그들이 드러내는 경직성이다. 그리고 자신의 행위를 개선하고 바꿀 수 있는 피드백이 계속 나와도 그것을 활용하기를 꺼린다는 점은 또 하나의 문제다.

이러한 측면에서 공격형이 해야 할 일은 일련의 과정에서 자신이 인식한 작은 변화(피드백)에 주의를 기울이고, 행위를 개선하기 위한 이러한 정보의 활용 가치를 믿는 것이다. 가장 좋은 방법은 일종의 내적인 소크라테스 대화법이다. 자신에게 물어보자. 내가 하는 행동이 통하고 있을까? 그렇지 않다면 어떻게 행동해야 할까? 계획이나 목표에 맞지 않아서 놓치고 있는 세부 사항에는 어떤 것들이 있을까? 보는 것과 처리하거나 고려하는 것, 이 두 가지는 서로 매우 다르다. 공격형과 방어형 사이에 겉으로 드러나는 차이가 있다면, 자신이 눈으로 확인한 세부 사항을 얼마나 중요시하는가에 있다.

데릭은 주말에 멕시코의 라파스로 낚시 여행을 다녀왔다. 그는 친구들과 멋진 시간을 보내고 50kg에 달하는 물고기를 집으로 가져왔다. 그리고 얼마 지나지 않아 상업용 어선을 구매하는 게 꽤 이득이 되는 사업이 될 것으로 생각했다. 이를 전해 들은 낚시 친구들은 그 사업이 꽤 위험하다는 이유를 적어도 한 가지씩 들고나왔다. 친구들이 이 사업이 왜 실패한다고 생각했는지 자세한 내용까지 여기서 밝히진 않겠지만, 그 내용은 다양하고 구체적이었다. 그럼에도 끄떡하지 않은 데릭은 계획을 밀고 나갔다. 아주 비싼 배 한 척을 사서 라파스로 항해했다. 그러나 한 달 후 코로나 팬데믹이 들이닥치면서 관광사업은 박살이 났다. 데릭의 계획이 어떤 결과로 이어졌는지는 다들 짐작할 수 있을 것이다.

데릭은 이 사업과 관련해서 아주 높은 수준의 집중력, 계획성, 준비성을 보였다. 대신에 자신의 꿈에 반대하는 수많은 피드백을 따져 보고자 하는 의지는 부족했다. 데릭이 그 내용을 보거나 듣지 않은 게 아니다. 그저 무시하거나 무가치한 것으로 치부했을 뿐이다.

방어형이 의사를 결정할 때는 이와 다른 잠재적인 단점이 나타난다. 위험 회피적인 방어형은 잘못될 수 있는 부분에 집중하곤 한다. 부정적인 피드백에 무게를 두고 긍정적인 피드백은 무시함에 따라 실수가 나타나게 된다. 물론 피드백은 정보에 불과하다. 피드백을 받았을 때 그것을 해석하고 평가하는 것은 자신의 일이다. 방어형은 실제로 중립적이거나 때로는 긍정적이기까지 한 정보나 피드백을 부정적으로 보는 편이다. 세부 내용에 관심을 두는 데 능하지만, 긍정적인 정보를 자연스럽게 받아들이지 못하는 경우가 허다하다.

최근에 애니는 한 파티에서 겪었던 일을 우리에게 이야기했다. 애니는 그곳에서 홀로 서 있는 한 남성에게 시선을 빼앗겼다. 친구들과 한창 대화를 나눌 때 자신을 자꾸 쑥스럽게 쳐다보는 그의 모습을 발견했다. 분명히 그는 그녀에게 관심이 있어 보였다. 그러자 애니는 그가 자신에게 다가오길 바라며 미소를 보였다. 즐거운 분위기를 깨지 않기 위해 애니는 친구들 곁에 머무르면서, 애니는 계속해서 그 남자와 눈을 마주치며 관심을 보였다. 이 남자는 넘치는 피드백을 받고 있었지만, 그는 결국 애니에게 가지 않았다. 대놓고 긍정적인 상황임에도 어찌할 바를 몰랐던 것이다. 이것이 안타깝게도 그날 밤 두 사람이 만나지 못한 이유였다. 그가 그녀의 반응을 긍정적으로 받아들이려면 자신의 느낌을 믿는 위험을 감수해야 했을 것이다. 이 남자는 방어형이었을 것이다.

　방어형은 **긍정적인** 피드백에 예민해질 때 건설적인 성장을 할 수 있다. 방어형은 부정적인 피드백을 더 잘 알고 있는 대신에, 긍정적인 정보에 대한 좋은 촉은 없다. 우리가 제안하는 것은 부정적인 성향을 버리라는 게 아니라 긍정적인 정보에 동등한 가치를 두라는 것이다.

생각하는 속도

대니얼 카너먼Daniel Kahneman은 자신의 노벨상 수상 저서인 《생각에 관한 생각Thinking, Fast and Slow》에서 우리가 생각하고 의사를 결정하는 방식에 관한 두 가지 사고체계를 설명한다. 우선 첫 번째 사고체계는 빠르고 인상에 기반하며 직감적인 반응을 따른다. 이 사고체계는 직관과 판단을 제공하면서 항상 가동 중이다. 우리의 뇌는 우리의 의사결정에 정보를 제공하는, 한결같고 논리정연하며 단순한 이야기를 즐긴다. 우리는 인간으로서 쉬운 길을 선택할 수 있는 상황에서 어려운 길을 선택하는 일을 웬만해서는 만들지 않는데, 그저 편한 쪽이 에너지를 덜 쓰기 때문이다. 그러나 첫 번째 사고체계는 빠른 만큼, 바로 결론으로 넘어가는 즉각적인 판단과 무의식적인 편견으로 인해 그릇된 결정으로 이어지기도 한다. 첫 번째 사고체계는 음모론을 매력적으로 받아들이게 한다. 이는 분명하고 이해하기 쉬운 이야기를 만들고자 하는 우리의 바람 때문인데, 이는 종종 혼란스럽고 복잡한 사건과 상황에 안정적인 질서를 부여한다. 무질서만큼 인간의 마음을 혼란스럽게 하는 것은 없다. 무질서의 존재는 무작위적인 혼란을 초래하고, 한 사람의 감정을 통제할 수 없게 만든다. 모든 음모론은 단순하지 않은 사실들을 간단하게 설명하고, 그것을 믿게 함으로써 우리에게 통제감을 선사한다.

우리는 보통 예상하지 않았던 어떤 문제나 무언가가 일어났을 때만 두 번째 사고체계로 전환한다. 그 순간 우리는 의식적으로 생각의 속도를 줄여서 신중하고 비판적인 시각을 갖는다. 속도를 늦춘 두 번째 사고체계는 더 분석적인 성격을 띠고, 기준점에 기반한 일종의 문제 해결을 지향한다.

방어형의 성향을 이해하면 누구나 상상할 수 있을 것이다. 방어형은 공격형과 비교했을 때 속도를 늦춘 두 번째 사고체계 및 의사결정 상태에서 시간을 좀 더 많이 보낸다. 위험을 피하고 자신을 보호하려는 성향이 강한 방어형은 단순하고 목표 지향적인 이야기를 의심하기 때문이다. 부정적인 위험 요소의 중요성에 가치를 둘 가능성이 크고, 관련 정보에서 빠진 부분을 더 세심하게 살펴보는 편이다. 반대로 공격형은 부정적인 결과에 관심을 덜 보이고, 각성 수준을 높이는 데 더 초점을 맞춘다. 실제로 그들이 가진 맹점의 근원이 바로 각성에 대한 확고한 욕구다. 이를 통해 공격형은 정확성보다는 속도와 손쉬운 일관성 구축을 무의식적으로 중시하게 된다.

방어형이 반드시 공격형보다 분석적 사고에 더 큰 흥미를 느끼는 것이 아니라, 천성이 그래서 어쩔 수 없이 그렇게 하는 것이다. 실제로 방어형은 그렇게 하지 않으면 불편해한다. 이는 방어형을 위한 일인 동시에 그들에게 불리한 일이기도 하다. 방어형은 세부 사항을 세밀하게 파악할 수 있지만, 거짓 음성 오류를 범하는 편이다. 그러나 그들은 거짓 음성 오류를 만드는 것에 크게 의식하지 않는다. 당연히 이는 부정적인 결과를 과대평가하고 긍정적인 보상을 과소평가하는 성향 때문이다.

세로토닌이 우리를 안정시키지 못하면, 우리는 불안을 느끼고 위험을 인식하게 된다. 방어형의 편도체는 공격형의 편도체보다 더 바쁘다. 편도체가 바쁘면 거짓 음성 신호를 더 많이 받고 과잉 경계와 고도의 각성 상태에 자주 놓이게 된다. 방어형은 가능하면 언제든 관심을 내면으로 돌림으로써 이 불쾌한 각성 수준을 통제할 수 있다는 사실을 일찍부터 배운다. 그래서 살면서 그저 조용히, 잠시 바깥 세상과 거리를 두고 생각하는 시간을 갖기를 바란다.

1부   나의 뇌 유형은 어떻게 느끼고 생각하고 행동하는가?

루틴 만들기

공격형은 루틴을 만드는 데 별 거리낌이 없다. 그렇게 함으로써 각성을 높일 수 있기 때문이다. 루틴을 실천하기를 기대하면서 자신에게 살짝 부여하는 도파민은 루틴을 시작하게 만드는 동기가 된다. 방어형은 각성을 과하게 하면 즉각적인 느낌에 집중하곤 한다. 불행히도 그렇게 현재에 집중하면 공격형처럼 건강한 루틴을 만들기 위한 동기 부여가 나오지 않는다. 운동 루틴을 만든다고 해보자. 방어형은 루틴을 실천하고 나면 얼마나 기분이 좋을지에 주목하는 대신, '지금 당장 이걸 할 기분이 아니야' 혹은 '엄청 힘들 것 같아'라는 식의 순간적인 감정에 더 초점을 맞출 가능성이 크다. 방어형은 직접적인 반응을 받았을 때 동기를 부여받고 거기에 주목하는 경우가 많다. 의사에게 "10kg는 빼야 해요. 운동을 시작해야 합니다. 그렇지 않으면 심근경색이나 뇌졸중이 올 수 있습니다"라는 말을 듣는 것이 방어형에게는 일종의 동기 부여가 된다.

분명히 말하건대, 루틴은 습관과 다르다. 습관은 특정한 행동이 얼마나 우리에게 이로운지에 상관없이 그 행동을 무의식적으로 반복하면서 자연스럽게 형성된다. 반대로 루틴은 우리가 **만들어야** 하는 무엇이다. 우리는 습관이 만들어진 후에 그 존재를 알아차리지만, 루틴은 보통 어느 정도의 계획과 의도가 요구된다. 루틴은 습관과 마찬가지로 좋지도 나쁘지도 않지만, 분명히 건전하고 건설적일 수도 있고 아닐 수도 있다. 자신이 의식적으로 만든 습관이 루틴이라고 할 수 있다. 공격형은 일정 수준의 각성을 보상으로 주는 일련의 행동을 한데 엮는 방법을 찾으려고 한다. 도파민은 보상을 기대할 때 분비된다. 도파민 세례를 받는 방법을 공격형에게 알려주면, 공격형은 그렇게 할 것이다.

루틴을 만드는 것도 하나의 방법이다. 목표를 세우고 실천하거나 우연한 일회성 경험을 했다가 나중에 보상받게 되는 것은 루틴을 만들기 위한 시발점이 될 수 있다. 뇌는 반복을 독려함으로써 승인의 메시지를 보내고, 반복의 대상은 공격형에게 각성 수준을 높이는 행동이 되곤 한다. 뇌는 좋은 루틴과 나쁜 루틴을 구별하지 않는다. 그 안에서 모든 루틴은 동등한 기회를 얻는다. 무분별한 온라인 쇼핑으로 이어지는 일련의 반복적인 사건은 오후 6시에 러닝머신을 타는 것 못지않게 뇌에 보상을 준다. 한쪽이 감당할 수 없는 결과로 이어지는 반면, 다른 한쪽은 건강에 필수적인 것으로 나타나도 말이다. 공격형의 중요한 과제는 초기 루틴의 방향을 이해하기 위해 전전두피질의 판단을 요구하는 것이다.

우리의 삶을 보면, 건강한 루틴과 그다지 건강하지 않은 루틴이 뒤죽박죽 섞인 경우가 많다. 또한 우리가 어떠한 자극적인 루틴을 골치 아픈 대상으로 여긴다고 해도, 그것을 포기할 수 없다는 생각이 전전두피질을 무력화하는 경우 역시 흔하다.

공격형이 자신의 루틴이 건설적인지 아닌지를 평가하는 방법은 다음과 같다. 우리는 내담자들에게 평범한 일주일을 보내되 깨어 있는 동안 자신이 한 모든 일을 기록한 다음, 쭉 다시 보면서 반복된 패턴이 무엇인지 확인해보도록 요청했다. 이렇게 알아차리는 일은 어떠한 패턴이 건설적인지 그렇지 않은지를 구별하는 첫걸음이다. 공격형의 강점과 타고난 성향에 영향을 미치는 식사, 운동, 수면, 감정 조절(자기 진정) 등의 영역에서 건강한 루틴을 만들기 위한 구체적인 지침은 이 책의 후반부에 만날 수 있다.

반면에 방어형은 루틴을 만드는 데 타고난 편은 아니다. 각성 수준을 높이려는 욕구가 없어서 공격형처럼 보상 중심의 루틴을 만들기 위한 동기 신호를 두지 않는다. 과거에 더 의지하는 편인 공격형과 달리, 방어형은 그 순간에 머무는 편이다. 이는 일종의 명상과 같은 기술이 아니라, 스스로 틈을 보이지 않는 게 더 안전하다고 느끼기 때문이다. 방어형은 경계심 때문에 '그 행동을 하면 내가 어떤 느낌이 드는지 기다렸다가 확인하겠어' 식의 사고방식을 갖지, '그걸 하면 나중에 기분이 좋을 걸 알기 때문에, 지금 그걸 할 마음이 있든 없든 하겠어' 식의 루틴 친화적인 사고방식을 갖는 편이 아니다.

방어형이 루틴을 만들지 않는 것은 아니다. 그리고 그들이 만든 루틴이 언제나 건강한 것도 아니다. 아서는 퇴근 후 늘 가던 귀갓길을 벗어나 주류 판매점 주차장에 차를 세웠다. 그가 문을 지나 2m도 채 못 갔을 때, 점원은 이미 스미노프 보드카와 틱택 캔디 한 패킷을 꺼내 카운터 위에 두었다. 점원을 보며 활짝 웃은 아서는 지갑을 꺼내며 "이렇게 예측 가능하다는 게 좋은 건지 모르겠네요" 하고 말했다. 차로 돌아온 아서는 뚜껑을 따서 술을 들이켰다. 그리고 라디오를 켜서 음악을 들으며 술을 한 모금씩 마셨다. 근처 쓰레기통에 빈

병을 버린 아서는 틱택 캔디 몇 개를 입에 던져 넣고 차의 시동을 걸었다. 이제 어떻게 하면 자신이 술을 너무 많이 마신다고 자녀들에게 눈치를 받거나 아내에게 잔소리를 듣지 않으면서 저녁 식사 때 와인 몇 잔을 더 곁들일 수 있을지를 고민했다. 이것이 아서의 일상적인 루틴이다. 그러나 현실에서 이러한 반복적인 행동은 자기 진정을 위한 의식에 불과할 뿐 아니라 누가 봐도 건강하지 못하다.

방어형 역시 자신의 일상적인 행동을 특징짓는 특유의 패턴을 기록함으로써 무언가를 얻을 수 있다. 당신이 방어형이라면 적어도 한 주 동안 자신이 깨어 있는 시간을 어떻게 보내는지 살펴보길 바란다. 그만큼의 시간이면 보통 패턴화된 루틴을 파악하기에 충분하다. 자신의 루틴 중에 건강한 루틴과 건강하지 못한 루틴이 몇 개나 되는가? 불편한 느낌을 피하려고 만들어진 루틴은 몇 개인가? 하지 않을 핑계를 찾으면서 "~ 해야 할 것 같아" 같은 말을 얼마나 자주 하는가? 이런 핑계는 루틴을 실천하면서 어떤 느낌이 들지를 예상하는 것과 관련이 있는가? 건강한 루틴은 어느 정도의 불편을 수반하기 마련이다. 불편을 피하려고 하는 방어형은 그것이 무엇이든 고통스러운 기미가 보이면 그것을 미루곤 한다. 하지만 고통을 미룰 수는 있지만 피할 수 없다는 것을 명심하자. 예를 들어, 많은 시간 앉아서 생활하는 우리는 운동하지 않으면 또 다른 고통을 맞이할 뿐이다.

건설적인 루틴과 소모적인 루틴은 직접 손쓰지 않으면 공존하기 마련이다. 자신에게 유익한 루틴을 파악하는 일은 문제가 되지 않는다. 건강하지 않은 루틴을 포기하는 일이 문제다. 이어지는 내용에서 우리는 건강하지 못한 루틴을 버릴 수 있도록 안내할 것이다. 우선 공격형의 각성을 높이기 위해서만 존재하고 더 나은 결과를 만들지 못하는 루틴을 기꺼이 포기할 수 있는 방법을 제시할 것이다. 여기서 관건은 상대적으로 건강하지 않은 루틴을 포기함으로써 나타나는 불편한 느낌을 이겨내는 것이다. 반면 방어형에 대한 요구는 다르다. 건강한 루틴을 형성하는 데 따르는 불편함이 자신에게 이익이 될 거라고 믿고 따를 수 있어야 한다. 우리는 뇌 화학작용의 자연스러운 성질을 활용하여 이를 실천하는 방법을 이야기하고자 한다.

2부

나의 뇌 유형은
직장생활에서
어떻게 나타나는가?

4장

성공과 야망의 걸림돌

직장생활에서 당신의 뇌 화학작용은 어떤 역할을 수행할까?

이어서 우리의 뇌 유형이 우리가 일상 업무를 대하는 방식과, 업무와 상호작용하는 방법을 살펴보겠다. 우리의 직업적 지위, 역할, 책임 사이에는 보이지 않는 복잡한 역학이 있고, 우리의 성공 가능성에 영향을 미치는 신경화학이 그 역학을 발생시킨다. 뇌 유형에 따른 확실한 특성은 스트레스 반응으로 나타나는데, 적자생존의 싸움이 일어나기도 하는 회사생활만큼 스트레스가 심한 곳은 없을 것이다.

교육, 기술 개발 등은 성공적인 직장생활로 이끄는 외적 요인이다 여기서는 업무의 중요한 내적 요인, 즉 뇌 화학물질의 영향을 받는 요인에 대해 살펴보려고 한다. 인간의 고유한 특성 중 하나는 뜨거운 열망, 집중적이고 실천적인 욕구, 혹은 그런 행동에 대한 믿음인데, 이것을 보통 '야망'이라고 한다.

야망에 대하여

야망과 성공은 서로 맞물려 있는 역학 관계다. 야망이 있다고 해서 성공이 보장되는 건 아니지만, 야망 없이 성공하는 일은 드물다. 어떤 사람은 오랫동안 간직해온 열정 혹은 욕망이, 또 어떤 사람은 두려움과 불안이 야망을 이끈다. 결핍과 욕구는 강력한 조합인데, 우리는 각각의 비율을 저마다 다르게 갖고 있지만 이 둘의 조화를 통해 동기를 얻는다. 지극히 평범한 기준에서 봤을 때 야망, 즉 목표를 향한 우리의 끈질긴 동기 부여가 없으면 성공하기 어렵다. 그러나 야망이 항상 긍정적으로 여겨져온 것은 아니다. 실제로 일부 동양 전통에서는 야망을 세속적인 갈망에 얽매이게 하고 평정심, 지혜, 영적인 삶을 경험하지 못하게 하는 부정적인 특성으로 여기기도 한다. 오늘날에도 우리는 야망을 '건강하다' 혹은 '건강하지 못하다'는 식으로 표현한다. 건강한 야망이란 보통 과도한 희생이나 피해를 초래하지 않고 자신의 재능을 계발하는 것으로 이해된다. 그리고 건강하지 못한 야망은 탐욕스럽고 자신과 타인에게 미치는 해로운 결과를 모르쇠하는 노골적인 경쟁이라고 볼 수 있다.

안타깝게도 과학은 야망에 대해 밝힌 바가 별로 없는데, 야망의 정의가 명확하지 않은 탓에 학문적인 연구가 많지 않기 때문이다. 하지만 우리가 잘 알고 있는 몇 가지 사실은 다음과 같다. 마이어스-브릭스 성격 유형 검사Myers-Briggs Type Indicator, MBTI에서 나타나는 대조 쌍을 보면, 외향형Extroverts과 내향형Introverts 사이에 가장 큰 차이

2부 나의 뇌 유형은 직장생활에서 어떻게 나타나는가?

가 관찰된다(공격형 대 방어형으로 볼 수도 있다). 자신을 야망 있는 사람이라고 여기고 정의하는 사람의 비율은 외향형이 85%인 반면, 내향형은 67%에 지나지 않았다. 한 연구에서는 내향형 직장인과 외향형 직장인의 승진 비율 차이를 3년에 걸쳐서 조사했는데, 그 결과 상대적으로 야망이 큰 사람들이 작은 사람들보다 더 많이 승진했다. 다른 연구에서는 낙관성과 적극적인 성격 유형을 성공과 만족도의 객관적인 수치와 연결 짓기도 한다.

그렇다면 우리는 어떻게 이 만만치 않은 세상과 관계를 맺어야 할까? 우리는 부모와 대가족을 롤 모델로 삼고, 그들이 하는 말과 행동 그리고 우리에게 거는 기대에 큰 영향을 받는다. 또한 우리의 인지 효율, 두려움, 교육적·사회경제적 배경은 분노, 시기, 경쟁심, 에너지 수준, 성적 충동 그리고 자신의 가장 깊은 감정과 야망을 표현하는 데 영향을 미친다. 그러나 이 모든 복잡한 역학 너머에는 뇌 화학작용의 영향이 자리하고 있다. 공격형과 방어형은 각각 패턴화되고 예측 가능한 야망과 성공에 대한 방해 요인을 가지고 있다.

최근에 과거의 일을 떠올리던 래리는 자신이 학생회 활동에 관심이 있었지만, 선거에 출마할 기회를 한 번도 갖지 못했다며 슬퍼했다. 그는 약간 슬픈 목소리로 이렇게 말했다.

"제가 활동하고 싶은 부가 두 개 정도 있었어요. 선거유세문도 써두기까지 했는데, 결국에는 너무 불안해져서 선거에 나가지도 못했어요."

래리에게는 야망이 부족했던 걸까? 우리는 그렇게 생각하지 않는다. 래리는 당연히 자신을 시험대에 올리는 위험을 무릅쓰려고 했지만 그렇게 하지 못했다. 그의 낮은 세로토닌 수준이 그의 꿈을 뭉갰고, 자신에 대한 이미지를 새롭게 할 수 있는 경험을 앗아갔다. 그의 불편함은 도전을 피하는 패턴을 만들었고, 그가 지금 하길 바라는 도전에 대한 회피로 이어졌다.

방어형이 자신의 꿈을 이루기 위해 할 수 있는 몇 가지 방법을 더 자세히 살펴보자.

방어형의 성공을 가로막는 요인

신경계가 회피, 위험 혐오, 비관주의로 이끄는 과잉 활성화 상태에 있을 때, 우리는 야망을 어떻게 다룰 수 있을까? 쉽지는 않지만, 이해와 노력을 기울이면 가능하다. 방어형은 야망을 억누르는 편이다. 스트레스를 높이고 비판에 노출되며 감정적인 갈등을 수반하고 위험을 감수해야 하는 경우라면 더욱 그렇다. 이는 그들에게 무언가를 성취하여 현재 상태를 넘어서고자 하는 꿈이 없어서가 아니다. 신경계가 가끔 그들 자신을 괴롭히고 위축시키기 때문이다.

야망이 크거나 복잡할수록 불확실성도 커진다. 공격형은 험난하고 위태로운 여정이 예상되고 결과가 불확실해도 아주 자신만만한 편이다. "한번 해볼까?"라고 말할 가능성이 매우 크다. 반면에 방어형은 불확실함을 싫어하고, 그것을 즐기는 공격형의 모습을 부러워하며 지켜볼 수 있다. 방어형은 불확실한 환경 속에서 일어날 수 있는 위험을 예측하기 바쁘지만, 공격형은 자신의 타고난 낙관성 덕분에 미지의 세계에 더 관대하다. 방어형은 최악의 시나리오에 따르는 비용을 지나치게 고려하여 자신의 의사결정에 악영향을 미칠 수 있다.

그렇다면 방어형은 야망을 어떻게 볼까? 우선 업무적 야망을, 구체적인 목표를 세우고 그것을 달성하기 위해 힘을 모으는 것이라고 정의해보자. 방어형의 야망과 성공에 방해가 되는 대표적인 세 가지 요소인 회피, 위험 혐오, 비관주의의 영향을 파악해보자.

각성 재구조화하기: 앞서 우리는 방어형이 각성을 억제하는 방법을 찾음으로써 소란스러운 신경계를 어떻게 제어하는지 살펴봤다. 이와 같은 과정이 야망을 정의하고 제한하는 경계를 세운다.

자신의 각성이 야망에 방해되고 성공을 제한할 수 있는지에 대해 개인적인 지표가 될 수 있는 연습을 하나 소개하겠다. 자신이 무엇을 이루고 싶은지 그리고 그 과정에서 여유와 편안함을 느낄 수 있다면 무엇을 해보고 싶은지 잠시 생각해보자. 불안하고 주저되지 않는다면 무엇을 하겠는가? 실행 항목을 머릿속에만 두지 말고 시간을 갖고 적어보자. 며칠이 걸릴 수 있다. 그런데 '실패하지 않는다는 보장이 있다면 어찌어찌하겠다'라는 식이 되어서는 안 된다. 실패는 복잡한 과정에서 필수적인 부분이며, 스스로 받아들이고 교훈을 얻는 대상이 되어야 한다. 실패의 부재는 절대 보장될 수 없다. 사실 실패가 존재한다는 것은 당신이 전력을 다하고 더 높이 도전해야 한다는 신호가 된다. 대신에 이렇게 적어보자. '나는 ~을(를) 하면서 불안하거나 불편하지 않을 수 있다면 그것을 하고 싶다.'

불안하고 불편한 느낌은 각성의 부산물에 지나지 않는다. 이러한 느낌은 뇌의 화학작용이 활성화한 결과이고, 그것을 주관적으로 경험한 것일 뿐이다. 방어형은 각성이 과해지면 변연계를 통해 신호를 보내서 보상 회로망을 약화하고 경보 회로를 작동시킨다. 방어형은 이러한 신호를 해석함으로써 목표를 이루는 방법을 예측 가능한 방식으로 소통한다. 이러한 화학적 신호는 그저 강렬한 감정이나 위험 신호로 여겨질 수 있다. 이러한 감정을 위험한 것으로 여기면 안타까운 선택으로 이어진다. 방어형은 그 경험을 거부하는 순간 안도하는데, 바로 그 느낌이 회피 행동에 대한 보상이고 그렇게 각인된다.

회피는 각성 혹은 각성에 대한 예상까지 낮추기 위해 고안된 전략이다. 우리는 인지행동치료cognitive behavioral therapy, CBT를 할 때 회피성이 강한 사람들에게 각성에 익숙해지라고 가르친다. 그것을 실천하는 한 가지 방법이 있는데, 과잉 각성 상태의 느낌을 모의로 체험해보는 것이다. 짧고 강력하면서도 빠른 심호흡을 최소한 1분 동안 실행해보면 된다. 이는 아주 짧은 행위이지만 불안 증상으로 이어질 수 있다. 연습의 포인트는 간단하다. 불안한 감정을 일부러 이끌어냄으로써, 불안이란 괜히 부추기지만 않는다면 저절로 사그라드는 화학적 폭풍에 지나지 않는다는 점을 배우는 것이다. 또한 우리는 자신이 이러한 감정을 통제할 수 있다는 사실을 배울 수 있다. 결국 자신이 고조된 각성 상태를 유도한다는 점 그리고 그 상태가 위험하지 않다는 점을 이해하게 된다.

이때 관건은 자신의 느낌을 위험에 대한 감각에서 통제력을 만드는 기회로 재구조화하는 것이다. 방어형은 경계에서 불안을 느끼곤 한다. 경계를 넘는 순간 불안함을 예상하고 그 경험을 재구조화할 수 있다. 이때 드는 느낌을 '그저 거센 화학 반응이야' 혹은 '강렬하고 흥미롭네' 혹은 '마음이 들떴어'라고 표현할 수도 있다. 실제로 그저 신경계에서 일어나는 일일 뿐이다. 꾸준한 연습으로 자신의 감정(특히 급작스러운 각성)에 대한 인식을 바꾸면, 불편한 감정과의 관계를 긍정적으로 바꿀 수 있다. 그리고 이러한 변화는 행동하기에 충분히 편안한 대상의 수를 늘리고, 회피 행동을 줄이는 효과를 낳는다.

당신이 편안함과 여유를 느낄 수 있다면, 할 수도 있는 경험을 작성한 리스트로 돌아가보자. 그 리스트에서 하나를 고른 다음, 자신이 긍정적으로 반응하고 경험의 세부 내용을 받아들이는 것에 어떤 느낌이 드는지 기록해보자(상세하고 구체적일수록 좋다). 긍정적으로 반응한다는 생각이 불편한 것은 정상이다. 당신은 평소라면 하지 않았을 새로운 무언가를 하려고 하고 있다. 새로운 무언가에 대한 실천을 심사숙고하는 일은 각성 수준을 높인다. 누구에게나 마찬가지다. '흥분하는 건 정상이야'라고 생각하자. 이 연습은 한 번으로 끝나지 않는다. 수일에 거쳐 반복해야 하는 훈련이다. 할 때마다 리스트에서 더 힘든 항목을 골라보자. 여기서는 결국 리스트 중 하나를 골라서 생명력을 불어넣는 일이 중요하다.

이 외에 '회피 일지'를 쓰는 것도 도움이 될 수 있다. 자신이 피하곤 하지만 실제로는 성공에 도움이 될 수 있는 모든 활동이 여기에 포함되어야 한다.

우선 자신이 피하곤 하는 업무 관련 행동을 적어보자. 예를 들면, 상사들이 호의적으로 받아들이게 될, 절대 쉽지 않은 업무 또는 특별 프로젝트를 피하는 일이 들어갈 수 있다. 다음으로 회피에 시동을 거는 **신체적·정서적·상황적** 계기를 나열해보자. 자신의 기획안이 자세히 평가받는다는 생각에 공포를 느끼는 일부터 퇴근 후 친목 모임에 초대받는 일까지 여기에는 무엇이든 포함할 수 있다. 그리고 이제는 회피한 행동에 집중함으로써 얻을 수 있는 보상(잠깐이지만 느낄 수 있는 편안함 또는 안도감)에 대해 적어보자. 자신에게 솔직해지는 것이 중요하다. 회피한 행동은 아무리 잠깐이라도 각성 감소로 보상받는다.

지금까지 당신은 자신을 속여서 목표 달성을 방해하는 교활한 수법에 매우 익숙해져 있었다. 하지만 이제는 자신이 줄곧 실천해온 회피 행동 리스트를 확인하고, '불편한 감정이 가장 덜 드는' 것부터 '불편한 감정이 가장 크게 드는' 것까지 순서대로 나열해보자. 도전 삼아 '불편한 감정이 가장 덜 드는' 행동을 시도해볼 수 있다.

이는 자신에게 편안함의 범위를 넓히고, 낯선 비회피성 행동에 따르는 감정을 어떻게 이겨낼지를 익히는 일과 같다. '불편한 감정이 가장 덜 드는' 회피 행동을 완전히 이겨냈다면, 리스트의 다음 회피 행동으로 넘어가자.

위험 수준 바꾸기: 방어형은 불편한 감정을 예상하여 만족보다는 방해 요소에 자연스럽게 집중한다. 이것이 가장 은밀하게 나타나는 경우가 바로 야망과의 관계성이다. 야망은 그저 업무와 프로젝트를 완수하는 것이 아니다. 빈틈없고 인상적인 다재다능함도 아니다. 야망은 태도다. 자신에 대한 믿음, 즉 행동으로 나타나는 자기 가치에 대한 인식이다. 그리고 자신의 위험 수준이기도 하다.

사실 우리는 대부분 자신의 위험 수준에 크게 신경을 쓰지 않는다. 그저 무의식적으로 행동에 옮길 뿐이다. 방어형은 대부분 자연스럽게 위험을 피한다. 그들의 부산한 신경계가 각성 수준을 높이거나 높일 수 있는 거의 모든 것에 대해 위험 신호를 보내는 현상은 어린 시절부터 쭉 있었다. 방어형은 논리적 언어를 형성하기 한참 전에, 무엇이 위협이고 아닌지에 대해 무의식적으로 가정을 세우곤 한다. 안타깝게도 우리는 그러한 부정확한 가정을 나이가 들면서도 이어나간다. 이러한 가정은 검증을 거치지 않은 상태로 우리의 위험 수준을 결정하는 경우가 많다.

검증되지 않은 가정은 우리가 세상에서 얻는 경험을 제한하고, 자신감 및 자존감 등의 기본 요소에 영향을 미친다. 방어형은 자신이 합당한 기회를 얻으려면 힘들 수 있음을 알지만, 자기 행동에 대한 복잡한 변명과 설명 방식을 오랫동안 만들어왔다.

존은 대형 차량 정비소에서 말단부터 시작해서 관련 기술을 갈고 닦아왔다. 나중에는 누구 못지않게 펜더를 수리하고 페인트 건을 쓸 수 있었고, 머지않아 보험사 견적을 낼 수 있는 자리로 승진했다. 존은 성실하게 저축했고, 자기 월급의 상당액을 뮤추얼펀드 투자 계좌에 넣었다. 고등학교 이후에 정식 교육을 받은 적이 없었지만, 야망이 있고 명석했으며 일찍부터 자신이 운영하는 차량 정비소를 갖겠다는 꿈을 갖고 있었다. 존이 자기 회사를 차리는 꿈을 이룰 수 있는 충분한 투자 자금을 마련했을 때, 마침 큰 경제적 침체가 찾아왔다. 로스앤젤레스에서 부동산 시장은 큰 타격을 입었고, 존의 아내는 시세의 이득을 봐서 그동안 찾고 있던 부지를 매입하라고 존을 부추겼다. 마침 완벽한 장소 하나가 아주 싼 가격으로 시장에 나와 있었다. 존이 아내와 앉아서 이것저것 따져본 결과, 모든 것이 긍정 신호를 보내고 있었다. 그러나 존은 조건부 날인 증서를 확인하고는 부동산 가치가 계속 떨어지지 않을까 두려워서 발을 뺐다. 존은 2년 동안 이러기를 반복했다. 그때마다 다른 부동산 업자와 함께했지만, 결국 모든 업자가 그와 일하기를 꺼렸다. 안타깝게도 존이 망설이는 사이에 부동산 가격은 반등했다. 이제는 분노와 후회로 가득 차 있다.

야망은 논리나 뛰어난 비즈니스 안목이 아닌 뇌의 화학작용에 따라 움직이는 위험 수준에 의해 쉽게 위축될 수 있다. 이는 항상 비즈니스의 기회 손실로 나타나는 게 아니다. 높은 실적에 기여한 자신의 가치를 인정받아야 한다는 점을 보고 대상자에게 전달하지 못하는 것처럼 미묘하게 나타날 수 있다. 제약회사에 다니는 클레어는 인사과로부터 이상한 요청을 받았다. 고위 관리자 중, 클레어 본인이 보기에 퇴사할 위험이 큰 직원과 그렇지 않은 직원을 가려달라는 요청이었다. 실제로 연봉을 올려주지 않으면 떠날 것 같은 사람만 계속 인상을 해주었다. 여기서 얻을 수 있는 교훈은 무엇일까? 물론 기업이 소극적이고 수동적인 태도를 중시하는 것은 아니다. 기업이 자체적으로 리스크 프로파일을 가지고 있지 않다는 것도 아니다. 오히려 기업은 적절한 순간에 나서서 팀에 기여하는 사람을 소중히 여긴다는 점이다.

위험 수준을 변화시킨다는 게 항상 그렇게 모호한 것만은 아니다. 콜린의 경우 윗사람 눈에 들고 인정받기를 원했지만, 위험을 피하고 비판받기를 두려워하는 성향이 그를 가로막았다. UCLA에서 MBA까지 받은 콜린은 국립은행에 다니고, 이 은행 역사상 최연소 자산관리사다. 그러나 최고운영책임자와 직원회의를 할 때. 자신에게 설득력 있고 가치 있는 아이디어가 있다고 생각하면서도 손을 들어 자기 생각을 이야기하기 어려워했다. 실제로 그에게는 더 나은 해법이 있었을지 모른다. 또한 콜린은 자신에게 주어진 업무를 늘 잘 처리해왔고, 실제로 자신이 업무 지식이 많고 나름의 능력도 있다고 확신하는 편이다. 그러나 그러한 자신만만함도 직원회의 때 커지는 불안감을 이기지 못했다. 그 느낌은 회의실 문이 닫힐 때부터 스며들어와서 그를 마비시켰다. 회피는 콜린이 불편함을 대할 때 항상 쓰는 전략이다. 그가 어떤 목표를 세우든 그 길목에 서 있었다.

인지행동치료(CBT)에 기반한 일련의 개인화된 전략은 콜린 같은 사람에게 회피 성향을 줄이고 위험을 꺼리지 않도록 하는 지침이 된다. 우리가 콜린을 위해 고안한 연습은 다음과 같다.

- 1단계: **목표 정의하기.** 콜린은 우선 자신의 목표를 명확하게 표현할 필요가 있었다. 그는 이렇게 적었다. "나는 직원회의에서 나의 의견을 적극적으로 표현하고 싶다." 이 진술은 "나는 직원회의에서 나의 의견을 표현할 만큼 편안함과 자신감을 느끼고 싶다"와 큰 차이가 있다. 자신감은 용기 있는 행위에 따르는 보상이지 전제조건이 아니다.

- 2단계: **동기 부여의 수준 정하기.** 그러고 나서 콜린은 자신의 동기부여 정도를 1~10점 기준으로 평가해보라는 요청을 받았다. 우선순위를 확실히 해두는 것은 아주 중요하다. 콜린에게는 동기 부여가 부족했다. 결국 여기서 중요한 일은 과거에 피했던 불편한 감정을 참는 법을 익히는 것이다.

- 3단계: **위험 평가하기.** 콜린은 부정적 결과를 가져올 수 있는 위험에 대한 리스트와 긍정적인 결과를 가져올 수 있는 가치에 대한 리스트를 만들었다. 콜린은 긍정적인 쪽에 일곱 가지를 적은 반면, 부정적인 쪽에는 "목소리가 떨리고 머리가 하얘진다"라는 한 가지만 적었다.

- 4단계: **재구조화하기.** 콜린은 자신이 예상한 감정을 '불안'이 아닌 '흥분'으로 재해석 혹은 재구조화했다.

- 5단계: **예행 연습하기.** 콜린은 자신이 하고 싶은 말을 머릿속으로 다섯 번 연습했다. 그러고는 크게 소리 내어 다섯 번 연습했다. 먼저 거울 앞에서 해본 후, 그의 이발사에게도 한 번 들려줬으며, 마지막에는 지하철에서 휴대폰으로 통화하는 척하며 연습했다.

2부 나의 뇌 유형은 직장생활에서 어떻게 나타나는가?

- 6단계: **행동하기.** 직원회의 직전에 콜린은 빠르게 심호흡을 몇 번 하면서 자신에게 흥분을 부추겼다. 방어형인 그는 이미 각성해 있었다. 침착하라는 요구를 받았다면 그의 감정과 맞지 않아 당황스러웠을 것이다. 그를 부추겨서 흥분시키는 일은 그가 가진 본연의 감정 상태와 잘 맞는다.

- 7단계: **강화하기.** 성공적인 직원회의 후, 콜린은 정말 중요한 의도적 강화 단계를 완수했다. 긍정적인 결과는 우리가 기억하고 나중에 잘 활용할 수 있도록 어떻게든 각인할 필요가 있다. 이런 식으로 우리는 뇌를 천천히 재구성한다. 어떤 사람에게는 짧게 글을 써 보는 것이, 또 어떤 사람에게는 본인이나 다른 사람에게 직접 말해보는 것이 도움이 된다. 콜린은 자신이 성취한 내용을 반려견에게 전했다.

위험에 대한 내성이 낮으면 때로는 불쾌하고 당황스러운 마음 상태로 이어질 수 있다. 그러나 위험을 회피한다고 무조건 고통스러운 것은 아니다. 방어형은 위협 감지 수준을 높게 잡아서 묘하게 보호받는 느낌과 불안한 느낌을 동시에 얻는다. 그리고 이러한 보호받는 느낌으로 보상을 받는다. 이러한 역학이 그토록 오래 지속되고 쉽게 바뀌지 않는 이유가 바로 여기에 있다.

방어형이 야망과 관련해서 중요하게 고려해야 할 점이 있다면, 위험 회피가 자신에게 실이 아닌 득이 되게 만드는 것이다. 위험은 결과를 평가하고 관리하는 것이다. 심리학적으로 위험은 불확실성과 모호함에 대한 내성과 관련 있다. 삶의 다른 영역에서와 마찬가지로, 방어형은 진로를 고려할 때도 적정 수준의 위험 회피 성향이 있고 불확실성을 견딜 수 있는 직업을 선택하는 경향이 있다. 바꿔 말하면, 적정 수준의 위험 감수를 자산으로 삼는 직업을 꺼릴 가능성이 크다. 예를 들어, 외과의와 내과의를 비교한 한 연구에 따르면, 외과의가 내과의보다 불확실성이 훨씬 더 높은 것으로 나타났다. 내과의는 때로 혼란스러울 정도로 범람하는 데이터를 분석하면서 환자의 상태를 추측하고 진단할 수 있다. 이와 대조적으로 외과의는 추측할 여유가 없고 때를 넘기면 수술할 수 없다. 여기서 당신은 자동차 경주에 나선 드라이버가 가속 페달을 밟을 때 가져야 하는 일종의 확실성을 떠올릴 수 있다. "나는 이 레이스에서 살아남을 거야." 위험 회피를 자산으로 삼는 직업이 있고, 직장 내에서도 그런 부서가 있다. 현명하게 선택하길 바란다.

직업 선택을 넘어서 방어형이 결과를 처리하는 방식은 야망을 표현하는 데 영향을 미친다. 우리의 야망은 살면서 두루 표현된다. 야망의 필수적인 동기 부여 요소는 자신이 추구하는 가치가 관심받고 인정받길 바라는 우리의 욕구다. 이 중 일부는 내적으로 이루어질 수 있고 그렇게 이루어져야 한다. 그러나 결국 야망은 대부분 외부 세계로부터 일종의 보상을 요구한다. 우리는 야망의 결실을 보기 위해 자신의 고유함과 재능을 드러내야 한다. 자신의 재능을 믿고 합리적인 위험을 감수하면서 기회를 잡아야 한다. 콜린이 그렇게 시작했다. 목소리를 내고 자기 생각을 표현하는 위험을 감수했고, 그 위험은 그에게 보상으로 돌아왔다. 방어형은 믿음을 가지고 더 높은 곳을 바라보면서 더 큰 야망을 가져야 한다. 자신을 믿고 실천하는 방법을 배워야 한다. 이를 위해 자신을 무심코 부정하는 성향이 오히려 문제를 키우고 그에 못지않게 불분명한 경우가 많다는 점을 이해해야 한다. 방어형이 위험 감수와 관련해서 중요하게 여겨야 하는 과제는 긍정하는 법을 찾는 일이다. 긍정을 통해 자기 가치를 확인하고 실제 행동으로 옮기면, 관심과 그에 맞는 평가를 받을 가능성이 커진다. 우리가 콜린에게 연습을 제안했을 때 언급했듯이, 용기는 우리가 움직이기 전에 가만히 앉아서 기다리는 대상이 아니다. 우리가 바라는 대상도 아니고, 거기에 대한 환상을 품는다고 얻을 수 있는 대상도 아니다. **용기는 용감한 행위의 보상이다.**

자신을 발전시킬 수 있는 행동을 하느냐 마느냐는 자신에게 달려 있다. 보통은 꺼려지는 용감한 행동을 하면, 용기를 낸 경험의 느낌이 채워진다. 이는 꽤 좋은 느낌이고 또 다른 용감한 행위를 끌어냄으로써 긍정적인 가속 사이클을 만든다.

비관주의와 의심의 부담: 애멀리아 에어하트Amelia Earhart(1897~1937, 미국의 비행사 겸 작가. 최초로 대서양을 횡단 비행한 여성─옮긴이)가 스물네 살 때 있었던 이야기다. 한 비행 조종사가 상공에 있다가 에어하트와 그녀의 친구를 발견하고는 두 사람에게 달려들었다. 조종사는 그들이 놀라서 도망가는 모습을 보고자 했을 것이다. 그렇게 비행기가 두 사람을 향해 급강하하며 지나가자, 넋을 잃고 서 있던 에어하트는 이렇게 말했다.

"저 작고 빨간 비행기가 휙 지나가면서 나한테 분명히 뭔가를 말했어."

그 내용이 '나는 절대 저렇게 못 해!'가 아니라는 것은 당신도 확신할 수 있다. 그렇게 선명한 기억으로 남은 순간이 에어하트의 인생과 비행 역사를 바꾸었다. 나중에 밝혀지듯, 에어하트는 당대 최고의 여성 비행사도 아니고 최고의 조종사도 아니었다. 그러나 야망과 관련해서 방어형을 괴롭히곤 하는 무언가가 덜했는데, 그것이 바로 의심이다. 에어하트는 자신이 원하는 바를 알고 있었고, 분명한 목적과 열정을 가지고 그것을 좋았다.

흥미롭게도 의심은 우리가 이루고 싶은 것에 대해 깊이 사고하게 하고 그것을 이룬다는 측면에서는 무조건 부정적이진 않다. 한 실험에 여러 학생이 피실험자로 참여했다. 한쪽 그룹은 '나는 ~할 것이다'를, 또 다른 그룹은 '내가 ~할까?'를 활용 문구로 받았다. 실험자는 두 그룹이 자신이 곧 실행할 과제를 알기 전에 말로 그것을 표현해보도록 했고, 이어서 한 단어를 받은 다음, 그 단어의 철자를 조합하여 쓸 수 있는 다른 단어를 여러 개 만들어서 앞선 표현과 결합해보라고 요구했다. 어떤 그룹이 더 잘했을까? '나는 ~할 것이다' 그룹이 아닌, '내가 ~할까?' 그룹이다. 해결의 느낌, 긍정적인 생각, 수용의 대답을 받을 수 있는 문제 제기 방식에는 무언가가 있다. 의심을 활용한 건설적인 방법에 대해서는 잠시 후에 더 살펴보도록 하자.

우리가 앞서 언급했듯이, 방어형은 비관적인 편이다. 방어적인 본성 때문에 숨은 위험의 가능성을 미리 생각하고 궁금해하며 예측한다. 이러한 성향이 효과를 본다는 것은 장점이다. 그들의 예측은 다양한 실수를 막곤 한다. 단점은 뇌 화학작용에 의한 위험 감지가 야망을 구성하는 열정과 감정을 억누르고 방해할 수 있다는 것이다.

쇼펜하우어는 대표적인 비관주의 철학자로 꼽힌다. 하지만 그는 자신의 부정적인 사고 패턴을 극복할 수 있는 방법을 찾았다. 우리 모두에게 그런 운이 따르는 것은 아니다. 쇼펜하우어가 자연스럽게 비관적인 생각에 빠졌을 수 있고, 그의 불균형한 세로토닌이 부지불식간에 부정적인 생각에 영향을 미쳤을 수도 있다. 여기서 '부지불식간에'라는 표현이 중요하다. 뇌의 화학적 영향으로밖에 설명되지 않는 그러한 변수가 사고를 중립에서 부정으로 옮길 수 있기 때문이다. 우리는 어떠한 사건이나 과정에 대해 설명한 경험적 기록을 부정적으로 판단할 수 있다. 그러나 경험적 기록이 부정적인 방향을 가리키지 않더라도 세로토닌이 불균형하면 부정적인 자세로 이어질 수 있다. 뇌의 화학작용을 알면, 사고 과정을 자유롭게 하여 거짓 음성 오류로 이어지는 결정을 줄일 수 있다. 그리고 무의식적으로 떠오르는 비관적인 생각과 감정이 우리가 하고자 하는 일과 어떻게 관련이 있는지를 파악하는 일도 확실히 도움이 된다.

그럼에도 우리가 이런저런 결과에 불안해하고 두려워할 때 더 긍정적인 사고방식을 가지라는 충고는 사실 별 도움이 되지 않는다. 실제로 긍정적인 생각을 강요하려는 시도는 무조건 실패하고 상대를 계속 불안하게 만든다. 게다가 불안한 감정을 느끼는 것에 대한 수치심을 안겨줄 수 있다.

그러나 부정적인 사고 중에도 득이 되는 것이 있다. '방어적 비관주의'라는 특정한 부정적 사고의 효과를 연구하여 얻은 흥미로운 증거가 있다. 본질적으로 방어적 비관주의는 사람이 미래의 일에 대해 (과거에 똑같은 일이 잘 진행되었다고 해도) 안 좋게 진행될 것이라고 예상하는 전략으로서, 결과에 대한 낮은 기대치와 좋지 않을 모든 결과에 대한 상세한 내용을 만들어서 대비책을 계획하고 위험을 피할 수 있도록 한다. 불안감은 피질 활성화 혹은 각성을 인식하는 것인데, 이 전략을 이용하면 저 애끓는 에너지를 건설적인 용도로 쓸 수 있다는 점을 기억하길 바란다. 우리는 불안감에 두 가지 선택지를 갖고 있다. 한 가지는 우리 머릿속에 맴돌게 하는 것, 다른 한 가지는 그 에너지를 붙잡아서 상황을 뒤흔들 수 있는 소소한 장애 요인을 체계적으로 처리하고 보완하는 데 쓰는 것이다.

팬데믹 기간에 방어적 비관주의를 아주 자연스럽게 연습한 방어형이 정말 많았을 것이다. 그리고 그러한 세심한 행동이 여러 사람의 생명을 구했다. 실제로 부정적인 결과를 피하는 준비를 하면 건강에 도움이 된다. 장기간 이어진 사회적 거리두기 기간에 방어형이 공격형보다 걱정이 더 많았다. 손을 씻고 마스크를 쓰는 일도 방어형이 훨씬 잘했다.

대학 생활 내내 불안감을 느낀 학생들을 관찰한 한 연구에 따르면, 방어적 비관주의를 연습한 학생이 상대적으로 높은 자신감·자존감 수치를 보였다. 이 전략을 쓰지 않은 집단에 비해 더 부정적인 결과를 상상하고 예측하여 위험을 피할 수 있었기 때문이었을 것이다.

이 부분을 연습하고 싶다면 다음처럼 해보길 바란다. 당신이 발표를 앞두고 있다고 치자. 그것을 성공적인 경험으로 만드는 데 필요한 모든 요건을 자세하게 쭉 적어보자. 그리고 그 세부 사항들이 어떻게 잘못될 수 있는지 써보자. '엉뚱한 곳에 둔 차 키' 혹은 '입고 싶은 블라우스에 생긴 얼룩'처럼 아주 세부적인 내용도 좋다. '목적지까지 가는 데 걸리는 시간을 확인하는 일을 깜박했다' '차에 기름이 충분하지 않다' '노트북과 휴대폰을 충전하지 않았다' 'PPT 슬라이드의 순서가 잘못되었다' '전기가 나갔는데 대신해서 쓸 장비가 없다' 등등 모두 써보자. 이렇게 쭉 적은 만일의 사태들을 자신이 빠르게 살펴보도록 하는 일은 불안을 줄이는 예행연습이 된다. 그리고 최악의 시나리오에 대응하는 방법을 상상함으로써 더 안심하고 어떤 일이 닥치든 받아들일 준비가 될 것이다.

여기서 주의 사항이 있다. 방어형의 경우 자신이 살면서 성공하고자 하는 영역에서 가장 흔하게 만나는 숨은 장애물은 회피 성향, 위험에 대한 과한 반감, 부정적인 생각 때문에 주저하는 자세 등이다. 여기서 기억해야 하는 중요한 사실이 있다면, 이러한 성향이 논리, 타고난 재능, 능력, 잠재력, 심지어 현실로부터 나타난 게 아니라, 뇌 화학물질의 산물이라는 것이다. 그러한 성향이 당신을 정의하게 둘 필요가 없다. 그 원인을 인식하는 것만으로 큰 도움이 될 수 있다. 그리고 보탬이 되는 또 다른 요소는 온전히 자신에게 달려 있다. 자신이 피하곤 하는 문제를 알아차리는 방법을 익히자. 내면을 들여다보고 그 안에서 일어나는 움직임을 느끼자. 그것이 각성이고, 당신만의 뇌 화학물질이 당신에게 이야기하는 것뿐이다. 위험한 것이 아니다. 각성 때문에 죽는 사람은 없다. 이성, 열망, 자신에 대한 믿음이 아닌 각성에 따른 불쾌감과 반감을 통해 의사결정을 내려서 성공을 경험하지 못하는 것이 훨씬 위험한 일이다.

너무 조심스럽고 너무 소극적이며 지나치게 위험을 피하는 것도 마찬가지다. 위험을 인식한다고 무조건 나쁜 결과로 이어지지는 않지만, 모험하지 않으면 얻는 것도 없다는 진부한 말처럼, 모험을 좀처럼 하지 않는 방어형이 얻는 이익은 소심함의 정도와 어느 정도 반비례하곤 한다. 위험을 회피하는 사고방식은 연역적인 논리와 합리적인 사고 때문이 아니라 체내에 도는 세로토닌의 부족함 때문에 추동되고 유지된다. 위험 수준을 인식하는 것은 중요한 일이고 큰 생존 가치를 갖는다. 하지만 뇌에서 일어나는 화학적 불균형으로 위험의 임계치를 설정하는 것이 가장 현명한 전략은 아니다. 신중한 기회를 얻어서 긍정적인 성과를 낼 수 있는 업무 영역을 몇 가지 찾아보자.

주변에서 항상 '신중하게 군다'고 생각하는, 분명히 방어형인 한 사람을 골라서 그 사람을 억누른다고 생각하는 회피 행동을 쭉 나열해보는 것도 유용한 연습이 될 수 있다. 이 사람에게서 자신의 모습이 보이는가? 마치 거울을 보는 느낌이 드는가? 이 연습은 다른 사람을 판단하려는 게 아니라 자기 행동을 더 정확하고 객관적으로 보는 데 목적이 있다. 이로써 겸손해질 수도 있고 자신이 우습게 느껴질 수도 있지만, 목적은 자신과 자기 행동을 더 잘 이해하는 데 있다.

이제 부정적인 생각에 관해 이야기해보자. 당신이 방어형이라면 부정적인 생각을 애써 찾을 필요가 없다. 그러한 생각이 당신을 떼 지어 찾아다닐 테니까. 그러나 부정적인 생각의 존재가 우리를 위축 시키는 것이 아니다. 그 존재가 우리를 정의하게 내버려두고 우리의 경험을 좁히는 것을 허용할 때 문제가 발생한다. 자연스럽게 비관적 인 생각을 하는 사람은 우리가 앞서 설명한 연습을 활용해보자. 당 신은 순진한 낙관주의자가 절대 될 일이 없다. 그러나 자신의 성향 이 삶이라는 건축물에 어둡고 우울한 조각을 남기게 할 필요도 없 고, 자기 충족적 예언이 되게 할 필요도 없다. 위협을 평가하는 에너 지를 자신을 위해 사용한다면, 자신감이 커지고 그 과정에서 예상치 못한 긍정적인 면도 확인할 수 있을 것이다.

우리 모두는 자신이 통제하고 있다고 느끼고 싶어 한다. 인생을 처음부터 움직였던 그 욕구보다 더 근본적인 것은 없다. 자신의 뇌 화학작용을 이해하고 더 잘 견디는(무시하는) 방법을 배우는 일이야 말로 지속 가능한 통제력을 가져오는 전제조건이다.

공격형의 성공을 가로막는 요인

앞서 이야기했듯이, 애멀리아 에어하트는 기술적으로 아주 뛰어난 비행사나 조종사는 아니었다. 에어하트는 소통 기술에서도 최고가 아니었다. 예를 들어, 무전기 부품을 모두 갖추고 이를 제대로 사용하는 방법을 아는 것에도 심각한 어려움을 겪었다. 그러나 기술적 수완이 부족하든 상관없이 그녀는 순수한 열망, 신념, 대담함을 가지고 상황을 이겨냈다. 홍보 전문가였던 그녀의 남편이 그녀의 이야기를 널리 알리는 데 큰 도움을 주었고, 두 사람은 환상의 2인조로서 화려한 경력을 만들었다. 에어하트는 커튼 뒤에서 인생이라는 무대 위로 등 떠밀린 것이 아니라, 발코니석에서 목표한 지점으로 직접 뛰어내렸다. 비행 초기에는 지면에서 바퀴가 떨어질 때마다 찾아온 스릴, 불확실함, 위험이 모두 그녀의 동반자였다. 충동 조절, 신중한 계획은 우선순위에서 기껏해야 중간 정도였다. 따분한 체크리스트, 연습 운전, 세부 사항에 대한 관심은 그녀의 시야에 오래 머물지 않았다. 물론 그녀가 전설과 미스터리 그리고 너무 이른 결말(그녀는 39세에 세계 일주 비행에 도전했다가 실종되었다)에 이르는 것을 막은 것은 이 중에 아무것도 없었다.

에어하트는 공격형이 분명하다. 강력한 '그것', 공격형이 흔히 가진 무언가가 그녀에게 있었다. 대신에 바짝 경계하고 분주하게 움직이는 편도체는 그녀에게 없었을 듯하다. 보통의 공격형처럼 그녀에게는 아주 예민한 보상 센터가 있었다.

뇌의 보상 센터는 우리에게 아주 익숙한 신경전달물질인 도파민으로부터 자극을 받는다. 우리는 도파민 없이 살 수 없다. 우리가 도파민을 간간이 얻는 방법을 모르면, 개인의 존재는 바위 위의 이끼처럼 지내는 것으로 만족해야 한다. 문제는 우리의 뇌가 좋은 보상

2부   나의 뇌 유형은 직장생활에서 어떻게 나타나는가?

과 우리에게 별로 도움이 되지 않는 보상을 잘 구별하지 못한다는 점이다.

보상 회로망 중에는 유인적 현저성 회로incentive salience circuits(욕망/결핍의 신호를 보내는 도파민 뉴런망)라는 것을 구성하는 특화된 뉴런군이 있다. 그리고 이 뉴런망 때문에 공격형은 문제를 겪을 수 있다. 도파민이 충분치 못한 공격형은 충동에 쉽게 빠지고, 만족 지연에 어려움을 겪으며, 새로움에 대한 갈망으로 산만해지는 경향이 방어형보다 더 강하다. 이러한 공격형의 성향은 개인적인 열망, 직업적 성공, 정확한 의사결정을 실현하는 데 걸림돌이 된다.

반사적으로 각성 상태와 정상 상태를 유지하려는 도파민의 욕구가 뇌를 장악하여 약물·음식·성관계·도박 중독과 같은 강박적인 행동을 초래할 수 있다. 도파민의 역학 관계가 심하지 않을 때도 공격형은 업무수행 방식과 일상적인 의사결정 방식에 혼란을 일으킬 수 있다.

새로움의 추구: 방어형이 보통 익숙한 것이 주는 편안함에서 위안을 얻고 실제로 새로운 것을 피하는 성향을 가질 수 있는 반면, 공격형은 새로운 것에 대한 욕구로 동기 부여를 얻을 수 있다. 우주비행사 프로그램을 통과하려는 사람이 있다고 치자. 윌리엄 섀트너William Shatner(1931~ , 캐나다의 배우. 〈스타 트렉〉에서 함장 역할을 맡은 것으로 유명함—옮긴이)를 떠올려보는 것도 좋다. 그 사람은 어렸을 때 나무에서 떨어졌다고 해서 단념하지 않고 계속 더 흥미로운 방법을 찾아서

도전할 거리를 만들었을 것이다. 방어형은 새로운 것을 회피하는 성향으로 인해 머릿속에서 시도를 거듭하면서 고민하는 시간을 수없이 갖는 반면, 공격형은 외부 세계를 통해 계속 자극 상태에 머물려고 한다.

보상에 대한 기대가 나타나면, 도파민은 이에 반응하여 분비된다. 여기서 중요한 표현이 '기대'다. 도파민은 동기를 부여하는 주체이지 인식하는 주체가 아니다. 도파민은 우리를 행동하게 만들지만, 그 행동을 인식하는 데에는 도움을 주지 않는다. 또한 모든 경험이 도파민 분비로 보상받는 것이 아니며, 새롭고 흥미로운 경험일 때만 그렇다. 그리고 도파민이 부족하게 되면 새로움에 자연스럽게 끌리게 된다. 새로움과 피질 활성화는 서로 밀접하게 엮여 있다. 늘 하던 행동은 소용없다. 각성의 정도를 높이고 싶으면 새로운 무언가를 찾아야 한다. 그러나 '새로운 무언가를 찾는' 일이 공격형에게는 문제를 초래할 수 있다.

공격형은 어렸을 때 쉽게 산만해지기 쉽다. 예를 들어, 어린 시절에 책을 읽는 상황에 창틀에서 윙윙거리는 파리에 눈길을 빼앗기기 쉽다. 그리고 직장 생활에서 업무를 보다가 딴 데로 새기 쉽다. 온라인 쇼핑몰 화면에 머무는 데 많은 시간을 보내거나, 기타 치던 시절을 그리워하며 밴드를 다시 시작해야겠다는 생각에 옛 친구들을 검색해보는 것이다.

38세의 윌라는 자신이 성공한 작가가 되기 위한 모든 조건을 갖추었다. 그러나 실망스럽게도 성공은 그녀를 비껴갔다. 정규교육은

2부   나의 뇌 유형은 직장생활에서 어떻게 나타나는가?

그녀에게 믿음을 주지 못했고, 주로 독학을 통해 힘겹게 제 길을 갔다. 대학교에서는 본인이 생각한 것보다 오랫동안 영어를 공부했지만, 학사 학위를 따진 못했다. 대신에 본인에게 필수적이라고 생각하는 것을 공부했고, 당장 관심을 끄는 자료는 무엇이든 흡수했다. 20대에는 학위를 딸 것이라고 생각하며 시간을 보냈고, 30대에는 흥미 없는 직장들을 연이어 다니며 정신없이 지냈다. 그녀는 자신이 좋아하는 글쓰기에 에너지를 충분히 쏟을 수 있을 만큼, 절대 힘들지 않은 일을 하는 직장을 선택했다. 그렇게 그녀는 글을 써왔다. 그리고 신뢰할 수 있고 실력 있는 매체를 통해 자기 글에 대한 격려도 받았다. 물론 여기에 새로운 것은 없다. 그녀의 글은 그녀의 인생과 같았다. 글이 막힐 때 느끼는 고통도, 줄담배로 이어지는 긴 시간 동안 번뜩이는 순간도 여러 번 나타났다. 윌라는 자신을 '직감에 따르는 작가' '뮤즈를 마주치길 바라는 작가'라고 표현했다. 그러나 뮤즈가 찾아와주길 기다리는 것은 그야말로 사치이고, 힘든 일을 하지 않으려는 핑계에 불과하다. 그렇게 그녀는 자신이 시작했다가 끝낼 수 없음을 확인한 무언가에 계속 매달리며 힘든 시간을 보냈다.

윌라는 재미있고 기발하며 냉소적인 이야기를 수없이 시작했지만 끝을 본 적은 없다. 그녀의 인물 묘사는 날카롭고 화려했지만, 자기 집에 흩어져 있는 여러 권의 노트 중 하나, 그중에서도 한 페이지에만 하나의 묘사가 존재했다. 이 멋진 인물에 숨결을 불어넣고, 잘 정돈되고 구성된 이야기를 통해 인물들이 갈등을 이겨내면서 성장하는 모습을 보는 것이 그녀의 꿈이다. 노트 빈 페이지에 새로운 아이디어나 자신이 탐구하고 싶은 대상에 대해 끄적이는 것이 그녀의 일상이다.

윌라는 뇌의 화학작용 때문에 본인이 새로운 것에 정신이 팔려서 일의 마무리를 제대로 하지 못하는 현상에 대해 최근에서야 알아차렸다. 그래서 이번에 처음으로 글을 다 쓰지 않고 새로운 글로 넘어가려는 유혹에 저항하고 있고, 세세한 개요를 작성하려고 노력하고 있다. 이 작업은 한 출판 관계자가 그녀로부터 인물 묘사와 구성 내용을 전달받고 요청했던 것이다. 그것이 1년 전 일이지만, 윌라는 그 관계자가 자신을 아직도 기억해주길 바라고 있다. 결과와 상관없이 그녀는 집중하려고 노력하면서 작업을 진전시킨 사실에 들떠 있다.

새로운 것은 아주 자연스럽게 주목을 받는다. 우리의 뇌는 오래되고 익숙한 것을 무시하고 새로운 것에 집중하게 되어 있다. 새로운 것에 대한 우리의 집중력은 중요한 진화적 가치를 띤다. 이 강력한 신호가 중요한 정보를 포함하여 우리에게 잠재적인 위험과 보상을 알려주기 때문이다. 새로운 무언가가 나타나서 우리의 관심을 끌 때, 우리의 뇌는 도파민을 분비하면서 여기서 배워야 하는 가치 있는 무언가가 있을 수 있음을 알린다. 앞서 우리가 언급했듯이, 도파민은 욕구를 더 중요하고 절실하게 느끼게 해서 행위를 만든다. 그러나 도파민 세례를 바란다고 해서 그 욕구의 결과가 반드시 '좋아요'와 연결되는 것은 아니다. 다시 말해, 우리는 자신이 얻으면 '좋아하지' 않을 수 있는 무언가를 '원할' 수 있다. 분리된 형태의 욕구인 셈이다. 윌라는 새로운 것에 관심이 많았지만, 자신의 산만함을 좋아

2부 나의 뇌 유형은 직장생활에서 어떻게 나타나는가?

하지 않았다.

사실 지금 세상에서 산만함은 모든 인간의 과제다. 문제는 오늘날 인간의 집중 시간이 더 짧아졌다는 점이다. 마케터들은 이 점을 잘 알고 있다. TV 광고는 기술적이면서 교묘하게 뇌를 자극한다. 본질적으로 구매자의 시선 위치를 가늠하고 활용하는 광고는 눈이 지금 머문 곳을 따분해하지 않도록 재빨리 다음 내용이 전개되도록 편집된다. 놀랍게도 인간의 뇌는 형태를 쉽게 바꾼다. 즉 입력되고 자극받는 내용에 기반하여 뉴런을 조정하고 재구성하는 능력을 갖추고 있다. 그러나 안타깝게도 지난 수십 년간 우리는 주의를 더 기울이는 게 아니라 덜 기울이도록 뇌가 단련되었다.

마이크로소프트 소속 연구자들은 뇌전도를 활용하여 뇌의 활동을 분석했다. 그 결과 평균적으로 집중하는 시간이 2000년 12초에서 2013년 8초로 떨어졌다. 금붕어도 한 번 집중하면 9초를 유지하는데 말이다! 마이크로소프트의 연구가 진행된 후, 우리는 자신의 집중 시간에 어떤 일이 생겼는지 추측만 할 수 있다. 아쉽게도 현대 기술은 우리가 훨씬 더 짧은 집중 시간을 갖도록 우리의 뇌를 다시 조직한 듯하다. 연구에 따르면, 우리는 깊이와 끈기 있는 사고가 약해진 상태에서 여러 주제를 무작위로 훑어보는 편이다.

이것은 모두에게 문제가 되지만, 특히 공격형에게 문제가 된다. 자신이 내린 결론이 중요한 결과를 낳는 일련의 복잡한 의사결정 때문에 당신이 책상 앞에 앉아서 골머리를 앓고 있다고 가정해보자. 복잡한 과제 때문에 불편한 당신은 크게 심호흡한다. 그런데 갑자기 텍스트 창 하나가 컴퓨터 화면에 떠오른다. 친구의 점심 초대다. 답장을 한 뒤, 이메일을 확인한다. 어느새 즐겨 찾는 뉴스 피드를 보고 있다. 헤드라인 하나가 관심을 끈다. 이건 읽어야 한다. 도파민이 흐른다. 이제 진짜 업무는 다른 여러 화면에 가려져 보이지 않는다.

공격형의 뇌는 새로운 것에 사로잡히기 쉽다. 새로움은 '야, 봐봐, 여기 이 안에 너를 위한 무언가가 있을지 몰라'라는 식으로 말하며 도파민 분비를 자극한다. 우리가 변하지 않는 환경에서 산다면, 그러한 새로운 상황이 나타났을 때 진지하게 고민하는 게 도움이 될 수 있다. 그러나 우리가 사는 세상에서 새로움은 인터넷에 접속하는 동시에 쏟아진다. 새로움이 윌라에게 새로운 아이디어를 자극했을까? 그렇다. 새로움이 끝없이 꼬리를 무는 생각이나 살펴볼 만한 내용으로 그녀를 이끌었을까? 그렇다. 이것이 그녀에게 활기와 흥분을 줬을까? 그렇다. 그것이 그녀에게 도움이 되었을까? 그건 아니다. 문제는 뇌가 바라는 것을 내가 반드시 좋아하지는 않는다는 사실이다. 어제 윌라를 들뜨게 했던 것은 이제 익숙하게 느껴진다. 곧 윌라는 생각의 허점과 구체화될 필요가 있는 지루한 작업을 알아차린다. 안타깝게도 오늘 윌라의 뇌는 어제 원했던 것을 좋아하지 않는다.

과학은 마음챙김 명상이 뇌에 좋다는 사실을 증명했다. 우리의 뉴런과 뇌의 건강을 지키는 데 도움을 주기 때문이다. 그리고 그러한 명상은 윌라 같은 사람들에게 도움이 된다. 윌라는 6주 동안 매일 20분씩 명상을 하고 나서 자신이 집중력이 높아졌을 뿐 아니라 자신의 관심을 원하는 곳에 두고 더 오랜 시간 동안 유지할 수 있게 되었음을 확인했다.

만족 지연과 충동 조절: 많은 공격형에게 이 두 가지 개념은 서로 밀접한 관계를 가진 역학이자, 목적 달성과 업무 성과에서 숨은 장애물이다. 우리가 선택한 일을 성공적으로 해내는 것은, 모든 내적 지렛대가 어디에 있고 그것이 우리에게 어떻게 작용하는지를 명확히 이해하고 접근할 때조차 까다로운 일이다. 그런데 도파민의 불균형은 그때그때 분명한 방식으로 나타나지 않는다. '우리가 늘 해왔던 방식'처럼 보이기 때문이다. 신경계의 활성화 감소는 우리의 원래 존재 상태에 해당하고, 개인 정체성의 일부로 뿌리내리게 된다. 여기서 우리가 해야 할 일은 논리와 이성을 통한 결정과 뇌의 화학물질로부터 영향을 받는 결정 사이의 차이를 이해하는 것이다.

공격형은 보상에 민감하기 때문에 만족을 미루기 힘들 수 있다. 윌라는 구체적인 많은 성과를 보여줄 필요가 없었지만, 야심이 컸다. 재미있고 가슴 아프고 아주 인간적인 이야기를 넘어서는 무언가를 언젠가 쓰겠다는 목표를 고등학생 때부터 갖고 있었다. 그러나 각성과의 관계성 탓에 자신의 목표를 이루는 데 필요한 시간을 쏟기가 어려웠다.

"저는 마라톤 주자가 아니고 단거리 주자예요. 늘 긴 글을 쓰고 싶었어요. 모두가 읽고 싶어 하는 매력적이고 획기적인 장편소설을 말이죠. 물론 제가 몽상가라는 건 저도 잘 알고 있어요, 모든 작가가 그걸 원하죠. 하지만 저는 다섯 쪽만 나가면 힘들어서 자리에서 일어나 창을 닦거나 청소할 방을 찾아요. 제가 원하는 방식으로 글을 쓴다는 건 이야기 전체의 구성을 짜고, 한곳에 앉아서 세부 내용까지 생각한 뒤 실제로 글을 써 나간다는 의미예요. 그렇게 그 작업을 마치면 새 소설을 써야겠죠. 생각만 해도 이불을 뒤집어쓰고 싶게 만들 만큼 너무 버거워요."

장기적이고 더 큰 보상을 얻기 위해 단기적인 이득을 포기할 수 있다는 것은 정말 귀중한 능력이다. 우리는 마시멜로 연구에서 만족 지연의 어린이 버전을 설명했다. 그렇다면 우리가 성인으로서 자신이 원하는 작은 무언가를 지금 받는 것과 더 가치 있는 무언가를 2~4주 기다렸다가 받는 것 중에 하나를 선택해야 한다면 뇌에서 어떤 일이 벌어질까? 뇌 영상법을 확인한 결과, 즉각적인 보상을 취한 사람은 뇌의 보상 센터에서 활성이 증가한 반면, 더 큰 보상을 기다리기로 한 사람은 세심한 판단과 결정을 실행하는 뇌 회로인 전전두피질에서 활성이 증가한 모습을 보였다. 실험 참가자들이 방어형인지 공격형인지는 확인되지 않았지만, 바로 보상을 받고 보상 센터가 활성화된 쪽이 실제로 공격형이라고 볼 수 있다.

보상 기대뿐 아니라 시각, 소리, 냄새 등 우리가 감각으로부터 받는 정보는 뇌의 도파민 수준을 높인다. 그리고 뇌의 도파민 수준이 낮으면 우리는 더 충동적으로 움직인다. 월라의 경우, 자신이 빨리 이룰 수 있는 무언가에 따를 때 일어나는 즉각적인 도파민 세례를 거부하기란 어렵다. 그것이 그녀가 따분함을 조절하고 뇌에서 느끼는 정서적 불편으로 인한 끊임없는 몸부림을 조절하기 위해 쓰는 익숙한 전략이기 때문이다. 안타깝게도 윌라는 친구들이 장기적인 목표를 세우고 이루기 위한 방법을 찾는 모습을 보면서 자신에게 어딘가 문제가 있음을 느꼈다. 그녀는 자신이 고생하는 이유가 단순히 게을러서라고 여겼지만, 실제로 이러한 문제는 게으름과 무관하다. 그럼에도 윌라는 진전을 보지 못했고, 더 나아가 '성격적 결함' 때문에 자신이 성공하지 못했다는 그녀의 믿음이 자신감을 앗아가고 자기 재능에 대한 신뢰를 무너뜨리기까지 했다.

윌라는 자신이 결점이라고 여긴 요소의 근원을 우리에게 설명받고는 크게 안도했다. 그러고 나서 자신의 뇌 화학작용에 대처하는 도전을 감행하길 바랐고, 스스로 열성적이고 유능한 학생임을 증명했다. 우리는 다른 공격형에게도 도움이 될 수 있는 훈련을 윌라에게 요청했다. 윌라는 한 주 동안 세 가지를 하는 데 몰두했다. 첫 번째, 자신의 휴대폰을 밤 11시에 꺼서 아침 식사 이후에 다시 켜기로 했다. 두 번째, 오후 6시까지 소셜미디어에 접속하거나 뉴스 피드를 보지 않기로 했다. 이는 당연하게도 상당한 자유 시간을 만들었다. 마지막으로 세 번째 훈련은 매일 2회에 걸쳐 10분간 정말 아무것도 하지 않은 상태로 지내는 것이었다. 아무것도 하지 않는다는 것은, 발을 바닥에 붙이고 손은 무릎 위에 두며 눈은 감은 상태로 의자에 편하게 앉아 있는 것이다. 언뜻 들으면 별것 아닌 것 같지만, 공격형에게 이러한 훈련은 쉽지 않다. 윌라에게 이 훈련의 목표는 사색하는 시간을 새롭게 받아들이는 데 있었다. 다시 말해, 자신에게 주의를 기울이고 자극적인 외부 요인을 의도적으로 제거한 상태로 시간을 보내는 것이었다.

현재 월라는 하나의 소설 작품에서 150쪽 분량까지 써 나갔고(그녀가 과거에 하나의 스토리라인을 바탕으로 썼던 양에 비하면 대략 140쪽 이상 더 나간 셈이다), 나날이 글의 분량이 늘어나고 있다. 이는 유혹이 쫓아와서 뇌에 도파민 분비를 약속하며 손짓하는 일이 더는 없어서가 아니다. 그녀가 오래된 느낌을 좀 더 편안하게 여기고 받아들이는 법을 익혔기 때문이다. 그녀는 거기에 단순히 주목하고 자신이 무엇을 하건 계속하는 방법을 배웠다.

속도, 고집, 오류: 보상에 민감한 태도는 공격형과 방어형의 위험 수준을 서로 다르게 만드는 요인이다. 잠재적 보상의 달콤한 유혹은 위험을 감수하는 상황에서 커진다. 계산한 위험을 감수하는 능력이 얼마나 중요한지 다들 확인했겠지만, 이것이 너무 반대 방향으로 기울면 문제가 생길 수 있다. 야망을 성공으로 바꾸려면 최상의 경로에 머물러야 한다. 불행히도 위험 감수 성향은 발생 확률이 낮은 결과로 이어지는 지름길을 좇는다. '천천히 그리고 꾸준하게'라는 슬로건은 그 어떤 공격형에게도 해당하지 않을 것이다. 정확성 대신 속도를 선택하는 공격형은 문제 해결을 위한 빠른 접근법을 취하기 쉽다. 최상의 경로에서 어떤 단계에 놓이건, 정확성과 세부 내용에 관한 어느 정도의 관심이 있어야 성공할 수 있다. 과제를 빠르게 처리하다 보면, 세부 내용에 대한 집중, 인내심, 정확성을 희생하기 마련이다. 그러나 공격형에게 문제가 될 수 있는 것은 단순히 정확성이 아니다. 인내력도 문제다. 공격형과 방어형 사이에 지능적인 차이가 없어도, 방어형은 과제가 어려워질수록 그것을 완수하기 위해 더 끈기 있게 버티는 편이다. 공격형은 다른 데 정신이 팔린 건지 따분해진 건지 그저 피곤한 건지 확실하지는 않지만, 일이 어려워지면 포기하는 편이다. 반면 방어형은 끈덕지게 밀고 나간다.

우리가 가질 수 있는 특정한 목표가 무엇이든, 자신이 저지른 실수는 성공의 적이다. 방어형이 거짓 음성 오류를 만들곤 한다면, 공격형은 반대로 거짓 양성 오류를 더 많이 만든다. 자극에 움직이고 보상에 민감한 공격형은 반응하게 되어 있다. 공격형은 생각하기 전에 움직이곤 한다. 본래 조심스러운 편인 방어형은 생각하고 나서 움직인다. 이 결정적인 차이가 공격형의 약점을 만든다. 공격형은 계산에 따라 자신을 해칠 수 있는 요소보다 얻기를 바라는 대상에 더 초점을 맞춘다. 이것이 거짓 양성 오류를 초래하는 역학이다. 우리가 확인한 바에 따르면, 중요하거나 광범위한 결과를 가져올 수 있는 어떠한 결정에 직면했을 때 그 과정에서 강제로 시간을 갖고 긍정적인 측면이 아닌 부정적인 측면을 살피는 일이 공격형에게 도움이 된다. 공격형은 자극에 대한 애착 때문에 자연스럽게 빠른 처리를 바라는데, 목표를 품고 있는 상태에서는 과정을 진전시키는 일이 흥미롭기 때문이다. 공격형은 한창 흥분에 휩싸여 있을 때 방어형이 볼 수 있는 위험 신호를 놓칠 수 있다. 위험 신호를 보지 못하면 성공에 장애가 되는 일종의 치명적인 실수를 초래할 수 있다.

크게 한 걸음 물러나서 보자. 성공이란 정확히 무엇일까? 넓게 보면 성공은 확실히 주관적이기 때문에 다양한 것을 의미할 수 있다. 범위를 좁혀서 업무상의 성공을 정의한다면, 우리의 호기심, 재능, 후천적 기술을 만족스럽게 활용하여 인정이라는 노동의 결실을 얻는 것이라고 할 수 있을 테다. 물론 이 정의도 독특하고 주관적이다. 업무상의 성공을 아주 간단하게 표현하자면, 그저 엄청난 불평이나 후회 없이 자신이 하는 일을 좋아하는 것이 아닐까?

문화적·지정학적·경제적 변화가 아주 빠르게 일어나는 지금 시점에서 성공은 움직이는 타깃처럼 보일 수 있기 때문에 판단하기 어려울 수 있다. 우리는 자신의 야망을 실현했을까? 목표한 바를 이루고 있을까? 우리가 인정받은 가치와 그것을 반영하는 보상 사이에 좋은 매칭이란 있을까? 우리의 일은 매력적일까? 우리가 하는 일에 본질적인 만족이란 있을까? 지금으로부터 1~2년 후에 우리의 가치는 어떻게 평가받을까? 우리와 일과의 관계성은 확실히 복잡하다.

자신이 원하는 대로 그리고 자신이 정의한 방식에 따라 성공을 거두는 것이 우리의 바람이다. 여기서 우리가 몇 가지 귀중한 소프트 스킬soft skill(타인과 협력하는 능력, 문제 해결력, 자기 제어 능력, 의사소통 능력, 리더십, 회복 탄력성 등—옮긴이)을 알리는 일이 도움이 될 수 있다. 뇌 화학작용의 흐름에 맞추되, 보통은 저항을 요구하는 기술이다. 준비를 잘한 전사는 방패만 가지고 혹은 칼만 가지고 전장에 나서지 않는다. 우리는 방어를 통한 보호만큼 공격도 잘해야 성공한다. 우리가 큰 도움이 될 것으로 확인한 몇 가지 사항이 있다. 방어형은 공격형의 타고난 성향에서 가치 있는 점을 배울 수 있고, 반대로 공격형도 마찬가지다. 뇌 화학작용의 차이는 강력한 영향 요인이지만, 한계로 여겨서는 안 된다.

방어형은 상대적으로 끈질기다. 쉽게 포기하지 않고 공격형 못지않게 움직인다. 공격형은 지금 당장 모든 것을 가질 필요가 없음을 명심해야 한다. 공격형은 자신의 출구 전략에 의문을 품고, 권태와 피로가 아닌 논리와 이상에 기반해야 함을 확실히 할 필요가 있다. 때로는 기다림이 더 현명하다. 이어 방어형의 경우, 과연 우울감과 비관적인 생각이 드는 이유가 그저 뇌 화학작용 때문일까? 기회를 좀 더 얻어서 평소 자신이 꺼리는 고도의 각성 상황을 더 많이 대할 수 있는지 지켜보자. 자신의 재능을 믿고, 더 직접적으로 드러내며, 자신감을 갖자. 좀 더 즐거움을 취한다고 큰일이 생기지는 않는다. 오히려 기분이 좋을 것이다. 공격형은 매력, 낙천성, 대인 관계에서의 편안한 사고방식 등 모든 것을 가진 듯하다. 공격형은 자기 방식을 취하는 데 문제가 없지만 때로는 너무 공격적으로 나선다. 공격형은 강압적인 태도로 다른 사람을 따르게 할 수 있다. 그러나 연구에 따르면, 합의 도출이 리더십 전략의 일부인 경우, 적극적인 성향이 방해 요인이 될 수 있다. 그리고 방어형의 경우, 이제는 좀 더 대담함을 보일 시간이다. 방어형은 합의 도출에 뛰어나다. 그러나 자신의 의견과 아이디어를 더 과감하게 드러낼 때 더 유능한 리더가 될 것이다.

공격형은 보상에 대한 자신의 민감함이 정확한 의사결정에 어떠한 영향을 미치는지 생각해봐야 한다. 그리고 방어형은 자신의 회피 성향이 자신의 길을 가로막는 방식을 따져봐야 한다. 자신의 선천적인 반응을 거스르는 태도가 어떻게 긍정적인 보상으로 이어질지 상상해보자. 그러한 방향성을 받아들이고 포용하자. 당신을 가로막는 것은 몸 안에 있는 화학물질뿐이다.

우리가 제안하는 내용이 쉽지 않음을 우리도 잘 안다. 그리고 그렇게 쉽지 않은 이유는 뇌 화학작용이 오랫동안 습관을 만들고 당신을 괴롭혀왔기 때문이다. 그렇다고 시도할 가치가 없다는 의미는 아니다. 상대 유형의 특성 중에 부럽거나 어렵게 느껴지지만, 자신이 적극적으로 나서면 뭔가를 얻을 만하다고 생각하는 특성은 무엇인가? 도전을 받아들이고 이를 통해 무엇을 할 수 있는지, 나중에 자신이 어떤 결과를 얻는지 확인해보자. 작은 진전은 보통 더 큰 진전으로 이어진다는 사실을 잊지 말자.

5장

변화하는 현장에 대응하는 소프트 스킬

뇌의 화학적 불균형은 핵심적인 성공 요인에 어떠한 영향을 미치는가?

팬데믹이 초래한 문제들은 여전히 해결되지 않고 남아 있다. 바이러스는 쓰나미처럼 우리를 휩쓸었고, 몇 달 만에 10년 동안 일어날 만한 변화를 초래했다. 기술은 늘 변화의 원동력이었고, 바이러스는 그것을 가속화했다. 갑자기 원거리 근무에 적응해야 할 때 우리는 대부분 새로운 기술을 익혀야 했다. 출장은 줌으로, 회의는 이메일로 진행되었고, 이메일은 인스턴트 메시지가 되었다. 근로자의 고용 형태도 변했다. 미국 내 조직 중에 무려 3분의 1이 정규직을 비정규직으로 대체했다. 이와 더불어 우리는 과거보다 더 면밀히 감시받게 되었다. 이메일, 채팅, 컴퓨터 사용을 확인하는 감시 기술은 예전보다 더 많은 곳에서 활용되고 있다. 그렇다. 빅브라더는 물론 빅시스터까지 지켜보고 있다. 그리고 이러한 변화가 이른 시일 안에 사라지지는 않을 것이다. 수백 명을 거느린 사업 운영자들을 대상으로 한 조사에 따르면, 그중 약 40%가 자신의 조직이 만든 변화를 봉쇄 종료 후에도 지킬 예정이라고 밝혔다. 재택근무 시간 확대와 디지털 서비스 강화가 대표적인 예다.

그렇다면 우리는 이러한 조직 내의 혼란 속에서 어떻게 자기 위치를 지키며 잘 지낼 수 있을까? 한 가지 방법은 우리의 경쟁력을 확실히 하는 것이다. 그러려면 변화의 흐름에 적응하고 조화를 이뤄야 한다. 이를 위해 우리는 자신이 끌어낼 수 있는 모든 의식과 계획성을 활용할 필요가 있다. 우리는 복수의 사업주와 경영진을 통해 오늘날 기업 문화에서 중시하는 개인별 자질을 확인하여 정리해봤다. 이 '성공 요인'이란 바로 책임감, 유연성, 자신감, 자제력, 자기주도능력 등을 가리킨다. 우리는 모두 이 자질들과 그것들이 어떤 가치가 있는지 잘 알고 있다. 그래서 우리는 각 자질을 정의하고 설명하는 데 많은 시간을 들이지 않을 것이다. 오히려 이 자질들을 꾸준히 구현하는 데 방해가 되는 요소를 파헤쳐볼 것이다. 변화 가능한 이 각각의 자질은 우리 뇌의 화학적 불균형으로 인해 예측 가능한 문제를 마주한다. 이것을 완전히 익히는 일은 전문성, 전문 지식, 기술적 감각과는 별개다. 이러한 소프트 스킬은 바람, 의도, 희망이 아니라 행위다. 우리가 실제로 **하는** 일, 우리가 매일 업무에 **임하는** 방식인 셈이다.

책임감

표면적으로 책임감은 우리가 가질 수 있는 아주 논리적이고 분명한 자질로 보인다. '책임감'이란 주변 환경에 영향을 미치고 그것을 형성하는 방식에 대한 책임을 우리가 이해하고 짊어지는 능력이다. 당신은 아마 직장에서 책임을 느끼는 여러 사람 중 한 명일 것이다. 양심 있는 사람이면 대부분 그렇다. 그러나 우리는 다름 아닌 자신에게 책임이 있는 **대상** 탓에 곤란에 처할 수 있다. 여기에는 우리 뇌의 화학적 불균형이 초래하는 음모로 약해질 수 있는 개개인의 솔직함과 명료한 사고가 필요하다. 아주 간단해 보이는가? 글쎄, 더 깊이 들어가면 꼭 그렇지는 않다.

방어형인 짐은 '자신이 책임감 있다고 생각하는 사람?'이라는 질문에 가장 먼저 손을 들 사람이다. 성실하고 가정적이며 필요할 때면 언제든 기댈 수 있는 지인이기도 하다. 짐의 회사는 관련 분야가 전반적으로 그러했듯이, 봉쇄 기간에 심각한 위축을 겪었다. 그가 속한 팀은 여전히 뒤처져 있었고, 1년 목표치를 달성하지 못했다. 짐은 자신의 직업에 아주 진지하게 임했고, 자신의 지속적인 생존 능력뿐만 아니라 보고서 기록에도 신경을 썼다. 당신도 짐을 마음에 들어 할 것이다. 짐은 상대와 소통할 때 눈을 피하지 않고, 마치 상대의 답변에 관심이 있다는 듯이 상대의 느낌을 묻는다. 한편 봉쇄 기간에는 재택근무를 했는데, 바이러스의 위험에 대한 걱정으로 그의 가족들은 높은 경계 수준을 유지했다.

이제 짐은 팀 내 절반의 인원과 함께 다시 사무실에서 근무 중이고(나머지 절반은 여전히 재택근무 중이다), 누구보다 열심히 일하고 있다. 그러나 실제로는 혼자 모든 것을 하면서 팀의 효율성을 없애고 말았다. 그는 이렇게 말할 것이다. 팀원이 모두 재택근무를 시작하면서 자신이 통제력을 잃었다고 느낀 탓에 소소한 일까지 신경 쓰게 되었다고, 연락을 유지하기 어려웠다고, 경기 침체를 고려하면 자신의 성과는 납득할 만한 수준이라고 말이다. 그러나 그게 전부가 아니었다. 짐이 보지 못한 부분이 있었다. 팀의 리더로서 짐은 자신의 보고서 기록에 대한 합리적인 목표와 대책을 신중하게 세웠지만, 그의 노력에도 팀은 계속 저조한 성과를 냈다. 짐은 물러서서 큰 그림을 보는 대신 소소한 부분을 챙기는 데 더 심혈을 기울였다. 진짜 실패는, 그가 책임을 제대로 위임하지 않은 데 있었다. 다른 사람에게 맡기면 더 나을 프로젝트까지 굳이 나서서 감 놔라 배 놔라 하는 짐의 성향과 추측 탓에 팀의 사기는 저하되었다. 이로 인해 팀원들이 동기를 제대로 얻지 못하고 뒤로 물러서서 짐이 원하는 대로 하게 내버려두는 상황이 많아졌다. 짐의 우려 섞인 간섭은 실패에 대한 자신의 두려움을 자기 충족을 위한 예언으로 만들었다.

회피는 짐이 사소한 부분까지 관리하게 만드는 엔진 역할을 한다. 짐은 팀 인원의 절반 이상을 뽑는 데 관여하고 적극적이고 능숙한 멘토 역할을 해왔지만, 팀원의 역량을 믿고 실패와 실수의 자연스러운 학습 곡선을 허락하는 데 어려워했다. 합리적인 책임을 할당하고 자율성을 북돋우는 일은 말뿐이지 거의 일어나지 않았다. 사실 그는 팀의 성장과 생산성보다 실패에 대한 불안과 두려움에 더 신경 써왔다. 업무와 이를 통한 통제 수단이 불안감을 줄이는 전략과 맞물리면, 긍정적인 결과는 절대 나오지 않는다.

짐은 불안을 심하게 느끼는 부류의 인간이었다. 늘 그래 왔다. 자신이 불안할 때 그 이유를 고민하는 것은 자연스러운 일이다. 그러한 고통스러운 불편에 대처하는 방식을 개인적인 방법으로 살펴보는 일은 건강하고 책임 있는 행위다. 그러나 주변을 통제하여 불안감을 줄이려는 시도는 그렇지 않다. 우리가 이 부분을 지적했을 때 짐은 크게 속상해했다. 그런데 조금만 더 캐보니 진실이 드러났다. 짐은 통제를 포기하는 일이 자신에게 얼마나 힘든지 이야기했다. 그리고 이것이 집에서 자녀들의 일에 일일이 간섭하는 경향으로 나타나 아내마저 떠나려고 했을 정도였다는 이야기까지 전했다.

우리는 짐이 자신의 보고서 기록을 형편없는 것부터 괜찮은 것까지 순위를 매겨 스프레드시트에 정리하도록 했다. 그리고 각각의 기록에 팀원들이 자율적으로 완수할 수 있는 합당한 업무를 만들었다. 팀원들에게 책임을 지우면 불안한 신뢰의 틈이 생기기 때문에, 이것은 그에게 큰 스트레스를 주는 일이었다. 그는 각각의 과제에 '최악의 두려움'이라고 적고, 그 옆 공간에 과제가 성공적으로 완수되었는지에 따라 1~5점을 매길 수 있도록 했다.

실제로 짐이 이것을 처음 실천했을 때 약간의 자극과 독려가 필요했다. 그러나 그가 3달 동안 이 프로젝트를 진행하면서 발견한 사실은, '최악의 두려움'이 결과로 나타날 확률이 가장 낮았고, 놀랍게도

4, 5점을 받을 확률이 가장 높았다는 것이었다.

사실 실패에 대한 자신의 불안과 두려움을 조절하는 데 신경 쓰면서 팀원들의 성장과 업무 효율에 책임을 지기란 불가능하다. 혹시 당신은 자신의 정서적 동기 부여에 대한 더 확실한 그림을 얻기 위해 겉으로 드러나지 않는 부분을 얼마나 자주 확인하는가? 당신이 방어형이라면, 자신의 불안 정도 혹은 회피 성향이 소속 집단에 대한 책임에 어떻게 영향을 미치는지 확인할 수 있는가? 자신의 개인적인 스트레스를 다른 무언가로 여기면서 조절하는 경우가 얼마나 자주 있는가? 자신의 불안과 두려움을 얼마나 자주 시험해보는가? 짐이 고투한 질문들이 바로 이런 것이었다. 짐은 보고서 기록에 관한 자신의 행동이 어느 정도는 특정한 뇌 화학작용과 관련이 있음을 이해하면서 크게 안도했다. 그가 자신을 더 깊게 들여다보면서 자신의 의구심을 시험해볼 수 있는 자신감을 얻었는지는 불분명하다. 그러나 한 번 이렇게 함으로써 불안감이 천천히 사라졌고, 그가 믿지 못했던 팀원들의 역량에 대한 신뢰가 점점 커졌음은 분명했다.

대형 보험회사의 법률 고문으로 일하는 공격형 에밀리는 책임에 관한 아주 다른 문제를 안고 있다. 바로 분노 문제다. 에밀리는 일이 자기 뜻대로 되지 않으면 늘 다른 사람을 탓했다. 그녀가 주변인들로부터 신뢰와 신의를 잃었다는 사실은 그녀의 직장 생활에 숨은 위험 요인이었다. 직위를 넘어서서 그녀는 위협적인 직원이었다. 사람들은 가능하면 그녀를 피했다. 에밀리는 실제로 혹은 머릿속으로 무언가가 제대로 안 되었다고 느끼면 그 책임을 떠안을 대상을 찾곤 했다. 희한하게도 자신은 그 대상에 절대 없었다.

에밀리는 스트레스를 받으면 언성을 높이고 과장되며 때로는 잔인한 언행으로 자신의 긴장을 풀었다. 방어형이 쉽게 자신을 비난하고 자기 실수를 받아들이는 반면, 공격형은 이유를 외부 세계에서 찾는 편이다. 공격형은 피질 자극을 한껏 받아들이지만, 그 정도가 불편하리만치 높으면 꺼릴 뿐 아니라 그것을 줄이고 분출할 방법까지 궁리한다. 에밀리는 각성을 위험 수준에 두고 책임을 피하면서 지내곤 한다. 신경생물학에 지배를 받아온 셈이다.

우리는 그녀에게 책임 테스트Accountability Quiz 가운데 자기 통제·감정 조절 하위 검사를 받을 것을 요청했다. 검사의 일부 내용은 다음과 같다.

나는 일을 하면서 짜증과 분노를 자주 느끼는 편이다.
  ▪ 전혀 아니다 ▪ 가끔 그렇다 ▪ 때로 그렇다 ▪ 자주 그렇다 ▪ 거의 항상 그렇다

나는 일을 하면서 문제가 생기면 남 탓을 하는 편이다.
  ▪ 전혀 아니다 ▪ 가끔 그렇다 ▪ 때로 그렇다 ▪ 자주 그렇다 ▪ 거의 항상 그렇다

나는 다른 사람들이 내 의견에 동의하지 않아도 내가 맞는다고 믿는 편이다.
  ▪ 전혀 아니다 ▪ 가끔 그렇다 ▪ 때로 그렇다 ▪ 자주 그렇다 ▪ 거의 항상 그렇다

다른 사람의 무능함이 나를 가로막는 것 같다.

■ 전혀 아니다 ■ 가끔 그렇다 ■ 때로 그렇다 ■ 자주 그렇다 ■ 거의 항상 그렇다

나는 칭찬보다 비판에 더 능하다.

■ 전혀 아니다 ■ 가끔 그렇다 ■ 때로 그렇다 ■ 자주 그렇다 ■ 거의 항상 그렇다

나는 나의 잘못보다 다른 사람의 잘못을 더 자주 경계한다.

■ 전혀 아니다 ■ 가끔 그렇다 ■ 때로 그렇다 ■ 자주 그렇다 ■ 거의 항상 그렇다

에밀리는 자신의 결과에 슬퍼했지만 놀라지는 않았다. 마침 테스트에 응한 바로 그날, 에밀리는 자신이 놓친 중요한 전화 회의 일정을 알려주지 않았다는 이유로 부하 직원에게 다시 호통을 쳤다.

"그런 건 미리 알려줬어야죠! 앞으로 더 책임감 있게 행동하세요. 이런 일이 다시 한번 생기면, 그땐 그냥 안 넘어갑니다."

에밀리는 자신의 사무실로 쿵쾅거리며 돌아와서야 전화 회의 일정을 확인하라는 부하 직원의 메시지와 이메일 알림을 확인했다. 더 책임감 있게 굴어야 하는 사람은 괜히 비난받은 부하 직원이 아닌 에밀리였다.

에밀리는 자신이 "거의 항상 그렇다"에 얼마나 많이 체크했는지를 보고 깜짝 놀랐다. 자신의 행동에 영향을 미친 것이 본인의 뇌 화학 작용이라는 우리의 설명에서 약간의 위안을 얻었다. 이러한 인식이 서자 자신의 행동을 통제하는 데 도움이 될 우리의 제안을 받아들이

게 되었다. 에밀리는 자신의 뇌 화학작용을 억제하여 자신의 분노를 제대로 조절하는 방법을 익혔다. 한 달 동안 간단한 마음챙김 명상법을 실천하는 것과 더불어 외부에서 스트레스 해소하는 공격형을 위해 고안된 감정 조절 방안을 실천하기로 했다. 목표는 의도적으로 자신을 통제하고 억제하는 연습을 통해 통제 위치를 바깥에서 안으로 옮기는 데 있었다.

우리가 에밀리에게 권한 실천 방법의 내용은 아래와 같다. 여기서 숨은 목표는 그녀가 가진 선택의 자유를 일깨우는 것이었다. 분노를 반사적으로 표현할 필요는 없다. 우리는 에밀리에게 그 익숙한 욕구를 내보여야 한다는 느낌을 받을 때 다음 내용을 실천해보라고 요구했다.

1. 자신에게 드는 느낌과 그 느낌을 밖으로 드러내고 싶은 욕구에 조용히 주목하면서, 부정성을 표현하고 싶은 충동을 간단하게 확인하자.

2. 이러한 알아차림, 이러한 휴지 상태가 기회이자 전략상 중요한 순간임을 상기하자.

3. 반사적 반응을 선택으로 바꾸자. (우리는 자신이 화난 감정을 표현**할 수 있다는 것**을 알면, 꼭 그렇게 표현**할 필요는 없다**는 인식도 갖게 된다.)

4. 분노, 비난, 비아냥에 기대지 않고 그 순간을 해결해본다고 생각
   하면서 억제를 연습하자.

에밀리는 일련의 목표와 보상도 계획했다(공격형에게 동기를 부여하는 최고의 방법은 그와 관련된 보상을 주는 것이다). 그녀는 분노 충동을 의식적으로 억제하는 모든 순간을 기록으로 남겼다. 첫 번째 목표는 자신의 분노 어린 책임 전가와 불평을 열 번 연속으로 억제하는 것이었다. 도중에 처음부터 다시 시작할 때도 몇 번 있었지만, 시도한 지 세 번째 주가 지나서 안마기를 첫 번째 보상으로 받았다. 그리고 보상 지연 능력을 기르기 위해 스무 번 연속으로 폭발하지 않으면, 스파에서 멋진 주말을 보내는 것으로 다음 보상을 강화했다.

에밀리는 이 과정을 아주 흥미로워했다. 놀랍게도 다른 사람에 대한 비판을 참으면서 그녀의 자신감이 커졌다. 나아가 직장에서 자신이 들인 노력이 과거에는 기대하지 못한 결과로 이어졌다. 자녀 한 명이 "왜 이렇게 우리한테 잘해줘요?" 하고 물어었을 때, 에밀리는 자신이 좋은 쪽으로 변하고 있다고 확신했다.

과연 에밀리는 자신이 마주해야 했던 각성 증가 상황에 어떻게 대처했을까? 과거에 비난은 통제에 대한 환상과 하나가 되어 있었다. 그러나 에밀리는 의식적인 억제에 기대기 시작하면서 진정한 자기 통제감을 얻었다. 분노를 표현하지 않고 억제하는 일이 정말로 효과가 있음을 깨달았다.

"화난 감정을 표출하지 않으면 속이 터질 것만 같았어요. 역설적

으로 잠시 시간을 내어 저 자신에게 다른 무언가를 할 수 있는 선택권을 주니까 그 끔찍한 긴장감이 가라앉았죠."

실제로 에밀리는 이제 주변 사람뿐 아니라 자신에게도 더 큰 책임감을 느낀다.

불안과 분노는 책임을 왜곡한다. 불안과 분노는 모두 높은 각성수준과 관련이 있다. 그것을 방어형은 불안으로 해석하여 내면화하는 반면, 공격형은 분노로 해석하여 분출하려고 한다. 높은 각성 상태에서는 양쪽 모두 명료한 사고와 책임에 방해가 된다. '책임 확인'을 위해 방어형은 불편함을 조절하려는 시도가 아니라 논리와 합리성이 의사결정의 진정한 기초가 되는지 확인해야 한다. 그리고 공격형은 업무에서 분노와 책임 전가가 어떤 역할을 하는지 확인하고 자신을 원인이자 해결책으로 여겨야 한다.

유연성

앞서 설명했듯이, 방어형은 대부분의 공격형보다 감정적으로 반응하며 성장한다. 각성이 강해졌을 때 보통 불편함을 느끼는 수준이 있는데, 이 수준에 도달하면 약한 기준치에 해당하는 낮은 수준의 불안감을 느낄 수 있다. 방어형은 자신의 뇌 속에 있는 떠들썩한 편도체를 통해 자신이 평소에 마주하는 감각적·인지적·정서적 요구에 실시간으로 반응한다. 자신이 하나의 사건에서 다음 사건으로 어떻게 유동적으로 움직일지를 어릴 때부터 익혀야 이러한 전환이 효과적으로 이루어진다. 방어형은 순간적인 변화에 대한 반응으로 유연해지는 법을 배운다. 방어형이 큰 유연성을 갖고 변화에 적응할 수 있는 것은 근본적으로 반응하는 본성 때문이다.

러티샤는 잘나가는 미용실의 주인이다. 그녀는 자신만의 프라이빗한 공간에서 완벽한 카푸치노나 에스프레소를 즐기고, 자신의 특별한 기술에 프리미엄 금액을 지불할 의사가 있는 사람(주로 여성)에게 머리를 해준다. 싱글맘인 그녀에게는 엄마의 사랑을 듬뿍 받으며 어린이집에 다니는 두 아이가 있다. 그리고 그녀는 자신이 업계에서 최고라고 믿고 있다.

코로나 때문에 미용실을 잠시 닫은 러티샤는 생존 모드로 태세를 전환하여 바이러스가 사라지기를 기다렸다. 코로나 종식 후 모든 것이 제자리로 돌아오기를 기대했다. 그러나 그런 일은 일어나지 않았다. 러티샤는 예전의 모든 규칙과 절차가 그대로일 것이라고 예상했지만, 현실은 그렇지 않았다. 그러자 평소에 느긋하고 배려할 줄 알던 러티샤는 짜증이 많아지고 훨씬 더 불안해했다.

손님들은 집에 머무는 데 익숙해졌고, 대부분은 몸을 계속 사렸다. 러티샤의 몇몇 고객은 그녀가 직접 자기 집에 와서 머리를 해달라고 요청했다. 러티샤뿐 아니라 직원들이 담당하는 손님들도 방문 서비스를 요청했다. 그러자 직원들마저 그녀의 불안을 키우는 요구를 하기 시작했다. 직원들은 격리 생활에 익숙해져 있었고, 유연 근무제를 요구하면서 손님들이 원하는 방문 서비스도 할 수 있길 바랐다. 과거 러티샤는 온갖 변화를 포용하는 자신을 늘 자랑스러워했다. 그러나 지금은 모든 것이 통제 불가능하고 혼란스럽게 변한 듯했다.

방어형은 자신이 통제력을 잃고 위험 수준을 바꿔야 하기 직전에 유연성을 잃는다. 평소에 러티샤의 통제선은 아주 멀리 있었다. 그러나 그녀가 그 끝에 다다르자, 선이 뚝 끊어졌다. 직원 수를 조절해야 했고, 예약을 관리하는 방식은 더 유연해져야 했으며, 미용실 직원들의 근무 시간을 조정해야 했다. 게다가 일부 손님들이 직원 모두가 마스크를 쓰길 바라는 상황에서도 직원 중 절반은 마스크 쓰기를 거부했다. 보통 방어형은 사람들을 즐겁게 해주려고 하면서도 위험은 피한다. 그러나 러티샤가 보기에 모두를 만족시킬 수 있는 방법이 없었고, 모든 해결책은 위험투성이 같았다. 위험 요소가 많은 변화 앞에서 그녀의 가장 가치 있는 능력은 자취를 감췄다.

러티샤는 심호흡을 하고 자신이 느끼는 위험 중 일부가 실제로는 머릿속에서 법석이는 뇌 화학작용의 산물일 뿐임을 상기할 필요가 있었다. 러티샤는 회계사와 앉아서 미용실의 운영 방안에 관한 규약을 다시 썼다. 새로운 모든 절차가 모든 이를 만족시키지 못할 것임을 알았지만, 예전 방식을 고수하는 것이 더는 통하지 않으리라는 것도 알았다. 그녀는 불안감을 이겨내며 변화하는 환경에 적응하려고 노력했다. 결국 그녀의 미용실은 그전과는 아주 다른 환경에서 잘 운영되고 있는 것으로 보인다.

방어형은 위험 감수를 회피해야 하는 상황에 놓일 때 유연성의 한계를 맞닥뜨린다. 기억하자. 방어형의 유연성이란 과도한 경계로 불안감을 조절하는 방식의 결과물이다. 환경이 바뀌었으니 변화가 더 안전하게 느껴진다는 의미다. 이렇게 새롭게 변한 환경 때문에 자신의 위험 수준을 바꿔야 할 때 방어형은 곤란을 겪는다. 당신이 방어형이라면, 위험에 대한 불편함 때문에 새로운 것을 포용하는 대신 과거에 집착하는 일이 없도록 하자.

반면에 공격형은 유연성을 방해하는 장애물이 내재되어 있다. 변화에 편하게 대처하는 것은 공격형의 강점과 거리가 멀다. 공격형은 규칙 A를 문제 A에 적용하여 성공적인 결과를 예측할 수 있는 상황에서 가장 편안함을 느낀다. 그러나 사업 모델이 세분화되고 변화로 인한 혼란이 지배적인 상황에서, 규칙 A를 문제 A에 적용해봤자 효과가 떨어진다. 유연성은 공격형이 과거 경험에 크게 의존하여 만든 편안함과 거리가 멀기 때문에 공격형에게 어려울 수 있다.

52세의 은행 임원인 에릭은 자신의 직장생활이 정체기에 접어들었다고 느꼈다. 깨닫지 못한 것이 있다면 자신이 처한 통제 불능으로 보이는 상황에서 갖는 책임감이다. 에릭은 너무 흔한 딜레마에 빠져 있었다. 바로 변화에 대한 저항감이다.

"저는 은행 업계가 최근 몇 년 동안 격변했다는 걸 잘 알고 있어요. 그렇다고 하던 일을 모두 다른 방식으로 하고 예전에 통했던 걸 전부 버려야 한다는 의미는 아니죠. 저는 지난 25년의 경험이 의미가 있길 바랍니다. 우리는 많은 일을 잘 해냈습니다. 저는 우리의 업무 절차를 전부 바꿔야 할 필요는 느끼지 못하겠어요."

그러나 우리가 계속 제 역할을 하고 성공을 위한 승산을 유지하려면 이런 태도는 좋지 않다. 변화에 대한 유연성과 대응성에는 배우는 작업만큼 버리는 작업도 필요하다. 방어형은 정서적 반응성으로 인해 새로운 것을 계속 배우는데, 새로운 학습의 역학은 본질적으로 오래된 것을 버리는 데 있다. 안타깝게도 공격형은 이 부분을 어려워한다. 에릭은 잦은 출장을 통해 지역별 관리자들을 만나는 일을 아주 좋아했다. 대면 접촉, 동료애 그리고 미팅 후에 술을 곁들인 저녁 식사 시간을 즐겼다. 그런데 팬데믹으로 인한 봉쇄 때문에 출장이 어려워지고 어쩔 수 없이 기존의 대면 미팅이 온라인으로 대체되면서 어려움에 봉착했다. 물론 이해는 했다. 그러나 특정 기술을 활용하려면 학습 곡선이 따른다. 에릭은 기술을 열심히 배워서 최대한 활용하는 일에 주저했다. 당시 은행은 사업장 번호로 온 전화가 컴퓨터로 연결되도록 하는 소프트웨어 기반의 전화 시스템을 갖추고 있었고, 에릭은 헤드셋이나 컴퓨터 마이크로 답할 수 있었다. 그러나 에릭은 회사 동료나 고객에게 전화할 때 자신의 휴대폰을 계속 썼다. 그러나 모든 전화번호가 휴대폰에 저장되어 있지 않았고 소프트웨어의 단축 번호를 쓰지 않았기 때문에, 업무 속도가 늦어질 수밖에 없었다. 그리고 에릭은 줌 미팅 요청을 받았을 때도 화상 통화보다 쉽다는 이유로 음성 통화만 고집했다.

에릭은 무언가 중요한 것을 놓치고 있었다. 그는 자신의 팀 동료들이 자신에게 더 편하고 익숙한 방식으로 다시 일해줄 수 있는 날을 고대했다. 물론 국가 횡단이 필요한 비행을 화상 회의로 대체하는 데 따르는 비용 절감도, 회의실 모임이 화상 모임으로 바뀐다고 해서 의사소통과 효율성이 떨어지지 않는다는 사실도 그는 알고 있었다. 그럼에도 에릭은 예전으로 돌아가고 싶다고 계속 불평했고, 그로 인해 눈총받는 일이 잦아졌다. 그 옛날은 다시는 돌아오지 않을 터였다. 자신이 불만을 품었던 신기술과 씨름하는 데 에너지의 10%만 썼어도, 사람들의 뒷담화로 생긴 '러다이트(산업 혁명으로 일자리를 잃은 영국의 노동자들이 실업의 원인을 기계 때문이라고 여겨서 벌인 기계 파괴 운동)'라는 별명을 얻지 않았을 것이다.

미국 연방준비제도이사회에서 새로운 은행 규정이 내려오자 상황은 악화됐다. 은행 업계에서 규정 준수는 필수적이다. 연방 정부의 보고 내용은 길고 복잡했다. 에릭이 숙달해야 하는 부분은 적었지만, 그는 새로운 규정에 겁을 먹고는 그것을 피하는 방법을 찾아냈다. 결국 부서가 연방 정부의 요구를 에둘러가고 있음을 우려한 에릭의 부하 직원이 인사부로 향했다.

에릭이 우리를 찾은 것이 바로 이즈음이었다. 변화에 대한 그의 경직성과 저항이 단순히 직장에서만 드러난 것이 아니라 생활의 모든 측면에 나타나고 있다는 사실이 금세 드러났다. 에릭은 아주 확고한 습관을 갖고 있었다. 운동 루틴은 대학교 시절부터 똑같았다. 매주 월요일에는 스테이크, 수요일에는 연어, 금요일에는 피자를 먹기로 되어 있었는데, 아내가 이 메뉴를 지키지 않으면 상실감을 느꼈다. 면도날, 면도 크림, 비누는 늘 같은 브랜드를 썼다. 에릭이 조금 엄격하고 루틴에 얽매인 듯하다고 우리가 지적하자, 그는 웃으면서 자기 아내가 늘 그걸로 자신에게 장난친다고 말했다. 계속해

2부 나의 뇌 유형은 직장생활에서 어떻게 나타나는가?

서 그는 자신이 매일 직장까지 같은 경로로 운전하길 얼마나 좋아하는지 그리고 거기서 어떤 위로를 받는지 이야기했다. 그러고는 활짝 웃으며 고개를 흔들더니 이렇게 말했다.

"저는 똑같은 브랜드의 속옷도 계속 구매하고 있어요."

물론 루틴 만들기는 좋은 일이다. 그러나 환경이 변화를 요구할 때에는, 그러한 루틴을 바꾸는 능력이 훨씬 더 가치 있다. 여기서 필요한 기술은 유연성이고, 거기에 방해가 되는 것은 변화에 대한 경직성과 저항성이다. 이는 공격형의 약점이기도 하다.

에릭이 단순히 변화를 꺼리기만 했던 것은 아니다. 한 발을 과거에 두고 있는 것을 미화하기까지 했다. 그러나 에릭은 이러한 완강함과 동시에 자신의 경직성이 경력 발전에 문제가 된다는 사실을 잘 알고 있었다.

우리가 그의 행동의 다른 측면을 몇 가지 알아맞히자, 에릭은 마치 우리가 점술가인 것처럼 쳐다봤다. 우리는 절대 그렇지 않다고, 그의 뇌 화학적 불균형이 어떨지 생각해서 추측한 내용이라고 강조했다. 그러자 그는 이렇게 말했다.

"그러니까 제가 하는 어떤 일들이 제 뇌 화학작용에 바탕을 두고 있다는 의미인가요? 저는 제가 아버지의 행동을 보고 많은 걸 배웠기 때문이라고 늘 생각했거든요."

우리는 그에게 그것이 아버지와 정말 관련이 있을 수 있지만, 아버지를 롤 모델로 삼은 것과 그의 뇌 화학작용이 합해져 그렇게 닮은 점이 나타났을 가능성이 크다고 말했다.

에릭은 '망가지지 않았으면 고치지 마' 식의 철학을 키워왔고 그 것을 규칙으로 만들었다. 그의 스토리라인, 서사적 정체성은 변화를 숨은 적으로 치부했다. 우리는 그 스토리라인에서 편집이 이루어지 도록 그를 돕기 시작했다. 그의 경직성이 그의 뇌 화학작용뿐만 아 니라 습관의 편안함과 관련이 있음을 인식하는 일이 첫 번째 단계였 다. 이렇게 습관을 선택이 아닌 반복과 익숙함으로 이해하면서 새로 운 자유가 발견되었다. 우리는 에릭에게 자신이 줄곧 하던 일에 조 금씩 작은 변화를 주도록 했다. 에릭은 곧 큰 통찰력을 얻었다.

"제가 늘 최고의 방식으로 일한다고 생각하고 있었다는 걸 알아차 렸고, 그게 최고의 방식이 아니었다는 걸 깨달았어요. 그저 저만의 방식이었던 거죠. 더 낫고 말고와 상관없었어요. 그냥 제가 하던 것 에 불과했죠."

또한 에릭은 변화에는 노력이 필요하고, 그 과정에서 불편함을 경 험하려는 의지도 필요하다는 것을 배웠다. 그의 흥미를 크게 돋운 것이 있다면, 자신의 스토리라인이 정해진 것이 아니라 적극적으로 소통하며 바꿀 수 있는 무언가라는 점이었다. 변화는 도전이 되었다. 그리고 그 도전에 응하려는 의지는 불평불만을 크게 줄이고, 적응성 을 크게 키우는 결과로 이어졌다. 이후 에릭은 새로운 브랜드의 면 도 도구를 사고, 딸이 친구들과 줌 통화를 할 수 있도록 장비 설치를 돕기까지 했다.

자신감

모두가 우사인 볼트처럼 트랙을 달리거나, 르브론 제임스처럼 농구 코트를 누비거나, 세레나 윌리엄스가 하는 것처럼 백핸드로 공을 받아칠 수는 없다. 뛰어난 운동 능력은 유전적이다. 우리는 이러한 분야에서 자신의 기술을 키우려고 노력할 수 있지만, 어쩔 수 없이 신체적 한계에 부딪힐 것이다. 우리가 인간으로서 어떤 사람인지를 나타내는 특성에는 저마다 한계가 존재한다. 우리는 그 경계를 향해 나아갈 수는 있지만, 결국 거기에 부딪히고 만다. 그런데 여기서 우리가 살펴보고 있는 성공 요소는 조금 다르다. 그것은 바로 일관되고 안정된 태도가 아닌 건설적인 방식으로 상호작용하고 변화할 수 있는 사고방식이다.

업무상의 자신감은 동적인 내면 상태에 해당한다. 겉보기에는 고정된 듯 보여도 실제로는 아주 유동적이다. 자신감에는 객관적인 기준이 없다. 매력, 카리스마, 적극성도 아니고 외향적인 태도나 일종의 '인싸'와도 무관하다. 자신감은 내용과 맥락에 따라 다르다.

주제에서 약간 벗어난 것처럼 보일 수 있지만, 이번 이야기는 자신감이 얼마나 유동적이고 맥락과 관계있는지를 보여준다. 수년 전에 어느 대학교 심리학 교수가 6개월 이상 서로에게 충실하며 긴밀한 애정 관계를 지켜온 여러 학생 커플을 모았다. 그 커플들이 익숙하지 않은 환경에 처했을 때 어떻게 대처하는지를 관찰하고자 했다. 그래서 교수는 학생들과 함께 티베트로 향했다. 그들은 셰르파 무리를 동반하여 에베레스트산의 베이스캠프까지 오르기 시작했다. 그런데 목적지에 가까워지자 날씨가 나빠졌고, 캠프에 도착했을 때 그들은 심한 폭풍과 맞닥뜨려야 했다. 급기야 영하의 강풍이 그들의 텐트 몇 개를 날려버렸다. 그럼에도 자신이 느낀 공포를 드러낸 사람은 아무도 없었다. 이 실험에 낯설고 힘든 환경이 필요했지만, 이 무리에 닥친 폭풍을 예견할 수 있는 사람은 아무도 없었다. 뚜렷해진 것은 셰르파의 능숙함이었다. 이 커플들은 오랫동안 유대 관계를 가져왔기 때문에 피실험자로 뽑혔다는 사실을 기억하자. 폭풍이 휘몰아친 지 이틀째가 되자, 놀랄 만큼 많은 여성이 애인을 떠나서 자신과 유대를 나눌 셰르파를 찾았다. 남자친구는 캠퍼스에서 최고의 남성이었겠지만, 산소가 부족한 이러한 산길에서는 셰르파가 최고의 남성이었다. 확실히 맥락은 중요하다.

인간으로서 우리는 모두 타고난 이야기꾼이다. 성인기에 접어들었을 때 우리는 서사적 정체성 혹은 개인의 이야기를 구축하는데, 여기에는 우리의 삶을 형성하고 우리가 자신을 바라보는 방식에 의미를 부여하는 여러 장면이 담겨 있다. 이것을 우리가 고민했는지는 상관없다. 이처럼 시간이 갈수록 더해지고 축적되는 이야기 데이터베이스가, 우리가 자신을 어떻게 느끼고 평가하는지에 대한 지표 역할을 한다. 당신은 누구에게든 이렇게 물어볼 수 있다. "당신의 행복을 1점부터 10점까지 매긴다면, 당신은 몇 점인가요?" 그러면 질문을 받은 사람은 자신만의 이야기 해석 방식에 따라 대답해줄 것이다. 자신감도 이와 똑같은 가이드라인을 따른다.

어떠한 심리치료에서는 사람들이 그동안 구축해온 자신의 이야기를 실제로 확인한다. 그 스토리라인을 긍정적이고 건설적인 방식으로 편집하고 바꾸는 것이 목적이다. 흥미롭게도 이러한 형태의 치료적 개입은 약물 치료와 인지행동치료 못지않게 효과적이다.

우리 삶의 다른 영역에서도 그렇듯, 자신감은 직장에서도 중요한 성공 요인이다. 이 맥락에서 자신감을 정의해본다면, 자신감은 직무상 책임에 해당하는 자신의 핵심 기량과 관련해서 스스로 느끼는 편안함과 신뢰에 대한 믿음이라 할 수 있다.

전국 영업 회의에 참석한 지역 관리자 두 사람이 점심시간에 새로운 전략을 브레인스토밍하고 있었다. 나중에 둘 중 한 사람이 손을 들어 사람들에게 전략을 이야기했다. 그 사람은 시작하면서 동료의 참여 사실을 언급했지만, 그 아이디어에 살을 붙이고 이에 따른 질문 세례에 대처할 만큼 배짱 있는 사람이었다. 그렇다면 사람들은 아이디어를 제공한 두 사람 중 누구를 기억하게 될까?

당신이 공격형이라면 당신에게는 타고난 장점이 있다. 공격형이 갖는 각성과의 관계성은 자신감과 상호작용하는 긍정적인 역할을 한다. 공격형은 뇌 화학작용의 영향을 받아 낙관적인 편이고, 이에 못지않게 위험을 더 잘 감수하며 사회적 불안감에 덜 취약한 편이다. 다시 말해 각성의 상승을 맞이함으로써 가장 먼저 손을 드는 것이다. 그런데 여기서 잠깐. 공격형에게 각성은 상반된 두 가지 효과를 낳아 축복인 동시에 저주가 될 수 있다. 당신은 어디서 말썽이 일어나는지 잘 알고 있다. 공격형은 세부 사항을 걱정하기보다 도파민 세례를 찾는 데 집중할 수 있다. 세부 사항에 대한 집중, 즉 '큰 그림'을 담은 생각을 기록하고 입증하는 데 필요한, 조용하고 때로는 지루한 업무에 대한 관심은 등한시될 수 있다.

크레이그는 정말 좋은 아이디어가 넘침에도 회의 마무리 단계에서 더 좋은 의견이 나오면 자신의 아이디어를 즉각 포기하는 것으로 유명했다. 그런데 그가 자신감 문제와 관련해서 마주하는 중요한 장애물은 "No"라고 말하지 못하는 것이었다. 건축가인 그는 스트레스와 피로 증상 때문에 우리를 찾아왔다. 매일 아침 날이 밝기 전에 한 시간씩 러닝머신을 뛰어도 혈압은 제대로 조절되지 않았다.

크레이그의 일과 일상의 이야기는 우리를 지치게 만들었다. 그는 회사에서 9~10시간 근무 후에 집으로 돌아와서 빠르게 저녁 식사를 한 다음 쌍둥이 자녀의 목욕을 도왔다. 아이들을 침대에 눕혀서 동화책을 읽어주고 재운 다음에는 컴퓨터로 가서 진행 중이던 개인 프로젝트 한두 개를 살폈다. 아내가 두세 번 부르면 그제야 잠자리에 들었고, 다섯 시간 정도 자고는 겨우 알람을 꺼서 러닝머신으로 향했다. 가장 먼저 출근해서 가장 나중에 퇴근하는 그는 업무를 겸한 점심시간에 파스트라미 호밀 샌드위치를 배달시켜 먹으면서 유일한 휴식 시간을 갖곤 했다.

크레이그는 똑똑하고 재능 있는 사람이다. 의심의 여지 없이 자신이 시작한 일은 무엇이든 숙달할 수 있을 것이다. 한 번에 한 가지만 집중한다면 말이다. 그런데 이런 식으로 일하지 않는다. 여러 가지를 동시에 시도하는 스타일이다. 그는 부담이 큰 건축 실무를 감독할 뿐 아니라 대기업에 팔 생각으로 생산성 관련 앱까지 개발하고 있다. 이 때문에 여러 프로그래머와 작업해야 하는데, 본인은 당연히 앱의 '외관'을 디자인하고 싶어 했다. 최근에는 자신의 전문직 협회에서 주간 팟캐스트를 진행할 의사가 있는지 물어왔다. 그래서 그는 집에 있는 방 하나를 작은 녹음 스튜디오로 만들어서 대본을 쓰고 녹음을 진행했다. 신소재가 건축 디자인에 미치는 영향에 관한 책을 쓰기도 했다. 그는 모든 것에 손을 대고 있었다. 그가 이사회 두 곳에 적을 두고 있고, 다른 한 곳에서도 참여 의사를 물었다는 이야기를 앞서 우리가 했었나? 생각만 해도 지친다. 그리고 지금 크레이그는 자녀들의 축구팀 코치를 자원할까 고민하고 있었다.

크레이그가 자신이 하고 있는 모든 일에 존경과 지지를 원하는지 우리는 확신이 서지 않았다. 둘 다 조금은 원했을 것이다. 그러나 우리는 그가 왜 우리를 보러 오기로 했는지를 그에게 다시 상기시켰다. 크레이그가 말하고 싶지 않아 한 이야기는, 자신이 빚이 많고 산만하다는 내용의 소문이었다. 실제로 최근에 그는 중요한 프로젝트 두 가지를 놓쳤다.

너무 많은 일을 하고 싶어 하고, 실제로 시작하기까지는 꽤 힘든 일일 수 있다. 우리는 당연히 크레이그의 낙천성과 자기 믿음을 망치고 싶지 않았지만, 그의 뇌 화학작용이 확장을 거듭하는 그의 활동 범위에서 어떤 역할을 하는지 꼭 알려주고 싶었다. 그리고 크레이그처럼 뇌 화학작용을 하는 사람이 낮은 수준의 도파민을 지루함과 무감각한 느낌으로 오해하면 사색하는 시간을 두려워하면서 살 수 있다고 설명했다. 그런 사람들은 이러한 시간이 절대 생기지 않도록 거의 무엇이든 다 할 것이다. 크레이그는 우리가 하는 이야기를 잘 받아들이지 못하는 듯했는데, 이렇게 말한 것이 결정적인 증거였다.

"할 일 없이 가만히 앉아 있으라는 것을 제외하고 선생님의 제안은 무엇이든 열심히 해볼게요."

이제 우리에게는 할 일이 있었다. 때로는 자신이 원하지 않는 것이 자신에게 필요한 것인 동시에, 약간 다른 실행 방식을 추구하는 모험의 출발점이 되기도 한다.

크레이그가 유능하다고 말하는 것은 절제된 표현일 것이다. 물론 그는 자신의 재능을 전혀 의심하지 않았다. 그러나 자신에 대한 넘치는 자신감과 확신으로 보인 것은 어느 정도 그가 낮은 수준의 각성을 조절하는 방식에 따른 결과이기도 했다. 그는 활동을 끊임없이 바꾸면서 자신에게 꾸준한 자극이 주어지도록 했다. 다수의 프로젝트에서 요구하는 세부 내용에 대한 관심은 그를 사로잡지 못했다. 자극 값이 너무 낮았기 때문이다. 그래서 크레이그는 할 일을 미뤄두고 '더 흥미로운' 무언가를 찾아 나섰다. 그러면서 그의 사업은 점점 위태로워졌다.

우선 우리는 크레이그에게 두 가지 과제를 내주었다. 첫째로 휴대폰에 다운받은 마음챙김 명상 앱을 10일 시험판으로 사용해보도록 권했다. 그러고 나서 우리가 '내가 무시할 만한 세부 사항'이라고 이름 지은 리스트를 실천해보도록 지시했다. 이를 통해 인내심과 집중력이 높아질 것이라고 설명했다. 그러나 명상 시도는 끝내 성공하지 못했다. 그는 자신의 호흡을 알아차리는 일만은 도저히 하지 못하겠다고 했다. 그래서 우리는 그나마 참을 만한 15분의 '무의미한 순간'을 갖는 것으로 전략을 수정했고, 이에 따라 그는 그 시간 동안 조용한 공간에서 눈을 감고 앉아 있기로 했다. 다른 지시 사항은 없었다. 크레이그가 감당할 수 있는 수준이었다.

우리는 크레이그가 '내가 무시할 만한 세부 사항' 리스트를 어떻게 실천했는지 알고는 깜짝 놀랐다. 그는 종이 3장을 들고 찾아와 이렇게 말했다.

"제가 신경 쓰지 않고 있었던 이 모든 게 제 머릿속에 있었다는 사실을 전혀 몰랐어요. 이러면 업무를 제대로 해내지 못하죠. 이 모든 걸 간과해버린 사람이라면 저는 두고만 보고 있지 않을 거예요."

그는 손바닥으로 리스트를 쓰다듬으면서 말을 이어나갔다.

"그런데 이걸 쭉 보고 있으면 멍해지고는 인터넷에서 관심 있게 보던 휴대용 피자 오븐만 찾고 싶어져요."

바로 그거였다! 새로운 구매를 좋아하지 않는 공격형은 없다. 우리는 크레이그에게 중요 세부 사항을 정리한 리스트를 검토하도록 동기를 부여하는 방법을 정확히 알고 있었다. 새 피자 오븐은 몹시 필요하면서도 지루한 업무를 이행하는 데 보상이 될 터였다. 진짜 자신감에는 증거가 필요하다. 크레이그에게는 추진력, 패기, 낙천적인 성격이 충만했지만, 일을 매듭짓는 요령과 세부 사항에 관한 관심이 심하게 부족해서 업무 수행에 어려움이 있었다. 그의 표현대로,

"내 관심을 끌지 못하는 것"과 씨름하려는 의지는 그의 업무 생산성에 큰 차이를 만들어냈다.

"제가 사소한 걸 뒷전으로 미루고 있었다는 사실을 알았어요. 그리고 그렇게 하다가 중간에 멈췄을 때 그게 실제로 얼마나 중요한지, 더 나아가 제가 그것을 하지 않음으로써 얼마나 집중하지 못했는지를 깨달았죠. 정신없이 하는 많은 일을 줄이니까 마무리도 더 잘하게 되었어요."

한편 방어형은 자신감을 우회적인 경로로 마주하는 편이다. 대상의 어두운 이면에 익숙한 만큼 보통 방어적인 자세를 취하면서 생활한다. 공격형은 중요한 세부 내용을 무시할 수 있지만, 방어형은 그 안에서 헤어 나오지 못할 수 있다. 방어형은 세부 사항을 친근하게 느끼고, 그 안에서 몰두할수록 더 안전함을 느낀다. 이는 위험을 회피하는 성향과 어우러져 자신감을 키우는 과정이 어려울 수 있다. 자신감은 실행을 위해 비켜서서 좀 더 많은 정보를 얻길 기다리는 방어형에게 불편하고 불안하게 느껴지는 어떠한 배짱으로 표현되는 것이다.

베스는 자신이 여전히 불완전하다고 느낀 데이터에 기반해서 결론을 내리기를 주저했다. 그러한 태도 탓에 상급 직원은 분노와 조바심을 느껴야 했다. 베스의 이야기를 좀 더 해보겠다. 베스는 가톨릭을 믿는 집안에서 막내딸로 자랐다. 포덤대학교에서 예수회 교육을 받은 후에는 수녀가 되기로 했다. 언니 둘, 오빠 넷과 함께 성장한 베스는 자신이 열심히 공부하고 봉사하다 보면 자신이 꿈꿔왔던 체계적이고 평온한 삶을 살 수 있을 거라 생각했다.

그러나 그 과정에서 예상치 못한 변수가 생겨 베스는 자신의 '부름'에 의문을 품기 시작했다. 그리고 최종 서원을 앞둔 상황에서 종교적인 삶을 포기하기로 했다. 결국 그녀는 자신의 교육 경험과 개인적인 흥미를 좇아 로스앤젤레스에 있는 어느 대형 가톨릭 병원에서 행정 업무를 하게 되었다.

베스는 열심히 일했다. 특히 감염 관리와 환자 안전을 위한 업데이트 절차와 관련하여 자료를 모으고 분석하는 업무를 받고는 기뻐했다. 그러나 그렇게 프로젝트를 진행하고 6개월이 지났을 때, 그녀는 결과에 조바심을 내고 있었다. 오랜 시간을 들여서 일해도, 정확성과는 다르게 속도는 절대로 그녀의 편이 아니었기 때문이다. 어쨌든 그녀는 방어형이다.

베스는 우리를 만났을 때 자신이 그토록 사랑하는 직업을 잃을까 봐 두려워했다. 중간 평가 때 그녀의 상급 직원은 그녀가 빨리 결과물을 내놓지 않으면 대체 인력을 찾겠다고 했다. 이에 베스는 큰 충격을 받았다. 직업을 잃는 게 나을지, 아니면 정확성은 버리고 속도에 열을 올려서 아직 마음의 준비가 안 된 상황에서 결론을 내리는 게 나을지 갈피를 잡지 못했다. 베스는 불안해했고 식욕이 떨어졌으며 자신감의 위기를 마주한 자신에게 속으로 화가 나 있었다. 이번이 처음이 아니었다. 이제는 무엇이든 결정을 내리면 의구심만 들었다.

우리는 방어형이 자신감 문제를 겪을 때 가장 먼저 뇌 화학작용의 결과물로부터 사실을 분리하도록 한다. 여기에는 두 가지 목적이 있다. 첫째, '이것은 실제로 위험하다'와 '이것은 위험하지 않겠지만 위험하게 느껴진다'를 구별할 수 있도록 하여 불안감을 낮추는 것이다. 둘째, 이로써 방어형은 적절한 내용을 바탕으로 전략을 세움으로써 합리적인 위험을 안전하게 감수할 수 있다. 이렇게 합리적인 위험을 감수하면서 방어형은 자신감을 얻게 된다.

베스는 6개월을 더 들여서 어마어마한 양의 데이터를 더 모을 수 있었다. 95% 정도 확실한 결론을 내리고 나머지 5% 정도 잠정적인 결론을 내리기에 충분한 상황이었다. 그녀가 프로젝트에 관해 더 많은 이야기를 할수록, 그녀의 완벽주의적 성향이 이 리포트를 작성하는 데 방해가 되는 진짜 범인이라는 사실이 분명해졌다. 그런데 여기서 베스는 숨겨온 사실을 밝혔다. 그녀는 보고서를 완성하는 대로 이사회에 직접 발표하게 될 것이라는 이야기를 들었는데, 문제는 그녀가 여러 사람 앞에서 말하기를 두려워하고 있었다는 점이다. 더 많은 정보를 계속해서 모으는 동안 베스는 자리에서 일어나 여러 사람 앞에서 발표하는 상황을 모면할 수 있었다. 그러나 자신의 각성과의 관계성에 대처하는 방법을 몰랐던 탓에 자신의 재능과 능력이 발휘되지 못하도록 가로막고 있었다.

우리는 각성에 대한 베스의 두려움을 막고자 발표에 대한 불안을 줄이는 전략을 준비했다. 4장에서 콜린에게 썼던 전략을 약간 수정했다. 과정 막바지에 왔을 때 그녀가 우리 앞에서 발표하기로 한 것이었다. 그날이 될 때까지 베스는 우리 앞에서 실제로 발표해야 하는 일을 피하려고 온갖 변명을 늘어놓았다. 이럴 때마다 우리는 그녀가 지금 직장을 계속 다니는 게 목표라면 불편을 깨야 한다고 거듭 강조했다. 마침내 그날이 오자, 베스는 우리가 처음 보는 복장으로 모습을 드러냈다. 짙은 회색의 테일러드 슈트 차림으로 마치 초면인 것처럼 자신을 소개했다. 발표는 완벽했다. 그로부터 2주 후 그녀는 직장에서 발표를 선보였고, 상급 직원에게 극찬받았다. 그 모든 리허설이 큰 보상을 가져다준 셈이다.

자제력과 자기주도능력

자기주도능력을 부추기는 요인은 무엇일까? 물론 주된 요인 중에는 야망, 즉 성공으로 가는 길을 마음속으로 그려보고 이해하는 능력도 있고, 집중도 높은 호기심과 상상력의 조합도 있다. 자제력과 자기주도능력을 경험하면 기분이 좋을 뿐 아니라 그 에너지를 업무에 반영할 때 중요한 특성이 되기도 한다. 실제로 자기 동기 부여는 개인의 전체적인 실적에서 중요한 요인으로 꼽혀왔다. 이것이 업무 상황에서 그토록 가치 있는 특성인 이유는 아주 분명한데, 자신이 더 많은 업무를 처리하는 데 가장 도움이 될 사람을 찾거나 자신과의 관계를 계속 유지하길 바라는 데 관심이 있는 사람을 찾을 때 특히 그렇다. 그렇다면 경영진이 중시하고 경험상 큰 만족과 활기를 주는 무언가에 방해가 될 수 있는 요인은 무엇일까?

안타깝게도 많은 것이 자기주도능력을 유지하는 데 방해될 수 있고, 우리의 각성과의 관계성에 영향을 미친다. 공격형과 방어형은 자신의 내적 동기 부여에 방해를 비슷하게 받는 편이지만, 이러한 위험의 근본 원인은 뇌 화학작용의 차이만큼이나 서로 다르다. 방어형과 공격형 모두 외적인 피드백이나 지침 요인에 크게 의존할 수 있고, 핵심 과제를 오인할 수 있다. 각각의 뇌 유형이 이러한 이유를 한 번 살펴보자.

크리스는 실현되지 않은 뛰어난 잠재력을 갖추고 있다. 낙천적인 태도와 전염성 있는 미소를 가진 그는 주변 사람들에게 관심받고 인정받는다는 느낌을 주면서 현장의 분위기를 훈훈하게 만든다. 남은 프로젝트가 있을 때도 열과 성을 다해 도맡곤 한다. 그러나 안타깝게도 제대로 마무리하는 경우는 드물다. 크리스는 약속을 무리하게 하는 동시에 기대 이하의 결과물을 만든다.

앞선 설명은 크리스의 연례 고과에서 따온 내용이다. 그가 이 부분을 우리에게 공유하면서 이렇게 말문을 열었다.

"저는 일에 대한 야망이 커요. 누구도 저한테 제가 해야 할 일이나 제가 책임지는 모든 일에 대해 말할 필요가 없죠. 그런데 충격적인 일이 한 번 있었어요. 관리자가 제게 이렇게 얘기했어요. 토씨 하나 다르지 않게 그대로 옮기면, '자율성을 좀 더 길렀으면 좋겠어요'였어요. 어쩌나 모욕적이던지! 완전히 한 대 맞은 기분이었어요."

우리는 비판을 어떻게 듣고 받아들일까? 자신에 대한 부정적인 이야기를 듣고 싶어 하는 사람은 아무도 없다. 그러나 그 말에 화가 나서 부정하게 되면 정말 자멸에 이르는 셈이다. 크리스가 우리와 함께 자신에 대한 평가 내용을 계속 검토하는 사이에 확실한 부분이 드러나기 시작했다. 그는 자신을 자제력 있고 자기주도능력이 뛰어난 사람이라고 표현했지만, 실상은 그렇지 않았다. 공격형이 내적으로 지속적인 동기 부여를 유지하는 데 갖는 전형적인 취약성이 첫 번째 세션에서 드러났다.

앞서 언급한 것처럼, 중추신경계의 활성화가 원래부터 너무 적게 일어나는 사람은 보상에 민감하다. 크리스의 상황에 대입하자면, 그의 크고 작은 결정은 도파민을 분비하게 될 무언가를 통해 이루어져 각성 수준을 높이고 편안한 느낌을 준다. 물론 이 모든 것은 그의 의식적 인식 밖에서 이루어지고 있다.

그렇다면 보상에 관한 민감함이 크리스의 내적 동기 부여 능력에 어떤 영향을 미칠까? 우리는 그에게 자신의 업무를 두 가지로 나눠서 적어달라고 요청했다. 그러자 첫 번째 줄에는 "더 흥미로운 것", 두 번째 줄에는 "덜 흥미로운 것"이라고 썼다. 크리스는 영리했다. 그는 리스트를 마무리하고 활짝 웃으며 우리를 보면서 이렇게 말했다.

"선생님들이 이걸로 어떻게 하실지 전 알고 있어요. 두 번째 줄이 유지하기가 더 어려운 쪽이죠. 저는 말이죠, 시작은 제대로 해요. 하지만 따분한 세부 내용을 많이 다뤄야 하면 너무 지겨워하죠. 더 흥미로운 게 떠오르면 바로 그걸로 건너뛰려고 해요."

이렇게 '건너뛰기'는 충동 조절 그리고 '따분한 세부 내용'을 다루는 일은 만족 지연 능력과 관련이 있다. 두 가지 모두 공격형의 뇌 화학작용과 보상 민감성이 가진 측면에 해당하고, 주의산만성이라는 공통된 장애물을 낳는다. 그리고 주의산만성은 자제력과 자기주도능력에 강력한 적이다.

이를 바탕으로 이뤄진 주의산만성의 결과물은 보통 할 일 미루기다. 주의력 저하로 인한 결과를 우리와 논의한 크리스는 일을 완수하지 못하는 것이 자신의 작업 방식이라고 말했다.

"인정하기 부끄럽지만, 전 흥미를 잘 잃어버려요. 그리고 때로는 방해물이나 당장 너무 어려워 보이는 것을 마주하면 그냥 포기해버리죠. 어렸을 때 리탈린을 받았어요. 그걸 먹어야 하는 게 평소에는 싫었지만, 일을 더 순조롭게 하는 데 정말 도움이 됐죠."

지루함, 흥미 혹은 집중력 상실, 지속적인 인내 부족 등은 모두 ADHD의 특징인 만큼 공격형이 겪을 수 있는 취약성이기도 하다. 초반에 우리는 크리스에게 마음챙김 명상을 권했다. 그러자 그는 우리를 멸시의 눈길로 바라보았다. 마침내 우리는 한 가지 연구를 소개함으로써 크리스가 12주간 명상을 진행하도록 설득했다. 연구자 리디아 질로우스카Lidia Zylowska를 필두로 한 학자들의 연구에 따르면, 마음챙김 명상에 참여한 실험 참여자(이들은 모두 성인 ADHD 진단을 받았다) 가운데 78%가 자신의 ADHD 증상이 완화되었다고 보고했다. 더 나아가 연구자들은 참여자들이 주의력과 집중력에서 훨씬 더 나은 모습을 보였다는 사실도 확인했다.

할 일 미루기와 마무리 실패는 공격형의 또 다른 성향과 관련이 있다. 그것은 바로 외부 지침에 무의식적으로 크게 의존하는 경향이다. 공격형은 피드포워드 환경에서 최고의 역할을 한다. 피드백과 달리 피드포워드는 결과에 대한 사후 평가가 아니다. 피드포워드는 업무 시작 전에 뚜렷한 지시와 설명을 전개하는 것과 관련이 있다.

"제 결점을 지적한다고 해서 제가 크게 동기 부여를 받은 적은 전혀 없었어요. 기분이 나쁠 뿐이죠."

우리가 피드포워드 개념을 설명하자, 크리스는 환한 표정을 지으며 이렇게 말했다.

"맞아요, 저는 관리자가 우선순위를 정하고, 구체적인 기대를 벗어나서 일정을 짰으면 좋겠어요. 물론 그런 일은 절대 일어나지 않겠지만요. 관리자는 그 모든 것을 해결하는 데 시간을 들이지 않을 거예요."

그리고 우리는 동의했다. 관리자는 대부분 자신의 보고서를 위해 그렇게 할 시간이나 의향, 에너지가 없다. 크리스는 스스로 하는 법을 배울 필요가 있었고, 우리는 그에게 과제를 내줬다.

다시 찾아온 크리스는 자신에게 만족한 듯했다. 그에게는 진행 중인 여섯 가지 프로젝트 리스트를 상세하게 적은 도표가 있었는데, 각각의 내용에는 상세한 범위와 요구 사항이 더해져 있는 것은 물론 마무리되어야 할 구체적인 시점까지 정해져 있었다. 크리스는 자신만의 피드포워드를 제공하고자 했다. 그러나 우리가 여기에 브레이크를 걸고 동기 부여와 관련해서 또 다른 문제점을 지적하고 싶다고 이야기하자, 그는 고개를 떨궜다. 그 문제란 핵심 업무를 잘못 식별한 것이었다. 공격형은 자신에게 할당된 업무 가운데 어떤 것이 가장 중요하고 시기적으로 알맞은지 확인해야 할 때 허술한 자세를 취할 수 있다. 일종의 무주의 맹시(어느 하나에 집중하느라 다른 것들을 보지 못하는 현상)를 보일 수 있는 셈이다. 우리는 크리스에게 이 현상에 관한 영상을 보여줬다. 여러 사람이 서로 공을 주고받는 영상이었다. 과제는 공이 서로에게 몇 번이나 패스되었는지 세는 것이었다. 그가 13번이라고 답했다. 본 것 중에 다른 건 기억에 남는 게 없냐고 우리가 묻자, 그가 없다고 대답했다. 우리는 영상을 재생하기 전에 그가 큰 곰을 놓쳤다고 이야기해주고 영상을 다시 틀었다. 그는 자신의 눈을 믿을 수 없었다. 공을 주고받는 사람들 사이로 곰 옷을 입은 한 남성이 중앙으로 걸어 나와서 카메라를 향해 서서는 문워크로 빠져 나가고 있었다.

공격형은 자신에게 가장 흥미 있고 자극적일 (도파민 분비를 일으킬) 과제를 먼저 선택하는 경향을 보이는데, 이 부분을 이야기할 때 우리는 이 영상을 활용한다. 결국 보상에 민감한 그리고 자신을 흥분시키고 움직이는 무언가를 찾는 공격형은 가장 많은 쾌락과 즐거움을 얻을 수 있는 것을 하는 데 자연스럽게 끌린다. 영상을 본 사람들은 공이 몇 번이나 패스되는지 집중하라는 요청을 받고 무주의 맹시를 보였다. 공격형의 맹시는 각성과의 관계성, 즉 각성을 찾아내려는 무의식적인 욕구에 기인한다. 우리는 크리스가 자신이 가져온 도표를 다시 살펴보면서 곰까지 고려하도록 했다. 리스트를 쭉 보면서 흥미와 자극을 차치하고 중요성과 적시성에 따라 의식적으로 우선

순위를 정하는 일이 그의 임무였다. 결국 크리스는 분함과 '믿을 수 없다'는 오묘한 표정을 지으며 6개 중 4개의 우선순위를 바꿨다.

우리는 크리스를 보내기 전에 그가 자신의 축하받지 못할 평가서를 큰 소리로 읽도록 했다. 그러자 그의 분노가 사라지고 진정한 의미의 개인적 책임과 통제가 그 자리를 대신하는 모습을 보였다. 우리는 그가 필요할 때 잘 쓰길 바라며 자신의 뇌 화학작용을 제어하는 방법을 그에게 알려주었다. 이제 크리스는 자신만의 뇌 화학작용이 의사결정에 미치는 영향을 이해하고, 자신을 망치는 동력을 줄이는 좋은 기회를 맞았다.

앞서 언급했듯이, 자제력과 자기주도능력에 관한 방어형의 문제는 공격형의 경우와 비슷하다. 대신에 근본적인 인과관계는 전혀 다르다. 물론 여기서 모든 방어형이 장애를 경험하진 않지만, 장애를 경험하게 되면 성과에 큰 영향을 받을 수 있다.

방어형은 피질 활성화를 강화할 방법을 찾는 대신에 피해를 입지 않을 방법을 찾는다. 공격형처럼 보상에 민감한 대신 어떤 식으로든 해를 입을 가능성에 민감해지고, 그 가능성을 피하도록 동기를 얻는다. 피해를 모면하려는 방어형은 상대적으로 꾸준한 과잉 각성 상태를 보인다. 그리고 이처럼 조심성이 만성화된 감정 상태가 자제력과 동기 부여를 유지하는 데 방해가 될 수 있다. 그러한 경계 상태는 이를 유지하기 위해 필요한 에너지를 소진시킨다. 방어형은 과잉 각성 탓에 생각을 과하게 하고, 자신을 의심하며, 부가적인 에너지를 모두 앗아가는 완벽주의 성향 탓에 시간을 낭비하면서 번 아웃이 올 수 있다.

자제력 및 동기 부여와 관련이 있는 또 다른 변수는 임무의 성공적인 완수다. 방어형은 중요한 임무를 종종 완수하지 못하는데, 게으르거나 기술적인 재간이 없어서가 아니라 중요한 의사결정을 내리기를 주저하기 때문이다. 다들 알다시피, 방어형은 위험을 기피하고 실수할 수 있는 상황을 만드느니 시간을 더 끄는 경우가 많다. 우리가 앞서 지적한 것처럼 방어형은 거짓 음성 오류를 만드는 편이다. 이와 관련하여 우리가 방어형에게 도움이 될 만하다고 생각한 작업은 '아직 일어나지 않았는데 내가 걱정하는 것'의 리스트를 정리하는 것이다. 확인되지 않은 두려움은 우리의 무의식으로 되돌아오는 편이다. 그러나 우리가 불필요한 두려움을 말로 표현하거나 적으면, 그것이 만회할 수 있는 확실한 방식으로 비축된다. 기억은 의심스러운 상황에서 거짓 두려움을 마주했을 때 실제와 사실을 일깨우는 기제로 쓰일 수 있다.

방어형이 임무를 성공적으로 완수하기 위한 동기 부여를 유지하는 데 실패할 때, 위험을 감내하지 못하는 성향이 주된 요인으로 꼽힌다. 방어형은 공격형만큼 빠르거나 쉽게 포기하는 편은 아니지만, 그렇게 하는 경우가 있다면 위험 때문일 가능성이 크다. 우리는 모두 자신이 논리를 활용하여 의사를 결정한다고 생각하지만, 실제로는 우리의 감정, 그중에서도 (방어형에게는) 두려움과 (공격형에게는) 욕구가 의사결정에서 중요한 역할을 한다. 《실제로 얼마나 위험할까? How Risky Is It, Really?》의 저자 데이비드 로피크David Ropeik는 이렇게 이야기한다. "위험에 대한 의사결정은 의식을 따르지 않으며, 증거에 기반한 합리적인 결정이라고 할 수 없다. 그것은 감정을 따르고, 우리가 정보를 느끼는 맥락에 좌우되며, 우리의 생활환경, 교육, 건강, 나이에 따라 달라진다." 그리고 우리는 그 리스트에 '뇌의 화학적 불균형'을 더하여 강조할 것이다.

편도체는 위험 평가와 의사결정에 중요한 부위다. 뇌에서 이 부위는 잠재적 위협의 존재를 다른 뇌 부위에 알려서 두려운 느낌을 촉발하는 역할을 한다. 그 경보에 반응한 몸은 스트레스 호르몬을 분비하기 시작하고 회피, 투쟁, 경직 중 한 가지 방식으로 반응할 준비를 한다. 물론 편도체는 신체적 위해로부터 우리를 지키도록 만들어져 있다. 그러나 편하게 있지 못하는 방어형의 편도체는 프로젝트 마무리에 필요한 작은 결정들로 생길 수 있는 결과를 확대 해석한다. 또한 **의심이 들면 하지 말라**는 마음속의 무의식적인 주문에 이끌리기도 한다.

그러나 두려움만이 인간의 의사결정을 이끄는 것은 아니다. 우리의 뇌에는 '복내측시상하핵 전전두피질'이라는 균형화 체계가 있다. 이 부위는 뇌가 좀 더 합리적으로 의사결정을 평가하도록 하면서 편도체가 과하게 반응했는지를 따진다. 두 부위는 밀접하게 연결되어 있고 서로 영향을 미친다. 편도체는 무언가 위협적일 수 있음을 복내측시상하핵 전전두피질에 알린다. 그러면 전전두피질은 전후 사정을 통해 경보를 재검토하는 시간을 갖고, 위협의 심각성 여부와 반응 방법에 관해 결론을 내린다.

방어형에게는 위험을 처리하는 일이 까다로울 수 있다. 편도체와 전전두피질이 누가 지배권을 잡을 것이냐를 두고 일종의 경쟁에 돌입하기 때문이다. 방어형에게는 보통 전전두피질에서 되돌아오는 진정 논리에 늘 낙관하지는 않는 소란스럽고 과민한 편도체가 있다는 사실을 기억하자. 방어형에게는 세로토닌이 턱없이 적기 때문에 편도체가 보통 우위를 점한다. 그래서 방어형은 합리성이 아닌 두려움을 바탕으로 크고 작은 결정을 내린다. 뇌의 이러한 의사결정 회로는 공격형의 뇌에도 분명히 존재한다. 방어형과 마찬가지로 공격형도 행동 방침을 결정해야 할 때 개입한다. 그러나 방어형이 자신이 치르는 대가에 초점을 맞추는 반면, 공격형은 자신이 얻을 수 있는 이득에 더 집중한다.

방어형의 위험 회피 성향이 그들의 결정적인 임무 완수를 둘러싼 문제에 주된 원인이겠지만, 이와 밀접한 관련이 있는 또 다른 장애물이 임무 완수를 방해할 수 있다. 그 잠재적 위험이란 피드백에 집중하고 의지하게 되는 그들의 성향이다. 방어형은 피드백과 그것이 담고 있는 정보, 진전의 느낌, 격려를 매우 좋아한다. 방어형은 자신의 뇌 화학작용 탓에 자기 회의로 고통받곤 한다. 일을 진전시키고 어려운 결정을 내리는 일이 그들에게는 어렵다. 물론 그 과정에서 피드백을 받으면 까다로운 결정이 조금은 쉬워진다. 그러나 피드백에 대한 이러한 애착에는 부정적인 면이 있다. 관리자들은 어떤 프로젝트에 대한 피드백을 너무 많이, 너무 자주 줘야 하면 달갑게 보지 않는다. 그리고 너무 일찍 그것을 기다리거나 요구하는 일은 자

2부   나의 뇌 유형은 직장생활에서 어떻게 나타나는가?

신감 없고 불안한 모습으로 비칠 수 있다.

이와 관련하여 자신만의 피드백을 만들어보는 것이 도움이 될 수 있다. 임무나 프로젝트의 종류에 상관없이 이러한 방식으로 접근할 수 있다. 시간을 내어 자신의 프로젝트를 단계적으로 살펴보자. 마무리한 단계에서는 자신을 격려하고, 아직 마무리하지 못한 단계에서는 비판해보자. 여러분 중 대다수는 격려 단계가 비판 단계를 수에서 압도함을 확인할 것이다. 궁금증이 생긴 단계에서는 그중에 몇 가지를 골라 자신에게 질문해보자. '나는 왜 이게 통한다고 생각하지 않을까?' '진전시키려면 더 많은 정보가 필요할까?' '내가 할 일을 미루고 있는 걸까?' '내가 완벽주의자처럼 굴고 있나?' '내가 당장 어떠한 결정을 내리면 순조롭게 진행할 수 있을까?'

여기에 흥미로운 부분이 있다. 이 과정이 자신과의 관계성을 반영한다는 점이다. 많은 방어형에게 이러한 개인적인 관계성은 확고한 특징을 갖는다. 트집 잡는 비판자가 아닌 협력자가 되는 일이 도움이 된다는 것이다. 자신과 긍정적인 관계를 맺으면 용기가 생긴다. 자신을 믿을 용기, 자신을 채찍질하여 어려운 결정을 내릴 용기 말이다. 과연 자신의 프로젝트와 관련 있는 어려운 결정은 무엇이고, 만약 오늘 이루어졌을 때 자책 단계를 중립의 위치나 격려의 위치까지 올릴 수 있는 결정은 무엇일까? 건설적인 자기 진정 과정을 방어형만큼 필요로 하는 사람은 없다. 자신을 격려하자. 잘하고 있다고 칭찬하자. 자신을 믿고 필요한 결정을 내리자. 자신과의 성공적인 관계성은 자제력과 격려에 있다.

성공적인 임무 완수를 가로막는 세 번째 방해 요소는 핵심 임무를 잘못 이해하는 것이다. 앞서 우리는 공격형이 핵심 임무를 잘못 이해하는 이유를 이야기했다. 이 부분에서 방어형도 나름의 문제가 있지만 이유는 다르다. 가끔 방어형은 전체적인 그림을 고려하지 않은 채 어떤 프로젝트에서 특정 부분만 살피고 나머지는 내버려둘 수 있다. 당신이 기본적으로 방어형의 자세를 갖고 있다면, 세상은 위험한 장소로 보일 수 있다. 방어형은 어렵고 스트레스를 주는 임무에 따르는 불안감을 피하려다가 임무의 중요성에 우선순위를 매기는 능력을 왜곡할 수 있다. 그래서 우리는 업무 순서에 우선순위를 매기는 방식을 정기적으로 검토하는 일이 방어형에게 특히 도움이 된다는 사실을 확인했다. 그리고 업무와 씨름하는 데 얼마나 큰 불안감이 드는가의 측면뿐 아니라 중요도 측면에서도 우선순위를 정하는 것이 도움이 된다는 사실 역시 확인했다. 불안감을 상대적으로 많이 일으키는 임무를 미룰 가능성이 더 크다면, 그 임무를 먼저 하는 게 낫다. 불안감에 정면으로 맞서자.

솔직히 따져보면, 우리는 모두 업무처리 방식에 저마다 크고 작은 문제를 갖고 있을 것이다. 비교적 쉬워서 확실히 더 잘하는 것이 있는가 하면, 그동안 지적을 받아와서 속으로 인정하는 측면도 있을 것이다. 우리가 업무에 적용하는 개인적인 성향이 모두 뇌 화학작용에 기인하는 것은 아니지만, 우리가 살펴본 성향들은 분명히 그 영향을 받고 있었다. 자신의 뇌 유형과 관련된 일부 특성이 자신의 업무처리 방식을 통해 어떻게 표현되는지를 시간을 갖고 생각해보면 도움이 될 것이다. 혹시 떠오르는 주제가 있는가? 우리가 설명한 이야기와 관련해서 자신의 행동 방식을 알아차렸는가? 만약 그렇다면 자신에 대해서 느낀 점이 있는가? 있다면 그것은 무엇인가? 변화하고자 하는 부분이 있다면 무엇인가? 모든 변화에서 유일한 관건은, 업무상 더 큰 성과와 성공을 이루는 과정에서 방해가 될 수 있는 뇌 유형의 오래된 습관을 마주하고 도전하려는 의지다. 그런 면에서 조금은 기꺼이 불편해지길 바란다.

6장

모두가 윈윈하는
직장생활의 기술

뇌 화학작용에 관한 지식을 직장생활에 어떻게 적용할 수 있는가?

동료 중에 신경과학자가 없다면, 현재 당신은 업무상 함께하는 그 누구보다 뇌 화학작용에 관해 잘 알 것이다. 그러면서 공격형과 방어형으로 정리한 우리의 이론이 지나친 단순화는 아닐까 하는 의문을 품고 있을 것이다. 그렇다. 우리가 진실로 당연시하는 것은 대부분 지나친 단순화의 결과다. 하지만 녹색 불을 보고 건널목을 건너는 것이 안전하다고 예측하는 것도 지나친 단순화에 해당한다. 우리가 그렇게 하는 이유는 그렇게 해야 교통이 원활해지고 보통은 안전하기 때문이다. 그러나 늘 그렇지만은 않다. 현실은 늘 거칠고 다층적이며 모순적인 방식으로 드러난다. 그렇다고 단순화가 가치 없다는 의미는 아니다. 그 덕에 우리는 일반화할 수 있고, 주제와 경향을 관찰하며, 다양한 행위와 결정에 대한 기회 예측보다 더 나은 것을 만들 수 있기 때문이다. 우리가 생각하기에 더 중요한 질문은 우리의 뇌 유형 이론이 지나친 단순화인지 여부가 아니라 **유용한지** 여부다. 우리가 확인한 바로는 확실히 유용했다. 점점 쌓여가는 당신의 뇌 화학작용에 관한 지식을 어떻게 하면 직장에서 일어나는 모든 상호작용에 실용적으로 적용할 수 있을지 한번 살펴보자.

간단한 실험을 하나 해보자. 우선 직장에서 자신의 성공에 중요한 사람들의 명단을 만들어보자. 상급 직원들부터 당신에게 직접 보고하는 사람들까지 그리고 당신과 협업하는 사람들도 모두 포함할 수 있다. 모두 당신이 아는 사람들이다. 이들 각자에 대해 알고 있는 지식을 활용하여 이 관계들을 더 유효하게 만들기를 바란다. 지금까지 당신은 방어형과 공격형이 사고하고 행동하는 방식과 강점 그리고 약점을 알게 되었다. 거기서 이해한 내용을 업무에 적용하길 바란다. 명단을 살펴보자. 이들을 한 명씩 떠올려보고 그 사람과의 경험에서 관찰한 바를 떠올려보자. 그리고 각 이름 뒤에 '방어형' 혹은 '공격형'이라고 적는다. 물론 약간 과장처럼 느껴질 수 있지만, 어느 쪽인지 짐작할 수 있을 것이다. 이렇게 하고 나면 그 사람들을 예전과 같은 방식으로 볼 수 없을 것이다. 눈에 보이지 않던 그들의 뇌 화학작용이 점점 뚜렷하게 드러날 것이다. 이를 통해 그 사람의 행동에 화가 덜 나고 덜 민감하게 될 것이다. 그리고 더 중요한 점이 있다면, 당신이 그 사람의 뇌 유형을 이해했을 때 효율을 극대화하는 방식으로 그 사람과 관계를 맺을 수 있다는 사실이다.

당신은 자신이 공격형인지 아니면 방어형인지 알고 있고, 이제는 주변의 중요한 사람들이 어떠한 뇌 유형을 갖고 있을지 확인했다. 여기서 '중요한' 사람이란, 당신을 도울 수 있고 방해할 수도 있는 사람을 의미하는데, 모두 당신에게 필요한 사람들이다. 이 정보는 당신이 이 책을 읽어나가는 동안 귀중한 배경지식이 될 것이다.

당신이 속한 직장 문화가 상의하달식이건 민주적이건 자유방임식이건 치열한 경쟁식이건 상관없이, 뇌 유형과 유형별 장단점을 알면 가치 있는 관리 도구를 얻는 셈이다. 우리는 모두 관리자다. 자신에게 직접 보고하는 사람이 없다고 해도 상급 직원과 관계를 맺고 동료와의 관계도 관리한다. 이 방식은 윗사람이든 아랫사람이든 동료든, 어느 쪽에나 활용할 수 있다. 뇌 화학작용을 기반으로 추측해보면, 직장 동료들을 대하는 가장 가치 있는 방법을 파악할 수 있다. 이와 동일한 방식을 통해 당신은 더 나은 리더가 될 수 있고, 더 뛰어난 팀워크를 일구고 생산성을 높이며 사기를 북돋울 수 있다. 나아가 수평적 관리를 통해서 행복과 성공에 필수적인 일종의 협력을 얻는 방법을 익히게 된다.

부하직원 대하기

당신이 지금 관리하는 위치에 있다면 분명히 많은 것을 이미 잘하고 있을 것이다. 여기서 목표는 당신의 리더십 기술을 개선하는 데 있다. 보고에 관한 상호작용에 작지만 중요한 변화를 제안하여, 그것을 더 잘 이해하는 데 도움을 주고자 한다. 어떤 면에서 보면, 이러한 관계성은 힘의 차이라는 맥락에서 서로 관계를 맺고 있는 두 인간으로 구성된다. 그러나 다른 측면에서 보면, 매일 일어나는 이러한 상호작용의 결과에 강력한 영향을 미칠 수 있는 두 가지 뇌 화학작용이 서로 얽힌 채 있는 것이기도 하다.

관리자로서 당신은 자신의 보고에 문제가 없도록 하는 것 이상으로 나름의 의무와 책임을 갖는다. 이 때문에 관리가 계획 없이 진행되고 즉흥적으로 이뤄질 수도 있는데, 특히 다른 문제가 더 급하고 우선시되는 경우가 그렇다.

우리가 생각하기에 유능한 관리자는 좋은 선생이고, 좋은 지도에는 시간과 에너지와 주의력이 필요하다. 안타깝게도 오늘날의 업무 세계에서는 이러한 요소들이 부족하다. 우리는 시간을 절약하는 동시에 당신을 더 좋은 선생으로 만들 몇 가지 팁을 전하고자 한다. 처음에 신경 써서 살피고 들어야 효과를 얻을 수 있다. 그렇게 공을 들이면 나중에 효율과 생산성이 높아지고, 에너지와 스트레스는 감소할 것이다. 또한 우리는 유능한 관리자가 열려 있고 신뢰할 수 있으며 보고에 힘을 싣는다고 믿는다. 협력의 결실이란 이러한 자질의 결과물이다. 성공은 자기 역할의 중요성과 그것이 팀의 목표와 어떠한 관계가 있는지를 이해하는 일에서 온다. 지금부터 소개하는 내용은 효과적이고 생산적이며 협력적이고 용기를 북돋는 관리 전략의 사례다.

얼핏 보면, 재니스는 주변의 기대뿐 아니라 자신의 기대에도 못 미치는 성과를 내는 여성에 지나지 않는다. 그런데 자세히 들여다보면, 그녀에게는 훨씬 더 흥미로운 구석이 있었고, 그녀의 아쉬운 성과도 겉보기와 실제가 달랐다. 현재 25세인 재니스는 초등학생 시절 IQ 검사에서 143을 기록했다(참고로 인구의 약 5%만 125를 넘는다). 이러한 지적 능력에도 고등학교까지 가는 길은 쉽지 않았다. 학사 학위를 따는 데도 4년이 아닌 6년이 걸렸다. 그러나 뛰어난 어휘력과 세련된 말솜씨를 지닌 그녀는 9만 달러의 초봉과 밝은 미래가 보장된 어느 항공 우주 업체에 입사하게 되었다.

재니스는 입사 1년 만에 업무에 위기를 느끼고 있다. 전형적인 방어형인 재니스는 업무를 제안하고 착수하기는 잘했지만, 자신이 한 일에는 절대 만족하지 못했다. 그녀는 매일 해고 통지를 받을 거라는 두려움을 안고 살았다. 재니스는 무언가를 처리할 때, 작업 결과에 대한 평가보다 어떤 것을 채워 넣지 못한 사실에 따른 결과에 더 불안해했다. 그녀는 자신이 얼마나 자주 그리고 불필요하게 자신을 괴롭히는지 몰랐다. 퇴근 후에도 집에서 일하거나 사무실에서 야근하는 경우가 허다했다. 아무에게도 말하진 않았지만 재니스는 자신의 상급자와 함께하는 주간 회의 전에 인데랄(수행 불안을 경험하는 사람에게 도움이 될 수 있는 베타차단제)을 복용하여 자신의 목소리를 조절할 수 있도록 했다.

재니스는 '완벽함은 양호함의 적'임을 보여주는 최고의 사례다. 그녀는 강박적으로 자료를 다시 손보지만, 결과물은 더 나아지는 게 아니라 그저 달라질 뿐이다. 그녀가 실수를 저지르는 일은 거의 없었지만, 임무를 제시간에 마치는 일은 더더욱 없었다. 우리는 그녀에 관한 과거 기록을 살펴보다가 오래된 웩슬러 아동 지능 검사wechsler Intelligence Scale for Children, WISC 결과를 발견했다. 높은 IQ 수치 외에 집중력과 주의력을 상세하게 따지는 하위 검사에서 소폭이지만 전체적인 IQ에 비해 뚜렷하게 떨어지는 기록이었다. 우리는 그 패턴을 통해 그녀가 어렸을 때부터 높은 불안감을 가지고 있었음을 확인했다. 그러한 불안 상태가 세부 내용에 집중하고 열중하는 우리의 능력을 방해하기 때문이다. 방어형은 세부 내용에 집중하는 능력이 뛰어난 편이지만, 불안 수준이 아주 높을 때는 그렇지 않다. 물론 당신이 관리자라면 그렇게 자세한 상황까지 파악할 수는 없겠지만, 여기서 불안이 계속되고 있다는 사실을 이해하는 일은 작은 추론적 도약과 같다. 재니스의 저조한 업무 성과만 본다고 해도 말이다.

그렇다면 많은 재능과 뛰어난 능력을 가졌음에도 회사에서 그것을 제대로 드러내지 못하는 제니스 같은 누군가를 당신은 어떻게 관리하는가? 공격형 관리자의 입장에서 재니스는 자신이 가진 생산 능력만으로 자신감을 가져야 한다. 또한 아이디어를 끌어내는 그녀의 능력을 높이 평가하고 그녀의 지적 능력이 반드시 자신감으로 이어질 거라고 예상한다. 하지만 빠르게 임무를 치고 나가는 공격형 관리자는 재니스를 못 견딜 것이다. 늘 늦기 때문이다. 결국 재니스를 신뢰할 수 없다고 여기고 분노에 찬 훈계를 할 것이다.

그렇다면 관리자가 방어형이라면 어떨까? 재니스와 비슷한 대처 전략을 가진 방어형 관리자는 재니스를 지나치게 동정하고 공감해서 그녀의 업무 능력이나 자기 신뢰감에 해를 줄 수 있다. 불안한 사람을 상처받은 사람이라고 여기면서 관계를 맺으면 역효과가 난다. 그렇게 하면 걱정 많고 자기 비판적인 그들의 성격이 도드라지고, 결국 그들이 약해지는 것은 물론 자신을 훨씬 더 부족하다고 여기게 된다. 그들을 아기처럼 다루는 게 아니라 이해해야 한다. 그렇지 않으면 방어형 관리자는 재니스에게 얼떨결에 화를 낼 수도 있다(우리는 자신에게서 싫어하는 특징을 다른 사람에게서 발견하면 부정적으로 반응하곤 한다).

재니스의 관리자가 방어형이든 공격형이든 상관없이, 재니스를 방어형으로 확인한 관리자가 의사소통을 개인화하고 가다듬어서 상호작용을 더 효과적으로 만들기 위해 할 수 있는 일이 몇 가지 있다.

관리를 위한 의사소통은 존중과 투명성을 활용하여 공동의 목표를 향한 긍정적인 동기를 주는 것을 목적으로 삼아야 한다. 당신은 물론 부하직원도 보고 결과에 만족하고 싶어 한다. 재니스와 그녀의 관리자가 그러한 목표를 가졌다면 이런 대화를 주고받을 것이다.

"보고서를 쭉 읽어봤는데, 아주 잘하셨어요. 확실히 재니스는 재능 있는 사람이에요. 딱 하나 걸리는 건, 보고서를 거의 한 주나 늦게 내서 다른 팀원들의 업무 일정에 지장을 주었다는 점이에요. 이 부분이 좀 실망스러워요. 누가 재니스한테 말해줬는지 모르겠는데, 우리는 이미 알고 있어요. 누구보다 성실히 일하는데 늘 일정보다 늦는 거요. 확실히 재니스는 현 상황에 안주하기에는 실력이 너무 뛰어나요. 자신한테 너무 가혹한 건 아닌지, 그래서 이 프로젝트가 예정보다 시간이 더 걸리는 게 아닌지 고민해봤으면 좋겠어요."

그러자 재니스는 인데랄을 먹고 떨리지 않는 목소리로 이렇게 답한다.

"저는 그 어떤 프로젝트를 하건 늘 불안해요. 그래서 학교에서 하던 대로 마지막까지 붙잡고 있죠. 한번 시작하고 나면 계속 수정해요. 이미 제출한 프로젝트조차 만족이 안 되고요."

"이렇게 해보면 어떨까요? 지금 드리는 업무는 한 주를 넘기면 안 돼요. 이 업무를 내일 시작해서 대략적인 초안을 수요일까지 저한테 주세요. 그리고 금요일까지 완성된 초안을 제 책상에 갖다 놓으시고요. 기억하세요, 완벽한 건 없어요. 최대한 일정을 맞추는 데 초점을 맞추세요. 그리고 재니스, 도중에 자신을 좀 더 격려하고 비판은 줄이세요. 가끔은 그게 우리 모두에게 필요해요. 재니스는 우리의 중요한 팀원이라는 점 잊지 마세요."

재니스와 관리자가 주고받은 이 짧은 대화를 자세히 살펴보자. 주목할 부분이 꽤 많은데, 이러한 대화가 재니스와 같은 방어형에게는 다섯 가지 스위트 스폿에 맞기 때문이다.

- 스위트 스폿 1: **충분하고 믿을 만한 피드백 주기.** 방어형은 보통 실제 변화에 실시간으로 대응하고 그러한 변화에 크게 반응한다. 풍부하고 지속적인 피드백이 주는 정보는 그러한 변화의 기반이 된다. 이처럼 건설적이고 다각적인 피드백은 아주 구체적인 반응과 평가로 그녀에게 주어진다. 방어형은 이를 토대로 발전한다.

- 스위트 스폿 2: **위험 회피에 대한 경종 울리기.** 늦는다는 언급과 '실망스럽다'와 같은 표현은 임무 완수에 관한 불안을 고조할 뿐 아니라 방어형이 가진 위험 회피 체계를 활성화함으로써 강력한 동기 요인이 된다. 감정이 가득 실린 '실망스럽다'와 같은 표현은 누군가를 공격하기 위해서 쓰여서는 절대 안 되지만, 진정성 있고 적절한 언급이라면 도움이 된다. 만성적인 지연은 재니스의 경력에 해롭고, 여기에 경종을 울리는 일은 건설적인 행위다.

- 스위트 스폿 3: **완벽주의와 할 일 미루기 사이의 인과관계 지적하기.** 앞서 언급했듯이, 완벽주의와 할 일 미루기의 조합은 일부 방어형에게 공통된 약점이다. 이 문제가 나타날 때, 방어형은 자신이 인지한 모든 결점을 의식하고 수치심을 느낄 수 있다. 보통 방어형은 불완전함에 대한 두려움이 어떻게 할 일 미루기로 이어지는지를 제대로 인식하지 못한다. 누군가가 이 부분을 이야기해주면 도움이 될 수 있다. 이런 식의 대화가 '지연'을 더 깊이 이해할 수 있는 기반이 되고, 무엇보다 인과적인 근원, 즉 완벽함을 이해하도록 한다.

- 스위트 스폿 4: **서로 힘을 모으기.** 재니스가 늦는 이유를 확인한 관리자는 그녀가 지나친 열의를 가진 내적 비판자와 겪는 갈등에서 협력자이자 지지자가 되어주었다. 나아가 재니스에게 완벽주의의 영향에 맞설 수 있는 전략을 제시했다. 격려는 그 자체로 강력하다. 그런데 관리자는 재니스 자신과의 관계성에서도 부족한 부분을 지적했다. 재니스는 자신에 대한 비판을 줄이고 강한 확신을 가

져보라는 요청을 받았다. 자신이 시간을 마음껏 쓰지 못하도록 해서 완벽성을 짧게만 유지하라는 전략도 전달받았다. 재니스는 자신에게 시간이 더 필요한 게 아님을 깨닫고 시간을 더 효과적으로 사용할 필요가 있었다.

- 스위트 스폿 5: **보상 민감성 깨우기.** 재니스는 자신의 업무 결과와 팀 내 가치와 관련해서 "뛰어난 실력" "재능 있는" "중요한 팀원" 등의 긍정적인 평가를 받았다. 방어형은 보상 민감성을 최소한으로 두는 편이다. 이렇게 칭찬함으로써 그녀가 처벌 회피가 아닌 보상으로 동기를 얻을 가능성을 일깨우게 된다. 재니스는 자신의 강점과 팀 내에서의 가치를 인식하면서 나중에는 보상에 좀 더 민감해질 것이다.

초점을 바꿔보자. 지금 우리가 이야기하려는 사람은 기량 발휘를 못하는 공격형 직원이다. 우선 공격형에 대해 우리가 알고 있는 것과 공격형에게 동기를 부여하는 부분에 대해 다시 살펴보자. 공격형은 부족한 각성을 보완하기 위한 자극에 쉽게 이끌려서 산만해진다. 새로운 무언가를 향해 움직이는 자극이 상대적으로 친숙한 무언가에 대한 초점 유지보다 강하기 때문이다. 세부 내용에 관한 관심과 집중이 필요한 업무에서 특히 그렇다. 이외에 우리가 아는 것으로 또 무엇이 있을까? 같은 이유로 공격형은 만족을 미루기 힘들어할 수 있다. 공격형은 낙천적인 편이기도 한데, 이 역학은 상반된 두 가지 효과를 낳는다. 낙천성은 사람을 대할 때나 판매 상황에서는 플러스 요인이 된다. 그러나 높아진 기대치를 뛰어넘는 결과를 이룬 상황에서는 부정적으로 작용한다. 공격은 보상에 민감해서 위험을 더 잘견디고 잠재적 처벌과 부정적 결과에 덜 민감하다. 이러한 역학과낙천성이 그들의 거짓 긍정 편향(긍정적인 결과의 가능성을 더 중시하기)을 쉽게 이끌어낸다. 보상 민감성과 낙천성이 강하면, 대상을 더이롭고 덜 위험한 것으로 본다. 이러한 마음가짐으로 의사를 결정하면, "No"라고 말하는 편이 더 분명한 상황에서 "Yes"라고 말할 수있다.

5장에서 크리스가 연간 평가에서 긍정적인 평가를 받지 못했던사실을 기억할 것이다. 재니스와 마찬가지로 크리스도 상당한 능력을 갖췄지만, 자신의 기대뿐 아니라 관리자의 기대에도 계속 못 미치는 성과를 냈다. 관리자는 크리스에 대해 다음처럼 엇갈리는 평가를 했다.

크리스는 아직 실현되지 않은 뛰어난 잠재력을 갖추고 있다. 낙천적인태도와 전염성 있는 미소를 가진 그는 주변 사람들에게 관심받고 인정받는다는 느낌을 주면서 분위기를 훈훈하게 만든다. 그는 남은 프로젝트가 있으면 열성을 다해 도맡지만, 안타깝게도 제대로 마무리하지는 못한다. 크리스는 약속을 무리하게 하는 동시에 기대 이하의 결과물을 내놓는다.

이런 평가에 크리스는 속상해했다. 자신의 업무 지연이 '심각한 후속 업무 지연'으로 이어지고 "당신은 모두를 위험에 빠뜨린다"라는 이야기를 관리자에게 듣기도 했다. 그는 한참 후에야 우리에게 이 사실을 털어놓았다.

우리는 평가가 정확하다거나 관리자가 도움을 주려 했다는 점을 의심하지는 않는다. 그러나 관리자가 크리스가 공격형이라는 사실을 알고 그의 뇌 유형을 고려했다면, 더 유익한 피드백을 주었을 것이라고 생각한다. 더 큰 도움이 되고 두 사람 모두의 목적에 부합하는 대화를 나눴을 수도 있다.

크리스에 대한 이야기를 좀 더 해보자. 실험자가 방에서 나가자마자 마시멜로를 먹어 치울 아이가 바로 크리스 같은 사람이다. 크리스는 글자를 일찍부터 배웠지만, 내용 이해는 크게 뒤처졌다. 초등학생 때 콘서타(암페타민이 함유되지 않은 각성제)를 처방받았고, 중학생 때 애더럴(암페타민을 함유한 더 강력한 각성제)을 복용했다. 대학생 때 시험을 앞두고 밤샘 공부를 하는 와중에도 애더럴을 먹었다. 다수의 공격형과 마찬가지로, 그의 삶은 끝내지 못한 일로 가득하다. 가장 최근에는 실내용 자전거를 장만했는데 상자도 아직 뜯지 않은 채 창고에 있고, 자신이 망가뜨려 놓은 울타리는 아내한테 교체하겠다고 약속해둔 상태다. 그는 의도와 흥미를 믿고 열정적으로 관여했다가 쉽게 뒤돌아서는 세계에 살고 있다.

그렇다면 크리스의 관리자가 그를 살펴보는 더 건설적인 방법은 무엇일까? 우리는 크리스의 뇌 유형을 고려하는 다음과 같은 방법을 제안한다.

"크리스, 모두가 크리스의 패기 넘치는 성격을 좋아해요. 실제로 만나면 매력 있고 늘 열정적이죠. 다들 크리스가 약속한 일정을 확신하고 있고요. 하지만 기록상의 크리스를 보면 이와는 좀 다른 모습이에요. 중요한 프로젝트를 끝내지 못해서 일정이 어긋나면 후속 업무에 지연이 생겨요. 저는 크리스가 여기서 진정으로 공헌하고 있다고 생각하지만, 실제 결과물만 보면 크리스는 대체 불가 인력이 아니에요. 우리는 정말 당신이 잘 해내길 바라고 있어요. 지금 크리스는 여섯 가지 프로젝트를 진행하고 있어요. 많은 일을 동시에 하고 있죠. 제가 봤을 때 이 모든 프로젝트가 상대적 가중치와 우선순위 면에서는 다 똑같아요. 크리스가 당장 생각했을 때 어떤 게 가장 흥미롭고, 어떤 게 가장 지루한가요? 그러면 그 재미없는 프로젝트에 시간과 에너지를 쏟도록 하세요. 다음 주에 우리가 또 얘기를 나눌 텐데, 그때 크리스가 진행 상황을 말해줘요. 크리스는 아이디어를 잘 내는데, 그것의 진정한 가치는 이행하고 세부 내용을 고민할 때 생긴답니다. 본인이 진행 중인 각 프로젝트에 단기, 중기, 장기 목표를 세우고 일정을 짜보세요. 우리가 매주 만날 때 크리스가 그 목표를 달성하길 기대할게요. 낙관적이기보다는 현실적이어야 합니다. 저는 크리스가 여기에 계속 집중했으면 좋겠어요. 모든 연구에서 멀티태스킹이 비효율적이라고 한 사실을 크리스가 안다고 확신하지만, 크리스의 업무 처리 방식에는 확신이 안 서요."

이 피드백이 어떻게 크리스에게 도움이 되는 동시에 회사의 목표에도 부합하는 걸까?

1. 주의 산만에 관한 문제를 제기했다. 문제를 확인하고 언급하는 일은 그 메시지가 분별 있는 방식으로 전달될 때 가치가 있다. 크리스도 물론 자신이 꼼꼼하지 않고 산만하다는 사실을 잘 알고 있다. 그런데 자신의 관리자가 파트너가 되어 해결책을 제시한다면 힘을 얻을 수 있다. 공격형은 가성비 좋은 프로젝트를 좋아하고 그래서 첫 순위에 두는 반면, 지루하고 재미없게 여기는 임무는 보통 맨 마지막 순위에 놓는다. 관리자는 더 흥미로운 프로젝트가 보상으로 쓰일 수 있도록 크리스에게 덜 끌리는 프로젝트를 우선순위에 두었다.

2. 낙관주의를 현실주의로 누그러뜨렸다. 크리스에게 일정과 관련하여 현실적으로 생각하라는 당부는 그가 품은 낙관적인 기대의 어두운 측면을 부각했다.

3. 그의 단점이 낳을 수 있는 부정적인 결과를 지적했다. 무탈함을 과대평가하고 잠재적인 위험을 부정하는 일은 위험하다. 돌려 말할 필요가 없다. 크리스는 자신에게 심각한 결점이 있음을 알아야 한다. 흔히 방어형은 무엇이 나타나서 자신에게 해가 될지를 예측하지만, 공격형은 위험한 일이 벌어질 가능성에 상대적으로 무딘 편이다. 크리스는 자신이 계속 임무에 신경 쓰도록 부정적인 결과를 반드시 상기해야 한다. 관리자는 크리스가 성공하기를 바란다는 말도 전했다. 게다가 그가 취할 수 있는 확실한 방법과 마무리 일정까지 제시했다.

4. 피드포워드를 제시했다. 관리자가 크리스와 할 수 있는 가장 중요

한 의사소통은 구체적인 피드포워드를 제시하는 일이다. 공격형
은 프로젝트를 끝내는 데 드는 소요 시간을 과소평가하고 너무 많
은 업무를 떠맡으며 결국에는 약속을 지키지 못해 죄책감을 느낀
다. 그리고 그러한 불쾌한 감정을 유발하는 사람에게 분노를 느끼
곤 한다. 관리자의 확실한 지시와 마무리 기한은 크리스에게 확실
한 경계와 더불어 일종의 집중할 대상을 제공했다.

위 내용이 크리스의 성공을 무조건 보장하지 않지만, 공격형의 성장
에 관한 이해와 체계를 제시하고 그 확률을 높이는 데 큰 도움이 될
수 있다. 양쪽 모두에게 중요한 원원인 셈.

상사 대하기

그렇다면 상사는 어떻게 대할까? 당신은 얼마나 신중한 의도를 가지
고 상사를 대하는가? 상사의 뇌 화학작용을 이해하면 어떤 식으로
도움을 받을 수 있을까? 생각해보자. 상사가 공격형인가, 방어형인
가? 이 부분을 주의 깊게 생각한다면, 상사와의 관계를 개선하는 데
도움이 될 수 있다.

상사가 공격형일 때: 수전은 한 대형 기술 회사에서 제품 개발 운영
진으로 근무하고 있다. 보고는 부서장인 블레인에게 직접 한다. 최근

수전이 화가 난 상태로 사무실에 들어왔다. 블레인과 회의를 마친 후 제시간에 맞춰 사무실에 도착할 시간이 충분했지만, 블레인 때문에 지각하고 말았다.

"블레인이 커피 마시러 방금 나갔는데 20분 안에 돌아올 겁니다."

대면으로 이루어지는 주간 회의 장소에 평소처럼 일찍 도착했음에도 또 똑같은 이야기를 들었다.

"정말 20분 안에 돌아올까요? 저도 앞으로 20분 늦게 와야겠네요."

이후 한 시간 동안 우리는 수전의 이야기를 들었고, 블레인이 수전을 이해하고 인정하기 어려워한다는 점에서 까다롭다는 사실을 알게 되었다. 그의 뒤에서 불평하는 사람은 수전만이 아니었다. 수전에 따르면, 그에게 보고하는 거의 모든 사람에게 저마다 '블레인 에피소드'가 있었고, 그 내용은 칭찬과 거리가 멀었다.

"알아요. 제가 그 사람을 이해한다는 거 알잖아요."

실제로 그랬다. 수전은 공격형으로서 자신이 가진 많은 성향을 블레인에게서 확인했다. 그러나 그가 너무도 '대접받길 바라고 자기중심적'이라서 더 별로라고 말했다. 우리의 임무는 그녀가 이미 확보한 자신의 도구, 즉 블레인의 뇌 화학작용에 대한 이해를 활용하도록 격려하는 일이었다. 다만 그녀가 자신의 사고 틀에서 벗어나도록 돕는 과정이 우선이었다.

수전이 블레인과의 관계를 더 효과적으로 관리하려고 했다면, 그에 대한 분노에서 벗어나야 했다. 공격형인 수전은 자신의 분노를 밖으로 표출하는 편이었다. 실제로 그녀에게는 화나는 일이 무척 많았다. 지난 3년 동안 연속으로 두 차례의 정리해고를 경험했기 때문이다. 감원 과정에서 수전은 중요한 팀원 두 명을 잃었을 뿐 아니라 블레인의 이해 부족으로 새로운 업무에 대한 추가 보고를 해야 했다. 설상가상으로 블레인은 팀원들에게 격주로 독서 모임에 참석하도록 했는데, 정작 팀원들은 이것이 쓸모없고 업무 시간을 빼앗는다고 여겼다. 더 나아가 블레인은 자신이 '팀 동기 부여'에 관해서 만들고 있던 세미나 자료를 세부적으로 조정하기 위해 팀원들을 내부 포커스 그룹으로 활용하기까지 했다. 이 모든 상황이 팀원들을 화나게 했다. 이미 업무는 너무 많았고, 수전이 불필요하다고 여긴 회의들은 팀원들에게 부담을 지울 뿐이었다. 여기에 블레인은 자기 과시까지 심했다. 블레인은 자신의 협상 능력을 자랑하곤 했는데, 개인적으로 관심이 있고 유명인들의 지지를 받는 저명한 인플루언서를 사측에서 만날 때면 자신도 껴야 한다고 우겼다. 수전과 다른 팀원들은 블레인이 언젠가 대가를 치를 거라고 생각했다. 수전은 블레인을 자기밖에 모르는 사기꾼으로 생각하게 되었다. 그가 잡담 중일 때 다른 모든 사람은 일하느라 바빴고, 수전은 자신의 업무와 그의 업무까지 같이 진행해야 했다. 수전은 분노에 차 있었다.

화라는 건, 제아무리 정당화되더라도 현명한 판단에 방해가 된다. 실제로 블레인은 자신에게 중요한 모든 사람에게 호의적인 태도를 확실히 보일 만큼 정치적으로 뛰어난 사람이었다. 자신을 무적으로 여겼고, 회사에 많은 영향을 미쳤다. 그러나 팬데믹과 그로 인한 생산 중단은 또 한 번의 인원 감축을 예고했다. 수전은 블레인에 대한 자신의 감정이 신중하지 못하다는 사실을 깨달았고, 자신의 들끓는 화가 본인에게 해롭다는 것을 알았다. 큰 위기에 처할 다음 사람은 본인일 수 있었다.

수전은 과거에 그랬던 것처럼 다음 정리해고로 어떤 일이 생길지 지켜보는 대신, 이번에는 행동에 나서기로 했다. 우선 같은 공격형으로서 수전은 블레인이 피드포워드를 선호하는 성향임을 파악했다. 그래서 팀에서 쫓겨날 위험이 크다고 느낀 디자이너 앨런을 지킬 수 있는 구체적인 전략을 갖고 블레인을 찾았다.

"저는 우리가 앨런을 지킬 방법이 있다고 생각합니다. 새로운 카탈로그와 더불어 저희에게 더 많은 인력이 필요한 상황이에요. 저한테 계획이 있습니다."

논의가 끝날 때쯤 블레인은 수전의 계획을 자신의 것으로 받아들여 그녀가 제안한 주요 내용을 약간만 수정했다.

블레인이 어느 날 복도에서 수전을 마주쳤을 때, 팀원들에게 대니얼 골먼Daniel Golema의 《EQ 감성지능Emotional Intelligence》을 읽어오라고 해서 다음 직원회의 때 토론해볼까 생각 중이라고 말했다. 수전은 반사적으로 "또 읽어야 해요?"라고 답을 했고, 블레인의 표정을 보고 이것이 좋은 방법이 아님을 알았다. 이제 할 수 있는 거라고는 "그 책이 얼마나 오래전에 나온 건지 아세요?"라는 식으로 말하지 않는 것뿐이었다. 그래서 이렇게 이야기했다.

"흥미로운 책이긴 한데요, 그 책 이야기가 나오니까 다른 책이 하나 떠올랐어요. 블레인은 큰 그림을 그리면서 다방면으로 두루 생각하는 편이잖아요. 데이비드 엡스타인David Epstein이 쓴 《늦깎이 천재들의 비밀Range》이라는 새로운 책이 있는데, 전문가가 되는 것과 관련히어 여러 분야를 두루 경험하고 이를 융합하는 능력의 중요성을 다루고 있어요."

후에 팀원들이 《늦깎이 천재들의 비밀》을 읽으라는 메일을 받았을 때 수전은 혼자 조용히 미소 지었다. 그녀는 블레인에게 힘을 실어주면서 자신의 힘도 키웠다. 자신만큼 블레인도 돋보이길 좋아한다는 사실을 그녀는 알고 있었다.

수전이 블레인과 갖는 일대일 미팅은 오랫동안 판단의 정당성에 얽매여 왔다. 실제로 판단은 정보의 흐름을 좁히는 면이 있다. 그래서 시간이 갈수록 새롭고 가치 있는 것을 익히는 데 방해가 된다. 정보와 판단 사이의 이러한 반비례 관계는 상당히 놀랍다. 우리는 수전에게 한 가지 작은 실험을 제안했다. 블레인과 미팅할 때 가정과 판단이 아닌 호기심과 흥미의 마음가짐을 가져보라고 권했다.

"블레인은 재미없어요."

수전이 쏘아붙였다.

"그래도 그 자체로 재미있지 않나요? 자신을 매력적이라고 생각하는 사람은 자신이 갖고 있다고 자부하는 바로 그 특징이 부족한 거잖아요."

"한심해 보이죠."

"그럴 수도 있겠죠. 하지만 그의 맹목적인 행동을 직접 보는 것은 재미있지 않나요?"

"자신감 없는 남자아이가 또래 여자아이들한테 잘 보이려다가 유리잔들이 놓인 테이블에 부딪히는 것 같긴 해요."

"바로 그거예요."

수전이 블레인과의 관계를 더 잘 관리하기 위해 진행한 가장 중요한 작업은, 블레인에 대한 분노와 무례를 훨씬 덜 해로운 감정으로 바꾸는 일이었다. 모든 것이 블레인의 잠재적인 뇌 유형을 이해하는 관점에서 비롯했다.

다음 몇 주 동안 우리는 수전과 몇 가지 공감 연습을 진행했다. 그녀의 분노를 낮추는 것뿐만 아니라 비난을 객관화하도록 자신의 성향을 조금 돌아보게 하는 일도 포함되었다. 우리가 그녀에게 요구한 첫 번째 연습은 호기심을 불러일으키는 데 초점이 맞춰져 있었다. 수전이 모르는 블레인에 대한 세 가지 개인적인 사실을 알아내는 것이 그녀의 임무였다. 수전은 블레인의 개인적인 면을 아는 데 아무런 관심도 흥미도 없다고 우리에게 말했지만, 결국 우리의 요구를 받아들였다. 수전이 알아낸 바에 따르면, 블레인은 네브래스카에서 태어났고, 고등학교 때 미식축구를 했으며, 멕시코 음식을 좋아했다.

우리가 수전에게 요구한 두 번째 연습은 자신의 개인적인 이야기를 블레인과 공유하는 일이었다. 그녀는 블레인에게 어떤 계기로 기술 분야에 발을 들였는지 물었다. 그리고 자신의 아버지는 처음에는 IBM에서 일하고 싶어 했는데 징집되어서 해군이 되었다고 이야기했다. 그러자 블레인은 자신의 이야기로 돌아와 자세한 내용을 전했다. 그녀가 들은 바에 따르면, 블레인에게는 자신이 9살 때 숨진 형이 있었고, 그의 아버지는 배우가 되려다가 실패하고 페인트 상점을 운영했다. 이제 이 사람은 단순히 수전의 상사, 사기꾼, 고집 센 적이 아니었다. 복잡하고 너무도 인간적인 사람이었다.

이어서 우리는 수전에게 블레인에 어떤 감정을 느끼고 있는지 그리고 왜 그런 감정을 느꼈는지에 좀 더 관심을 두도록 했다. 수전은 블레인을 떠올리면 어떻게 스트레스를 받고 짜증 나는지 설명했다. 또한 우리는 상황이 발생할 때마다 어떤 감정이 드는지를 적어보게 했다. 결국 수전은 블레인과 사적인 이야기를 나누면서 자신의 감정이 바뀌기 시작했다고 밝혔다. 그러면서 어느 날 미팅 후 다른 사람들이 자리를 떠나고 둘만 남았을 때 자신이 블레인과 나누었던 대화 내용을 우리에게 들려줬다. 수전은 블레인이 도넛 상자를 손에 닿지 않는 위치까지 멀리 밀어내는 모습을 보고는, 자신이 어렸을 때 체중 때문에 고생했다는 이야기를 꺼냈다. 그 이야기를 주의 깊게 들은 블레인은 자신도 10대 시절에 여드름 때문에 엄청 고생했다는 이야기를 들려주었다.

수전이 블레인을 더 존중하게 되었는지는 확실하지 않다. 아마 수전은 블레인의 말과 행동에서 거슬리는 부분을 계속 찾을 것이다. 그러나 더는 예전처럼 그렇게까지 화 나는 상황은 없을 것이다. 이제 블레인의 부족한 부분이 뚜렷이 보이기 때문이다. 수전은 블레인에게 인간성을 부여함으로써 자신에게 좀 더 다정해지고 너그러워졌다. 블레인을 일정 거리를 두고 대함으로써 점차 신뢰를 얻고 있음을 알게 되었다. 블레인은 팀을 온전하게 지키기 위한 최고의 방법이 무엇일지 수전의 생각을 점점 더 자주 묻게 되었다. 수전은 며칠 전 밤에 마가리타와 멕시코 음식을 블레인과 함께했다고 밝혔다. 그러면서 어깨를 으쓱하며 말했다.

"그 사람은 그렇게 나쁜 사람이 아니었어요."

상사가 방어형일 때: 방어형 상사와 효과적인 관계를 맺으려면 아주 다양한 방해물을 극복해야 한다. 방어형 상사는 낙관주의를 높게 평가할 가능성이 크지만, 그에 대한 보상은 덜한 편이다. 데이터가 하나라도 빠졌을까 봐 의심하고, 열정보다는 세부 내용에 대해 각별히 관심을 가지며, 약속이 아닌 증거에 따라 움직인다. 공격형보다 천천히 그리고 정확하게 생각하는 편이기 때문에 결정도 불만스러울 정도로 느릴 수 있다. '반응성' 대처 방식을 지향하는 만큼 어제 무엇이 통했는지보다는 오늘 달라진 조건에서 무엇이 통할지에 더 관심을 둔다. 방어형은 보통 불안해한다는 점을 기억하는 것이 중요한데, 당신이 그러한 모습을 보여주는지 아닌지는 중요치 않다. 물론 방어형을 진정시키는 일이 당신의 임무는 아니지만, 당신은 안심해도 괜찮다는 것을 보여주는 일은 이득이다. 우리는 모두 자신을 타인에게 투영하는 경향이 있기 때문이다. 그리고 방어형이 만족을 쉽게 미룰 수 있다는 점까지 고려할 때, 그러한 기대 성향은 당신에게도 적용될 가능성이 크다. 잠재적 피해를 피함으로써 더 큰 동기를 얻는 방어형 상사는 예상치 못한 당신의 행동을 달가워하지 않을 것이다.

그리고 마지막으로 방어형 상사의 위험 수준을 이해하는 것이 중요하다. 위험을 피하려는 방어형 상사는 언제나 큰 손실을 피하기 위해 적은 이득을 취할 수 있다.

에이프릴은 자신의 미래가 걱정되어 우리를 찾아왔다. 에이프릴은 진심으로 자신의 일자리를 원했다. 아니, 필요했다. 싱글맘으로서 긴장을 늦출 여유가 없었다. 에이프릴은 한때 잘나가던 파티 플래닝 업체를 다녔는데, 4년 동안 캐런 밑에서 일하며 어린이 부서를 성장시켰다. 그들의 사업을 무너뜨린 것은 팬데믹과 경기 침체였다. 캐런은 늘 인색했는데, 봉쇄가 시작되자 아예 드러누워 버렸다. 모든 장비를 창고에 보관했고, 줄어든 급여를 직원들에게 계속 지급하기 위해 정부에서 지원하는 대출까지 받았다. 그렇게 캐런은 모든 상황이 끝나기를 기다렸다. 그러나 몇 주가 지나자, 에이프릴은 실업자가 되었다.

에이프릴이 처음 우리를 찾아왔을 때, 캐런은 자신의 사업을 막 재개한 참이었다. 에이프릴은 어린이 부서를 되살리는 조건으로 임시 고용되었다. 그러나 안타깝게도 그들이 희망한 모습으로 되살아나기에는 역부족이었고, 충성도가 높았던 고객들도 대부분 떨어져 나간 상태였다. 에이프릴에게, 일자리가 불안하고 현상 유지를 했다가는 다시 실업자가 될 거라는 점을 지적해줄 이는 필요 없었다.

에이프릴은 일자리를 지키려면 자신이 창의적이어야 하고, 그러려면 실제로 시간과 에너지를 들여야 하며, 자신의 아이디어를 캐런이 받아들여야 한다는 점을 잘 알았다. 캐런이 방어형이라는 것은 쉽게 알 수 있었는데, 그것은 문제가 될 수 있었다. 에이프릴이 아는 캐런은 위험을 감수하기를 꺼렸다. 캐런의 위험 회피 성향은 비밀이 아니었다. 본인이 자신의 회사가 오랫동안 살아남을 수 있었던 가장 큰 이유 중 하나로 바로 그 점을 꼽았기 때문이다. 에이프릴은 섣불리 나서는 대신 열심히 머리를 굴렸다. 그리고 두 가지 전략을 짰는데, 하나는 사업 발전을 위한 청사진, 또 다른 하나는 캐런을 거기에 동참시킨다는 계획이었다.

여기서 에이프릴은 방어형과 관련하여 자신에게 도움이 될 만한 어떤 점을 알고 있었을까? 에이프릴은 캐런이 수에 굉장히 밝고 세부 내용에 큰 관심을 보인다는 점을 알고 있었다. 캐런이 불안해한다는 점도 알고 있었다. 호시절에 두 사람은 정신없는 삶에 압도된 느낌을 이야기하며 약간 기분 나쁜 농담을 주고받곤 했다. 에이프릴은 캐런이 부정적인 인상을 쉽게 버리지 못하는 편이라는 점 그리고 자신에게 기회는 한 번뿐이라는 점도 잘 알고 있었다.

에이프릴은 심혈을 기울여야 했다. 자신의 아이디어를 캐런에게 설득하고 싶은 만큼 자신을 다스렸다. 이것을 해내려면 이미 만반의 준비가 되어 있어야 했다. 조금이라도 틈이 보이면 캐런이 그것을 찾을 테고, 그러면 끝이었다. 캐런에게 두 번째 기회라는 것은 절대 없었다.

에이프릴은 사촌 에릭의 도움을 받아, 줌 이벤트와 게스트가 보낸 파티용품 박스 및 틱톡 영상을 결합한 디지털 플랫폼을 구축했다. 오프라인 파티의 경우 레이저 태그와 페인트볼을 활용한 파티를 위해 시간 단위로 빌릴 수 있는 흥미로운 공간을 확보했다. 두 전략 모두 마케팅 계획, 예산, 예상 수익이 더해졌다. 에이프릴은 캐런이 모든 세부 내용을 깊이 생각해서 분석하려 할 것임을 알고 있었다. 이에 대응하려면 거듭 생각하고 거듭 준비해야 했다. 에이프릴은 며칠 동안 늦은 밤까지 발표를 연습했고, 캐런이 물어볼 것으로 예상한 질문을 중간중간 하나씩 적었다. 그리고 나서 마케팅 계획, 예산, 예상 수익도 똑같은 방식으로 준비했다. 중요한 미팅을 앞둔 전날 밤에는 자정이 훨씬 지나서야 불을 껐다.

에이프릴은 꿈에서 캐런이 추가로 물어볼 만한 세 가지 질문을 맞닥뜨리고 일찍 일어났다. 거기에 답을 적고 나서야 준비가 끝났다는 느낌이 들었다.

"저는 계속 캐런의 입장에 서봤고, 그렇게 하니까 캐런이 어떤 느낌을 갖는지 그리고 무엇을 말해야 안도감을 줄지 알게 되었어요." 며칠 후 에이프릴은 우리에게 이렇게 말했다.

"정말 흥분됐어요. 하지만 속으로 '위험 회피'를 명심하라고 스스로 거듭 당부했고, 그게 정말 도움이 됐죠. 캐런이 묻지 않은 세부 내용이 있었다는 생각은 안 들어요. 주어진 과제를 잘 마쳐서 기뻤어요."

"그래서 어떻게 됐어요?"

"이건 확실해요. 우리가 이 공간을 잡지 않으면 다른 누군가가 잡을 것임을 제가 설명했을 때, 캐런이 이 사실을 훨씬 더 심각하게 받아들이기 시작했다고 본인이 직접 말하더라고요. 믿어지세요? 저는 충격받았죠. 거절당할 준비까지 했는데 그런 일이 일어나지 않은 거예요. 캐런이 허락한 건 아니지만 거절하지 않은 것만 해도 엄청난 거죠. 캐런이 말하길, 본인이 회계사를 통해 확실히 계산해보고 알려주겠다고 했어요."

우리가 적절한 모든 도구를 알맞은 방식으로 쓴다고 해도 무조건 우리의 뜻대로 되는 것은 아니다. 이후 캐런이 에이프릴에게 와서 전한 답은 "No"였다. 캐런은 디지털 플랫폼 확장에 투자하거나 제품 시험에 드는 위험한 마케팅 비용에 투자하는 일을 불편하게 여겼다. 그로부터 한두 주가 지났을 때, 에이프릴과 캐런은 사이좋게 갈라섰다. 에이프릴은 다시 실업자가 되었다. 대신에 이 이야기에는 후기가 있다. 에이프릴이 자유의 몸이 되었다는 소식을 접한 캐런의 주요 경쟁자가 에이프릴에게 면담을 제안했다. 에이프릴은 타고난 재능뿐 아니라 어린이 부서의 청사진에 대한 구체적인 계획까지 갖고 이에 응했다. 이번에는 에이프릴의 모든 노력이 결실을 맺을지도 모른다.

동료 대하기

팀이 효율적으로 기능하려면 팀원들이 명확하게 소통하고 서로 협업하며 협력해야 한다. 동료를 대하는 일은 까다로울 수 있다. 공격형이건 방어형이건 인간에게는 저마다 중요한 통제 문제가 있을 수 있다. 방어형의 경우, 불안감 또는 업무 결과와 관계없는 불편한 감정을 조절하고자 하는 욕구에서 문제가 비롯된다. 그리고 공격형은 조바심을 통해 자신의 통제 성향을 갖는다. 공격형은 빠르고 반사적으로 행동하는 경향이 있기 때문에, 느리고 신중한 방식으로 의사를 결정하는 사람을 견디기 어려울 수 있다. 이러한 공격형의 결정이 방어형의 결정보다 덜 정확한 편이라는 사실은 문제의 원인이 될 수 있다. 공격형은 과거가 존재하고 역학을 예측할 수 있는 상황에서 잘 지낸다. 이에 반해 방어형은 반응성이 강하고 편도체가 예민하기 때문에 변화무쌍하고 예측 불가능한 환경에서 높은 성과를 낼 뿐 아니라, '하지만 만약에' 식의 질문을 던진다. 민첩함에 더 큰 가치를 두는 공격형은 이러한 질문을 성가셔할 것이다.

사려 깊은 결정을 하려면 얼마나 많은 정보가 필요할지의 문제에 대해서는 충돌이 생길 수 있다. 방아쇠를 당기는 것은 보통 방어형이 가장 원하지 않는 경우다. 방어형은 원래 조심스럽고 회피 성향이 강한 만큼, "No"보다 "Yes"라고 말하기를 훨씬 더 어려워한다. "No"라고 말하는 것은 방어형이 더 많은 정보를 수집할 수 있는 선택권을 갖고 있음을 의미하고, 그들에게 실수할 위험에 덜 노출되어 있다는 느낌을 준다. 반대로 공격형은 확실한 결정을 내림으로써 살아 있다는 느낌을 받는다.

방어형은 공격형의 쾌활하고 낙천적인 성격을 종종 부러워하지만, 본래의 비관적인 생각을 무시하기가 어렵다. 우울한 사람이 되고 싶어서는 당연히 아니다. 그저 부정적인 생각을 억누르기 어렵기 때문이다.

요컨대 방어형은 공격형이 편하게 느끼는 결정과 행위에 안절부절못하고, 그 반대의 경우도 마찬가지다. 이 모든 것은 각성과의 관계, 즉 각성을 줄이려고 하는 방어형과 늘리려고 하는 공격형의 관계를 중심으로 돌아간다는 점을 명심하자. 일상의 모든 상호작용, 의견, 결정의 중심에서 우리의 뇌 화학물질은 눈에 띄지 않게 작용한다. 겉으로는 합리적이고 이성적으로 보일 수 있는 사소한 대화도 그 이면을 보면 좀 더 복잡하다. 우리의 말과 행동의 행간에는 각성과의 독특한 관계로 인해 미묘한 불편을 겪으면서 감정을 조절하려고 하는 보이지 않는 뇌 화학작용이 지문처럼 남는다.

그렇다면 우리는 뇌 화학작용이 우리를 밀어붙일 때, 뇌 화학적 성향을 억제하거나 조율할 수 있는 힘의 차이가 없는 팀에서 어떻게 일할 수 있을까? 다음을 통해 상황을 좀 더 분명히 해보자. 우선 자신과 가장 많이 소통하고 일을 완수하는 데 중요한 동료들을 쭉 나열해보자. 아마 리스트를 작성하면서 누가 공격형이고 방어형인지를 생각할 것이다. 이 명단 중에 서로 보고하는 관계는 없어야 한다.

그리고 명단을 살피면서 사람별로 플러스 혹은 마이너스를 표시해보자. 관계에 긴장, 오해, 갈등이 있으면 플러스, 보통 수월하고 문제없는 관계라면 마이너스다. 이제 마이너스를 표시한 사람의 이름을 모두 제거하자.

그렇게 단순해진 새로운 리스트를 확인해보자. 자신의 뇌 유형과 비슷한 사람이 더 많은가, 아니면 그 반대인가? 때로 자신과 꽤 비슷한 누군가와 가까이 일하면 불안할 수 있다. 우리가 자신에 대해 부정적인 감정이 있을 때 특히 그렇다. 명단의 이름을 하나씩 보면서 자신이 가진 문제가 무엇인지 빠르게 적어보자.

이제부터는 어려운 부분이다. 솔직함과 약간의 통찰력이 필요하다. 리스트를 쭉 보면서 자신이 관찰한 문제들이 지금 자신의 뇌 화학적 특성과 관련이 있는지에 대해 '그렇다' 혹은 '아니다'라고 적어보자. '아니다'라고 적은 내용은 다시 살펴보자. 솔직함과 통찰력이 필요함을 기억하자. 여전히 모르겠다면, 세상에는 어려운 성격 유형과 부담스러운 성격 유형이 있다는 사실을 인정해야 할지도 모른다. 이제 '아니다'라고 한 사람의 이름을 모두 제거하자.

이제 당신의 리스트가 플러스와 '그렇다'가 붙은 이름만 있을 것이다. 이제 가장 중요한 단계는 이 사람과 가진 문제에 대해 다음과 같은 질문을 자신에게 던져보는 일이다. '이 문제들을 개인적인 것으로 받아들이지 않을 수 있는 방법이 있을까? 이 사람의 뇌 화학작용으로 인한 의도치 않은 결과로 볼 수 있는 방법은 있을까?' 우리가 확인한 바에 따르면, '있다'라고 답할 수 있을 때 운신의 폭이 넓다. '있다'라고 대답했다는 것은 그 사람들에 관한 것이지 당신에 관한 것이 아니기 때문이다. 그 행동이 일부러 의도한 무언가가 아니라, 그들이 그렇게 학습한 방식에 불과하다는 것이다. 그 사람들은 당신을 귀찮게 하려고 그렇게 행동하는 것이 아니라 무의식적으로 의도 없이 하는 것이다.

이처럼 작은 문제들의 반사적인 특성을 이해하면 짜증을 줄이고 곤두선 신경을 푸는 데 큰 도움이 된다. 이 사람들이 그런 식으로 행동하는 이유가 뇌 화학작용 때문이라는 사실을 기억한다면, 당신과 당신의 업무에 무신경한 결과라고 해석하는 데서 벗어날 수 있다. 물론 이것을 업무에 적용하려면 연습이 필요하고, 학습 곡선이라는 것도 존재한다. 그럼에도 자신의 긴장감이 높아질 때 도움이 되는 방법이 있다면 남몰래 미소를 짓고 '아, 이 사람들 공격형 혹은 방어형이구나'라고 생각하는 것이다. 이렇게 하면 당신이 그러한 순간이나 문제를 맞닥뜨려서 각성 때문에 정말 어쩔 줄 모르는 상황이 되었을 때 약간의 연민이 생긴다.

그렇다고 그 사람들 때문에 느끼는 좌절감, 불만감, 짜증을 줄이는 게 끝이 아니다. 지금까지 당신이 학습한 모든 것을 활용하게 만드는 것이 있다면, 그것은 바로 그들을 더 깊이 파악하고 이해함으로써 생긴 심리적 거리다. 당신에게는 강력한 도구가 있다. 무엇이 행동을 이끄는지를 관찰할 수 있는 렌즈가 있어서 자기 자신과 주변 사람들을 더 깊이 이해할 수 있다. 이러한 이해를 바탕으로 행동한다면 당신의 업무상 관계는 효과적으로 변할 것이다.

가장 큰 혜택은 다른 사람의 결점을 받아들임으로써 자신을 더 너그럽게 받아들이는 게 아닐까 싶다. 그러나 자신에게 만족하기 전에 이러한 개인적인 이해와 수용에는 의무가 따른다는 것을 아는 게 중요하다. 당신은 자신이 받은 도움을 다른 사람에게 나누어야 한다. 수용은 수동적인 것이 아니다. 수용은 의미 있는 행위를 위한 전제 조건이다. 당신이 해야 할 일을 당신만큼 자세하고 친밀하게 아는 사람은 아무도 없다. 당신이 자신과 다른 사람에게 문제가 될 수 있는 불편함을 조절하기 위해 하는 일을 한번 살펴보자. 그리고 자신을 어느 한쪽으로 밀어붙이는 느낌을 알아차리는 바로 그 순간을 확인할 수 있는지 한번 알아보고, 이것을 시각화해보자. 이 순간을 V자로 그려보자. 여기서 한쪽은 자신에게 익숙한 행위로 이끈다. 예를 들어, 자신에게 회피 경향이 있다면, 그것은 반사적인 반응이다. 반면 신중한 고민 없이 뛰어드는 경향이 있다면, 그것은 습관이다. 습관은 우리에게 편하지만, 반드시 건설적이거나 좋기만 한 것은 아니다. 자신의 재능을 최대한으로 활용하지 못하게 하는 습관과 반사적인 행동을 거부하고 무시하자. 변화를 위해 V자에서 덜 편한 쪽으로 가보자. 익숙한 것이 주는 편안함에 몰두하는 소소한 순간에서 출발하여 더 중요한 순간으로 과감하게 도전해보자. 더 편한 행동이 아닌 더 현명한 행동을 하려고 해보자.

우리는 반사적이지 않은 의도적 행위가 동료 관계에 정말 효과가 있음을 확인했다. 목적의 명료함이 의사결정을 활성화하는 엔진이 되어야 한다. 깊은 생각에 따른 의도는 영리한 의사결정으로 이어질 수 있다. 자신의 뇌 화학작용에 노예처럼 빠져드는 것과는 반대다.

여기서 잠깐 시간을 갖고 다음과 같은 내용을 생각해볼 수 있다. 나는 업무상 관계를 관리하는 방법에 관해서 어떤 것을 배웠는가? 나와 보고 대상자에 대해 아는 내용을 어떻게 활용했을 때 그 관계에서 더 효과적으로 대응할 수 있을까? 이에 대한 대답을 적어보는 것이 일반적인 생각을 구체적으로 해석하는 데 도움이 된다. 만약 내가 보고받는 위치에 있다면, 유능한 관리자가 되기 위해 활용할 수 있는 내용에는 무엇이 있는가? 다시 말하지만, 최대한 구체화하자. 당신의 대답은 한 가지 틀에만 맞춰져 있지 않을 것이다. 방어형과 공격형이 결합한 형태일 것이다. 당신의 대답에 적용되었을 법한 뇌 화학작용을 이해했다면, 과연 당신은 어떻게 변해야 그러한 관계를 더 잘 관리할 수 있을까? 그리고 동료 간의 관계에 관해서는 어떤 점을 배웠는가? 이처럼 중요한 상호작용 각각에 대해 한두 문장이라도 적어보면, 나중에 그 사람을 대할 때 더 확실한 마음가짐을 가질 수 있을 것이다.

우리는 여기서 당신에게 진심으로 작업해볼 것을 요청했다. 추론적인 사고 그리고 개인의 확실한 이해와 정직함이 필요한 작업이다. 이 책의 내용을 그저 빠르게 읽었다가는 그다지 얻을 게 없을 것이다. 당신이 중요한 관계들을 하나씩 신중하게 따져봐야 자신에게 가장 실용적이고 가치 있는 결과를 얻을 것이다. 그리고 여기에 필요한 시간을 할애하면, 그 투자는 보기 좋은 결실을 낼 것이다. 이러한 깊은 생각이 중요한 관계에 대한 더 효과적인 관리를 이끌겠지만, 자신과의 관계를 더 제대로 관리하게 만든다는 점이 가장 큰 이득일 것이다. 우리는 모두 무엇이든 할 수 있다는 느낌을 받고 싶어 한다. 건강하고 건설적이며 이성적인 의사결정을 하기 위한 자유야말로 진짜 힘이다.

3부

나의 뇌 유형은
인간관계에서
어떻게 나타나는가?

7장

로맨틱한 사랑

끌림 패턴은 어떻게 우리의 의식 밑에 숨어 있는가?

자신과 연인이 될 가능성이 있는 사람에게 나름의 바람과 부푼 희망을 안고 깊이 빠져본 경험을 모두 해봤을 것이다. 그 과정에서 새로운 사랑에 대해 실수를 조금도 안 해본 사람이 있을까? 상처를 받아보지 않은 사람이 있을까? 우리 모두에게 일어나는 일이다. 끌림은 인간의 가장 강력한 감정을 낳는다. 당황스럽거나 경이롭거나 강렬하거나 가슴이 찢어질 정도로 아플 수 있다. 가장 지적인 사람에게도 복잡하다. 복잡하기만 한 게 아니다. 우리는 끌림을 부추기고 지속시키는 가장 기본적인 인과적 근원을 의식할 수 없다. 이러한 무의식적인 힘이 우리가 누구에게 끌릴 것인지 뿐만 아니라 그러한 끌림이 잠깐 있다가 없어질지 아니면 계속 있을지를 결정한다. 이러한 직감적 반응과 상호작용하는 것이 우리 개개인이 가진 뇌 화학작용이다. 우리는 끌림과 사랑의 느낌을 이끄는 게 아니라 거기에 끌려 간다. 우리의 느낌과 행동에 본능적인 자극을 주는 대상 중에 끌림 만 한 게 없다. 그런데 끌림은 우리를 똑똑하게 만들기보다는 바보 로 만든다. 최소한 잠시라도 그렇다. 여기서 통제력을 가지려면 자 신의 반사적인 반응을 이해하고 의식적으로 생각해야 한다. 물론 그 렇게 함으로써 우리는 끌림과 욕망의 미스터리를 일부 없앨 수 있지 만, 우리의 뇌 화학작용을 인식하고 이에 대처할 수 있다면 더 행복 하고 오래가는 관계를 맺을 수 있다.

생물은 모두 생명력, 즉 생존 의지를 갖는다. 이것은 깡총거미의 총총걸음과 개미탑에서 일어나는 정신없는 소동, 발정기의 사슴들 이 뿔로 서로 싸우는 모습, 모든 연애편지에 다정하게 휘갈겨진 사 랑의 언어에서도 확인할 수 있다. 개인의 생존을 넘어선 충동, 즉 종 의 생존을 보장하는 충동이 우리 모두에게 있기 때문이다. 생존은 생식과 관련이 있고, 자연은 운에 맡겨지는 일이 드물다. 대자연은 두 가지 기본 원칙을 따름으로써 우리의 확실한 순응을 이끈다. 일 을 어렵게 하기보다는 쉽게 하고, 고통스럽기보다는 즐겁게 하는 것 이다. 사실 일이 쉬워지고 즐거워질수록 성공의 가능성은 커진다. **편 안함**은 무언가를 습관적이고 무의식적으로 할 때 얻어지고, **즐거움**은 뇌의 보상과 화학 반응 체계에 어우러짐으로써 자리를 잡는다. 우리 는 끌림을 낭만적인 생각으로 여기지만, 그 기반은 전혀 그렇지 않 다. 우리는 끌림을 의도하지 않는다. 알아차릴 뿐이다. 무엇이 더 쉬 울까? 관찰은 노력을 필요로 하지 않다. 그리고 로맨틱한 관계에서의 끌림은 어마어마하게 기분 좋은 성적sexual 마무리로 보상받고, 거기까지 도달한 모두가 그 관계를 다시 유지하고 싶게 만든다.

누군가에게 끌린 경험은 모든 위대한 사랑 이야기를 이루고 수많은 소설, 영화, 음악 등에서 강력한 감정을 이끈다. 이러한 이야기의 힘은 우리의 동일시, 즉 우리가 있는 그대로의 감정 자극을 얼마나 받는지와 관련이 있다. 이를 통해 우리는 자신이 얽혀 있는 사랑 관계를 상기하게 된다. 로맨틱한 행위는 땀에 젖은 손바닥과 열렬한 키스로 펼쳐지는 듯하지만, 그 요동치는 감정 밑에는 진화적 힘이 만든 전략 체계가 있다. 이 진화적 힘은 인간관계의 오랜 의례를 지시하는 호르몬과 신경전달물질을 통해 활성화한다. 로맨틱한 것과는 전혀 무관한 이러한 전략은 성적 선택, 생식, 종의 생존 등의 무의식적 역학을 따른다.

그래서 끌림이란 정확히 무엇일까? 잘 설명할 수는 없지만 느꼈을 때 확실히 아는 화학적 X인자? 오랫동안 보지 못한 소울메이트를 발견했다는 느낌? 잠재적인 성적 욕망? 안전, 지위, 안위에 대한 약속? 설명할 수 없는 기쁨과 내일의 생각에 대한 연결성? 끌림이란 이러한 모든 느낌을 비롯한 이런저런 것들이 결합된 것이다. 우리가 아이를 갖고 싶다고 느끼게 만드는 것이다. 그 뿌리는 과거 우리 조상이 남긴 속삭임 속에 깊이 남아 있다.

끌림

성 선택은 우위를 점한 유전자가 대대손손 이어진다는 자연선택의 한 측면이다. 19세기에 한 진화생물학자는 1760년에서 1849년 사이에 작은 핀란드 마을에서 태어난 약 6천 명의 사람들의 출생, 결혼, 사망 기록 등을 연구했는데, 이 연구는 생존과 생식에 영향을 미치는 삶의 네 가지 측면을 살폈다.

    1. 15세 넘게 산 사람 수

    2. 결혼한 사람 수와 하지 않은 사람 수

    3. 한 사람이 결혼한 횟수

    4. 결혼 한 번에 태어난 아이의 수

조사 대상의 대략 절반이 15세 전에 숨졌다(물론 이때는 현대 의학이 탄생하기 전이었다). 즉 50%가 자연선택에 호응하지 않은 형질을 지녔고, 자신의 유전자를 다음 세대에 전달하지 못했다. 나머지 절반 중에 약 6백 명은 결혼하지 않고 자녀도 없었다. 이들도 전체 인원에서 제외하자. 남은 집단에서 가진 자녀의 수는 0명에서 17명까지 다양했다. 어떤 사람들은 두 명 이상의 배우자를 두기도 했다. 배우자가 한 명일 경우 평균 5명의 자녀를 두었고, 네 명일 경우 평균 7.5명으로 그 수가 늘었다. 남자가 여자보다 평균적으로 자녀를 더 많이 두었는데, 자신보다 더 젊은 여성과 재혼하는 경향이 있었기 때문이다. 지금 보면 어떤 특성이 선택되었는지 정확하게 알 길은 없지만, 생식과 유전자 전달에 성공한 약 2천5백 명의 유전자는 유전자 풀이 이어지지 못한 이들과 확실히 차이가 있었다.

자신이 배우자에게 끌린다는 사실을 인식하지 못했다면, 그리고 이러한 끌림이 성적 경험을 강화하지 않았다면, 저 2천5백 명의 사람들은 자신의 DNA를 복제하지 않았을 가능성이 크다. 우리는 끌림 없이 인간 생식을 했을까? 아닐 것이다. 확실히 끌림은 음식 선호와 마찬가지로 우연이 아니다. 그렇다면 정확히 어떤 이유로 우리는 함께할까? 인간이 누군가에게 끌리는 이유를 설명해보려는 이론은 그동안 많이 있었다. 프로이트와 융이 생각한 바에 따르면, 사람들은 자신의 짝을 선택할 때 자신의 이성 부모에게서 찾은 측면이나 (융의 경우는) 원형에 끌린다. 우리가 자신의 짝에게서 유사점(가치, 태도, 세계관 등)을 찾거나, 우리가 자신을 바라보는 방식과 상호 보완되는 상대방의 특징이나 자질에 끌린다고 설명하는 사람도 있다. 어떤 이론에서는 소중한 자원을 교환한다는 측면에서 끌림이 거래와 같다고 단정하기도 한다.

이처럼 다양한 이론 중에서 유사점 찾기가 가장 큰 실증적 지지를 얻고 있다. 이는 익숙함으로 인한 편안함 외에는 달리 설명할 방법이 없다. 계속 늘어나고 있는 과학적 연구 결과에 따르면, 인간은 누구나 성적 충동에 반응하고 타고난 전략에 따라 행동함으로써 그 목표를 이룬다.

수십 가지 종을 확인한 데이터로 잘 정리한 어떤 이론에서는 성적 매력이나 성 선택을 부모의 지원과 관련짓는다. 많은 종을 보면, 암컷은 자식에게 더 많은 지원을 하고 더 까다롭게 나서는 반면, 수컷은 지원도 덜하고 까다롭기도 덜하며 암컷을 위해 더 공개적으로 경쟁한다. 물론 여성들이 출산과 양육에 들이는 지원 수준이 전부 일정하지는 않다. 그리고 이러한 지원 수준 탓에 여성은 부모로서 함께하며 자신과 비슷하게 헌신할 가능성이 가장 커 보이는 남성에게 끌린다. 남성 역시 가정을 꾸리기 위해 배우자를 고르는 데 여자 못지않은 안목을 갖추게 된다.

우리가 아는 한 커플의 이야기를 해보겠다. 이성 커플인 케이트와 찰리의 이야기다. 우리가 끌림의 역학을 알아보기 위해 이 두 사람을 선택했지만, 찰리와 존 혹은 케이트와 제인 같은 동성 커플을 선택했을지도 모른다. 그 기저의 역학은 비슷하기 때문이다. 성욕과 친밀한 관계에 대한 인간의 충동은 생존과 생식의 산물이다. 자연이 만든 '지원 동기'는 생식에 대한 바람에 애착이 있든 없든 우리가 의식하는 것이다. 동성이 서로 결합하면 자손을 낳지 못하지만, 그들 사이의 끌림은 생식에 대한 본능적인 동기를 수반한다. 우리가 이성 커플을 선택한 이유는 끌림의 힘과 그 무의식적인 목표인 생식을 가장 전형적으로 보여주기 때문이다.

케이트와 찰리의 이야기로 가보자. 어둡고 분위기 있는 레스토랑이 태평양을 향해 돌출해 있다. 찰리는 양초와 하얀 테이블보로 장식된 창가 테이블에 앉아 있고, 테이블 위에는 그의 예산 범위를 살짝 넘는 고급 샤블리 한 병이 놓여 있다. 찰리는 범블 데이트앱에서 케이트를 만났는데, 이번 밤이 두 사람이 서로 처음 대면하는 자리였다. 찰리는 일찍 도착해서 와인을 주문해두었고, 케이트가 문으로 들어오는 모습을 보고 자리에서 일어섰다. 케이트는 찰리를 보면서 부끄러운 듯 미소를 짓고 테이블 쪽으로 향했다. 찰리는 케이트의 손을 잠시 잡은 뒤 그녀의 의자를 빼주었다. 창문 너머로는 은빛 파도가 밀려들며 달빛 하늘 아래의 해저를 휘저었다. 아주 로맨틱한 상황이다.

케이트와 찰리 모두 이 순간을 기다려왔다. 각자 나름의 희망, 기대, 두려움, 불안을 안고 있었다. 두 사람은 통할까? 서로 호감을 느낄까? 서로 다시 만나고 싶어 할까? 찰리는 적절한 분위기를 만들려고 애썼고, 케이트는 평소보다 과감하게 옷을 입었다. 이러한 진행 방식은 디지털 기술만큼 현대적이면서도 원시림만큼 오래되었다.

우리는 이들의 대화를 엿들을 수 없지만 어떤 이야기가 오가건, 이 만남은 두 사람이 이야기할 가능성이 적은 한 가지와 관련이 있다. 바로 생식이다. 케이트와 찰리는 젊다. 두 사람이 생식 가능 시기를 훨씬 넘어서 만난다고 해도, 태어나지 않은 아이에 대한 반향은 두 사람의 감정과 행동에 여전히 강력한 영향을 미쳤을 것이다.

짝을 찾으려는 충동은 보편적이다. 우리는 이것을 장기적인 헌신의 맥락에서 생각하지만, 성적 충동과 그것을 부추기는 끌림의 패턴은 보통 단기적일 수 있다. 미국에서 결혼의 대략 절반은 이혼으로 끝난다. 불륜은 어떨까? 남성과 여성의 간통 추정치는 25~75%로 폭이 넓다. 남녀가 진지한 관계에 돌입하기 전에 갖는 다수의 성적 경험은 제외한 수치다. 물론 케이트와 찰리는 서로를 알아가기 시작하려는 단계에서 이 부분을 전혀 생각하지 않고 있다. 그러나 두 사람이 서로 알아가는 상황에서 대화의 행간에 나타날 수 있는 무의식적 전략이 있을 텐데, 이 역학을 설명하는 과학을 한번 살펴보자.

여러 연구에 따르면, 어떤 문화권에서건 야망 있고 많이 배웠으며 돈을 잘 벌 것 같은 잠재적 배우자에게 더 끌리는 성별은 (남성보다는) 여성이다. 가까운 과거에도 자금의 원천을 좌우한 쪽은 주로 남성이었다. 사회적 구조가 바뀌고 있는 이 시점에서 우리는 어떠한 변화에 주목할 수 있을까? 사회경제적 지위의 동등함이 이러한 선호의 역학을 바꿀까? 연구는 아니라고 말한다. 재원을 **더 가진** 여성이 **덜 가진** 여성보다 재산이 많은 짝에게 끌리는 편이다. 경제적·교육적 평등이 변화하는 상황에서도 이러한 성별 선호 내용은 과거의 유물로 계속 남아 있다. 그렇다면 남성은 무엇에 가장 끌릴까? 성평등이 변화함에도 여성의 신체적 매력이 IQ, 교육 수준 혹은 사회경제적 지위보다 더 강한 결혼 예측 변수로 남아 있다. 지금까지 찰리와 케이트는 아주 잘하고 있다. 찰리는 케이트의 외모를 마음에 들어 하고, 케이트도 찰리가 산 와인과 출신 학교에 대한 언급을 무의식적으로 확인하고 대화에 스며들었다.

문화를 막론하고 남성은 보통 자신보다 어린 여성과 결혼한다. 이혼을 거듭할수록 더 어린 여성과 결혼한다. 평균적으로 첫 번째 결혼에서 나이 차이는 세 살이고, 두 번째 결혼에서는 다섯 살, 세 번째에서는 여덟 살이다. 당신이 궁금해할까 봐 말해두건대, 찰리는 31

세, 케이트는 28세다.

케이트는 찰리가 찬 비싼 시계에 눈이 가지 않을 수 없었다. 연구에 따르면, 남자는 보통 자신의 재산과 지위의 증거를 보여주는 전략을 쓰고, 여성은 자기 외모를 돋보이게 하는 데 더 신경 쓴다. 케이트의 의상 선택과 함께 두 항목 모두 확인되었다. 우리는 짝짓기 본능의 수혜자이고, 이것 없이는 존재할 수 없을 것이다. 우리의 조상이 되는 남녀들은 목표 달성을 위해 서로 다른 접근법을 취했다. 그리고 이러한 전략은 의식적으로 취해지지는 않았지만, 오늘날까지 남아서 활용되고 있다.

끌림은 자연선택에 이바지하는 공통 인자들의 복합적인 집합이다. 우리는 이처럼 다층적인 성향을 의도적 개입을 통해서가 아니라 일종의 선호 내용으로 인식함으로써 경험한다. 그러한 성향은 번식 성공이라는 단 하나의 목표를 이루기 위해 만들어진다. 자녀를 두고 싶어 하지 않는 커플이더라도 성욕과 친밀 관계 형성의 욕구라는 출산의 산물을 공유한다. 번식 성공을 정의하자면, 자신의 유전자를 자식에게 전달하고 그 자식 역시 보살핌을 잘 받아서 후대에 유전자를 전달할 수 있도록 하는 것이다. 연구에 따르면, 우리는 그 목표를 이루기 위해 자신과 비슷한 '짝짓기 가치'를 가진 잠재적 짝에게 끌리는 경향이 있다. 상대적으로 높은 짝짓기 가치를 가진 남녀는 낮은 짝짓기 가치를 가진 남녀에 비해 선택에 더 까다로운 편이다. 이는 의심할 나위 없이 이중적인 목적을 갖는다. 실망과 심적인 고통을 피하고, 소중한 시간을 낭비하지 않는 것이다.

우리의 몸은 서로 간의 관계를 진행하는 데 많은 도움을 준다. 우리는 이 현상을 동물계에서 쉽게 확인할 수 있다. 영장류는 흥분(발정)하면 누가 봐도 알 수 있다. 유인원은 암컷의 엉덩이 냄새를 확인해서 배란 여부를 확인하고, 어떤 종은 생식기로 확실한 시각 신호를 보내기도 한다. 고양이는 날카로운 소리를 내고 오줌을 뿌리면서 짝짓기 준비가 되었다는 사실을 알린다.

인간은 자신의 생식 능력이 절정에 달해 있고 성적으로 준비가 되었음을 아주 노골적으로 드러내지 않는다. 인간은 배란을 감춘다. 과연 그럴까?

이를 둘러싼 논란은 여전하지만, 여성은 배란을 알리는 월경 주기에 돌입했을 때 신체와 행동에서 미묘한 변화를 드러내는 듯하다. 일부 연구에 따르면, 여성은 배란 주기 중일 때 남자답고 정력적인 모습이 상대적으로 뚜렷한 남성과 짧은 만남을 갖고 싶어 한다. 또 다른 연구에 따르면, 여성은 배란이 한창일 때 더 추파를 던지고 더 과감한 옷차림을 할 뿐 아니라 얼굴의 연조직이 더 균형이 잡히고 피부가 달라져서 질감이 더 살고 발그레해진다. 다른 주기 시점에서는 더 상냥하고 성실한 남자와 오랜 관계를 맺고 싶어 한다. 우리의 윗세대는 남성적인 특징과 다른 남자에 대한 우월함이 유전적으로 더 적합성을 나타낸다고 이야기할 것이다. 물론 이 중에 의식적인 사고가 이끈다고 여겨지는 것은 없다.

그렇다면 남자는 어떨까? 냄새와 관련된 한 연구에서는 젊은 여성들이 배란 중일 때 혹은 다른 주기 시점에 있을 때 입었던 티셔츠를 남성들에게 주고 냄새를 맡아보도록 했다. 그 결과 배란 중에 착용한 티셔츠 냄새를 맡은 남성이 다른 시점에 착용한 티셔츠 냄새를 맡은 남성보다 훨씬 더 높은 테스토스테론 수치를 보였다. 남성의 테스토스테론 수치는 성적 관심과 유능감·효능감에 민감하게 반응하는 지표다. 이성애자 남성의 경우 매력적인 여성과 대화할 때 그 수치가 올라가고, 다른 남자와 대화 중일 때는 같은 수준을 유지하거나 떨어지며, 운동경기에서 지고 나서는 잠시 곤두박질친다. 흥미롭게도 테스토스테론은 남성이 결혼생활을 시작할 때도 약간 떨어지고 자녀를 가진 다음에 다시 떨어진다.

여성의 배란이 완전히 드러나지 않건 드러나건 간에, 그 상대적인 불투명함에는 진화적 가치가 있다. 여성은 자신과 잠자리를 한 남성을 의심하지 않는 반면, 남성은 살면서 그 여성이 가진 자식의 아버지가 누군지 궁금해할 수 있다. 진화 과정에서 여성은 한 남자와 관계를 맺되, 자기 자식의 미래를 더 잘 보장하기 위해 더 적합한 다른 남자를 아버지로 지목할 수도 있었다. 이때 남자는 여성의 말을 있는 그대로 받아들여서 자신이 아이들의 생물학적 아버지임을 믿고, 곁에 남으려는 동기 부여를 받았을 것이다.

자, 다시 케이트와 찰리의 이야기다. 케이트는 찰리와 만날 때 입을 옷에 특별히 신경을 썼다. 찰리는 케이트가 매력적임을 확실히 느끼며 테스토스테론의 폭발을 경험하고 있다. 여기에 후각 요소가 섞여 있지는 않을 텐데, 케이트가 귀 뒤에 뿌린 향수가 배란 주기와 관련된 미묘한 냄새를 덮어버릴 것이기 때문이다. 이 외에 어떤 것이 여기에 작용할 수 있을까?

단기간의 성적 파트너를 찾는 데 흥미를 느낄 가능성은 남성이 여성보다 더 크다. 실제로 다양한 기간(한 달부터 평생까지)을 기준으로 성적 파트너를 얼마나 많이 가져봤으면 하는지 물으면, 남성은 각 기간을 기준으로 여성보다 더 많은 성적 파트너를 갖고 싶어 한다. 이성을 알고 나서 성관계를 마다하지 않게 되는 시기는 남성이 여성보다 훨씬 더 빠르다. 젊고 매력적인 남녀 실험자들을 이용한 한 흥미로운 연구는 이 부분을 잘 보여준다. 실험자들은 대학교 캠퍼스에서 이성인 학생들에게 접근해 다음 세 가지 질문 중 하나를 물어보았다. 첫째, "저랑 데이트할 생각 있어요?" 둘째, "제가 사는 곳에 올 생각 있어요?" 셋째, "저랑 같이 잘 생각 있어요?" 대답의 양상은 다음과 같았다. 남녀 모두 절반 정도는 실험자와 데이트하는 데 동의했지만, 그다음 숫자는 서로 달랐다. 남성이 사는 곳으로 가겠다고 말한 여성은 6%에 불과했고, 남성과 그날 밤 자겠다고 말한 여성은 없었다. 이제 남성의 대답을 한번 살펴보자. 여성의 거처로 가겠다고 밝힌 남성은 69%에 달했고, 그날 여성과 자겠다고 말한 남성은 75%에 달했다.

여기서 어떤 결론을 내릴 수 있을까? 우리가 이미 잘 아는 내용이다. 남자가 잘생겼다고 해도, 여성은 그 사람을 잘 알기 전까지는 성관계가 편하지 않다. 그렇다면 케이트의 의지가 있다고 가정할 경우, 찰리는 이날 저녁 식사 후에 그녀와 잘까? 앞서 언급한 75%의 남자와 같다면 그럴 것이다. 그런데 이 일이 실제로 일어날까? 아닐 것이다. 케이트와 찰리는 만나서 저녁 식사를 하기로 이야기를 나누기 전에 본인들이 장기적인 관계에 관심이 있음을 드러냈다. 여성과 남성이 진지한 관계와 관련해서 갖는 요구 사항과 기준은 서로 얼추 비슷하다. 대신에 여성이 잠시 만난 성적 파트너에게도 똑같은 잣대를 들이대는 반면, 남성은 가벼운 성관계에 대해서는 자신의 기준을 크게 낮추는 편이다.

호르몬과 뇌 화학작용

럿거스대학교에서 오랫동안 인간의 유대를 연구한 헬렌 피셔Helen Fisher는 이 과정을 호르몬과 연관시켜서 3단계로 나눈다.

1. 성욕―테스토스테론, 에스트로겐
2. 끌림―도파민, 세로토닌, 노르에피네프린
3. 애착―옥시토신, 바소프레신

우리 모두에겐 테스토스테론과 에스트로겐이 있다. 테스토스테론은 남녀 모두의 성욕을 높인다. 일부 여성은 배란 시 성적으로 더 흥분하고, 에스트로겐 분비가 최고점을 찍는다. 짧은 관계는 실제로 특별한 애착이나 미래에 대한 고민 없이 성욕으로만 채워질 수도 있다.

끌림은 성욕보다 더 다층적인 현상이다. 그저 성적인 만남을 생각하기보다 더 폭넓은 방식으로 누군가에게 끌릴 때 더 많은 것이 걸려 있다. 끌림을 경험하면 도파민과 노르에피네프린 모두 대량으로 분비된다. 뇌의 보상 체계는 우리가 활동하고 즐거움을 기대하면 작동한다. 노르에피네프린은 투쟁-회피 반응에 따라 분비되며, 경계를 활성화하고 강화한다. 우리는 끌림을 느낄 때 불안정하고 불확실한 느낌을 받을 수 있다. 이러한 강렬한 감정들이 보상일까? 물론 불확실함은 누군가에게는 불안하고, 또 누군가에게는 신나고 매력적인 요소로 다가온다. 그렇다면 세로토닌은 어떨까? 중요한 끌림이 한창일 때 세로토닌 수치는 실제로 떨어진다. 누군가에게 심취하고 집착하는 강렬한 느낌을 받을 수 있는 것은 세로토닌의 감소로 인해 진정 효과가 약해진 결과일 수 있다. 그런데 끌림과 성적 흥분이 결합된 느낌은 또 다른 효과를 낳을 수도 있다. 이러한 느낌을 압도적으로 받으면 비판적 사고와 이성적 행동을 조절하는 전전두피질의 연결이 끊어져 의미 있는 피드백을 차단한다. 우리는 틀림없이 사랑에 빠지고 초기 단계에는 현명해지지 못하는데, 이러한 느낌과 생각이 강해질수록 비판적 사고와 현명한 판단에 가장 중요한 뇌 부위에 접근하지 못할 가능성이 커지기 때문이다.

이어서 관여하는 신경계는 더 깊은 유대와 애착을 아우른다. 지속적인 사랑의 원천이 되는 체계다. 이 과정을 돕는 화학물질은 옥시토신과 바소프레신이다. 이 호르몬들은 사랑의 음과 양으로 여겨질 수도 있다. 옥시토신은 출산과 모유 양육이 이루어질 때 분비되지만 성관계를 맺는 동안, 특히 여기에 배려, 다정함, 애정이 어우러질 때 나타나기도 한다. 도파민 분비가 흥미진진하고 극적인 방식으로 즐겁게 느껴질 수 있는 반면, 옥시토신은 더 느리고 구불구불한 길을 따른다. 옥시토신은 편하고 만족스러우며 안전한 느낌을 자극한다. 이해를 위해 간단하게 '개인 공간'을 예로 들어보겠다. 서로 모르는 사람들이 같은 공간에 있으면 평균 약 1.2m 거리를 유지해야 편안함을 느낀다(친밀한 사람과 가족 구성원은 거리가 더 가깝다). 두 그룹의 남성들이 옥시토신 비강 스프레이를 전달받았다. 한 그룹은 이성과 헌신적인 관계를 유지 중이었고, 다른 한 그룹은 솔로 상태였다. 두 그룹 모두 한 공간에 들어가 매력적인 여성들을 상대했다. 그 결과 안정된 관계를 유지 중이던 남성들이 솔로 남성들보다 훨씬 더 멀리 떨어져서 여성들과 이야기를 나누었다.

바소프레신도 사랑하는 관계에서 분비되는데 약간 다른 역학을 보인다. 옥시토신이 신뢰, 안전, 만족의 신호를 보내는 반면, 바소프레신은 '나의 소유'와 같은 어떤 신호를 보낸다. 물론 '나의 소유'를 경험하는 것은 관계의 중요성을 상기시키지만, 질투와 집착을 포함한 소유의 감정을 자극할 수도 있다.

찰리와 케이트는 이제 디저트까지 마무리하고 있다. 도파민과 노르에피네프린의 분비뿐 아니라 에스트로겐과 테스토스테론도 나타나기 시작할 것이다. 옥시토신과 바소프레신까지 나타나려면 나중 단계까지 기다려야 할 것이다. 물론 끌림의 정도에 따라 둘이 다시 만났을 때 세로토닌이 부족해질 수도 있다. 이것이 유대를 굳히는 자연의 방식일 텐데, 아마도 이것은 잠시나마 브레이크를 고장 냄으로써 결합력을 높이고 격렬하고 강렬한 집중을 유도하는 자연의 방식일지도 모른다.

이 부분을 설명하는 적절한 연구가 하나 있다. 세로토닌이 불균형해지면 어떻게 강박장애가 커지기 쉬운지 이미 확인했다. 해당 연구에서 연구자들은 강박장애 진단을 받은 경험이 있는 남녀 그룹을 만들었다. 이들 중 세로토닌 관련 약물(SSRI)을 복용하고 있는 사람은 없었다. 그런 다음 연구자들은 최근 사랑에 빠진 또 다른 남녀 그룹과 무작위로 고른 비슷한 구성의 세 번째 통제 집단까지 만들었다. 연구자들이 세로토닌 농도를 검사한 결과, 강박장애가 있지만 약은 먹지 않는 사람과 최근 사랑에 빠진 남녀가 다른 집단 구성원들보다 **훨씬 더 적은 수치**를 보였다. 왜 이런 결과가 나왔을까? 끌림이 자연적으로 목표하는 바는 생식이지만, 생식만으로는 유전자의 성공적인 전달을 보장할 수 없다. 진정한 성공은 그 유전자를 다시 한번 전달할 수 있을 만큼 자손을 정성껏 돌볼 때에만 가능하다. 부모들의 유대가 강할 때 이 가능성은 크게 높아진다. 사람의 마음에서 사랑하는 관계의 중요성을 지키는 일은 세로토닌이 과할 때보다 부족할 때 더 확실하게 이루어진다. 막 사랑에 빠졌다면 현관문을 잠갔는지 고민하는 대신, 연인을 생각하고 그리워할 것이다. 그리고 세로토닌이 이미 불균형해진 상태에서 사랑에 빠지는 사람이 영향을 크게 받는다.

미생물군집과 유전자

찰리는 의자에 털썩 주저앉아 탁자에 발 하나를 올리고는 이렇게 말을 꺼냈다.

"케이트를 만나기 전에는 제가 혼자인 것에 관해 크게 생각해본 적이 없어요. 하지만 지금은 케이트 없이 지낸다는 걸 상상할 수 없어요. 잃어버렸던 내 일부를 만난 느낌이에요. 겨우 2주밖에 안 됐지만 평생 함께하면서 케이트를 알아온 느낌이 들어요. 케이트랑 같이 있으면 완전히 살아 있는 느낌이 들어요. 제 손가락에서 느껴지는 케이트의 피부부터 향기, 목 밑의 잔머리까지 모두 제가 처음 경험하는 부드러운 느낌이에요. 잠이 들기 직전 마지막으로 생각하는 것도, 일어나서 가장 먼저 생각하는 것도 케이트예요. 이렇게 활기찬 느낌도, 살아 있어서 좋다는 느낌도 생전 처음이란 말밖에 못 하겠네요. 두 분은 어떻게 생각하세요?"

우리는 어떻게 생각했을까? 이것은 사랑이 싹트는 것일까, 아니면 스쳐 지나가는 황홀감일까? 찰리의 말들은 확실하고 오래가는 사이로 이어질 수 있는 관계를 뒷받침하는 것일까? 우리는 '진정해, 진정해!' 하고 생각했다. 전에 모두 들어봤던 이야기였기 때문이다. 이름도 다르고 표현도 약간 다르지만, 들끓는 감정은 같았다. 우리 근처에 냉수가 든 양동이라도 있었더라면 찰리에게 냅다 끼얹었을 것이다. 이후 한동안 소식이 뜸하다가 다시 모습을 드러낸 찰리는 또 그 상태로 돌아와 유성처럼 밝게 타오른 감정들의 망상을 좇고 있었다.

상황은 길게 이어졌다.

사실 찰리는 우리의 생각을 진심으로 알고 싶어 하지는 않았다. 이번에는 왠지 다르다는 것, 케이트가 '그 사람'이라는 것, 새로운 누군가를 좇는 일이 다시는 없을 것임을 우리가 인정하면서 웃어주고 고개를 끄덕여주길 바랐을 뿐이다. 케이트에 대한 그의 감정은 진심이었고 오래갈 듯했다. 우리는 많은 생각을 했다. 이야기가 이렇게 또 너무 나가버렸는데, 잠시 한 걸음 뒤로 물러나서 끌림의 느낌과 어우러지는 아주 비밀스럽고 강력한 또 다른 힘을 살펴보겠다. 그것은 바로 우리의 미생물군집microbiome이다.

상대방에게 매혹되고 그 사람을 필요로 하는 것만큼 복잡한 것은 드물다. 그 근거가 되는 요인들은 우리의 유전자에 심어진다. 그리고 자기 자신과 다른 사람을 바라보는 방식은 우리가 어머니의 산도로 미끄러져 내려간 미생물군집에 흠뻑 젖는 첫날에 갖춰진다.

아주 이른 시기부터 우리에게 영향을 미치는 경험은 확실히 많다. 우리 어머니는 어떤 조건으로 우리를 사랑하고, 우리의 고유한 특성을 가치 있게 여기며, 우리가 불완전함에도 우리에게 호기심을 갖는 것일까? 우리 부모는 처음부터 나를 원했을까? 어머니가 우리를 통해 경험하리라고 기대한 환상에 우리는 부응했을까? 우리가 병원에서 집으로 왔을 때 환영받았을까, 아니면 시기하는 형제자매가 기다리고 있었을까? 우리 존재의 고유함이 성장하는 인격체라는 어려운 현실로 바뀌면서 어린 시절은 어떻게 전개되었을까? 우리는 키우기 쉽지 않은 아이였을까? 그것은 무엇과 관련 있을까? 물론 이것은

3부   나의 뇌 유형은 인간관계에서 어떻게 나타나는가?

시작에 불과하다. 확인할 수 없는 모든 순간이 우리가 자신을 어떻게 느끼는지 그리고 다른 사람에게 어떻게 끌리고 연결되는지에 영향을 미친다. 그러나 그 순간 너머에 우리가 어머니로부터 물려받는 미생물군집이 있다. 어머니는 얼마나 스트레스를 받았을까? 얼마나 침착했을까? 어떤 식습관을 지켰을까? 항생제 사용과 관련해서는 어떠한 이력을 갖고 있을까? 이 모든 요소가 우리가 어머니에게 받은 미생물군집의 구성을 결정한다.

소화관의 어두운 곳에 서식하는 세균, 바이러스, 원생동물, 진균 등 미생물군집은 우리의 행동 방식에 큰 영향을 미친다. 쌍방향의 역학을 만드는 장-뇌 축이 있는데, 여기서 미생물군집이 우리 행동에 영향을 미치고, 역으로 우리 행동도 그 구성에 영향을 미친다. 예를 들어, 깡마른 쥐의 미생물군집을 뚱뚱한 쥐의 소화관에 주입하면, 뚱뚱한 쥐는 먹는 양을 줄이고 살이 빠지기 시작한다. 이는 반대로도 적용할 수 있다. 우리가 먹는 다양한 음식, 우리가 여행하는 주기와 범위 등은 우리의 미생물군집을 바꾸는 행동의 예다.

최근의 한 연구에서 연구자들은 미생물군집의 다양성이 우리가 맺는 사회적 관계의 수와 관련이 있음을 밝혔다. 우리의 소화관에 사는 무전취식자가 다양할수록 관계의 수가 더 크다는 것이다. 그리고 반대로 연구자들은 우리 중 미생물군집이 다양하지 못한 사람이 더 불안하고 쉽게 우울해지는 편임을 확인했다. 이것은 우리 미생물군집의 구성을 성격 변인과 관련지은 광범위한 연구로서 최초의 사례다. 장내 미생물의 다양성이 높을수록 외향적이고 사교적인 성향을 보이고, 다양성 부족하면 스트레스와 불안에 취약하다는 경향이 있다는 사실을 발견했다. 이것이 공격형과 방어형의 미생물군집을 설명하는 것처럼 들린다면, 이 책을 잘 읽고 있다고 할 수 있다.

확실히 사회적 불안감이 적고 자신감이 높은 사람이 새로운 누군가와 처음에 소통할 때 더 편안해하는데, 이는 확실히 매력이 된다. 이러한 특징은 남성에게 두드러진다. 자신감이 자기주장으로 이어지고, 자기주장이 결국 스트레스와 어색한 느낌이 덜한 소통으로 더 많이 이어진다. 끌림과 관련해서 우리가 아직 건드리지 않은 중요한 요소가 있다면, 그것은 바로 우리가 자신을 편하게 느끼는 정도다. 자신을 편하게 느끼는 것은 특히 매력적이다. 한정된 미생물군집과 관련된 스트레스·불안 성향은 자신을 긍정적으로 받아들이는 일을 어렵게 만든다. 자기 소화관 내 생물군계의 다양성이 걱정된다면 다음 사항을 고려해보길 바란다. 스트레스 줄이기, 숙면하기, 운동하기 그리고 마찬가지로 다양한 음식과 함께 발효 식품, 당을 줄인 섬유질 등을 더 많이 먹기. 이렇게 하면 다양성을 높이는 데 큰 도움이 될 것이다.

우리는 다른 사람에게 끌리는 부분을 일부러 찾지 않는다. 그러한 끌림은 우리를 찾아온다. 우리의 뇌는 열량을 의식하기 때문에 응당 그래야 하는 만큼 적게 생각하려고 한다. 우리 모두에게 있는 무언가를 잠시 생각해보자. 바로 **기호**다. 우리는 자신의 기호를 생각하지 않지 않고 의도하지도 않는다. 그 존재에 주목할 뿐이다. 시행착오를 통해 파악하는 기호도 있다. 처음으로 맥주 한 모금을 마시거나 담배를 피웠을 당시를 떠올려보자. 그것이 좋아서 평생 습관이 되었거나, 자신이 그것을 좋아하지 않는다고 판단했을 것이다. 레드와인을 좋아하는 사람이 있는가 하면 화이트와인을 좋아하는 사람도 있고, 와인 맛을 아예 안 좋아하는 사람도 있다. 그러나 어떤 기호는 이미 만들어져 있다. 새로 배울 필요가 없는 셈이다. 그러한 기호를 갖고 태어났기 때문이다. 예를 들어, 음식 같은 기본적인 것을 생각해보자. 지구상의 인간은 시고 쓴맛보다 기름지고 단맛을 더 좋아한다. 기름지고 단것에 독이 있을 가능성은 거의 없다. 그리고 우리 뇌의 형태가 만들어지고 있을 때 (그리고 열량이 부족할 때) 달고 기름진 음식이 우리에게 필요한 열량을 더 많이 제공했다. 우리는 무엇을 먹지 말아야 하는지를 학습할 필요가 없다. 우리의 코와 혀가 냄새와 맛이 나쁘다는 이유로 특정한 것을 피하라고 우리에게 알려주기 때문이다. 이러한 기호가 이미 마련되어 있기 때문에 우리는 기호를 굳이 생각할 필요가 없고, 모든 세대에서 시행착오를 거쳤기 때문에 따로 학습할 필요는 더더욱 없다. 다행히도 우리의 조상들이 모든 힘든 일을 했고 거기서 얻은 교훈을 우리에게 전달했다.

우리는 자신이 관심 있는 사람과 그렇지 않은 사람에 대해서 많은 생각을 하겠지만, 연애 상대에 대한 기호의 기반은 의식적인 인식보다 훨씬 아래 숨어 있다. 우리가 알아차리는 것은 기호의 결과이지, 끌림 패턴을 형성하는 계획적인 전략과 숨은 밀당이 아니다. 사랑에서 우리의 선택을 이끄는 또 다른 영향 요인을 잠깐 살펴보자. 생식 전략의 이러한 무의식적 조합을 구성하는 요소 중에는 생식 능력을 반영하는 단서 그리고 잠재적 자녀의 면역 적합성 신호를 반영하는 단서에 대한 직감적 끌림이 있다.

애정에 기반한 유대는 그저 (그 자체로 대단한 느낌을 주는) 영혼의 단짝을 찾는 데 목표가 있지 않다. 보통 아기를 갖는 데 (혹은 그 산물을 경험하고 행동으로 옮기는 데) 목표가 있다. 한 흥미로운 연구에 따르면, 우리는 자신과 **다른** 면역 유전자를 가진 잠재적 배우자가 있으면 그 차이를 의식하지 못하더라도 그런 사람에게 더 끌린다. 이러한 차이는 감염을 막는 우리의 면역체계 능력에 영향을 미치는 유전자를 통해 나타난다. 건강한 아이를 낳는 일은 유사성이 아니라 그 반대를 통해 가능해진다. 강한 면역체계를 가진 건강한 아기는 서로 다른 면역 유전자군을 가진 사람과 결합할 때 태어난다. 개가 순종보다 잡종이 더 건강한 이유가 여기 있다. 이러한 면역 유전자는 생식 능력에 긍정적인 역할을 하는 것으로 알려져 있다.

면역 적합성과 그 작용 방식을 더 알고 싶은 사람은 대니얼 데이비스Daniel M. Davis의 저서 《나만의 유전자The Compatibility Gene》를 읽어보길 바란다. 이 저작의 동인 중에는 1994년 한 스위스 동물학자가 진행한 연구가 있다. 이 동물학자는 젊은 남녀 약 100명의 DNA에서 특정 부분을 실험했다. 연구 대상이 된 작은 DNA에는 신체의 면역체계에 대한 부호화가 이루어져 있다. 이것이 대조직적합성복합체major histocompatibility complex, MHC인데, 이 유전자들의 정체를 확인하는 일은 아이 갖기가 아니라 장기 이식에 적합한 사람이 누구인지 살펴보는 데 쓰인다. 이 유전자들은 우리가 질병을 이겨내는 데 도움을 주는 분자를 생산하고, 분자들의 선택 폭이 넓을수록 면역체계에 확실한 득이 된다.

실험 내용은 이렇다. 남자들은 면 티셔츠 한 벌을 이틀 동안 입도록 요청받았다. 이 기간에 그들은 술을 마시거나 본래의 향을 바꿀 수 있는 향수를 쓰지 않았다. 이후 이 티셔츠들은 위에 구멍이 뚫린 상자들에 담겼다. 여성들은 기분을 좋게 하고 성적인 흥분을 주는 냄새를 기준으로 상자의 순위를 매기도록 요청받았다. 그 결과 여성들은 자신과 적합성 유전자가 **다른** 남자가 입었던 티셔츠 냄새를 선호했다.

우리는 케이트와 찰리의 적합성 유전자를 전혀 모르지만, 양쪽은 확실히 다를 가능성이 충분했다.

자, 당신은 자신이 누구에게 끌리고 자신의 이상형이 누구인지를 안다고 생각하는가? 우리가 당신의 계산을 복잡하게 만들었길, 당신이 지금까지 몰랐을 법한 가동 역학을 알게 되길 바란다. 앞서 말했듯, 끌림이란 복잡하다. 가슴 뛰는 마음과 신나는 느낌은 빙산과 비슷하다. 여러 영향 요인이 우리의 인식 밑에 숨어 있다는 뜻이다. 우리의 기호와 마찬가지로 우리는 끌림을 의도해서 느끼지 않는다. 그 존재를 알아차릴 뿐이다. 지금까지 우리의 몸이 우리를 사랑하는 상대에게 안내해주는 여러 방법에 관해 이야기했다. 우리의 코, 호르몬, 뇌 화학작용은 우리가 함께할 사람을 찾는 데 도움을 준다. 그리고 일단 찾으면 그 사람을 아주 중요한 사람으로 만드는 데 일조한다. 그러고 나서 이와 똑같은 요소들이 신뢰감, 안전감, 만족감을 낳는 데 영향을 미친다. 이 모든 무의식적인 과정에는 단 하나의 목적이 있다. 우리가 아기를 낳고 기를 만큼 오래도록 함께 지내는 것이다. 이제 우리의 뇌 유형이 끌림의 패턴을 만드는 방식을 살펴보겠다.

뇌는 어떻게 끌림에 관여하는가?

복기해보겠다. 우리의 뇌 유형은 각성과의 관계에 바탕을 둔 산물이다. 각성을 꽤 적게 받는 공격형은 살면서 자극을 높이는 방법을 찾는 편이고, 자연적인 각성을 꽤 크게 받는 방어형은 자극을 줄이는 방법을 찾는다. 이제 우리는 케이트와 찰리의 이야기를 좀 더 자세히 하려고 한다.

우리는 찰리를 예전부터 알고 있었다. 찰리는 독감 예방 주사를 맞으러 왔었고, 무엇보다 자신이 다니는 동물 병원의 직원 두 사람과 겪는 갈등을 해결하기 위해 간단한 코칭 세션을 받고자 했다. 수의학 학위를 받으면서 그는 동물의 질병과 치료법에 관해 많은 것을 배웠지만, 사무 관리에서 나타나는 위험과 함정에 대해서는 별로 배운 게 없었다. 세션 막판에 찰리는 과거에 여러 번 이별한 것처럼 최근에 애인과 헤어졌다는 사실을 밝혔다.

"제가 또 누군가한테 푹 빠지면, 제발 천천히 하라고 말씀 좀 해주세요. 너무 서둘러서 상대의 감정을 상하게 했다가 다시 죄책감을 느끼고 싶지 않아요."

그럼에도 찰리는 똑같은 행동을 해서 이렇게 다시 우리 사무실을 찾아왔다. 이어진 몇 달 동안 우리는 먼저 찰리를 따로 여러 번 만났고, 그러고 나서 찰리와 케이트를 같이 만났다. 우리는 두 사람의 이야기를 더 하려고 한다. 공격형과 방어형이 끌림의 감정에서 출발하여 더 헌신적이고 지속적인 관계로 나아가려고 할 때 겪는 일반적인 역학을 두 사람이 잘 보여주었기 때문이다.

밝은 성격이 두드러지는 찰리는 아주 어렸을 때부터 자신이 하고 싶은 것을 알고 있었다. 찰리에게 학교는 편했지만, 가정생활은 아주 다른 이야기였다. 어머니는 경계를 애매하게 설정해 아들과 너무 많은 것을 공유하는 편이었고, 남편에 대한 불만을 아들을 통해 채웠다. 찰리는 어머니의 보호자였고, 때에 따라선 그 이상이기도 했다. 아버지는 과하게 술을 마셨고, 늘 익명의 알코올 중독자들Alcoholics Anonymous(미국의 알코올 중독자의 재활을 위한 조직―옮긴이)에 속해 있었다. 그러나 술을 끊으려고 노력해도 알코올 의존증은 심해질 뿐이었다.

"어머니는 아버지를 경멸했어요. 아버지한테 우리는 버번위스키보다 못한 존재였죠. 제가 하고 싶은 건, 그저 저녁을 끝내고 강아지랑 제 방으로 가는 일이었고요. 제가 어머니를 보호해야 하고 어머니도 저를 필요로 했지만, 아버지에게서 얻지 못하는 모든 것을 제가 채워드려야 한다는 느낌이 가장 싫었죠. 어머니는 아버지를 피하려고 보통 제 방으로 와서 시간을 보내고 싶어 하셨어요. 전 비명을 지르고 싶었죠. 물론 그렇게 하진 않았지만요. 어머니는 어디 갈 때 아버지랑 가지 않고 저를 끌고 다니셨어요. 제가 가기 싫어 하는 건 중요하지 않았어요. 어머니랑 다니는 게 의무였으니까요."

찰리의 말을 들어보면, 그의 고등학생과 대학생 시절의 기억은 희미하다. 여러 여자친구를 만나서 이런저런 사연을 만들고, 잠 못 이루다 애더럴에 기댄 끝에 수의사가 되기 위한 훈련에 돌입했다. 당신도 기억하겠지만, 찰리는 케이트를 만나기 전에 사귀었던 여성에게도 연애 초기에는 강한 감정을 느꼈다. 그전에 만난 여성들에게도 똑같은 패턴을 보였다. 찰리는 고등학생과 대학생 시절에 만난 여자친구들에게 그랬던 것처럼 큰 관심과 열정을 가지고 이 여성들을 쫓아다녔다. 그리고 두 사람이 함께 시간을 보내는 루틴에 거품이 빠지고 안정되어 갈수록 찰리는 흥미를 잃고 이별을 택했다.

찰리는 자신의 공격형 뇌 유형이 직원 관리 방법에 특정한 문제를 초래했다는 사실은 알아도 자신의 연애 생활에 어떻게 영향을 미치는지는 제대로 알지 못했다. 그리고 어머니와의 관계로 인한 여파가 이 맹점을 복잡하게 만들었다. 찰리는 가지 않을 구실을 만들지 못한 연말 연휴나 생일 모임 외에는 어머니를 계속 피해 다녔다. 우리가 찰리에게 물었다.

"당신은 케이트와의 관계에서 무엇을 원하나요?"

"제가 바라는 건, 지금 케이트에게 느끼는 이 감정을 앞으로 영원히 느끼는 것뿐이에요."

그것이 문제라는 점을 우린 알았다. 찰리는 각성과의 관계에 문제

3부 나의 뇌 유형은 인간관계에서 어떻게 나타나는가?

를 겪고 있었다. 그래서 이렇게 안팎을 왔다 갔다 하는 일 역시 적어도 부분적으로는 무의식적인 전략에 해당했다. 찰리는 그렇게 무뎌지거나 지루해진 감정 탓에 생긴 불편함을 조절하기 위해 유효성이 증명된 전략을 썼다. 그 전략이 바로 새 애인 찾기였다.

우리는 찰리에게 다음 리스트를 주고 케이트와의 관계에서 정서적으로 중요도가 **가장 높은** 것부터 **가장 낮은** 것까지 순위를 매기도록 했다. 그에게 가장 중요한 것은 1, 가장 중요하지 않은 것은 16이었다. 그는 다음과 같은 여러 정서적 특성에 이렇게 순위를 매겼다.

•인정	8	•입증	13
•자존심 지키기	9	•안도	14
•평등	11	•수용	5
•도전	6	•자유/독립성	3
•살아 있는 느낌	1	•만족	10
•신뢰	4	•안전	15
•완수한 느낌	16	•흥분	2
•예측 가능성	7	•사회적 지위	12

찰리가 선택한 상위 다섯 가지를 보면, 확실히 그는 사랑에 빠져 있다는 것을 알 수 있다. 이런 식으로 그의 패턴을 설명하는 것이 그에게는 분명 로맨틱하게 들리지는 않겠지만, 그는 도파민과 노르아드레날린이 자신에게 주는 느낌을 좋아한다. 도파민과 노르아드레날

린은 모든 행위가 일어난 후에 그 목표에 대한 '감상 주체'로 분비되는 것이 아니라, 행동의 '동기 부여'로 분비된다는 점을 이해할 만큼 찰리는 영리하고 뇌 화학작용을 잘 알고 있었다. 그러니까, 쾌락의 경험은 목표 자체가 아닌 목표에 대한 기대와 관련 있다. 보통 도파민을 갈구하는 사람(찰리 같은 공격형)은 열망으로 고조된 감정을 상대적으로 부드러운 사랑의 느낌과 결합한다. 그가 가장 중요한 것으로 선택한 세 가지는 살아 있는 느낌, 흥분, 자유/독립성이다. 이 세 가지 감정 상태 모두 도파민 분비와 관련이 있다. 우리가 이 역학들을 쫓기 성향과 잡기 성향에 대입하자, 찰리는 자신의 쫓기 성향과의 관계성을 이해했다. 그는 크게 슬퍼하며 솔직하게 말했다.

"저는 상대가 저를 좋아하게끔 열심히 노력해요. 그러다가 그게 성공하면 뭘 해야 할지 모르겠어요. 몸이 근질거려서 주위를 둘러보기 시작하고, 그러다 마음에 드는 사람을 만나면 갈아타기를 바라는 거죠. 그런 일이 생기면 옴짝달싹 못 해서 훨씬 더 빨리 움직이고 싶어져요. 그런데 케이트는 저한테 정말 특별한 것 같아요. 이제 더는 그러고 싶지 않아요."

우리가 봤을 때 찰리는 두 가지 장애물을 맞닥뜨렸다. 우선, 연인이 서로를 알아가면서 건강한 관계로 나아가려면 도파민 분비를 관리하는 것이 무엇보다 중요하다. 친구들과 오토바이를 타거나 주식 시장에서 옵션을 구매하는 일과 더불어 완벽한 연애 상대를 '취하는' 일은 찰리에게 도파민 분비를 예측할 수 있는 요소다. 케이트와의 경험이 다른 연인과의 소소한 다툼보다 더 깊이 있고 오래 지속

되려면, 자신의 각성과의 관계성을 더 의식하고 다른 방식으로 대처하는 방법을 익혀야 한다.

두 번째 장애물은 연인 관계가 건강하게 발전하면서 나타나는 감정 표현들이, 찰리 어머니의 자기중심주의에 의해 찰리의 욕구가 무시되고 조정되던 과거의 오랜 두려움을 떠올리게 한다는 것이었다. 그리고 케이트가 방어형이고 과거에 겪은 몇 가지 경험으로 인해 복잡한 상황을 마주했다는 사실도 당연히 도움이 되지 못했다. 케이트의 아버지는 현실 감각이 없고 조울증일 가능성이 많아 보였다. 케이트의 아버지는 어머니를 괴롭히면서 스트레스를 줬고 늘 다음 기회를 노렸다. 그리고 케이트가 열한 살 때 두 모녀를 버리고 떠났다. 이렇게 정신없고 제 역할을 하지 못하는 부모 탓에 케이트는 안정적인 초기 애착을 얻지 못했다. 안타깝게도 우리는 저마다 형성 애착 유형을 지니고 있고, 그것이 우리에게 가장 중요한 인간관계에서 영향력을 발휘한다. 케이트가 자신과 사랑을 나눌 수 있는 상대를 찾는 과정에서 너무 낮은 세로토닌 수준은 도움이 되지 않았고, 그녀의 불안하고 불안정한 애착 유형은 곧 찰리의 문제와 얽히게 되었다.

여기서 어떤 점을 배울 수 있을까? 당신이 남성이든 여성이든 공격형인데 찰리처럼 상대를 갈아타는 이러한 패턴에서 자신의 모습을 확인했다면, 이 부분은 생각해봐야 한다. 앞서 설명했듯이, 새로운 관계는 큰 자극을 낳고 어마어마한 양의 도파민 분비를 일으킨다. 따라서 약한 각성 상태로 태어난 공격형에게 자연스러운 행동 전략이 될 수 있다. 공격형에게 새로운 것은 캔디바와 같다. 그러나 새로운 대상은 건강하고 친밀한 관계에서 지속되기 어렵다. 자연스러운 발전 과정은 새로움으로부터 점점 멀어지고, 시간이 흐를수록 지속적이고 일상적인 느낌과 가까워지기 때문이다. 중요한 것은 패턴이다. 패턴을 이해하면 도움이 될 수 있다. 찰리는 자신이 관여한 패턴을 확인하고, 강한 열정을 가지고 발을 들였다가 이별만 반복한 관계들을 한데 엮어봤다. 그 결과 자신이 이러한 여성들과의 경험을 어떻게 활용해서 극적인 요소와 흥분을 만들어내고 자신의 각성 수준을 높였는지를 확인할 수 있었다. 당신의 삶에서는 어떤 패턴을 확인할 수 있을까?

우리는 모두 어느 정도 이중적 목표를 가지고 관계에 접근한다. 예를 들어, 사랑을 지속할 수 있는 친밀한 상대를 찾는 동시에 드라마틱한 전개와 도파민 쾌감을 기대하는 것이다. 이러한 목표들은 때로 그 관계 안에서 건강하고 서로 도움이 되는 방식으로 실현될 수 있지만, 때로는 그러지 못한다. 새로운 대상과 흥분감은 상대와의 건강하고 지속적인 경험들 속에서 반드시 사라질 수밖에 없다. 그리고 당신이 사랑의 화학작용에 관해서 알고 있는 지식을 되짚어보면 알 수 있듯이, 사랑을 좇을 때 분비되는 도파민과 노르에피네프린은 옥시토신이 만드는 감정보다 훨씬 더 높은 자극 값을 갖는다. 찰리가 케이트와 함께 옥시토신이 제공한 경험에 감사할 수 있으려면 노력이 필요했다. 보기에 남은 것은 그가 실제로 그렇게 할 수 있는지 아닌지뿐이었다.

우리가 느끼기에 케이트와 찰리는 분명히 어려움을 겪었지만 정

3부   나의 뇌 유형은 인간관계에서 어떻게 나타나는가?

말 발전 가능성이 있는 사이였다. 찰리는 케이트를 묘사한 첫날부터 그녀를 좋아하는 마음을 절대 거두지 않았다. 그리고 자신이 그 어떤 관계에도 안주하기 힘들지만, 더 이상 도망을 선택하고 싶지 않다는 점을 깨달았다. 케이트의 여러 특징을 칭찬한 찰리는 자신에게 익숙한 패턴을 깨보기로 했다.

찰리는 케이트와 관련한 두 가지 임무를 받았다. 첫째, 찰리는 각성에 더욱 편해질 필요가 있었기 때문에 생활하면서 규칙적인 사색의 시간을 가져야 했다. 그래서 우리가 추천한 마음챙김 명상 앱을 깔았다. 둘째, 찰리는 자신에게 분명히 불편한 일을 하기로 약속했다. 그 일이란 바로 친밀하고 가까운 사이에 흐르는 조용한 순간에 덜 당혹스러워하는 법을 배우는 일이었다. 찰리는 그 불편함의 근원이 무엇인지 이해해보려고 하다가 불쑥 이렇게 말했다.

"여자 쪽에서 저를 원하기 시작하면, 무언가를 해서 보여줘야 할 것 같은 느낌이 들어요. 어머니한테 다시 지배받는 느낌이 드나 봐요."

찰리가 케이트의 애정을 요구가 아닌 선물이자 다정한 행위로 받아들일 줄 알아야 한다는 것을 우리는 알고 있었다.

우리가 시간이 흐르면서 알게 된 것처럼, 케이트는 자신만의 복잡한 문제들을 이 관계에 끌어들였다. 대부분의 방어형이 그렇듯, 과잉 각성하는 성향을 띤 그녀는 찰리의 독립성을 두 사람의 미래 관계에 대한 흥미와 관여 의지가 없는 것으로 여기곤 했다. 이 부분을 찰리에게 직접적으로 말한 적은 한 번도 없지만, 그럼에도 이 감정은 은연중에 흘러나왔다. 두 사람은 6개월 가까이 함께했다. 케이트는 어머니에게 가졌던 불안한 애착으로부터 벗어나고 싶었고, 아버지로부터 경험한 적이 전혀 없었던 무조건적인 수용과 안전을 바랐다. 어느 날 케이트가 와서 이렇게 말문을 열었다.

"제가 그 사람을 밀어내고 있는 게 두려워요. 보세요, 저는 채권중개인으로 일하면서 매일 위험을 다뤄요. 그걸 연애 중에 겪고 싶지는 않단 말이에요. 제 머릿속에 떠오르는 질문들을 피하기 위해서, 찰리에게 없거나 찰리가 아직 해줄 수 없는 답변을 내놓으라고 그 사람을 심하게 몰아붙인다는 사실을 저도 알고 있어요. 저 자신도 그 사람한테 너무 집착한다는 걸 느낄 수 있고요. 그게 우리 관계에 좋지 않다는 점을 알아도 계속 그러네요."

왜 가끔 우리는 바로 그 일이 문제를 키운다는 사실을 알면서도 그렇게 할까? 자신이 **가진** 감정을 피하기 위해 **다른 것**으로 대체하려고 하기 때문이다. 우리는 불편함을 피하기 위해 감정을 조절하려고 노력한다. 불확실성은 큰 각성을 초래하며, 당신도 알다시피 각성은 케이트와 같은 방어형이 부단히 피하려고 하는 대상이다. 우리는 케이트에게 찰리가 언제 가장 불편한지 몇 가지 사례를 얘기해줄 수 있냐고 물었다. 케이트는 잠시 생각하더니 이렇게 말했다.

"바보처럼 들리겠지만 말해볼게요. 그 사람이 소파에 누워 TV를 보고 있으면, 저는 그리로 가서 그 사람 옆에 앉길 좋아해요. 우리가 영화를 볼 때면 전 그 사람한테 바싹 달라붙길 좋아하죠. 그런데 제가 소파에 앉아 있을 때 찰리가 들어오면, 제 옆에 와서 앉지 않아요. 물론 찰리가 소파에 편히 눕지 못한다는 걸 잘 알고 있어요. 그래서 찰리한테 이리로 와서 소파에 앉으라고 하죠. 또 찰리는 그렇게 하고요. 그런데 애초에 제 옆에 앉고 싶었다면 처음부터 저한테 오지 않았을까요? 그런 느낌을 지울 수가 없어요. 또 다른 예를 들어볼게요. 그 사람이 친구들이랑 오토바이를 타러 갈 계획이라고 저한테 말하면, 제가 하지 않았으면 좋았을 이야기를 늘 꺼내더라고요. 혼자 잘 놀 수 있는데, 가끔은 찰리한테 그런 인상을 주지 못하는 것 같아요."

우리는 케이트한테 다음 2~3주 동안 무언가를 시도할 생각이 있는지 물었다. 그리고 다음을 실천하도록 주문했다. 첫째는 찰리가 자연스럽게 그녀에게 오도록 하는 것, 찰리가 애정의 시발점이 되도록 하는 것이었다(과거에는 늘 그가 그랬다). 그리고 둘째로 찰리가 친구들과 시간을 보내고 싶어 할 때 토를 달지 않을 뿐 아니라 웃으면서 배웅까지 할 수 있겠는지 물었다. 케이트는 둘 다 해보겠다고 말했다.

상대가 자신이 끌리는 대상일 때 그 사람과 함께하고 싶은 진짜 동기는 그 사람과 함께할 때 우리가 어떤 느낌을 받는가로부터 나온다. 우리는 자신의 상대가 가진 특징과 모습에 끌린다고 생각하지만, 실제로 그 사람이 있을 때 자신에게 드는 여러 감정에 끌릴 뿐이다.

우리는 케이트를 집에 보내면서 찰리한테 주었던 것과 똑같은 숙제를 내줬다. 관계에서 정서상 가장 중요하게 여기는 것이 무엇인지를 가장 중요한 1부터 가장 덜 중요한 16까지 순위를 매기도록 했다. 결과는 다음과 같았다.

보다시피, 케이트가 우선시한 정서적 욕구는 찰리의 내용과 꽤 달랐다. 방어형과 유사한 케이트의 성격이 일반적으로 안전 지향적임을 고려하면 크게 놀랄 내용은 아니었다. 이는 일상에서 나타나는 다른 선택 못지않게 짝을 선택할 때도 나타나곤 한다. 케이트가 누군가에게 진지하게 끌리면서 복잡해진 문제가 있다면, 애초에 쓸 수 있는 양이 부족했던 세로토닌이 고갈된 사실이었다. 케이트의 각성 수준은 급격히 커졌다. 케이트는 자신이 느끼는 바를 너무도 좋아했지만, 그 아찔한 강도에 불편해했다. 공격형은 강도에 의문을 품지 않고 그저 그 존재를 즐기는 편이다. 케이트 같은 방어형은 흥분을 점점 불안해지는 상황으로 해석하고, 결국 과잉 각성 상태에 놓일 수 있다. 앞서 이야기했듯이, 끌림은 사람을 잠시 무뎌지게(이성과 판단을 관장하는 전전두피질과 단절되게) 하곤 한다. 이와 같이 이성적·비판적 사고가 약해지는 현상은 공격형보다 방어형에게는 훨씬 더 짧게 지속된다. 누군가의 소유가 되는 느낌은 당장은 즐거울 수 있지만, 그 쾌락의 깊이는 (그리고 그로 인한 각성은) 곧 취약성으로 바뀐다. 이는 방어적인 생각을 부추기고 이런 질문들을 남긴다. 지금 내가 느끼는 이 멋진 느낌이 현실이 아니거나 오래 가지 못한다면 어떨까? 찰리가 나를 정말로 알게 되면 나를 어떻게 느낄까? 나한테 싫증을 낼까? 내가 여기에 너무 많이 신경 쓴다면? 내가 상처받게 된다면?

방어적인 사고가 늘 방어해주지는 못한다. 그 사고가 우리의 삶의 질을 떨어뜨릴 때처럼 그리고 그 목적이 실제 문제를 분명히 하거나 해결하기보다 불편한 각성을 조절하는 데 있을 때처럼 말이다. 케이트는 잘나가는 채권중개인으로서 가끔은 변덕스러운 채권 시장의 불확실성을 대하는 일을 편하게 여겼다. 반면 변화를 거듭하는 모든 로맨틱 관계에서 나타나는 필연적 불확실성은 불편해했다. 방어형은 보통 불확실성을 시간이 가면서 경험을 통해 채울 수 있는 중립적인 것이 아니라 위협으로 받아들인다. 방어형이 바라보는 시간이란 늘 진실을 밝혀주는 친구라기보다는 가끔은 적이 된다. 케이트는 답을 원했고, 일찌감치 얻길 바랐다. 그러한 상태에서는 시험이 아닌 일도 시험이 된다. 정보가 도움이 된다고 믿은 케이트는 정보가 없을 때도 정보를 찾았고 혹은 정보가 있을 때도 그것을 잘못 해석하기 쉬웠다. 앞서 말했듯이, 방어형은 특정한 예측 가능 오류를 초래할 가능성이 크다. 실제로는 위험하지 않은 행동을 위험하다고 보면서 거짓 음성 오류를 낳는 편이다. 로맨틱한 사랑을 막 시작했을 때 방어형은 자신을 보호하기 위해 비생산적인 시도를 하면서 현실과 상관없이 최악의 시나리오를 쓸 수 있다. 최악의 시나리오에 사로잡혀서 그것을 사실로 받아들이고는 실제 현실을 무시할 수 있다. 마치 자신의 가장 끔찍한 두려움에 대해 말을 건네고는 자신을 보호하고 있는 것처럼 느끼는 것이다. 케이트는 이에 관한 사례를 꽤 빠르게 우리에게 전했다.

"찰리는 제가 '저 사람이 나만큼 신경 쓰지는 않네' 하고 생각하게 만든 적이 전혀 없어요. 하지만 저는 그의 관심이 어느 정도인지 확인하려고 기를 쓰죠. 제가 어떻게 미치는지 말씀드릴게요. 저는 혼자 있는 시간을 좋아해요. 늘 그랬어요. 하지만 찰리가 자기 시간을 갖고 싶어 하면 제가 덜 중요한 것처럼 느끼죠. 가끔 저는 하지 않는 게 나았을 말들을 하거나, 실제로는 믿는데 못 믿는 것처럼 너무 많은 질문을 해요. 이러다가 그 사람을 놓칠까 봐 두려워요."

안타깝게도 불확실성에는 보통 당신이 마음속에 품은 사람과 모순되는 나름의 시간표가 있다. 사랑과 그것의 경험은 우리가 누군가에게 다가설 때 가장 강렬하게 느껴진다. 남성은, 특히 공격형 남성은 움직임을 통해 유대감을 형성한다. 그 '움직임'의 전제 조건이 있다면, 관계상 줄일 필요가 있는 심리적 거리가 있어야 한다는 점이다. 여기에는 보이지는 않지만, 확실한 간격이 필요하다. 두 사람이 있는데, 한 사람이 조금 떨어져 있는 다른 한 사람을 향해 천천히 다가가고 있는 모습을 떠올려보자. 만약 상대가 다가오고 있는 사람을 서둘러 만나려고 한다면, 그 간격은 줄어들고 없어져 버린다. 간격이 거의 혹은 아예 없으면, 움직일 공간도 없고 움직임의 느낌과 강렬함도 사라진다. (케이트가 해야 하는 가장 어려운 일일 텐데) 찰리가 케이트에게 다가오도록 해야 그녀를 향한 그의 느낌이 가장 강렬하게 되살아날 수 있었다.

케이트에게도 두 가지 임무가 주어졌다. 첫째로 책을 읽거나 혼자서 개를 산책시키고 싶어 하거나 자기 친구들과 시간을 보내는 일처럼, 찰리가 혼자서 무언가를 경험하겠다는 욕구가 위협되지 않는다는 걸 알아차리는 것. 둘째로는 찰리의 역할이 케이트를 보완하거나 검증하는 것도 아니며, 케이트에게 드는 불안을 없애야 할 책임마저 찰리가 떠맡으면 안 된다는 것. 자신을 완성하고 검증할 책임은 자신에게 있다. 케이트가 이것을 전부 몰라서 그런 건 아니었다. 알고 있었다. 그러나 가끔 그녀는 찰리를 둘러싼 자신의 에너지가 '불안정하거나 신의 허락을 받지 못한 것'으로 느꼈다. 우리에게 인정한 바로는 '굶주린 것'으로 느꼈다.

8개월이 지나자, 끌림은 다른 성격을 띠게 되었다. 처음에 서로를 탐색할 수 있었던 질문은 갑자기 더 개인적인 의미를 갖게 되었다. 두 번째 데이트 만에 '아이 갖는 데 관심 없어?'와 같은 질문을 하는 건 몇 달 후에 하는 것과 상당히 다르다. 케이트가 찰리에게 아이를 갖는 데 관심이 있는지 묻자, 찰리는 깜짝 놀랐다. 당시로선 아이에 대해 생각해본 적이 없었기 때문이다. 그리고 케이트가 질문하는 방식은 추상적이지 않았고, 오히려 찰리의 진심과 두 사람의 미래에 관한 질문에 가까웠다. 찰리가 당황해하고 어정쩡하게 반응하자 케이트는 큰 충격을 받았다. 질문을 받은 찰리는 '이 부분은 생각을 좀 해봐야겠어' 모드에 돌입했다. 케이트는 찰리에게 직접적으로 말하지는 않았겠지만, 그에게서 대략 이런 식의 말을 듣길 바랐다. '물론이지. 네가 내 인생의 중심이고, 난 너랑 아기를 가졌으면 좋겠어.' 막연하게 압박을 받은 찰리는 케이트의 실망한 반응에 한 걸음 물러섰다. 찰리는 자유가 아닌 벽을 보았고, 케이트는 약속과 안전이 아닌 망설임과 위험을 보았다.

이튿날, 찰리가 혼자 우리를 찾아와서 짜증을 냈다. 어쨌든 두 사람은 몇 달 동안 쭉 와서 지금까지 이야기를 털어놨는데, 무언가 나아지는 게 아니라 더 불안하고 긴장하는 듯했다. 이에 우리는 이것이 예견된 것일 뿐만 아니라 긍정적인 신호이기도 하다고 두 사람에게 전했다. 긍정적인 이유는 두 사람이 각자의 문제로 몸부림치고 있다는 사실을 보여줬기 때문이다. 우리는 찰리에게 지금의 상태를 계속 유지하도록 노력하고 시간에 모든 답이 있음을 기억하라고 격려했다.

찰리에게는 우리의 반응이 내키지 않았다. 우리는 그의 내적 갈등을 없애거나 두 사람 사이에 일어나고 있는 일을 진정시킬 수 없었다. 찰리는 떠나기 전에 이렇게 말했다.

"제가 이 상황을 벗어나서 새로운 누군가와 다시 시작했더라면 이 모든 일을 겪지는 않았겠죠. 한 번 더 생각하는 시간을 갖는다면 미쳐버릴 것 같아요. 이 상황이 지속되는 게 정말 괴롭다는 사실을 선생님들도 알 것 같은데요?"

우리는 고개를 끄덕였다.

"저는 케이트를 사랑해요. 정말 사랑하지만, 제 자유가 서서히 사라지는 것 같고, 낯선 만남을 그리워하는 것 같아요. 제가 언제까지 이렇게 느끼게 될까요?"

"본인은 앞으로 몇 년 더 살 것 같아요?"

"웃기네요. 정말 웃겨요."

떠나려는 찰리에게 우리는 이렇게 말했다.

"여기서 케이트가 가진 모든 의존성(자신의 삶에 누군가가 얼마나 중요한지 '이해하게' 되는 감정적 인식 및 취약성)은 당신 때문이기도 해요. 당신이 책임감 있게 나서면, 케이트도 긴장을 풀고 좀 더 안전하다는 느낌을 받을 거예요."

그는 우리를 빤히 쳐다보고는 문을 닫았다.

이후 며칠 동안 케이트는 힘든 시간을 보냈다. 그리고 찰리로부터 자신의 질문에 대한 아무런 답변을 받지 못하자 그에게 연락했다.

"우리는 서로 다른 곳을 향하고 있나 봐. 각자 시간을 갖고 우리가 원하는 것이 뭔지 생각해보는 게 우리 모두에게 좋을 것 같아."

이 말에 찰리가 동의하자, 케이트는 했던 말을 취소하고 싶었다. 울지도 못한 것은 강한 자존심 하나 때문이었다.

로맨틱한 사랑만큼 결정적인 황홀감과 맥빠지는 고통을 주는 것은 드물다. 프로이트는 이렇게 말했다. "우리에게는 사랑할 때만큼 고통에 무방비일 때가 없다." 비참한 기분은 케이트만 느낀 게 아니라 찰리도 느꼈다. 케이트가 우울해하지 않더라도 우리는 그녀가 세로토닌의 힘을 얻고 미생물군집의 다양성을 높이면 좋을 것으로 생각했다. 우리가 그녀에게 제안한 내용은 다음과 같다.

바오밥나무 열매는 용해성 프리바이오틱스 섬유를 얻을 수 있는 최고의 원천으로 꼽힌다. 그 열매는 찾기 어렵지만, 웬만한 건강식품점에서 과육 분말은 구할 수 있다. 생카카오를 함유한 다크 초콜릿을 먹는 것도 세로토닌을 증가시키는 방법이다. 카카오에는 세로토닌을 강화하는 것으로 알려진 아미노산 트립토판이 함유되어 있다. 여기에 낫토, 그릭요거트, 사워크림, 콤부차, 사워크라우트, 김치, 케피르 등 생물군계에 좋은 발효음식을 추가해보자. 이 모든 음식에는 더 많은 세로토닌을 생산하게 만드는 프로바이오틱스가 풍부하다.

찰리와 케이트의 '타임아웃'은 자신을 진지하게 살펴보는 사색의 시간을 두 사람 모두에게 선사했다. 둘 다 자신에게 사실에 근거한 문제, 자신의 뇌 화학작용과 관련된 문제가 있음을 알고 있었다. 이렇게 해로운 요인을 막으려면 잠깐이 아닌 오래 지속되는 진정한 자각이 필요하다. 이를 위해 첫째, 자신이 현재로 끌고 온 과거의 상처를 이해하고 그 영향을 확인하며 인정해야 한다. 둘째, 관계상 자신의 행동뿐 아니라 감정에도 영향을 미치는 특정한 뇌 화학작용 방식을 인식해야 한다. 셋째, 상대와의 경험에 대한 기대를 재고하려는 의지가 필요하다. 찰리의 경우, 케이트가 그의 엄마는 아니라는 점 그리고 경계심을 버리고 그녀에게 구속받는 일 없이 가까이 갈 수 있다는 점을 명심해야 한다. 이와 더불어 **다른 데**서 흥분되는 일을 찾아야 한다. 케이트는 이해와 사랑의 대상이 되는, 실제로 살아 있는 인간이지 그의 각성 수준을 조절하는 간편한 도구가 아니기 때문이다.

반면 케이트의 경우, 찰리와 잘 지내기 위해 가야 하는 길이 조금 달랐다. 케이트는 찰리의 독립적인 성격을 위협으로 받아들여서 버림받을까 봐 미리 두려워하지 말고 그 성격에 익숙해지는 방법을 배워야 한다. 케이트는 자신의 감정을 조절하기 위한 해결책을 다른 데서 찾을 필요가 없다. **자신의 내면**을 보면 된다. 관계의 특성과 가치를 판단할 때 제기할 수 있는 굵직한 질문들은 다음과 같다. 그것은 내가 가진 상처에 대한 재현 혹은 반응이 아닐까? 그것은 내가 나의 뇌 화학작용을 조절하는 데 적용하도록 배운 전략일까?

타임아웃을 시작하고 몇 주 후, 케이트와 찰리는 우리에게도 타임아웃을 걸었다. 그리고 몇 달 후, 우리는 그들의 소식을 카드 형식으로 접했다. 두 사람이 다시 함께 잘 지내고 있다는 내용을 담은 짧고 기분 좋은 메시지였다. 그리고 작성 주체를 알 수 없는 별지에는, 누군가가 두 사람의 내면에 깃든 시인을 발견한 듯, 아름다운 시가 적혀 있었다. 내용은 이렇다.

이 여자와 함께라면
내가 삼켜질까 봐 늘 두려워할지도 모르죠.
그 두려움은 그저 나 자신 때문이기도 해요.
과거에는 애정에 굶주린 어머니로,
현재에는 나의 그림자로,

과거가 나를 의도치 않게 얽매었죠.

하지만 나는 더는 소년이 아니기 때문에,

그리고 내가 아끼기 때문에,

두려움은 있지만

앞으로 나아갈 거예요.

사랑으로.

이 남자와 함께라면

나는 늘 굶주려 할지도 모르죠.

나의 굶주림은 그저 나 자신 때문이기도 해요.

과거에는 부재한 아버지로,

현재에는 나의 그림자로,

과거가 나를 의도치 않게 얽매었죠.

하지만 나는 더는 소녀가 아니기 때문에,

그리고 내가 아끼기 때문에,

굶주림은 있지만

벗어날 거예요.

사랑으로.

우리는 두 사람의 편지에 미소를 지었다. 무언가가 일어나고 있었다. 누구에게든 반드시 쉽지만은 않을 것이다. 이해는 쉽게 사라질 뿐 아니라 계속 유지하기도 어렵다. 조금이라도 틈이 생기면 습관은 거기에 스며들고 틈을 키워서 장악하려고 한다. 찰리와 케이트 모두 젊고, 뇌의 화학작용 방식이 서로 아주 다르다. 중간에 유혹도 있을 것이고, 좌절, 믿음의 위기, 의식적이거나 다른 방식으로 갖는 기대 그리고 피할 수 없는 오해와 감정의 상처도 당연히 있을 것이다. 우리는 두 사람이 희망을 품고 짧게 쓴 명상록이 자신들이 돌아올 고정 장치가 되기를 바란다. 서두에 말했듯이, 끌림은 복잡하다. 그 끌림을 유지하는 것은 훨씬 더 그렇다.

다음 장으로 넘어가기 전에 몇 가지 고려해야 할 사항은 다음과 같다.

1. 돌이켜봤을 때, 자신이 사랑하는 대상을 선택하는 데 영향을 준 어린 시절의 가정환경이나 사건 혹은 소통 방식을 생각해볼 수 있는가?

2. 자신의 '이상형'에는 비슷한 점이 있는가? 있다면 무엇인가?

3. 과거의 연인 관계에서 공통으로 확인되는 패턴이나 감정, 역학이 있다면 무엇인가?

4. 이러한 관계에 종지부를 찍은 공통적인 갈등이나 상황을 특정할 수 있는가?

5. 이제 알게 된 뇌 화학작용과 자신의 뇌 유형이 자신의 연애 관계에 어떤 영향을 미치는 것으로 보이는가?

6. 과거의 관계에서 배운 것은 무엇인가?

7. 자신의 뇌 유형과 관련해서, 자신이 연애 관계에서 정리해볼 수 있는 문제에는 어떤 것이 있는가?

8. 연애 관계에서 자신이 느끼고자 하는 가장 중요한 측면 다섯 가지를 떠올려보고, 자신이 과거의 연애 관계에서 실제로 느꼈던 중요한 측면 다섯 가지를 나열해보자. 서로 같은 것과 다른 것이 각각 몇 개 있는지 확인해보자. 여기서 확인한 차이는 어떻게 설명할 수 있는가? 이에 대한 자신의 책임을 어떻게 이해하는가? 자신의 뇌 유형이 이러한 차이에 어떤 역할을 한다고 생각하는가?

8장

결혼, 무엇이 쇼를 이끄는가?

뇌 화학작용은 어떤 방식으로 갈등을 만들고 균형을 도모하는가?

대개 키스로 시작되는 결혼은 기나긴 싸움, 신랄한 말다툼에 이어 이혼으로 마치는 경우가 숱하다. 무엇 때문에 우리는 달콤한 키스로 시작하여 너무도 자주, 너무나 쉽게 가정법원으로 가게 되는 것일까? 현대 미국인들의 결혼을 주제로 한 연구들을 보면, 각종 통계와 예측으로 가득하다. 외도는 이혼의 전조가 되는 독보적인 변수다. 결혼식의 하객 수는 결혼의 성공 여부를 예측하는 듯하다. 200명이면 아주 좋은 수, 10명이면 별로라고나 할까? 남성은 자신이 **인정받는다**는 느낌을 받지 못하면, 그리고 여성은 자신이 **관심받고 이해받는다**는 느낌을 받지 못하면 이혼의 길로 들어선다. 상호 검증은 성공의 전조가 되는 아주 좋은 변수인 한편, 변변치 못한 소통 기술은 실패를 암시한다. 돈은 다툼의 단골 원인이고, 불륜은 가장 흔하면서 가장 치명적인 타격을 초래한다. 결혼의 실패에 대한 책임이 누구에게 있느냐는 질문에 사람들은 대부분 배우자를 탓한다. 그렇지만 다시 결혼한다고 나아질까? 불행히도 아니다. 초혼의 50%, 재혼의 60%, 삼혼의 73%가 이혼으로 끝난다. 그리고 이 모든 문제에는 그 여정의 안정감과 즐거움 또는 험난함에서 작용하는 뇌 화학작용이 있다.

결혼 혹은 일종의 유대 양식이나 의식은 문화를 막론하고 나타난다. 앞선 설명처럼 끌림과 욕망의 경험은 호르몬과 뇌 화학물질 분비에 대한 우리의 정서적 반응과 같다. 이 아찔한 느낌이 밀려오면 전전두피질이 잠시 끊어지는 효과가 나타난다. 대자연은 아기가 태어나길 바라고, 뇌에서 이성을 관장하는 그 부위는 방해만 될 뿐이다. 모두 아기가 관건이다. 끌림은 아기의 탄생을 보장하고, 결혼은 아기의 보호와 양육을 제공한다. 유대감이 생기기까지 전전두피질을 침묵시키던 뇌는 우리가 신혼여행을 끝내고 짐을 풀자마자 다시 연결된다.

보이지 않는 계약

뇌는 오랜 시간을 거쳐 유혹의 과제를 성공적으로 수행하여 유효성을 증명했고, 마침내 우리는 결혼을 하게 되었다. 이미 테스토스테론 수치는 떨어졌다. 테스토스테론은 유대감을 높이는 호르몬인 옥시토신 수치를 억제한다. 뇌는 그들이 스스로 아기를 만들 수 있을 때까지 그 아기들을 만들고 보호하기 위한 최고의 환경을 마련하는 데 심혈을 기울인다. 우리는 끌림이 얼마나 복잡한지 그리고 이 단계에서 전전두피질이 어떻게 행방불명 상태가 되는지 이야기했다. 비판과 판단을 관장하는 우리의 뇌 부위가 우당탕하면서 갑자기 깨어나면 어떤 일이 벌어질까? 우리는 전에 보고 듣지 못했던 것을 보고 듣게 되고, 배우자에게 말로 표현하기는커녕 보통 자신에게도 확실히 표현하지 못했던 기대를 갖게 된다.

결혼에 대한 기대는 자신이 보낸 과거의 이런저런 것들로 얼추 꿰어맞춰진다. 우리가 희망하고 찾길 바라는 이상적인 사랑의 모델뿐 아니라 집에서 부모가 서로를 대하는 모습 그리고 우리의 불안, 두려움, 희망 등이 그 예다. 이를 구성하는 것은 우리의 뇌 유형과 더불어 우리의 가치와 태도, 과거의 연애 경험, 이외의 수많은 요소다. 그리고 이 모든 기대는 사랑의 끌림 단계가 이어지는 동안 우리의 잠재적 배우자를 중심으로 합쳐진다. 이 단계에서 우리의 전전두피질은 거리낌 없이 소리를 죽인다.

기대란 상당히 인간적이다. 우리는 모두 기대를 품는다. 그런데 한 가지 문제가 있다. 좀처럼 말로 옮겨지거나 표현되지 않는다는 점이다. 결혼에는 두 가지 계약이 있는데, 하나는 **명시적**이고, 다른 하나는 **암묵적**이다. 명백한 법적 계약은 결혼에 대한 약속으로 고안된 것으로서, 전통적인 혼인 서약이나 스스로 작성한 서약으로 강화된다. 그러나 실제로 훨씬 더 큰 영향력을 갖는 것은 따로 있다. 우리의 혼인 서약이 중요하지 않다는 의미는 아니다. 그러나 식의 마지막에 기능하는 것은 암묵적이고 아주 애매하게 정리된 계약이다. 그리고 우리의 (보통 추정에 기반하고 협의를 거치지 않은) 기대로 이루어진 이 계약은 결혼생활에 큰 영향을 미치고, 미래에 있을 갈등의 원인이 될 수 있다.

이제 전전두피질이 다시 활성화되고 우리의 뇌가 풀가동하면서 이러한 숨은 기대들이 서서히 수면 위로 모습을 드러낸다. 소소한 것이 기대에 못 미치고, 숨겨두었던 바람이 이루어지지 않으며, 사소한 불만이 생긴다. 그렇게 우리는 실망한다. 이 표현의 문법을 보라. **우리는** 실망한다. **다른** 누군가가 범인이다. 바로 우리의 배우자다. 배우자가 말하거나 행동한 무언가가 우리가 그 사람에게 바란 말이나 행동과 맞지 않았다. 보통 이러한 실망은 우리가 드러내지 않은 기대, 우리가 한 번도 입 밖에 내지 않은 암묵적 계약의 산물이다.

전전두피질이 다시 연결되면, 우리는 가끔 자신이 배우자의 일부만 사랑했음을 깨닫는다. 자신이 무시하거나 넘겨짚거나 그 사람이 나를 사랑하니까 바뀔 거라고 가정한 무언가가 있음을 깨닫는다. 우리의 암묵적인 계약에서 가장 음험하고 흔한 조항은 우리가 행복을 누구에게 맡기느냐다. 흔히 우리는 자신이 아닌 자기 배우자를 행복과 만족의 주요 원천으로 삼는다. 배우자가 조금만이라도 달랐다면, 우리는 좀 더 행복했을 것이다. 이번이 당신의 결혼에 존재하는 암묵적 계약을 살펴보기에 딱 알맞은 타이밍일 것이다. 계약은 복수로 존재한다. **자기 것**과 **그 사람의 것**. 당신이 자신의 보이지 않는 계약을 생각해보면, 자신이 배우자에게 기대한 내용 중 절대 입 밖에 낸 적

없는 내용을 발견할 것이다. 어떤 내용인가? 다섯 가지 이하로 리스트를 만들어보라. 이제 통제권을 되찾을 시간이다. 우리는 모두 통제하길 좋아한다. 여기서 당신은 통제권을 어떻게 몰래 가져올 수 있을까? 당신은 자신의 만족을 위해 더 많은 책임을 지면서 이것을 실천한다. 리스트에서 어떤 내용을 기꺼이 취하겠는가? 이를 이루기 위해 어디서 배우자를 빼고 자신을 집어넣을 수 있을까?

반면에 배우자가 숨긴 계약은 어떨까? 그 사람이 표현하지 않은 기대를 짧은 리스트로 만들면 어떤 내용일까? 다섯 가지 이하로 써보자. 이에 대해 배우자와 절대 대화하지 않은 상태에서 한 달 동안 이어지는 내용을 최선을 다해서 해보자. 우선 앞선 두 리스트 모두에서 최소 두 가지 항목을 골라서 기억하자. 연습은 수용, 책임, 관용에 관한 내용이다. 배우자를 있는 그대로 조용히 받아들이고, 당신이 그 사람에게 바라는 모습으로부터 그 사람을 놓아주자. 자신의 행복에 책임을 지자. 자기 리스트의 항목을 확인하고 자신만의 만족을 만들 방법을 생각하자. 마지막으로 관용을 연습하자. 배우자에게 알리지 않은 상태에서 배우자의 리스트에 있을 것으로 예상하는 항목 두 개를 고른 다음 무엇을 해야 그 방향으로 갈 수 있는지 살펴보자. 구체적일수록 좋다. 본보기가 되어 자신이 받고 싶은 것을 주자.

결혼은 안에서 밖으로 경험된다. 우리는 그러한 관계가 어떻게 마련되고 기능하는지에 좀 더 객관적인 시선을 갖는 편이 도움이 된다는 사실을 이해했다. 자신을 더 제대로 이해하기 위해, 다음 질문들에 최대한 구체적으로 답을 해보자.

1. 내 인생에서 부부 관계는 어떤 가치를 갖는가? 편리함과 습관과는 별개로 그것이 얼마나 중심이 되고 중요한가?

2. 성장하면서 결혼 관계와 관련된 어떠한 모습을 접했는가?
   어머니는 어떠한 역할을 했는가?
   아버지는 어떠한 역할을 했는가?
   부모님의 결혼이 성공했다고 보는가?
   그렇지 않다면 근본적인 문제가 무엇이라고 생각하는가?
   부모님의 관계가 당신의 부부 관계에 어떠한 영향을 미친다고 생각하는가?

3. 부부 관계를 지키기 위해 내가 희생한 부분은 무엇인가?
   희생한 경험이 있다면, 결혼 전에 이 부분이 이해받거나 이야기되었나?
   내가 보기에 배우자가 희생한 부분이 있다면 그것은 무엇인가?
   희생이 얼마나 투명하게 이루어졌는가?
   희생이 사랑, 죄책감, 억울함 때문에 생겼나?

4. 나의 최근 결혼생활의 특징을 어떻게 묘사하겠는가? 알맞은 표현에 최대한 동그라미를 치고 구체적인 예를 들어보자.

사랑이 넘친다	안정적이다	비판하고 판단한다
지지가 된다	지루하다	불안하고 불확실하다
너그럽다	동떨어져 있다	화가 나고 억울하다
용기를 준다	믿지 못한다	기타 (구체적으로 서술하라)

5. 배우자의 어떤 모습이 가장 고마운가?

6. 두 사람의 차이가 부부 관계에 어떤 식으로 영향을 미치는가?

7. 외부에서 나의 부부 관계에 영향을 미치는 사람은 누구인가?

친구	가족	친인척
직장 동료	종교 지인	기타 (구체적으로 서술하라)

그 영향은 긍정적인가 부정적인가?

8. 부부 관계에서 충족되는 욕구는 무엇인가?

9. 내가 배우자로부터 얻지 못한 것은 무엇인가?
   나는 내게 필요한 것을 얼마나 분명히 해왔는가?
   내게 필요하지만 얻지 못한 사실에 대해 어떻게 이해했는가?

10. 결혼의 장점과 단점은 무엇인가?

11. 나의 부부 관계에서 금전 관계는 어떠한가?

    누가 돈을 관리하는가?

    재정과 관련된 의사결정은 어떻게 이루어지는가?

    재정에 관한 동의가 있었나?

    금전을 둘러싼 갈등이 있는가?

12. 나의 부부 관계에서 성생활은 얼마나 중요한가?

    나에게 성관계는 얼마나 만족스러운가?

    그와 관련하여 특정한 갈등이 있는가?

13. 나는 얼마나 상대를 믿는가?

    배우자는 나를 얼마나 믿는가?

14. 부부 관계에서 나타나는 갈등과 문제를 가장 중요한 것부터 순
    서대로 적어보자.

15. 내가 노력할 의지가 있는 문제는 무엇인가?

16. 배우자에게 가장 중요한 문제는 무엇이라고 생각하는가?

17. 부부 관계에서 화는 얼마나 건설적으로 다루어지는가?

18. 나의 지지, 흥미, 공감, 사랑을 어떻게 보여주는가?

19. 배우자는 그것을 어떻게 보여주는가?

20. 결혼생활에서 나와 배우자의 뇌 유형은 어떤 역할을 하는가?

당신이 이 질문들을 어느 정도로든 따져보기로 했다면, 자기 결혼의 최근 모습을 스냅샷으로 남긴 것과 같다. 당신과 배우자가 모두 이 질문에 답하는 것이 가장 큰 도움이 된다. 당신의 대답이 배우자를 속상하게 만들 수도 있다. 당신이 이렇게 하는 것에 불편함이 없고 배우자도 이 질문을 쭉 봤다면, 둘이 답한 것을 공유해보자. 이것이 소통 연습이다. 소통은 정보를 공유하는 것이지 **변호하는 게 아니다.** 관건은 듣기다. 누가 먼저 말할지 정하자. 한 사람이 "첫 번째 질문에는 이렇게 대답했어"라는 식으로 말한다. 다른 한 사람은 토를 달거나 관련 질문은 하지 말고 그냥 듣기만 한다. 그런 다음 다른 한 사람의 차례가 온다. 다시 말하지만 반응하지 말고 듣기만 하자. 정보는 이해를 도울 수 있지만 가끔은 불편할 수 있다. 그래도 배우자가 당신과 공유하기로 한 정보다. 당신이 그 사람에게 줄 수 있는 최고의 선물은 그저 귀 기울이는 것 그리고 그 정보가 그 사람이 상황을 바라보는 방식 그리고 관계에 대한 해석과 요약임을 이해하는 것이다. 여기서 당신의 임무는 들은 내용에 동의하거나 동의하지 않는 것이 아니라 정보를 그저 받아들이는 것이다. 그런 다음 들은 내용을 이야기하지 말고 아주 어려운 일을 했으면 한다. 그 정보를 잠시 곱씹고 소화하는 것이다. 하루 이틀 기다린 후 배우자와 앉아서 서로 교환한 정보를 대화의 발판으로 삼아보자.

당신이 자신의 기대와 우리가 제시한 질문에 대해 생각해봤다면, 관계의 감정 톤과 속성에 영향을 미치는 일부 요소를 대하는 방식을 구축한 셈이다. 감정 톤은 관계를 경험하는 방식에 따른 정서를 가리킨다. 감정은 전염성이 있는데, 이는 애정 관계에서 가장 잘 나타난다. 감정과 여기에 영향을 받는 행위가 비슷한 맥락에서 나타나면 증폭 효과가 생긴다. 그래서 뇌 유형이 같은 두 사람이 결혼하면 감정이 증폭된다고 생각할 수 있다. 특히 스트레스를 받을 때 말이다. 뇌 유형이 같은 관계는 일종의 균형추 역할을 하기보다는 서로의 뇌 유형 성향을 과장할 위험이 있다.

반면에 상반된 뇌 유형을 가진 두 사람이 결혼하면 이와 아주 다른 문제가 생길 수 있다. 뇌 유형이 서로 다른 두 사람이 서로 잘 수용하고 통제한다면, 문제시될 수 있는 성향이 균형을 찾고 유연해질 수 있다. 그러나 수용이 거의 이루어지지 않고 한쪽이 주도권을 잡으면, 뇌 유형에 따른 상충한 표현은 갈등의 원인이 될 뿐 아니라 비난, 죄책감, 수치심을 자아낼 수 있다. 이러한 전환이 실생활에서 어떻게 일어나는지 살펴보도록 하자.

건강에 대한 집착 혹은 방관

이름은 매켄지, 늘 간단히 맥이라고 불렸다. 비가 억수로 내리는 어느 날, 맥은 프롤리아 주사를 맞으려고 병원을 찾아가다가 길을 잃었다. 매달 골다공증 치료 때문에 맞는 주사였다. 그러다가 마침내 병원을 찾았을 때는 벌써 30분이나 늦어 있었다. 맥은 빗속에 우산을 들고 서서 창문을 두드려 간호사를 불렀다. 맥이 코로나에 노출될까 봐 실내를 두려워했기 때문에, 전화상으로 실외에서 주사를 맞기로 병원 측과 합의된 상태였다. 간호사는 계속 문을 가리켰다. 맥은 간호사한테 밖으로 나오라고 계속 요청했다. 교착 상태였다.

겁을 먹고 좌절한 맥은 돌아서서 그곳을 떠났다. 코로나 관련 제한 때문에 주사를 이미 두 번이나 맞지 못한 상황이었다. 맥의 골다공증 수치를 고려하면 위험한 시간 간격이었다. 그리고 맥은 백신 주사를 확실히 맞았음에도 바이러스에 걸릴까 봐 심하게 조심스러웠다. 맥이 만든 허상은 감옥이 되고 말았다.

누가 봐도 방어형인 맥은 스트레스와 불안감을 크게 느꼈고 오랫동안 건강염려증을 앓았다. (마찬가지로 방어형인) 배우자 케이틀린은 맥이 프롤리아 주사를 맞지 않아서 실망했지만, 정작 맥한테는 맥이 병원에 들어갔다가 '변종' 중 하나에 노출될 수도 있었는데 가지 않아서 다행이라고 말했다. 케이틀린도 백신 주사를 확실히 맞았지만, 맥과 마찬가지로 코로나에 걸릴까 봐 심하게 걱정했다. 두 사람은 천생연분일까? 그럴 수도 있지만, 서로 비슷한 방어형 기질은 서로에게 도움이 되지 않고 있었다.

두 사람은 함께 배달원만 만나면서 집에 고립된 채 한 해를 보냈다. 코로나 바이러스에 감염될까 봐 걱정했지만, 다행히 재택근무를 할 수 있었다. 그러나 안타깝게도 팬데믹 상황은 각성에 대한 그들의 반감을 키우고 구체화할 뿐이었다. 두 사람은 1년 동안 자연 일광을 받지 않았다. 운동이라고는 자가용으로 걸어가서 대형 마트로 차를 몰고 간 다음 트렁크를 열어 자신들의 주문한 것들을 직원이 넣을 수 있도록 하는 것뿐이었다.

만약 당신이 맺은 관계가 서로 합리적이고 안정적인 영향을 주는게 아니라 상대의 두려움을 키우고 있다면 어떻게 해야 할까? 첫째로 건강염려 성향의 본질적인 목표는 건강을 지키는 것이지만, 그 영향은 정확히 반대일 수 있다는 사실을 고려해야 한다. 두려움은 건강염려증을 유발하고, 방어형에겐 회피 성향이 있다. 그러한 면에서 두 사람은 실제 증상이 나타났을 때 그게 어떤 의미인지 확인하기 두려워서 증상을 무시하거나, 너무 불안한 나머지 중요한 검사도 미루게 된다.

또한 맥과 케이틀린이 질병에 대해 갖는 두려움으로 인한 스트레스는 그들에게 큰 고통이 되었을지도 모른다. 정리하자면 불행을 예상하는 두 사람의 조합은 건강함과 거리가 멀었다. 그것을 인식하고 인정하는 것이 큰 도움이 된다.

두 번째 단계는 훨씬 더 어렵다. 두 사람 다 일상적으로 "맞아, 그리고" 대신 설득력 있는 "맞아, 하지만" 식의 책임 있는 의견을 내놓는 게 도움이 될 것이다. 질병은 그것에 대한 두려움과 분명히 다르다. 팬데믹 기간에 늘 붙어 지낸 맥과 케이틀린은 자신들의 뉴스 출처를 비슷하게 공유하는 편이었고, 이를 통해 상대방의 두려움을 진정시키기는커녕 키웠을 것이 분명하다.《정신장애 진단 및 통계 편람Diagnostic and Statistical Manual of Mental Disorders, DSM》제5판에는 감응성 정신병에 관한 내용이 없지만, 감정은 전염이 된다. 격리 기간에 두 사람의 집에서 오간 감정들은 서로를 진정시키는 것이 분명 아니었다. 둘의 관계가 돈독했더라도 서로 도움이 아닌 겁을 주어 모두를 어두운 소용돌이로 몰아넣었다. 지지와 인정은 결혼이 갖는 강점이지만, **무엇이** 지지받고 인정받아야 하는지에 대한 안목을 갖는 것이 중요하다. 앞서 우리는 공격형이 충동에 얼마나 자주 빠지는 편인지 설명한 바 있다. 방어형도 못지않게 너그러울 수 있다. 차이는 방어형의 탐닉이 반대라는 사실이다. 보상에 끌린 '나는 원한다'가 아닌 처벌을 회피하는 '나는 원하지 않는다'인 셈이다. 과잉 각성하는 배우자가 '나는 원하지 않는다'는 태도를 보일 때 짝이 이를 지지하고 인정해주면, 걱정과 우려는 증폭될 수 있다. 맥과 케이틀린은 서로를 과하게 지지했다. 그리고 일부 대상은 잘못된 것이었다.

우리는 두 사람에게 본인들이 얻으려는 방탄 같은 것 대신에 '높은 확률'의 안전을 택하도록 요구했다. 그래서 그들은 (물론 마스크를 쓰고) 함께하는 산책으로 시작해 시장에 장을 보러 가기에 이르렀다. 그리고 서로 걱정시키는 게 아니라 진정시키는 피드백을 전해보기로 약속했다. 의학 뉴스에 약간 중독되다시피 했던 맥은 이에 관한 관심을 줄이기로 했고, 두 사람 모두 정기적인 명상 훈련을 받기로 했다.

당신과 배우자가 모두 방어형일 경우, 둘이 함께 답하고 논의해볼 질문을 몇 가지 소개해본다.

- "당신이 건강을 걱정하면 내가 그걸 진정시켜, 아니면 부채질해?"

- "당신한테 걱정거리가 있을 때, 내가 그 걱정에 공감해줄 뿐 아니라 그걸 덜어줄 수 있는 말이나 행동이 있다면 뭐야?"

- "우리가 살면서 함께 믿을 수 있는 의사는 누구일까?"

케이틀린이나 맥이 공격형이었다면, 각성에 대한 그들의 반응은 불안을 덜 유발했을 것이다. 공격형은 신체 증상에 관심을 두지 않는 편이지만, 다른 위험으로 우리를 이끈다. 바로 증상 부정이다.

모두 40대 후반인 셰릴과 워드는 각자 나름의 문제를 갖고 있다. 2년 전 셰릴은 완치 가능성이 높은 유방암을 앓고 있었다. 그러나 적정 체중을 유지하는 데 늘 어려움을 겪고 있었고, 수술과 방사선 치료를 받은 후에는 몸무게가 부쩍 늘어버렸다. 워드 역시 가족력으로 심장병을 앓았고 3개의 스텐트를 삽입하여 동맥을 넓혔다. 그 역시 몸무게로 골치를 썩이고 있었다.

공격형의 위험 요소는 문제가 될 수 있는 신체 증상을 알아차리지 못하거나 무시하는 편이라는 점이다. 셰릴이 종양을 발견한 것도 자신이 진즉 받았어야 하는 유방조영상을 (마찬가지로 유방암을 앓은) 어머니한테 등 떠밀려 억지로 받았기에 가능한 일이었다. 셰릴과 워드는 지난해에 계획한 이탈리아 여행을 수술 시기에 대한 의사의 권고보다 더 중요하게 여겼다.

셰릴이 오랫동안 회복기를 갖고 치료를 받는 동안, 워드는 그녀를 열심히 지원하고 도왔다. 두 사람에게 그 상황은 자신들이 가진 모든 것을 천천히 살펴보고 자신들에게 너그러워지는 시기처럼 느껴졌다. 그런데 조금 심하게 너그러웠던 것 같다. 셰릴의 회복기는 자연스럽게 팬데믹 봉쇄로 이어졌고, 그 사이에 몸무게는 셰릴이 14kg, 워드는 9kg 늘어났다.

앞서 설명했듯이, 공격형인 사람은 증상을 부정하고 이분법적으로 빠르게 사고하며 자신을 자극하거나 지루함을 없애기 위해 무언가를 먹는다. 셰릴과 워드는 각자 되레 지적받을까 봐 두려워서 감히 어떤 지적도 하지 못한 채 서로가 뚱뚱해지는 모습을 지켜봤다. 셰릴은 자신의 몸에 일어나는 상황이 내키지 않아서 다이어트를 두 번 정도 시도하기도 했는데, 그럴 때마다 워드는 셰릴이 좋아하는 치즈 케이크까지 배달시키는 바람에 어떻게든 다이어트를 방해했다.

다이어트가 시들해지는 경우는 흔하다. 배우자가 늘어난 몸무게를 지적하면, 배우자가 건강한 결심을 보이면, 경각심을 갖게 되기도 한다. 하지만 '이거 조금 먹는다고 뭔 일 없어!'라고 말하는 것은 방해 행위로서 흔하고 도움이 전혀 되지 않는다. 워드가 체중을 줄이겠다는 셰릴의 희망을 지지하고 신경 써서 자신을 억제하는 좋은 모습을 본보기로 보여줬더라면 도움이 되었을 것이다.

공격형-공격형 부부의 건강 관련 문제는 그 문제를 가볍게 여기거나 인정하지 않는 성향을 발견할 때 드러난다. 배우자가 증상을 인정하지 않는(자기 건강에 적극적으로 대처하지 않는) 모습을 보면, 옆에서 적극적으로 목소리를 내고 현실을 이야기하며 자신의 맹점을 직시하도록 하자. 자기 건강을 부인하는 것보다 더 나쁜 것은, 자신의 착오를 무심코 지지하는 애정 깊은 공범을 두는 일이다.

공격형과 결혼하게 되면 서로 다음 내용을 질문해보자.

• "내 건강 문제와 이에 관해 결정할 때의 내 방식을 당신은 어떻게 생각해?"

• "내가 내 건강을 해칠 수도 있는데 신경 쓰지 않는다고 보는 부분이 혹시 있어?"

• "우리가 어떻게 해야 이런 부분에 주의를 기울일 수 있을까?"

그렇다면 공격형-방어형 관계에서는 어떤 일이 생길까? 공격형인 토드는 자신의 의료 문제를 마주해야 하는 상황에서 일종의 마술적 사고를 연습한다. 마술적 사고란 가령 이런 식이다. 내가 병원에 가지 않으면 모든 게 괜찮다고 가정할 수 있지만, 진료 예약을 잡으면 그쪽에서 내 문제들을 줄줄이 찾을 거라는 식. 토드가 걱정하는 그러한 '문제' 중 하나가 팔에 생긴 혹이었다. 토드는 아내 에이미의 성화에 못 이기고 결국 피부과 전문의에게 원격 진료를 받았다. 그런데 병원 측에서 토드에게 조직 검사를 받아야 할 것 같다고 말했다. 이때 토드는 그게 흑색종일 수도 있다는 생각이 들었지만, 그 즉시 '아무것도 아닐 거야' 하고 생각했다. 최종 진단을 받기 위한 진료 예약은 하지 않았다. 어머니가 대장암으로 돌아가셨는데도, 토드는 첫 대장내시경 검사를 받는 데 평균보다 3년이나 늦은 사람이었다.

방어형이자 약간 세균 혐오자이기도 한 에이미는 코로나에 대한 두려움 탓에 토드를 병원에 가라고 부추기기가 힘들었다. 사람이 많은 엘리베이터 그리고 누군가가 막 자리를 비운 검사실에 들어가기 전에 대기실에 앉아 있어야 한다는 사실이 두려웠다. 자신과 토드 모두 백신 주사를 확실히 받은 후에야 에이미는 토드의 건강에 관심을 가질 수 있었다. 잔소리로는 효과가 없어서 직접 나섰다.

"당신 진료 예약 두 개 잡아놨어. 하나는 피부과, 다른 하나는 대장내시경. 내가 직접 따라가서 당신이 진료받는지 확인할 거야."

우리는 모두 자신의 건강을 살펴야 할 책임이 있다. 그런데 당신을 잘 알고 사랑하는 배우자를 두면 확실히 좋은 점이 있다. 그건 그 사람이 당신 몸에 생긴 사소한 문제를 확인만 하는 게 아니라 그것을 지적하면서 재촉해줄 수도 있다는 사실이다. 자신의 건강을 잘 관리하는지 확인하는 사람이 한 명 더 있는 셈이다. 가끔 우리는 모두 이렇게 타인의 도움이 조금 필요하다.

돈을 둘러싼 갈등

샌디와 마이크는 얼마 전에 파산을 신청했다. 지난 2년 동안 두 사람은 재정 위기에 계속 몰려 있었지만, 돈을 늘 균형 있고 효율적으로 다루면서 굴렸기 때문에 최소한의 지출을 유지하고 수금인들의 전화 연락을 막을 수 있었다. 강한 공격형에 해당하는 두 사람은 대학교에서 만나 사랑에 빠졌고, 자신들의 꿈을 좇아서 로스앤젤레스로 이주했다. 샌디는 경력을 차곡차곡 쌓아서 시내 대형 극장의 무대 매니저가 되었고, 마이크는 상업용 부동산을 팔고 임대하는 데 두각을 나타냈다. 샌디와 마이크 사이에서 돈은 전혀 아쉬울 게 없었다. 다만 매년 늘어나는 수입보다 지출이 훨씬 더 크다는 점이 유일한 문제였다.

샌디는 살짝 패셔니스타라 할 수 있었는데, 빈티지 장신구에 관심이 많았다. 마이크가 사고파는 주택들에 비치하기 위해 아르데코 양식의 가구를 사는 데도 관심이 있었다. 두 사람은 마이크의 중개료 수표에 기대어 값비싼 생활방식을 이어나갔다. 두 사람은 저축 대신에 돈을 빌리고 쓰느라 바빴고, 재정적으로 위태로웠지만 문제없는 척했다.

2020년은 두 사람 모두 정신을 차리게 되는 해였다. 샌디의 극장은 문을 닫았고, 상업용 부동산 시장도 갑자기 냉각되었다. 팬데믹 초기에 두 사람은 힘을 모아 자신들이 위기를 극복할 수 있도록 재정 계획을 짜려고 했다. 마이크는 대형 주택 개조업체의 소매점에서

3부   나의 뇌 유형은 인간관계에서 어떻게 나타나는가?

아르바이트 일을 따낼 수 있었고, 샌디는 실업급여를 신청해 정부로부터 도움을 받았다. 두 사람은 예전처럼 물건을 집에 들이지는 않았고, 엄격한 예산을 꾸려서 상황을 이겨나갔다. 이는 샌디가 자신의 생일에 부모에게 3,500달러 수표를 받았을 때까지 유효했다. 샌디의 부모도 상황이 넉넉하지는 않았지만, 샌디와 마이크가 처한 상황을 이해하고 이들에게 지원하기로 했던 것이다. 샌디는 그 돈을 마이크에게 이야기하거나 공용 계좌에 넣는 대신에 수표를 현금화해서 비벌리힐스에 위치한, 자신이 좋아하는 귀금속점으로 향했다. 거기서 현금으로 조지 왕조 시절의 골동품 목걸이를 사고 잔금은 신용카드로 처리했다.

마이크가 옷장 뒤에 숨겨진 상자를 발견하고 샌디의 발 앞에 툭 던지면서 목소리를 높였다.

"얼마 썼어?"

"그거 내 돈이었어."

"지금 내 것 네 것 따질 때야? 얼만데?"

"부모님께서 주신 생일 선물이었다고."

"얼만데?"

"3,500달러."

"그 돈이면 이번 달 대출금 갚았겠다."

"당신은 얼마 전에 코이 잉어 샀잖아?"

"그건 400달러고 예전에 주문해뒀던 거야."

"내가 말하는 게 바로 그 원칙이라고."

"나한테 원칙 따지지 마. 상황이 이런데도 가서 목걸이를 산 이유가 뭐야?"

"나 자신한테 힘을 주고 싶었어."

"그렇구나. 돈 낭비는 나한테 힘이 되지 않는데."

"당신 신용카드 고지서에서 본 그 값비싼 점심들도 내게 힘이 되지 않는 건 마찬가지야."

"모를까 봐 하는 말인데, 나는 그 끔찍한 일을 하면서, 개고생을 하면서 부동산 사업을 하려고 지금도 노력 중이야."

"정말? 내가 봤을 땐 돈이 나가면 나갔지 들어오는 건 전혀 없던데? 당신은 당신 생각만큼 잘나가는 사람이 아니야."

그때부터 대화는 진흙탕 속으로 빠졌다.

머지않아 마이크와 샌디는 집을 잃었고, 샌디의 목걸이는 이베이에서 헐값에 팔렸다. 두 사람은 파산 신청을 하며 부채를 많이 덜어냈지만, 결혼에는 상처가 생겼다.

여기서 어떤 점을 배울 수 있을까? 두 사람은 뇌 유형이 비슷해서 각자의 성향을 자기들끼리 무심코 키웠다. 마이크는 샌디의 행동을 보면서 자기 행동에 더 쉽게 빠졌다. 공격형이 다른 공격형과 결혼한다면, 상황이 이런 식으로 커지는 일을 경계하자. 당신도 알다시피, 공격형은 충동 조절과 만족 지연에 문제를 겪곤 한다. 이러한 경향이 보이면 둘 중 한 사람이 반대자 역할을 맡는 것이 중요하다. 안된다고 적극적으로 말하자. 신중해지도록 말이다. 현실적인 예산을 짜서 월말에 돈이 남도록 하고, 정기적으로 돈을 주제로 논의하자.

예산에 맞는 금액을 각자 쓸 수 있는 한도액으로 설정하자. 모두 함께 고민하고, 양호한 재정을 위해 확실한 책임감을 갖도록 하자.

공격형은 감정선이 일정치가 않아서 분노, 원망, 비난의 표현을 일삼곤 한다. 이러한 순간들이 결혼생활을 해친다. 샌디와 마이크는 반사적으로 행동하고 자기 유희에만 몰두해서 서로에 대한 사랑을 거의 박살을 냈다. 쇼핑, 소비, 위험한 투자 등은 모두 도파민 분비를 자극하는 쉽고 빠른 방법이다. 그러나 이러한 행위들은 위험하고 치명적인 결과를 낳을 수 있다. 현명해지려면 자신이 돈과 어떠한 관계성을 가지고 있는지 아주 냉정하게 살펴볼 필요가 있다.

앨버트와 트리시의 돈에 대한 관계성은 이와는 아주 다르다. 트리시의 부엌 서랍에는 여기저기서 모은 조미료 꾸러미가 가득하다. 마찬가지로 방어형인 앨버트는 훨씬 더 인색하다. 두 사람은 돈을 잠재적인 즐거움을 위한 원천으로 보지 않고 안전 확보로만 보기 때문에 지극히 조심하고 살피면서 마지못해 쓴다. 개인적인 책임감을 갖고 미래를 계획하는 이 커플을 나무라기는 어렵다. 그리고 두 사람이 아들 마크를 두지 않았더라면 우리와 만날 일도 없었을 것이다.

트리시와 앨버트는 각자 평균 이상의 수입을 벌기 때문에 절대 쪼들릴 일이 없었다. 그러나 자기희생은 필수이자 상호 간에 암묵적으로 주어지는 명예 표식과도 같았다. 두 사람의 절약하는 소비 습관에는 각자 자신이 덜 쓰려고 경쟁하는 게임 같은 특징이 있었다.

트리시와 나란히 앉은 앨버트가 우리에게 이야기했다.

"트리시가 여기서 쓰는 돈은 오롯이 트리시 소유예요. 저나 우리

소유였다면 우리가 여기까지 안 왔겠죠. 이건 돈을 엄청나게 낭비한 거거든요."

트리시가 끼어들었다.

"앨버트, 나도 알아, 나도 안다고. 그러니 나도 여기에 오겠다고 했지. 본론으로 들어가자."

"우선 이 부분부터 얘기할게요."

트리시가 앨버트의 무릎을 쓰다듬으며 말문을 열었다.

"앨버트는 제가 아는 가장 따뜻한 남자예요."

그러자 앨버트가 어깨를 늘어뜨리고 트리시의 손을 잡았다.

"우리 사이가 최근에 삐끗했는데, 저는 예전 관계를 되찾았으면 좋겠어요."

두 사람 다 40대 초반이었고, 12년 전에 결혼해 6살짜리 아들을 두고 있었다. 트리시는 공부를 계속해서 캘리포니아대학교에서 학생들을 가르쳤고, 출간한 책 두 권은 모범 텍스트로 자리 잡아 그녀에게 쏠쏠한 인세 수익을 계속 안겼다. 앨버트는 약사로서 언젠가 자신의 약국을 차리겠다는 꿈을 안고 있었다. 그의 열심히 일하는 모습과 철저하게 절약하는 습관은 트리시를 감화시켰다. 트리시는 앨버트보다 경제적으로 훨씬 더 불안한 환경에서 자랐다. 알코올 중독자인 아버지는 무직 상태일 때가 많았고, 전기 공급조차 불안정했다. 이러한 원가족과 함께할 때와는 다르게 앨버트와 함께 있으면 안전함을 느꼈다. 트리시는 자신이 결혼식에서 앨버트가 약국에서 가져온 유통기한 지난 샘플로만 화장했다는 사실을 현명한 선택으로 받아들였다. 하루 지난 빵을 사려고 기를 쓰는 앨버트의 모습도 매력적으로 받아들였다. 트리시는 앨버트를 이해했다. 두 사람은 새 차, 냉장고, 오디오 시스템을 장만해본 적이 전혀 없었다. 앨버트가 두 사람이 그토록 바라던 집을 살 기회를 놓친 이유도 트리시는 이해했다. 두 사람 다 시장이 악화될까 봐 두려웠기 때문이다. 억울함은 없었다. 마크가 태어나기 전까지는 말이다.

트리시는 다른 집에서 물려받은 아기 옷이나 벼룩시장에서 다른 아기용품을 보다가 찾은 아기 침대에 개의치 않았다. 마크가 이런 것을 흉하게 여길 리 없었지만, 시간이 가면서 그렇게 느낀 사람은 트리시였다. 트리시는 자기희생에 개의치 않았다. 기꺼이 자신을 희생했다. 그러나 마크한테는 약간의 사치를 부리기 시작했다. 여기저기 널려 있는 장난감은 상점에서 구매했고, 마크의 첫 침대에는 새 매트리스를 깔아줬으며, 베개는 완전히 새 상품이었다. 이 중에 앨버트의 동의를 얻은 것은 없었다. 앨버트는 둘이 그 돈을 아껴서 마크의 미래를 위한 대학 자금을 마련해줘야 한다고 트리시에게 말했다. 트리시는 이미 그렇게 하고 있다고 상기시켰다.

두 사람은 자주 다퉜다. 어느 날 밤, 트리시는 일기에 이렇게 적었다.

"지금 무언가가 잘못되었다. 마크한테 나쁜 본보기가 되고 싶지는 않다. 믿기지 않지만, 희생이 전부가 아니었다."

마크의 다섯 번째 생일을 코앞에 두고 앨버트가 중고 자전거를 사 들였을 때, 갈등은 극에 달했다. 트리시는 그 자전거를 보고 눈물이

났다.

"받침다리가 휘었잖아."

"내가 고칠 수 있어."

그녀가 단호하게 말했다.

"아니, 마크가 탈 첫 자전거는 새 자전거여야 해. 내 돈 쓸 거야."

"터무니없는 소리 하지마."

"아니, 터무니없어진 건 **우리**야."

이튿날 트리시는 마크가 탈 새빨간 새 자전거를 사 왔다. 아들이 자전거를 보았을 때의 눈빛은 정말 사랑스러웠다. 그 눈빛을 앨버트 에게서도 정말 보고 싶었다. 본 적이 있었는지 기억할 수도 없었다. 두 사람은 함께 정말 잘 지냈었다. 트리시의 두려움은 앨버트의 두 려움과 아주 딱 맞았다. 그녀의 조심성은 그가 원래 가지고 있던 과 묵함과 완벽하게 아귀가 맞았다. 그에게 필요한 게 없으면, 자신도 필요한 게 없다고 그에게 보여줄 터였다. 두 사람이 조용히 발맞춘 희생은 몇 년 동안 이어졌다. 그래서 행복했을까? 트리시는 궁금했 다. 아니라고 생각했다. 두 사람은 서로에게 무엇을 했던 것일까?

트리시는 둘이 처음에 함께하던 시절을 떠올렸다. 그때 트리시는 테슬라 주식을 조금 사는 게 좋은 투자일 것이라고 생각했지만, 앨 버트는 그 작고 빛나는 잉걸불을 꺼버렸다. 마치 몇 년 후 약국이 매 물로 나왔을 때 트리시가 그 기회에 찬물을 끼얹었을 때처럼 말이 다. 당시 트리시는 두 사람이 너무 많은 돈을 빌려야 했기에 그 기회 를 잡을 준비가 안 되었다고 여겼다. 그러자 앨버트의 눈에서 생기가 사라졌다. 트리시는 실망과 안도가 뒤섞인 그의 표정을 기억했다. 트리시는 두 사람의 관계를 우리에게 설명하면서 두 사람이 서로에게 전한 것이 바로 실망과 안도감이라고 결론지었다.

평가치고는 너무 암울했다. 두 사람은 서로 뜨거운 사랑과 온정도 나누었기 때문이다.

우리가 주저, 기피, 위험 회피에 관한 뇌 화학작용을 이야기하자 앨버트는 귀를 쫑긋 세웠다. 실제와 느낀 내용을 구분해볼 필요가 있었다. 우리는 균형을 이야기하며, 트리시가 이성적으로 위험 요소를 생각해서 목소리를 높인 행동이 얼마나 용기 있는 일이었는지를 이야기했다. 우리는 앨버트에게 언제 마지막으로 돈을 맘 놓고 썼었는지 물었다. 그러자 앨버트는 당황해했다. 그리고 옅은 미소로 얼굴에 주름을 만들더니 입을 열었다.

"그래 본 적은 없지만, 에스프레소와 카푸치노를 만드는 기계를 계속 살펴보고는 있어요. 언젠가 사겠죠."

실제로 그날은 우리의 생각보다 빨리 찾아왔다. 우리를 네 번째로 만난 자리에서 앨버트는 자신이 온라인 벼룩시장에서 완벽한 에스프레소 머신을 발견해 구입했다는 이야기를 가장 먼저 꺼냈다. 새 제품은 아니었겠지만 큰 진전이었다. 그리고 지난달에 우리는 더 큰 진전을 확인했다. 앨버트가 지난 몇 년 동안 일했던 약국을 매입하려고 최근 협의 중이라는 소식이었다.

우리가 만난 또 다른 방어형 부부의 경우, 둘 중 한쪽이 그전까지 갖고 있던 조심스러운 경제 활동의 고삐를 풀었다. 그런데 아주 다른 이유에서였다. 전형적인 방어형인 롭과 제인은 위험 요소를 피하며 아주 신중하게 행동하며 지냈다. 그러나 최근 두 사람의 결혼생활에는 우리의 예상을 뛰어넘는 놀라운 반전이 있었다. 롭이 말문을 열었다.

"저는 아주 느긋한 사람이에요. 원래 천성이 그런 편이죠. 제인이 결혼 첫날부터 늘 우리의 재정을 관리했어요. 지출과 투자를 모두 도맡았죠. 꼼꼼한 사람이고 저보다는 수에 훨씬 더 밝았거든요. 결혼한 지 23년이 됐고, 재정적으로는 둘 다 웬만큼 잘하고 있었어요. 제가 제인만큼 신뢰하는 사람은 아무도 없는데, 최근엔 좀 달라졌어요. 우리는 우리가 가진 모든 것을 절반씩 나누는 부부 공동 재산 상태를 유지하고 있어요. 그런데 늘 신중한 사람이었던 제인이 요즘은 무모해 보여요."

'무모하다'는 표현은 과장이겠지만, 제인은 극적인 방식으로 투자하기 위해 자신의 위험 대처 수준을 바꿨다. 제인은 방어형으로서 늘 어느 정도 위험을 피했다. 롭의 시선을 사로잡은 부분은, 제인이 지방채 유가증권을 매각하고 옵션을 거래하기 시작한 것이었다. 그들의 순자산에 눈에 띄는 변화는 없었고, 롭은 미래 안정성에 불안을 느꼈다.

롭의 상황 설명을 듣고 제인은 심드렁했다.

"제 입장을 이야기하자면, 그동안 우리의 투자는 늘 보수적이고 신중했어요. 너무 신중했죠. 더 나은 이익을 얻을 수 있는 합리적인 기회가 있는데, 놓친 게 한두 번이 아니에요. 그걸 두려워하는 건 투자 전략이 아니죠. 그래서 제가 고삐를 조금 풀었어요. 갑자기 우리의 위치가 바뀌니까 롭의 잔격정만 늘었네요."

제인이 변한 건 사실이었다. 그런데 이유가 무엇일까? 뇌에서는 일반적으로 안정적인 화학작용이 이루어진다. 위험 감수 성향이 이렇게 바뀐 것을 과연 어떻게 설명할 수 있을까?

우리는 여러 질문을 통해 그동안의 병력을 쭉 확인해보았다. 그 결과 몇 달 전에 제인이 손목터널증후군 악화로 매일 아세트아미노펜을 복용하기 시작했음을 알게 되었다. 이것은 드문 일이 아니다. 실제로 전체 미국인의 4분의 1 정도가 주 단위로 처방전 없이 진통제를 복용한다. 그러나 최근의 여러 연구에 따르면, 이러한 약은 고통을 더디게 할 뿐 아니라 복용자의 위험 감수 성향까지 바꾼다. 이러한 변화는 큰 깨달음을 얻는 순간처럼 다가오지 않는다. 훨씬 더 미묘하고 은밀하게 모습을 드러낸다. 이렇게 처방전 없이 진통제를 복용하면 온전히 탈억제 효과가 나타나서 사람들이 보통이라면 하지 않을 위험을 감수하게 만든다.

진통제가 제인 같은 방어형의 뇌 화학작용에 영향을 미칠 수 있다면, 당신은 이미 위험을 감수하는 쪽에 가까이 있는 공격형에게 미칠 수 있는 영향도 상상할 수 있을 것이다.

최근에 제인은 손목 수술을 받아서 더는 진통제가 필요하지 않게 되었다. 몇 달 후에는 옵션 계정을 닫았다. 제인은 이 사실이 자신이 복용하던 약물과는 관계가 없다고 생각했지만, 우리는 나름의 의심을 품고 있다.

순수하면서도 순수하지 않은 부정 정서

모든 치료의 결과가 우리의 바람대로 이루어지지는 않는다. 군의관인 마티의 이야기를 해보겠다. 마티는 자신이 제휴하는 병원에서 관리자로 일하던 캐런과 5년 전에 결혼했다. 마티는 응급실 내 행위를 이유로 병원 기관장으로부터 두 차례 징계를 받았지만, 우리에게 치료를 받게 된 것은 집에서 캐런과 벌어진 일 때문이었다.

우리는 자신을 얼마나 확실히 이해할까? 자신이 문제의 원인이라고 보는 경우는 얼마나 자주 있을까? 반대로 다른 사람의 잘못은 얼마나 자주 발견할까? 이 질문들에 대한 대답은 증상으로 구체화될 뿐만 아니라 치료를 긍정적인 경험으로 생각할 사람과 그렇지 않을 사람을 제대로 예측해준다. 우리한테 와서 불안감과 우울감을 호소하는 사람은 자신을 문제의 중심으로 여기는 편이고, 주로 방어형이기도 하다. 그리고 분노 문제로 치료를 받으러 오는 사람들은 자신의 짜증을 외적 요인으로 설명하려고 하면서 남 탓을 하는 편이다. 이러한 사람들은 대부분 각성을 갈구하는 쪽으로 공격형에 속한다. 그럼 어느 부류가 치료에서 더 많은 것을 얻어갈까?

마티와 캐런의 이야기로 들어가기에 앞서 잠시 앞으로 돌아가보자. 알다시피 공격형이 기댈 수 있는 도파민은 상당히 적고, 이에 수반한 자연적인 각성 수준도 상당히 낮다. 그렇다고 그 사실이 공격형이 각성하지 않는다는 의미도 아니고, 방어형과 비교했을 때 높은 수준의 각성을 더는 불편하게 여기지 않는다는 의미도 아니다. 그러

3부 나의 뇌 유형은 인간관계에서 어떻게 나타나는가?

나 방어형이 보통 불편할 만큼 높은 수준의 각성을 주로 **자신** 때문에 일어난 것이라고 여기는 반면, 공격형은 스트레스를 유발하는 급격한 각성을 상황에 따른 것으로, **다른 사람** 탓으로 돌린다.

마티는 스트레스를 많이 받으면서 지낸다. 마티가 스트레스를 받으면 응급실에서 실수하는 초보 인턴에게 소리 지르는 등 크게 각성한다. 마티의 이러한 성향은 방어형인 캐런과 반대로 심각한 과소비로 이끌었다. 캐런은 집 안의 재정을 신중하게 다뤘지만, 마티의 신용카드는 제어하지 못했다. 그리고 마티의 무모한 소비 습관은 두 사람 사이에 잦은 언쟁을 불러왔다. 두 사람은 돈 때문에 입씨름을 시작하곤 했는데, 이보다 더 우려되는 부분은 점차 심해지는 마티의 폭력이었다. 실제로 최근에 언쟁을 벌일 때 마티는 캐런에게 신체적 폭력을 가했다. 그로부터 1주일도 지나지 않아 마티는 캐런을 밀치기만 한 게 아니라 그녀의 목을 붙잡고 그녀를 때리기도 했다.

그 사건은 최후통첩으로 이어졌다. 몇 달 동안 캐런은 마티에게 자신과 함께 심리치료를 받으러 가자고 요구했다. 그러나 마티는 거절했다. 이제 캐런은 마티와 함께 누군가를 만나는 데 더는 흥미가 없었다. 결국 캐런은 마티가 심리치료를 받고 분노 조절 방법을 배우지 않으면 헤어지겠다고 말했다. 이러한 상황에서 우리는 마티를 처음 만났다.

우리는 첫 번째 세션에서 많은 정보를 얻었다. 마티는 힘들게 성장했다. 어머니는 미혼모였고, 집 안팎으로 모르는 남자들이 들락거렸다. 마티는 자신의 아버지가 누구인지 전혀 몰랐고, 어머니가 알고 있다는 확신도 없었다. 고등학교를 졸업하자마자 군에 입대했고 특공대원 훈련을 받았다. 레지던트 시절에 알고 지낸 지 한 달도 안 된 누군가와 결혼을 해서 1년 후에 이혼했다. 캐런과 결혼한 것은 이듬해였다. 어렸을 때 마티는 ADHD 진단을 받고 2년 동안 리탈린을 복용했다. 학교에서는 사람들과 자주 다퉜고, 최근에는 운전 중에 욱하는 경우가 잦았다. 마티는 자신이 운전대를 잡을 때 캐런이 동승하기 싫어한다고 말했다. 마티는 완벽주의 성향이 강했고, 다른 사람에게 그런 것처럼 본인 자신에게도 심하게 비판적이었다. 당시 마티가 복용하는 약은 없었다.

마티와 함께한 다음 세션은 얻은 게 없었다. 마티는 늘 시간을 잘 지켰지만, 상담 내내 계속 자신의 휴대폰만 처다봤다. 첫 세션에서는 그나마 적절하게 반응한 반면, 그 후로는 침묵하거나 짧은 대답으로 일관했다. 모든 질문은 늘 막다른 곳으로 이어졌다.

"저기요, 제가 온다고 했고, 그래서 여기 있잖아요."

마티는 휴대폰을 보며 말했다.

"모습을 드러낸다고 해서 여기에 있는 게 아니잖아요. 여기에 있는 거라면, 당신이 왜 이곳에 왔는지 그 이유를 적극적으로 알아보려고 노력하셔야죠."

"말했잖아요. 캐런 때문에 왔다고."

"그걸로 충분치 않아요. 우리가 보기에 당신은 화나 있고 상처받았고 고통이 커요."

"여기까지 차를 끌고 와서 이걸 해야 한다는 게 고통이죠. 뭘 알고 싶으세요? 마법을 좀 부려보세요."

"여기에 마법 같은 건 없어요. 솔직한 대화가 있길 바랄 뿐이죠."

정적. 마티는 페이스북을 보기 시작했다.

"그러면 우리가 제안한 명상과 호흡 연습을 당신이 어떻게 경험했는지부터 이야기해보죠."

"그거 아세요? 제 호흡은 아주 좋습니다."

"우리가 제안한 연습을 하나라도 해보셨나요?"

정적. 네 번째 세션까지 마티는 치료실에 모습을 드러내긴 했지만, 의미 있는 태도를 보이지 않았다. 무의미한 시간이 또 한 번 흘렀고, 우리는 막판에 마티가 치료받는 척하면서 캐런한테 생색만 내도록 놔두진 않을 거라고 했다.

"상관없어요."

마티는 이렇게 말하고는 방에서 나갔다.

심리치료는 가끔 효과가 없고 도움이 되지 못한다. 그 마지막 상담으로부터 두 달 뒤, 우리는 마티에게서 짧은 편지를 받았다. 내용은 이랬다.

"이제 만족하시길. 캐런이 이혼을 신청했습니다."

봉투 안에는 망치로 두드려 납작해진 결혼반지가 들어 있었다. 마티가 결혼 위기를 벗어날 수 있었을까? 우리가 더 효과적인 다른 무언가를 할 수 있었을까? 그럴 수도 있다. 우리는 절대 알 수 없다. 다만 확실히 아는 것은, 그러한 환경에서 마티 없이 지내는 게 캐런에게 더 안전하다는 점이다. 우리는 마티가 도움을 받길 진심으로 바란다. 우리가 그와 짧게 만나는 동안 이야기한 것처럼, 그에게는 큰 고통이 도사리고 있기 때문이다.

분노는 부차적인 감정으로, 그것을 촉발하는 고통보다는 견디기 쉽다. 분노는 진통제 물질의 역할을 하는 노르에피네프린을 분비하고, 상처에 대한 집중도를 낮추는 식으로 작용한다. 그러나 노르에피네프린은 감각을 무디게 할 뿐 아니라 자극 물질인 에피네프린을 분비하여 폭발적인 에너지를 초래한다.

알다시피 마티 같은 공격형은 각성에 끌린다. 그리고 감각을 무디게 하는 물질뿐 아니라 에너지를 주는 물질에도 중독될 수 있다. 우리가 마티를 제대로 알게 되지는 못했지만, 그의 어린 시절의 고통스러운 경험이 무기력감으로 이어지지는 않았는지 의심하고 있다. 이때 무기력감을 무디게 만들고 그를 무기력감으로부터 지켜준 것이 바로 분노다. 화학작용이 유발한 자기 역량 강화가 거대한 역기능을 초래한 셈이다.

다른 일화 하나를 더 소개하겠다. 밴은 벽에 등을 기대고 앉아 사람들로 붐비는 레스토랑을 바라보고 있다. 그와 마주한 사람은 아내인 클로이다. 근처의 웨이터가 두 사람의 유리잔에 레드와인을 조금씩 더 따른다. 밴과 클로이는 뇌 화학작용 분류에서 모두 방어형에 속한다. 열심히 일하는 사람들이고, 오늘 밤은 근사한 식당에서 잘 차려진 식사를 한다. 밖에서 즐거운 밤을 보내는 행복한 부부일까?

딱히 그렇지도 않다.

행동의 어떠한 면면은 뇌의 불균형한 화학작용으로부터 영향을 받지만, 그렇지 않은 역학도 있다. 어떤 것은 공격형과 방어형에게 똑같이 선택받은 동등한 기회 특성에 지나지 않는데, 그중 하나가 통제다.

밴은 40대 중반으로 이번이 세 번째 결혼이고, 클로이는 첫 번째 결혼이다. 밴보다 두 살 어린 클로이는 밴이 친절하고 자상하며 공손하다고 느꼈다. (실제로는 그렇지 않지만) 자신이 꾸밈없고 평범하다고 느끼며 자란 클로이는 결혼 몇 달 전에 그가 자신에게 보인 매력과 달콤하고 로맨틱한 표현에 푹 빠져버렸다.

클로이의 많은 친구가 두 사람 사이에 공통점이 얼마나 많아 보이는지 이야기했다. 그러나 두 사람은 결혼 초반에는 서로 잘 어울리며 사는 것 같더니 곧 삐끗했다. 우선 밴이 클로이가 어디를 누구와 함께 가는지 확인하고 나섰다. 이러한 순수한 호기심은 그녀의 소재 확인과 동반인에 대한 미묘한 경고로 바뀌었고, 더 직접적인 통제 행동으로 이어졌다. 처음에 클로이는 밴이 자신을 보호하기 위해 요구하는 것이며, 그의 관심을 반영한다고 여겼다. 결국 결혼 후 세 번째 달에 들어선 지금, 둘이 저녁 외식을 할 때 클로이가 다른 남자와 절대 눈을 마주치는 일이 없도록 벽을 마주 보는 자리에 앉으라는 밴의 요구를 받았다.

밴과 같은 남자들에게 결혼은 이상한 산물을 낳는다. 클로이는 **자신의 아내**이기 때문에 자신에게는 클로이를 통제할 권리가 있다는 소유권 말이다. 클로이는 밴의 요구를 따르면 밴을 안심시킬 것이고, 성적 신뢰에 대한 우려를 누그러뜨릴 것으로 생각했다. 그러나 우리는 클로이가 밴의 불안감에 맞춰주면 그의 두려움을 인정하고 그녀가 통제받을 필요가 있음을 그에게 확인시켜주는 것뿐이라고 말했다.

좋은 결혼은 자유와 관련 있고, 좋은 배우자는 서로의 성장과 행복을 지지한다. 신뢰는 불신의 토양에서 절대로 자라지 않는다. 점점 벌어지는 틈을 자유가 메우고 확인할 때 신뢰는 커진다. 우리는 모두 자신의 각성과의 관계성을 효과적으로 다루는 법을 익혀야 한다. 밴은 (스스로 불안이라고 해석한) 자신의 각성 수준에 직접 대처해야 했지만, **자신**의 불편을 줄이기 위해 **클로이**의 행동을 통제하고 지시하고 바꾸는 전략을 쓰고 있었다.

"하지만 제가 하는 무언가 때문에 밴이 이런 식으로 행동하고 있다면요?"

클로이가 물었다. 전형적인 방어형 질문이다. 이것이 클로이가 자신의 각성에 대한 불편을 줄이는 방법이었다. 그 사람을 불안하게 만드는 무언가가 있다면 자기 자신을 변화시켜서 상황을 조절할 수 있다고 생각하는 것이다.

우리는 모두 자기 행동에 대한 책임이 있다. 각성에 의한 불편함을 조절하는 책임은 자신에게 있지 상대방에게 있지 않다. 밴은 높아진 각성 때문에 생긴 불쾌한 생각을 줄이기 위해 통제 전략을 사용했고, 클로이는 같은 목표를 달성하기 위해 순응을 선택했다. 클로이가 건강한 결혼생활을 하려면 방어형이 모두 싫어하는 무언가를 하는 법을 익혀야 한다. 그것은 바로 방어형이 각성 조절 전략으로 선택하는 회피를 포기하는 것이다.

클로이가 자신의 역할을 깨닫기까지는 어느 정도 시간이 걸렸다. 어느 날 그녀가 와서 이렇게 이야기했을 때 우리는 두 사람 사이의 진전을 확인했다.

"밴과 함께 앉아서 몇 가지를 이야기했어요. 저는 이렇게 말했죠. '난 당신을 사랑하고 당신과 결혼하고 싶었어. 하지만 뭔가가 잘못된 거 같아. 당신이 세세한 것까지 관리할 수 있는 사람을 필요로 한다면, 이해는 해. 하지만 난 그렇지 않아. 당신이 나를 믿지 못한다고 해서 내가 저녁 외식을 나가서 벽을 보고 앉아야 하는 일은 이제 절대로 없을 거야. 절대로.'"

우리는 밴이 어떻게 반응했는지 물었다.

"밴한테 이렇게 말했을 때는 정말 겁이 났어요. 하지만 그 사람이 저한테 한 말에 저는 완전히 충격을 받았죠. 그 사람은 나를 잃기 싫다고 말하더니 이랬어요. '그게 나야. 당신은 나한테 불신받을 행동을 한 적이 단 한 번도 없어. 다른 사람은 필요 없어. 이건 당신 문제가 아니고 내 문제야. 내가 해결해보도록 노력할게.'"

밴이 클로이의 행동을 해결 수단으로 삼지 않고서 자신의 급격한 각성을 참아내는 방법을 배울 수 있는지는 두고 봐야 한다. 부부 심리치료에서 클로이는 자신이 밴의 관계 이력을 더 꼼꼼히 따져야 했고, 불안으로 인한 통제가 과거 결혼에 똑같은 피해를 가한 사실을 확인해야 했다고 여겼다. 그러한 패턴은 습관적이고 쉽게 고쳐지지 않는다. 딱 한 번 있었던 대화에서 솔직함을 보였다고 그러한 무의식적인 전략이 그냥 사라지는 게 아니다. 밴의 의욕이 아무리 넘친다고 해도 그런 모습은 남아 있을 것이다.

존중과 신뢰에 관한 일종의 건강한 경계는 애정 어린 관계를 정의한다. 클로이는 그러한 경계를 만들고 감시할 필요가 있다. 그녀가 쉽게 순응하는 방법으로 불편을 줄이는 게 아니라 회피와 자기 비난을 줄이는 것을 선택했다는 점에서 희망적이다. 이는 공격성이 낮은 방어형에게는 쉽지 않은 일이다. 그러나 클로이는 자신의 뇌 화학작용이 감정을 만들고 행위에 영향을 미치는 방식을 이해함으로써 전에 경험하지 못한 자유를 얻었다. 클로이는 이렇게 말했다.

"밴이 저를 더 이상 몰아세우지 못하게 할 거고, 저도 확실히 제 뇌 화학작용에 떠밀리지 않을 거예요."

성적 만족과 불만족

사랑은 확신을 주고 기분을 좋게 만들며 생기를 불어넣는 동시에, 고통을 주고 슬픔에 빠지게 하는 놀라운 힘이 있다. 희한하게도 사랑의 산물 중에는 스트레스가 있다. 살면서 겪는 큰 스트레스의 원인에는 사랑하는 이의 죽음, 새 도시로의 이사, 질병, 이혼, 그리고 **결혼**이 있다. 물론 스트레스는 신체적인 현상이다. 우리가 스트레스를 받으면 코르티솔이 우리의 몸에 흐른다. 이는 특히 방어형에게 큰 영향을 미치는데, 코르티솔이 세로토닌을 크게 줄여서 방어형을 스트레스에 더 취약하게 만들기 때문이다. 우리가 스트레스와 코르티솔 분비로 위험을 마주할 준비를 하게 된다는 점에서 이러한 효과는 분명 진화적 가치를 띤다. 도망치거나 싸울 준비가 되었을 때 뇌가 마지막으로 필요하다고 여기는 것은 세로토닌의 진정 효과다. 그런데 사랑에 빠지면 안전함을 느껴야 하지만, 몸은 우리에게 짓궂은 장난을 친다. 우리가 세로토닌의 조절 효과를 가장 필요로 할 때 몸이 그 꼭지를 잠그는 것이다.

신혼부부인 메이슨과 홀리가 우리를 찾아왔다. 두 사람은 모두 방어형이고 캠퍼스 커플이었다. 얼마 전 대학교를 졸업한 뒤 메이슨은 로스앤젤레스에서 소프트웨어 엔지니어 일을 제안받았는데, 그가 얻길 바라던 기회였다. 홀리는 물리치료 학위를 갖고 있어서 어디서든 일자리를 찾을 수 있다고 자신했다. 둘 다 서로 멀리 떨어져서 지내고 싶지는 않았기 때문에 사우스벤드(미국 동부에 위치한 인디애나주의 도시―옮긴이)에서 서부 해안으로 이사하기로 했다. 그들은 친구와 가족을 초대하여 서둘러 결혼식을 치른 후 장거리 이사를 감행했다.

이사, 결혼식, 새 일자리 그리고 하나 더. 두 사람 다 결혼 전에 실제로 성 경험을 해본 적이 없어서 시도해도 만족스럽지 못했다. 실패의 원인은 시도에 대한 흥미 부족이 아니었다. 메이슨의 조루증이었다.

방어형은 각성의 신체적·정서적 영향에 꽤 민감한 탓에 공격형에 비해 성적인 문제를 경험하기 쉽다. 남자에게는 조루가 그 징후가 될 수 있다. 성적 흥분과 관련된 각성의 급격한 증가와 크게 줄어든 세로토닌과 어우러지면, 아주 적은 신체 자극으로도 사정이 이루어질 수 있기 때문이다. 발기 부전도 징후가 될 수 있다. 불안함을 느끼고 실패를 예상하여 코르티솔이 분비되면, 투쟁-회피 반응이 생겨서 피가 정작 몰려야 할 바로 그곳이 아닌 팔과 다리에 몰리게 된다.

두 사람은 이 문제를 공유하기 고통스럽고 당혹스러워했지만, 자신들의 관계를 위해 최선을 다하기로 했다. 부부는 하루에 20분씩 마음챙김 명상을 하기로 했고, 우리는 메이슨에게 그의 불안뿐 아니라 그가 경험한 조루에 대한 해결 수단으로 선택적 세로토닌 재흡수 억제제(SSRI)를 처방했다.

홀리는 어쩌다 먹는 항생제 외에는 처방 약을 받아본 적이 없었다. 그래서 우리는 그녀에게 선택적 세로토닌 재흡수 억제제를 처방하지 않고 처방 약 복용 외에 세로토닌 가용량을 늘리는 방법을 정리해서 알려줬다.

홀리는 성적인 경험이 없었다. 우리는 먼저 그녀에게 가장 기본적인 성교육을 조금씩 진행했다. 자신이 기본적인 내용을 실제로는 거의 모르면서 모두 알고 있다고 생각하거나, 성과 관련한 실질적인 질문을 받으면 부끄럽고 두려워하는 사람이 얼마나 많은지 알면 당신은 놀랄 것이다. 그러고 나서 우리는 메이슨과 홀리에게 성관계 전에 성적 유희에 들어갈 것을 요구하면서 결과가 아닌 **전희**를 강조했다.

그렇게 6개월쯤 지났을 때, 메이슨은 홀리로부터 큰 자극을 받아 몇 분 동안 발기할 수 있었다. 그리고 홀리는 난생처음으로 오르가슴을 느꼈다. 심리치료는 가끔은 고통스러운 시간이지만, 가끔은 온 힘을 모아 만개하는 꽃을 보는 것과 같다. 사람들은 대개 크게 공을 들이거나 끼어들기 싫어하고 그저 뒤로 물러서서 지켜본다. 홀리와 메이슨이 그랬다. 우리가 처음 만난 지 1년 정도 지나서 치료를 마무리할 즈음에서야, 두 사람은 사랑이 넘치고 성적으로 충만한 관계를 즐기게 되었다.

심리치료를 받는다고 당연히 사랑이 만들어지지는 않는다. 그러나 너무 깊고 광범위한 상처가 아니라면 사랑이 훼손되지 않게 막아주거나 상처를 회복하는 데 도움을 줄 수 있다. 결혼생활의 위기를 마주한 한 부부의 이야기를 해보겠다. 카라와 짐은 6년 전에 결혼해서 어린 두 자녀를 두고 있다. 6년 중 5년의 결혼생활은 아주 순탄했다. 공격형인 짐은 어린이와 성인을 대상으로 가라테 강습소를 운영했고, 방어형인 카라는 어린이 병원에서 사회복지사로 일했다.

카라는 둘째 아이를 낳고 살짝 우울증을 겪었지만, 몇 달이 지나면서 우울증에서 벗어났다. 그녀 직업의 고통스러운 특성이 문제를 더했다. 응급실에 학대당한 것으로 의심되는 아이가 오면 카라가 늘 가서 돌봐줘야 했다. 카라는 그곳에서 2년 동안 일하며 멍들고 구타당한 아이들을 생각보다 많이 보게 되었다. 밝은 기분으로 집으로 퇴근한 적이 거의 없었다.

한편 짐은 천성적으로 더 외향적이고 낙천적이다. 그는 그의 첫 연애에서 여자친구와 함께 파티에 빠져 지냈다. 두 사람 모두 애더럴, 리탈린 등 손에 넣을 수 있는 다양한 각성제를 마음껏 즐겼다. 운동을 좋아하고 대담한 성격을 가졌던 그 여자친구는 짐을 암벽등반으로 이끌었고, 약에 취하면 누군가에게 불쾌감을 주거나 시비를 걸었다. 짐이 그녀 때문에 자주 위험한 상황에 처하게 되자, 더 자신 있게 대처하려고 가라테에 입문했다. 그러다 그녀가 급작스럽게 지역 술집 밴드의 드럼 연주자와 어울리자, 그는 상처받은 만큼이나 안도감도 들었다.

그로부터 몇 달 후, 짐은 카라를 만나게 됐다. 그의 성장 배경과 대조적으로 카라는 안정적인 가정에서 자랐고, 부모는 여전히 결혼 상태를 유지하고 있었다. 부모가 이혼하면 그 자녀도 이혼할 위험이 커진다는 사실은 흥미로울 수 있다. 이혼 부부의 자녀에게는 평생 결혼이라는 본보기가 없다. 장기적인 관계를 유지하려면 갈등을 견뎌야 함에도 이에 대한 의지가 약할 수 있다. 짐의 전 여자친구에겐 없었던 면이 카라에겐 있었다. 짐에게 호기심을 가졌고 수줍어했으며 진지하게 사고했다. 카라는 짐의 외향적인 에너지에 약간 겁을 내면서도 경외심을 가졌다. 짐은 카라에게 약간 위험하면서도 흥미로운 존재였다. 짐이 생각하기에 카라에게는 삶에 더 적극적으로 나서기 위한 약간의 독려가 필요했다. 카라의 가족 중에는 아무도 하지 않는 일이었다. 짐은 카라에게 기꺼이 용기를 주었고, 카라가 낯선 세계에 발을 들이는 모습을 즐겁게 지켜보았다. 이는 미소와 새로운 자신감으로 이어졌다.

카라는 짐을 통해 균형을 유지하면서 잘 지냈지만, 이는 아기가 태어날 때까지였다. 자식이 생기자 곧 다시 조심스러워져서 외부 활동, 행사, 새로운 약속 등을 거절하는 경우가 잦아졌다. 완벽한 육아 도우미를 선택하는 일은 고문과 같았다. 짐과의 관계를 위해 그와 가끔 밤에 영화를 보고 나서 집에 돌아오는 일은 종종 있었다. 하지만 오래 계획한 휴가를 떠가거나 며칠 동안 아이들과 떨어져 있기로 한 경우에는, 짐과 같은 비행기를 탔다가 같이 사고당할 것을 우려해서 따로 타자고 했다.

짐 역시 카라만큼 아이들을 잘 챙겼다. 그는 매일 아침 일찍 일어나서 가족이 먹을 아침 식사를 준비했다. 아이들이 가장 좋아하는 음식은 짐이 동물 모양으로 만든 팬케이크였다. 카라는 저녁 식사 후 목욕과 양치를 책임졌고, 이후에 짐은 아이들이 가장 좋아하는 책을 읽어주곤 했다.

시간이 지나면서 짐과 카라의 대화는 점차 자녀들, 자녀들의 활동, 자녀들의 관심사로 쏠렸다. 둘 다 약간 서로 떨어진 느낌을 받았다. 방치된 느낌이었다. 이 부분에 대해서는 아무도 이야기를 꺼내지 않았다. 옆길로 샌 사람은 짐이었다. 관계의 시작은 순수했다. 문제의 여성은 가라테 강습소에 다니는 한 아이의 엄마로, 돌싱이었고 매력이 넘쳤으며 짐에게 호기심을 보였다. 짐은 그녀의 유머 감각과 그녀 자신에 대한 여유를 즐겼다. 그는 수업 후 아들을 데리러 온 그녀를 기다리게 되었다. 그녀에게는 밝은 매력이 있었다. 그것이 활기를 북돋웠다.

짐은 몇 달 동안 그 사실을 숨기면서 지내다가 죄책감을 느끼고는 카라에게 불륜 사실을 이야기했다. 카라는 큰 충격을 받았다. 그리고 짐에게 말했다.

"우리는 이제 함께할 수 없어. 절대로."

이후 짐은 소파에서 잠을 잤다. 친구들에게는 자신의 불륜 사실을 이야기한 후, 그 여성과의 관계를 끝냈다. 짐은 카라를 사랑하고 있었고, 자신이 모든 것을 망친 것 같아서 두려웠다. 우리를 찾아온 것은 친구의 제안이 있었기 때문이다.

밖에서 봤을 때 분명히 보였던 것이 있다면, 여전히 사랑이 숨어 있었다는 사실이다.

"전 베스트 프렌드로서의 카라를 잃었어요. 카라를 되찾고 싶어요."

첫 합동 세션에서 짐은 우리에게 이렇게 말했다.

"베스트 프렌드를 배신하면 안 되는 거였어."

카라가 말했다.

"맞아요, 그러면 안 되는 거였어요."

우리도 동의했다. 그들의 관계는 회복을 시도할 만큼 강해 보였지만, 신뢰에는 이미 금이 가 있었다. 신뢰는 비대칭적인 현상이다. 긴 시간과 경험을 통해 점점 채워지다가 한순간에 무너진다. 두 사람의 관계 복구를 도우려면 끈기 있는 노력과 관심이 필요할 터였다.

우리는 치료 대상이 누구든 간에 그 사람이 편하게 감당할 수 있는 각성의 스위트 스폿을 넓히는 것을 목표로 삼는다. 방어형이 살짝 더 높은 각성 수준에 익숙해지고 그것을 참아내는 임무를 맡아야 하는 반면, 공격형의 임무는 그 반대라는 의미다.

카라는 약간 격한 감정을 느끼면 고전적인 방어형 전략에 기댔다. 즉 자신이 느낀 각성 스트레스를 안으로 끌어들여 줄이려고 애썼다. 카라는 자신의 정서적 불편함을 조절하기 위해 자신의 불안감을 자녀들에게 집중시키는 등 자연스러운 회피 성향을 활용했다.

처음에 짐은 생활 범위를 좁히는 데 불만을 토로했으나 곧 이상한 일이 일어났다. 결국 그의 친구들과 보내는 시간을 줄이기 시작했고, 격주로 즐기던 포커 게임에도 더는 끼지 않게 되었다. 알래스카 연어 낚시 여행에 초대받았고, 카라가 가라고 권유하기까지 했지만 가지 않았다. 카라에게 한 번도 얘기한 적은 없었지만, 짐은 거절 의사를 내비치고 싶을 때는 몰래 카라 핑계를 대왔다. 남편들이 친구들과 하는 활동에서 빠지고 싶을 때 둘러대는 편한 핑계가 바로 아내다. 그리고 나면 남자들은 이내 왜곡한 사실을 잊고 아내에게 책임을 전가하곤 한다.

카라와 짐은 함께 즐거운 시간을 보내는 방법과 예전에 즐긴 것처럼 일상의 아쉽고 힘든 부분과 정치에 대한 자극적인 대화를 나누는 방법을 잊고 있었다. 필요한 것이 무엇인지 서로에게 묻는 방법도 잊고 있었다.

"짐은 더 이상 저한테 흥미로운 무언가를 해보라고 부추기지 않아요. 저는 그게 필요한데 짐한테는 절대 요구하지 않았죠."

카라가 짐을 보며 말했다.

"당신이 거기에 관심 있을 거라고 생각 못 했어."

"관심 없는 게 아니라 겁이 났지. 큰 차이야. 왜 관뒀어?"

짐은 어깨를 으쓱하고 말았다.

우리는 부부의 이러한 모습을, 대책 없이 상대를 핑계로 삼는 경우를 자주 본다. 확실히 말하건대, 짐은 자기 인생의 활기와 자신이 경험하는 일상적이고 예측 가능한 각성 감소에 책임이 있다. 친구들과 다시 교류하고 자신을 즐겁게 하는 일을 시작할 필요가 있었다. 카라가 원한다면 함께하고 아니면 혼자서 말이다. 그리고 카라는 짐 작으로 이야기를 시작하지 말고, 자녀를 불안감의 원인으로 보지 말아야 하며, 미온적인 기피 성향에 제동을 걸 필요가 있었다.

그렇다면 두 사람의 성생활은 어떨까? 틀에 박힌 지 오래였다. 짐 작할 수 있는 부분이다. 두 사람 모두 상대에게서 관심의 신호를 찾았다. 그리고 그 신호를 잘못 읽고 조용히 상처와 거절로, 하나의 바람으로 마음속에 담아두었다. 그렇게 미묘한 원망이 양쪽 모두에 쌓여갔다. 원망은 사랑에 독이 된다. 짐은 카라가 은근히 자제하는 모습을 발견했고, 카라는 짐이 자신에게 관심이 없다고 느꼈다. 실제로는 그렇지 않았지만 각자 그렇다고 쉽게 받아들였다. 아무도 입을 열지 않았다. 그들은 계속 그렇게 지냈고, 각자 원망만 쌓아갔다.

"내가 보이지 않는 사람이 된 것처럼 느껴졌어."

카라가 짐에게 말했다.

"난 네가 눈에 띄지 않고 조용히 지내는 것을 좋아하는 줄 알았지."

한쪽이 다른 길로 새기 알맞게 되어버린 환경이다. 상대적으로 충동 조절 능력이 떨어지는 짐은 관계를 등졌고, 몇 년 동안 함께하며 쌓은 신뢰를 무너뜨렸다. 사실 두 사람 모두 무심코 관계를 포기하고 더는 우선시하지 않았다. 과학에서 설명하기를, 우리는 무의식적으로 자신의 행동보다는 상대방의 행동을 행복의 주된 요소로 바라보는 성향을 지니고 있다. 이때 행복이란, 우리의 행복이다. 이는 '타인' 지향적인 성향을 만든다. 즉 '내가 행복하지 않은 것은 그 사람 책임이다'라는 것이다. 우리는 짐과 카라에게 두 사람 모두 자신을 행복하게 만들 책임이 있는 더 적극적인 (타인에게 덜 의존하고 불만을 덜 따지는) 관계를 맺으라고 권했다.

처음에 우리는 두 사람이 결혼생활을 잘 돌아가게 하고 싶어 한다는 점을 확실히 했다. 첫 번째 임무는 상처 입은 신뢰를 회복하는 일이었다. 모든 의도가 좋다고 가정할 때, 공격형의 장애물은 성급함이다. 짐은 자신의 과오를 인정했고, 다음 단계로 넘어갈 준비가 되어 있었다. 이는 보통 상대방이 아직 준비가 되지 않았음에도 성행위를 다시 시작하길 바라는 것으로 표현된다. 부정의 결과가 신뢰의 상실일 때 특히 중요한 부분이다. 확신과 시간이 가장 필요한 상황에서도, 문제를 일으킨 사람은 상대를 계속해서 안심시켜야 하는 데 지칠 수 있다.

짐은 그 두 가지를 모두 버거워했다. 그는 카라가 성적 접촉을 다시 시작하기 위한 준비 완료 시간을 정하도록 하고, 그녀가 바라는 만큼 안심할 수 있도록 수용적·반응적 태도를 취해야 했다.

카라가 다시 신뢰를 얻는 데 걸림돌이 되는 것은 이와 달랐다. 방어형은 상처받으면 일종의 보호막 안에 들어가 고통을 숨긴 채 곱 씹는 안타까운 성향을 보인다. 카라는 자신의 감정을 표현하는 것이 회복을 위한 자양분임을 깨달아야 했다. 카라한테는 자신의 취약성 을 받아들이는 데에도 충분히 겁이 났지만, 그것을 짐에게 말로 표 현하는 일이 훨씬 더 무서웠다. 카라는 위험에 따른 불편함에 맞서 고 짐과 더 많은 기회를 잡을 필요가 있었다. 이는 더 솔직하게 의사 소통하는 것뿐 아니라 그의 휴대폰이나 그가 받은 이메일을 확인하 려는 유혹에 빠지지 않는 것도 포함됐다. 신뢰는 틈새를 열고 안심 할 수 있는 방식으로 메워야 회복될 수 있다. 여기서 그 틈새를 열 수 있는 사람은 카라뿐이었다.

성적 영역에서는 자신의 성감, 성적 감수성, 성욕을 이야기하고자 하는 지속적인 의지가 중요하다. 그러나 그러한 대화가 이루어지지 않는 경우는 허다하고, 이루어진다고 해도 한쪽이 크게 상처를 받거 나 화가 난 상태에서 일어난다. 성관계는 서로 계속 교감하고 애정 을 표현하기 위한 즐겁고 유쾌한 방식이 되어야 한다. 한 사람이 보 이는 각성과의 관계성이 방해 요소가 되어 상황을 망칠 때 위기가 찾아온다.

방어형은 신체에 대한 부끄러움과 신체적 능력 혹은 매력에 대한 우려 때문에 성관계를 너무 심각하게, 너무 상징적으로, 너무 복잡 하게 받아들이곤 한다. 재미는커녕 시험이 되고, 종종 상대방조차 자 신이 시험받고 있다는 사실을 모른다. 방어형은 각성을 마음이 아닌 몸으로 받아들이는 (그것을 불안이 아닌 흥분되는 일로 해석하고 재구조화하는) 방법을 배울 필요가 있다. 위험을 감수하자. 위험은 신뢰, 편안함, 수용의 틈새를 열어준다. 배우자가 실제로 그 틈새를 채울 수 있는 기회를 잡으면, 당신도 그 기회를 즐길 수 있을지도 모른다.

당신이 자신을 상대적으로 편하게 느끼곤 하는 공격형이라면, 솔직함과 즐거움의 본보기가 되길 바란다. 당신은 위험을 참아내는 능력을 통해 관계에서 특권적인 위치를 차지한다. 그 특별한 지위에는 책임이 따른다. 방어형과 잠자리를 함께할 때 당신의 말에 무게가 실린다는 점을 아는 것이 중요하다. 공격형의 성향은 약간의 불확실성이나 위험이 동반할 때 강해지곤 한다. 그러나 친밀한 관계에서는 그러한 것을 제공해주지 않는다. 이 부분을 이겨내자. 흥밋거리를 찾는다면 스카이다이빙이나 번지 점프를 하자. 각성을 높이고자 하는 당신의 욕구는 배우자가 책임지지 않는다.

그렇다면 새로움의 측면에서는 어떨까? 물론 친밀함은 새롭고 낯선 것과 대조된다. 상대방의 모든 이야기를 듣고 자신의 개인적인 모든 문제와 주제를 공유하는 데는 긴 시간이 걸리지 않는다. 당신이 그토록 새로운 것을 찾길 바란다면, 결혼은 그걸 만족시켜줄 수 있는 영역이 아니다. 친밀한 관계에서는 지속성과 친숙함에 대한 편안함을 일구어낼 수 있다. 새롭고 알려지지 않은 경험이 필요하다면 다른 곳을 둘러봐야 할지도 모른다.

성장과 불편

현명하게 행동한다는 것은, 자신에게 좋지 않은 뇌 화학작용의 미묘한 영향을 막기 위해 노력한다는 의미다. 이렇게 하려면 깨어 있는 상태를 유지해야 하는데, 모든 사람에게 이는 어려운 일이다. 어려운 이유 중 하나는, 이러한 상태가 불편할 수 있기 때문이다. 우리는 어릴 때 정서적인 불편함을 피하는 방법을 배우고, 어른이 되면 거기에 능숙해진다. 하지만 여전히 화를 억누르고 충동을 억제하며 특정 감정을 참는 일이란 쉽지 않다. 공격형의 경우, 어느 정도의 단조로움과 권태와 예측 가능성 등을 두루 수용해서 충실하게 유지하기란 어려운 일이다. 방어형의 경우, 좀 더 사교적이고 솔직한 태도를 보이고, 불안에 휘둘리지 않고 당당하게 결정을 내리며, 내면에 쌓인 원한을 풀고 신의를 지키는 것이 쉽지 않다.

안락함과 편안함은 즐겁지만, 특별히 지성적이진 않다. 편안함이 상황을 이끌게 두지 말고 자신의 가장 높은 자아가 나서서 결정 내리도록 하자. 당신의 삶이 더욱 충만해지고 평온해질 것이다.

성장에는 나름의 신호가 있다. 우리는 가장 많이 성장하고 있을 때 보통 혼란스럽고 적대적이며 불안해하고 지나치게 감상적이며 우울해지기까지 한다. 성장하고 변화할 때마다 편안함을 느끼지 못한다. 나비는 자유의 몸이 되기 전에 번데기 상태에서 제한적이고 치명적인 압박을 받는다. 혹시 당신이 가까운 인간관계의 복잡함 때문에 조금 불안하고 지친다면, 나쁜 일이 아닐 수 있다. 그러한 감정

3부 나의 뇌 유형은 인간관계에서 어떻게 나타나는가?

은 앞으로 다가올 변화와 요구에 더 명확하게 대처할 수 있도록 준비하는 성장의 과정일 수 있다.

마지막 과제로, 이 장의 앞부분에서 우리가 제시한 뇌 화학작용이 결혼생활에서 어떤 역할을 하는지에 대한 질문으로 돌아가보자. 그리고 관계에서 문제시되고 자신의 뇌 유형과 관련 있다고 느껴지는 두세 가지 행동 방식과 역학을 찾아보자. 관계에 부정적인 영향을 미치고, 정서적으로 불편한 감정을 조절하기 위해 당신이 자주 하는 것이어야 한다. 그 리스트의 각 항목을 보고 이 문제를 어떻게 하면 건강하고 건설적이며 갈등을 덜 일으키는 방식으로 해결할 수 있을지 적어보자. 앞서 우리가 설명한 여러 전략 중에 당신의 특정 문제에 맞는 전략을 찾아보자. 소소한 실천이라도 전혀 문제없다. 결국 모이면 커지니까. 중요한 것은 당신이 이러한 단계를 밟고 있다는 의식과 꾸준한 실천을 위한 헌신이다. 우리가 확인한 바로는, 당신이 그렇게 한다는 것을 크게 알리지 않는 편이 도움이 된다. 배우자가 알면 아는 것이고, 모르면 모르는 것이다. 여기서는 **본인**이 신경 쓴다는 사실이 중요하다. 당신은 이 어려운 일을 건강하고 생산적이라는 이유로 하고 있다. 자신을 위해 하고 있다. 당신의 배우자 또한 이러한 사실을 알고 노력할 의지가 움트길 우리는 바란다.

이 도전이 쉬울까? 아니다. 당신은 오랫동안 한 방식으로 행동해왔으므로 쉽지 않을 것이다. 그렇다면 현명한 일인가? 그렇다. 여기서 치르게 되는 작은 대가는 감당 가능한 불편함이다. 그 대신, 결혼을 성공적으로 이끌고 또 오래 지속시킨다는 중대한 이득을 얻는다.

9장

내 아이를 위한 맞춤형 양육

침착한 아이가 더 건강하고 성공적인 성인으로 자란다.

"우리는 강의도 여러 개 듣고, 추천 도서도 전부 봤어요. 켈리는 매일 임신부 비타민을 잘 챙겨 먹었고, 저는 임신 막판에 얼마나 부자연스럽고 불편한지 느껴보려고 복부에 9kg짜리 장치까지 둘러봤고요. 와, 뭔가 달랐어요. 정말 부자연스러웠죠! 제가 켈리였다면 훨씬 더 힘들었을 거예요. 이렇게 우리는 만반의 준비를 했어요. 장모님도 그렇게 생각하실 정도로요. 이런 일에 칭찬받기는 힘들죠. 아기용 샤워기도 준비해두었고, 아기 옷들도 접어서 서랍에 넣어놨고, 유아용 침대도 조립해두었어요. 켈리랑 저는 자리에 서서 아직 주인 없는 작은 방을 둘러보았습니다. 그러다 켈리가 '우린 다 했어. 이제 영화 보러 가자'라고 했죠.

영화를 보고 버거를 먹으러 카페에 들렀어요. 켈리가 탁자 너머로 저를 보며 활짝 웃었고, 저도 거기에 활짝 웃었죠. 그때 갑자기 켈리의 눈이 커지더니 입이 쩍 벌어지더군요. '왜 그래?' 제가 물었더니 켈리가 답했어요. '진통이 오나 봐.'

저는 켈리의 손을 잡으려다가 콜라잔을 엎었어요. 우리 병원에 가야 하는 거 아니냐고 물었죠. 의사한테 전화하려고 휴대폰을 꺼냈어요. 켈리는 고개를 가로저으며 아직 아니라는 의사를 표시했어요. '잠깐 앉아서 진통 시간을 체크해보자'라고 말하는데 얼굴은 창백해졌죠. '진통이 아닌가 봐.' '뭐 같은데?' 휴대폰의 시간을 힐끗 보면서 제가 물었죠. 켈리는 어깨를 으쓱하고 감자튀김을 한입 베어 먹더니…, 갑자기 켈리가 제 손을 잡고 얼굴을 찡그렸어요. 휴대폰을 보니 2분 정도 지났었죠! '여기서 나가자!' 제가 소리를 질렀어요.

켈리가 꾹 참아가면서 내는 신음은 잦아지고, 그걸 제외하면 병원으로 가는 차 안은 무시무시할 정도로 조용했어요. 병원에 도착하자, 저는 병원 앞에 차를 세우고 켈리를 부축해 안에 들여보낸 뒤 도움을 요청했습니다. 병원 사람들이 켈리를 휠체어에 앉히고는 저한테 병원 앞에 차를 세워두면 안 된다고 하더군요. 그래서 저는 켈리가 엘리베이터를 타고 사라지는 모습까지 보고 뛰어 나와서 차를 주차장으로 옮겼고요. 그리고 나서 병원 안으로 다시 가니까 사람들이 켈리를 어디로 데려갔는지 모르겠더라고요. 결국 어떤 사람이 저한테 진통·분만 층으로 가라고 했죠. 엘리베이터를 기다리면 시간이 너무 걸릴 것 같아서 계단을 뛰어 올라갔어요. 제 머릿속에 드는 생각은 이것뿐이었어요. '맙소사, 우리한테 정말 아기가 생기는구나!'

진통·분만과로 가서 켈리를 찾아 미친 듯이 돌아다녔어요. 그러다 한 간호사가 확인해보겠다고 말했죠. 얼마나 오래 기다렸는지 모르겠어요. 영원처럼 느껴졌어요. 어느 순간 그 간호사가 미소를 띠며 저한테 다가왔어요. '축하드립니다! 딸이에요.'

그렇게 일이 벌어졌어요. 우리가 부모가 되었던 거예요. 그런데 우리가 전혀 준비되지 않았다는 느낌이 들었어요."

조의 말이 맞다. 조와 켈리는 준비되어 있지 않았다. 실제로 우리도 마찬가지다. 책도 강의도 소용없다. 부모가 되는 것의 어떤 측면은 본능적이고, 그 과정에서 활성화하는 호르몬으로 강화된다. 그러나 실제 부모가 되는 일은 불확실성과 자기 회의로 가득한 시행착오를 겪으면서 배우는 것처럼 느껴진다. 보통 부모 자녀 관계는 제아무리 기를 써도 의도와 상관없이 제 나름의 방향으로 흘러가려고 한다. 그것은 좌절감을 주거나 실망스럽거나 때로는 놀라울 정도로 쉽고 성공적일 수 있다. 누군가에게 양육이란 즐겁고 건강한 어린 시절의 기억을 되살리는 기회가 된다. 또 누군가에게는 부모의 취약성을 이해하고 용서하는 기회, 자신의 반복된 실수를 인식하고 그것을 바로잡고 개선할 수 있는 구체적인 기회가 된다. 어느 쪽이 됐건 양육은 어렵고 복잡할 수 있다. 그리고 우리에게는 대부분 구체적인 계획이나 두드러진 방법이 없다. 우리는 그저 최선을 다해 반응하며 좌충우돌하고, 여기에 따르는 수많은 문제에 대처할 뿐이다.

양육에 대한 전반적인 이해는 이 책이 다루는 범위에서 벗어난다. 여기서 당신한테 전하고 싶은 것은 두 가지다. 첫째, 우리는 당신이 자녀의 뇌 유형을 파악하는 데 도움을 주고 싶다. 자녀의 불균형한 뇌 화학작용에 따라오는 자기 패배적 성향을 극복하도록 돕고 활용 가능한 방법을 제시하고자 한다. 둘째, 당신의 뇌 유형 성향이 자녀의 뇌 유형 성향과 상호작용하는 방식에 대해 몇 가지 생각을 공유하고자 한다. 본론에 들어가기에 앞서, 당신이 염두에 두어야 할 질문이 몇 가지 있다. 혹시 당신은 자신의 뇌 유형이 자신의 양육 방식에 어떻게 영향을 미치는지 아는가? 그것이 자녀에 대한 생각에 어떠한 영향을 미치고 있을까? 자신의 양육 패턴을 배우자나 공동 양육자의 패턴과 성공적으로 조화시킬 수 있는가? 이 패턴들이 서로 충돌하는가, 서로 지지하는가, 서로 강화하는가? 당신의 뇌 유형 특징이 자녀를 이해하는 데 도움을 주는가, 아니면 방해하는가?

우리가 세상에 내보낸 작은 생명체가 자신의 잠재력을 고유의 능력으로 최대한 발휘하게 하는 일은 부모에게 가장 중요할 수 있다. 여기에 우리는 어떻게 대비해야 할까? 사실 부모가 자녀에게 가장 바라는 것은 자녀가 가장 큰 자신감을 가지고 마음껏 자신의 재능을 인식하고 표현할 수 있는 것이다. 그리고 이를 위한 최고의 방법은 이 목적 달성에 방해 요인이 무엇인지 이해하는 일이다. 당신도 알다시피 세로토닌이 불균형한 아이가 맞닥뜨리는 방해물은 도파민이 너무 적을 때 생기는 어려움과 다르다.

부모가 자신의 뇌 유형을 알고 있다면, 자녀의 뇌 유형도 꽤 정확하게 추측할 수 있을 것이다. 보다 정교하게 추측하기 위해 다음 설문에 답해보자.

내 자녀의 뇌 유형 평가하기

나의 자녀는,

1. 자신의 감정을 잘 표현한다.	그렇다	아니다
2. 실제로 존재하지 않는 위험을 자주 상상한다.	그렇다	아니다
3. 인정받지 못하는 데 아주 예민하다.	그렇다	아니다
4. 무엇이든 시도해보는 것을 좋아한다.	그렇다	아니다
5. 보통 수줍어하고 관조적인 편이다.	그렇다	아니다
6. 처벌에 별로 동요하지 않는다.	그렇다	아니다
7. 밝고 낙천적인 시각을 갖고 있다.	그렇다	아니다
8. 부정적인 기억에 사로잡히는 편이다.	그렇다	아니다
9. 상황이 나빠지면 남을 탓하는 편이다.	그렇다	아니다
10. 자신이 원하는 것을 당장 손에 넣으려고 한다.	그렇다	아니다
11. 부정적인 반응을 받으면 상당히 힘들어한다.	그렇다	아니다
12. 그다지 공격적인 편은 아니다.	그렇다	아니다
13. 충동을 잘 조절하는 것 같다.	그렇다	아니다
14. 일반적으로 화를 참는다.	그렇다	아니다
15. 필요하지 않은 기회를 잡는 것도 즐기는 듯하다.	그렇다	아니다
16. 병에 걸리는 것에 걱정을 많이 하는 편이다.	그렇다	아니다
17. 새로운 환경에서 불안해하는 편이다.	그렇다	아니다
18. 쉽게 주의가 산만해진다.	그렇다	아니다

19. 일상의 규칙을 잘 따른다.	그렇다	아니다
20. 위험을 회피하는 편이다.	그렇다	아니다
21. 실수에 대해 지나치게 걱정하는 것 같다.	그렇다	아니다
22. 약간 무모한 편이다.	그렇다	아니다
23. 만족감 미루는 데 어려워한다.	그렇다	아니다
24. 사회적인 도전을 피하는 편이다.	그렇다	아니다

채점

자신이 '그렇다'를 답으로 표시한 질문을 모두 확인하여 아래 뇌 그림에 명시된 숫자에 표시해보자. 표시가 많은 쪽의 뇌가 자녀의 뇌 유형에 해당한다. 양쪽 그림 모두에 표시가 되어 있을 가능성이 크다. 순수한 뇌 유형이란 없기 때문이다. 공격형에게도 어느 정도 방어형의 성향을 가지고 있고, 그 반대도 마찬가지다.

공격형   방어형

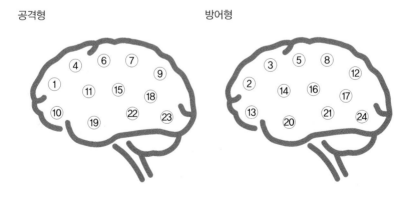

당신이 자녀의 뇌 유형과 관련해서 가장 크게 영향을 미칠 수 있는 부분은 진정하는 법을 익히도록 도와주는 것이다. 그렇다. 스스로 진정하는 일은 집중력을 발휘하고 자기 몸 안에서 안정을 찾는 일이다. 진정하기란 기술적 역량이고 지도 가능한 영역이다. 자녀의 자기 진정을 위해 당신이 기초를 잘 다져준다면, 그 가르침이 자녀의 남은 생에 함께할 것이다.

앞서 우리는 각성의 스위트 스폿을 이야기했다. 이 스위트 스폿은 중추신경계에서 받아들이는 자극 혹은 각성에 대한 주관적 수준을 가리키는데, 우리가 그 영역에 있을 때 정서적인 안정감을 얻게 되고 가장 자유로운 행동을 표현하게 된다. 반대로 스위트 스폿 바깥에 있으면 더 많은 제약을 받아서 자기 뇌 유형에 따라 더 좁고 패턴화된 행동을 보이기 시작한다.

우리는 자신의 스위트 스폿 안에서 움직이는 동안 평온하고 자유로워진다. 그리고 그 평정의 공간에서 약간이라도 벗어난다면 그다지 행복하지 않다. 골디락스의 원리를 떠올려보라. '적당하지 않는' 모든 것은 불편함을 낳는다. 방어형 아이는 보통 각성이 과할 때 불안함을 느끼고, 공격형 아이는 각성이 너무 적을 때 지루해하고 안절부절못한다. 자녀를 진정시킨다는 것은, 자녀가 각성의 급증이나 급감을 견뎌서 스위트 스폿을 확대하는 데 도움을 준다는 의미다. 방어형을 진정시키면 방어형은 덜 회피하고 과하게 조심하지 않으며 사회적으로 더 편안함을 느끼게 된다. 공격형을 진정시키면 충동성이 덜 하고 위험에 더 예민해지며 만족 지연을 더 잘하게 된다.

알다시피, 공격형과 방어형에게는 약점만큼 강점도 있다. 진정을 찾으면 모든 강점은 유지되고 약점은 준다. 예측 가능한 스트레스를 받았을 때 나타나는 뇌 유형 특성은 자기 진정이라는 한 가지 목표를 위한 보상 전략을 취한다는 것이다. 좋은 소식이 있다면 그게 통한다는 점이고, 나쁜 소식이 있다면 그게 너무 잘 통하면 건강, 관계, 정확한 위협 평가, 심지어 일반적인 삶의 질에도 늘 도움이 되지는 않는다는 점이다.

자녀가 그들만의 고유한 각성 문제를 헤쳐 나가도록 돕는 것만으로도 충분히 복잡한데, 여기에 자신의 뇌 화학작용을 이해하고 자녀와 관계 맺는 방법을 포함하면 몇몇 측면이 더해진다. 자녀와 공감하고 자녀에게서 자신의 모습을 확인하는 일이 가끔은 도움 못지않게 방해가 될 수 있다. 자녀의 뇌 유형이나 성향에 대해 비슷한 점을 찾고 동일시하다 보면, 한편으로는 과잉보호로 이어질 수 있고, 또 한편으로는 자녀가 보일 수 있는 부정적인 특성 일부를 눈감게 되는 결과를 초래할 수 있다. 그리고 반대로 당신과 반대되는 뇌 유형을 가진 자녀를 양육하다 보면, 당신에게 가장 자연스럽게 느껴지는 반응과 상충하는 자녀의 행동에 크게 당황하는 일이 생길 수 있다. 자녀를 두면 자신이 설정한 경계의 한계를 시험받을 것이고, 최대한 명확한 태도를 보이도록 요구받을 것이다.

자신의 뇌 유형을 이해하면 자신의 양육 방식을 세밀하게 조절하는 데 큰 도움이 된다. 언제 어떻게 공감해주고 감응해줄지를 훨씬 더 정확히 알게 된다. 당신은 자신이 느끼는 방식과 결정에 우리의 뇌 유형이 은연중에 영향을 미치는 방식을 직접 확인했다. 그러한 지식이 자녀를 양육하는 방식에 도움이 될 수 있도록 해보자.

방어형 자녀 진정시키기

방어형 자녀의 부모가 되면 특별한 문제를 안게 된다. 이 아이들은 착하고 다정하며 영리하고 능력이 많지만, 그에 못지않게 부모를 당황하게 만들 수 있다. 앞서 우리가 만났던 켈리와 조 부부의 이야기를 좀 더 해보겠다. 켈리는 작가인데, 미국 중서부 지역에서 5남매 중 셋째로 자랐다. 부모 두 분은 사이가 좋아서 켈리가 자란 인디애나주에 있는 자택에 여전히 살고 계신다. 여러 형제자매 사이에 파묻혀 지낸 켈리는 어릴 때 수줍음이 많고 사색을 즐겼다. 네 명의 남자 형제가 아래층에서 시끄럽게 굴 때는 혼자 최대한 멀리 집구석에 숨어서 책을 읽었다. 집은 끝없는 논쟁과 기분 좋은 야단법석으로 늘 떠들썩했다.

부드러운 목소리에 온화하고 조심스러운 켈리와 다르게, 조는 자신의 몸처럼 크고 웅장한 목소리를 가진 사람이다. 그는 법률 사무소에서 소송 전문 변호사로 일하고 있다. 대학 시절에 농구를 했고, 지금은 산악자전거를 타고 자신이 특별히 좋아하는 스노보드를 타면서 건강을 관리한다. 당신의 예상처럼 조는 전형적인 공격형인 반면, 켈리는 확실한 방어형 성향을 지니고 있다.

3부 나의 뇌 유형은 인간관계에서 어떻게 나타나는가?

켈리와 조는 로건의 출생 이야기를 우리에게 전한 다음, 지금은 8살이 된 이 아들과 갖는 문제를 설명했다. 로건이 방어형이라는 사실이 드러나기까지는 그리 오랜 시간이 필요하지 않았다.

"조가 로건을 심하게 부추기는 모습을 보면 조한테 너무 화가 나요. 조는 로건 나이 때의 자신과 로건을 비교하는데, 로건이 늘 성에 안 찬다는 거죠. 저는 그게 적절한 비교가 아니라고 보고요."

"늘 그런 건 아니지."

조가 끼어들었다.

"맞아, 늘 그런 건 아니지. 하지만 거의 항상 엄격하게 굴잖아. 나도 당신이 로건을 얼마나 사랑하는지 잘 알아. 하지만 로건한테 그런 모습을 안 보여주잖아. 로건을 행복하게 만드는 건 생각하지 않는다고. 로건은 당신이 로건에게 기대하는 모습이 아닌 로건 본연의 모습에 바탕을 둔 성취 방식을 익혀야 해."

"제가 그렇게까지 엄격하지는 않다고 생각해요. 그냥 실망하는 거죠, 로건한테. 몇 가지 예를 들어볼게요. 우리는 로건한테 정말 최고의 생일 파티를 열어주는데, 로건은 거의 항상 화장실에서 시간을 보내요. 그리고 몇 년 전에는 로건을 데리고 가서 스노보드를 탔거든요. 로건이 몇 번 넘어지더니 더는 타기 싫다고 하더라고요. 저는 운동과 경쟁을 아주 좋아해요. 바깥세상은 호락호락하지 않으니까 그걸 이겨내려면 어느 정도의 투지가 필요하다고 생각하고요. 저는 최선을 다해서 로건을 준비시키고 싶을 뿐이에요."

"레슬링한 건 빼먹네."

켈리가 말했다.

"맞아요, 제가 어렸을 때 아버지랑 바닥에서 레슬링하듯 몸싸움하는 걸 좋아했어요. 아버지는 제가 늘 이기게 해줬지만, 오래 가진 않았죠. 부모님이 이혼하시고 아버지가 집을 떠나 새살림을 꾸리셨을 때 그게 가장 그리웠어요. 하지만 제가 로건이랑 그 유대감을 다시 만들려고 하면, 로건은 그냥 울기 시작하죠."

"나는 당신이 자신의 감정을 부드럽게 표현하는 일이 정말 어렵다는 걸 알고, 그 부분은 이해하겠어. 하지만 로건과의 신체 접촉은 다른 방식을 써야 해. 그냥 포옹하는 건 어때? 당신이 레슬링하려고 하면 걔는 겁에 질린다고."

그러더니 켈리는 우리 쪽을 보고 말했다.

"저 덩치랑 바닥에 뒹굴면서 레슬링하는 걸 누가 좋아하겠어요?"

좋은 지적, 우리도 동의했다. 그러나 우리는 조가 친밀감에 대해 겪는 불편함에 집중하고 싶었다. 우리가 알아본 내용처럼 조가 경험한 불편은 한 번도 언급된 적 없지만, 로건과 켈리는 분명히 알고 있었다. 그만큼 미묘했던 조의 불편함은 모두가 알고 모두에게 영향을 주었지만, 모두가 인정하지 않는 가족의 비밀 중 하나였다. 스코틀랜드의 유명한 정신의학자인 로널드 랭Ronald D. Laing은 이렇게 설명한다. "말해도 되는 것과 말하면 안 되는 것에 대해 어떤 선을 긋지 않는 가족은 본 적이 없다." 이러한 무언의 규칙은, 그 자체가 주목받지 않으면서 지켜질 때 늘 최고로 기능한다. 랭의 표현을 따르자면, "당신이 이 규칙을 지키면 그게 있는지도 모를 것이다." 여기엔 단점이 있다. 이 무언의 규칙은 무시할 수 있지만, 그것이 계속 존재한다는 점이다.

조의 문제를 이해하는 데 조금은 도움이 될 최근 연구가 있다. 여러 연구에 따르면, 부모의 죽음이나 부모의 이혼 같은 어린 시절의 경험은 10대 시절의 불안감과 우울감과 관련이 있다. 그리고 나중에 부모가 되었을 때의 둔감함으로 이어져 다정함과 애정에 박하고 벌은 더 자주 주게 된다. 조사에 따르면, 자신이 아주 어렸을 때 부모가 이혼했다면, 성인이 되어서도 옥시토신 수치가 상대적으로 낮다. 기억하겠지만, 옥시토신은 해마라는 뇌 부위에서 만들어지는 호르몬이고, 출산과 모유 수유 중에 분비되어 엄마와 아기 사이의 유대감을 높인다. 보통 '사랑의 호르몬'이라고도 불리며, 남녀 모두 오르가슴을 느끼는 동안 분비된다. 또한 옥시토신은 정서적 유대, 신뢰, 솔직함을 강화한다. 그리고 사람들이 더 외향적이고 사교적으로 느끼도록 만든다.

조는 옥시토신에 대해 들어는 봤지만, 옥시토신이 상호작용하는 방식이나 스트레스와의 반비례 관계에 대해서는 잘 알지 못했다. 우리는 옥시토신이 많아지면 코르티솔과 스트레스가 줄어든다고 그에게 설명했다. 그러자 조는 관심을 보였다. 그는 스트레스와 아주 가까웠다. 우리는 간단한 신체 접촉만으로도 옥시토신을 늘리기 쉽다고 이야기했다. 마사지나 악수, 반려견 쓰다듬기, 포옹 등. 그리고 옥시토신을 함유한 음식에 관해 이야기했다. 비타민 C, D 혹은 마그네슘이 든 음식, 연어처럼 지방이 많은 생선, 버섯, 시금치, 아보카도,

토마토 등등.

우리는 다시 로건이 어떤 아이고 집에서 어떻게 생활했는지 더 자세히 알면서 많은 것을 확인했다. 로건의 편도체는 일찍부터 그의 귀에서 비명을 질러온 것이 분명했다. 우리가 로건이 싸우고 있는 뇌 화학작용 문제에 대해 설명하자, 조는 처음으로 의자에 앉아서 팔을 풀었다.

방어형 아이에게 흔한 일이듯, 로건은 쉽게 불안해하고 과하게 각성했다. 로건에게는 연필을 씹는 습관이 있었다. 그런데 페인트의 납 성분이 암을 유발할 수 있다는 사실을 알고는 암에 걸릴까 봐 걱정하기 시작했다. 연필심이 실제로는 납이 아니고 흑연과 그것을 지탱하는 밀납에 불과하다는 설명을 듣고서도 불안해했다.

봉쇄 기간은 가족 모두에게 힘든 시간이었다. 켈리와 조는 재택근무를 시작했고, 둘 다 로건이 줌 수업에 집중할 수 있도록 신경 쓰려고 했다. 세 사람 모두 서로가 신경이 쓰였다. 봉쇄 기간에 로건의 불안감은 여기저기서 나타났다. 불안감이 한쪽에서 사라지면 다른 쪽에서 나타났다.

대면 수업이 다시 시작되자 로건의 불안감은 다시 한번 방향을 바꿔서 등교하는 일에 대한 두려움으로 나타났다. 방어형은 지속적으로 높아진 각성 수준과 싸운다. 많은 방어형 아이가 그렇듯, 로건도 흥분을 두려움과 뒤섞었다. 생리적인 수준에서 이 두 가지는 근본적으로 같다. 로건은 친구들을 다시 보고 싶어 했고, 직접 만나 함께하기를 기다렸다. 그러나 그러한 느낌이 흥미진진하고 즐거운 것으로 해석된 것이 아니라, 평범하고 오래된 원초적인 각성과 비슷하게 느껴지고 두려움으로 오인되거나 완전히 사라졌다.

우리는 모두 자신의 느낌을 좋고 나쁜 것으로 분류한다. 이러한 자동적인 분류 과정은 우리의 몸이 감정에 반응할 때 시작하고, 우리가 그것을 경험하고 표현하는 방식을 이해할 때 끝난다. 로건은 엄마한테 학교로 돌아가는 일을 이야기하면서 자신에게 흥미로운 이야깃거리가 있으리라고 생각하지 않는다고 말했고, 그토록 다시 보고 싶어 하던 친구들이 그동안 모두 줌 수업으로 함께하긴 했어도 자신을 기억하지 못할까 봐 걱정했다. 친구들을 다시 볼 수 있을 때 하고 싶어 하던 이야기들을 조금이라도 잊을까 봐 두려워하기까지 했다.

그렇다면 막연하게 위협적으로 느껴지는 상황을 기회로 느껴지게 하려면 어떻게 해야 할까? 로건의 두려움들은 실제로 부정적인 자기 대화 형태였다. 우리는 부정적인 이야기를 긍정적인 쪽으로 바꾸는 간단한 방법을 켈리와 조에게 제안했다.

로건의 두려움 중 첫 번째와 세 번째는 근본적으로 같았다. 로건은 친구들을 처음 만났을 때 할 만한 재미난 이야깃거리를 갖고 있었으면 했다. 로건은 살짝 고민하더니, 부모님과 함께 눈 쌓인 산에 놀러 가서 붉은스라소니를 봤던 것을 기억했다. 거기서 사진도 찍었다. 조와 켈리도 지난 몇 달 동안 가족이 경험한 다른 몇 가지를 겨우 기억해냈다. 그중에 가장 기억에 남는 것은 로건과 조가 뒷마당 나무 위에 집을 지은 일이었다. 로건은 할 이야기가 많았다.

로건이 반 친구를 전부 기억하면 그 친구들도 로건을 기억할 것이고, 로건이 친구들에게 갖는 느낌은 실제로는 흥분이며, 그 친구들과 그토록 다시 함께하기를 바란 것이라고 켈리가 로건에게 말해주면서 두 번째 두려움을 재구조화하도록 노력했다. 또한 로건에게 '그러한 느낌과 생각'이 들 때면 이렇게 말해보라고 했다. "설레는걸." 연구에 따르면, 누구든 시험을 볼 거라고 하면 불안해하는데, 그저 이렇게 말하고 나서 시험을 보면 성적에 긍정적인 효과를 미친다. 불안감은 우리가 벗어나고 싶은 것이고, 설레는 느낌은 호감을 갖는 것이다. 불안감을 설렘으로 재구조화하는 것만으로도 더 긍정적인 경험을 하게 된다.

나아가 우리는 조와 켈리에게 가족이 함께 실천할 수 있는 재미난 마음챙김 명상법을 알려줬다. 각자 편안한 의자에 앉아서 한쪽 콧구멍을 검지로 막은 다음 넷을 셀 동안 숨을 들이마시고, 손가락을 바꿔서 다른 쪽 콧구멍을 막은 다음 여섯을 셀 동안 숨을 내뱉는 일이었다. 10분짜리 연습이었는데, 목표는 아무도 웃지 않는 상태로 통과하는 것이었다. 누군가 웃는다 한들, 이것은 유대감을 돈독하게 하는 경험이었다.

학교로 돌아간 로건은 잘 지내고 있다. 조는 자신의 뇌 화학작용과 로건의 뇌 화학작용 사이의 차이를 잘 이해하게 되었다. 자신의 강점과 확연히 다른 강점을 가진 아들의 특징에 새로이 존경심까지 갖게 되었다.

"로건이 뭔가를 만들고 있더라고요. 태양열 시계를 완성하는 조립

세트였어요."

조가 우리에게 말했다.

"정말 복잡하던데 그걸 계속 붙잡고 있더라고요. 저였으면 방구석 저 멀리 던져버렸을 거예요. 로건이 결국 그걸 작동까지 시켰죠. 크게 감동했어요."

"이 사람이 로건한테 그렇게 말한 게 다가 아니었어요."

켈리가 끼어들었다.

"아주 꼭 껴안아주더라고요."

올바른 방향으로 나아가고 있었다.

우리는 모두 혼잣말을 하지만 대부분의 경우 입술은 움직이지 않는다. 내향적인 방어형 아이는 자연스럽게 자기 대화를 한다. 안타깝게도 이러한 언어적 확인은 사건, 경험, 존재 상태 등에 대해 중립적이기보다는 부정적인 성격을 띤다. 방어형 아이는 실제로 위협이 없을 때도 위협받고 있다고 느낄 수 있고, 실제로 위협이 있다면 그 위협을 확대 해석하기 쉽기 때문이다. 이렇게 위협을 평가하면 방어형이 의지하는 회피라는 통제 전략으로 이어진다. 이를테면, '나는 내가 느끼는 방식을 바꾸고 통제할 수 있다'는 식이다. 이 목표는 사람이 **행동하는** 방식의 변화가 아니라 그가 **느끼는** 방식을 조절하도록 유도된 통제 전략임을 특별히 유의하자. 부정적인 자기 대화는 더 긍정적인 행동을 할 수 있음에도, 대개 그것을 피하는 결정으로 이어진다.

이것이 어떻게 나타날 수 있는지에 관해 예를 하나 들어보겠다.

학교에서 두 아이가 짝을 지어 발표 과제를 준비한다. 방어형 아이 A는 B에게 발표를 일임하고, A는 발표 자료를 만들면서 '우리'가 아닌 '나'라는 대명사를 썼다. B의 발표가 성공적으로 끝난 후 A는 다른 아이들이 B에게 가서 발표를 높이 평가하고 이런저런 질문하는 모습을 지켜본다. 발표는 B가 했지만, 준비는 A가 거의 다 했는데도 말이다.

이때 A는 어떻게 생각할까? '발표 준비는 내가 했는데, 공은 걔한테 다 갔어. 내가 더 많은 걸 했는데도 말이지. 음, 근데 입을 못 열겠더라고. 억울하기 싫으면 말을 했어야지. 근데 한마디도 못 했잖아. 이럴 줄 알았지. 말 못 하는 내가 정말 싫어.'

방어형 아이는 분노와 실망을 안으로 들인다. A는 많은 사람 앞에서 큰 목소리를 내는 게 두렵고 불편하다고 여겼다. A는 입을 다물고 있으면서 회피를 통해 각성을 조절했다. 그러나 이 전략에는 분명한 대가가 따른다. 그 대가란 자기비판, 부정적인 자기 대화다. A는 자신이 그 대가를 치러야 함을 알았고 어쨌든 치렀다. 이는 각성의 힘과 그것을 위협으로 해석하는 일이 얼마나 끔찍할 수 있는지를 보여준다.

방어형 자녀를 둔 부모가 자녀에게 해줄 수 있는 가장 유용한 선물은 자녀가 각성에 대한 저항력을 키우도록 돕는 일이다. 학교 발표를 예로 들 때, 부모는 무엇을 해야 할까?

수행 불안에는 준비만 한 해결책이 없다. 방어형 아이인 몰리는 자신이 하지 않으면 닥쳐올 불안을 피하기 위해 맡은 과제를 열심히 했다. 어느 날 발표 과제를 수행하던 중 자신의 오랜 예비 전략인 회피에 빠지면서 스스로에게 실망감을 느꼈다. 불편함을 조절하기 위한 이런 전략은 안타깝게도 부정적인 자기 대화로 이어진다. 회피 전략을 사용하는 아이들은 자신에게 가혹하다. 그들의 공격 대상은 자신의 자존감과 이미지다.

이제 시계를 거꾸로 돌려 발표를 며칠 앞둔 상황으로 가보자. 몰리에게 도움을 주었을지 모르는 게임이 하나 있다. 우리는 이 게임을 '용 길들이기'라고 부른다. 먼저 방어형 자녀 안에 용이 한 마리 살고 있다고 해보자. 물론 그 용이란 각성을 의미한다. 그것은 위험하고 저항하기 힘든 대상으로 여겨질 수 있고, 반대로 자신에게 우호적인 에너지와 흥미의 원천으로 여겨질 수도 있다.

발표 며칠 전에 몰리의 부모는 이런 이야기를 해줄 수 있을 것이다.

"용 길들이기 놀이를 해보자. 발표를 서서 하기로 했니, 앉아서 하기로 했니?"

"서서."

"좋아, 그러면 네가 여기 서고, 나는 저기 앉아서 네 이야길 듣는 청중인 척할게. 준비됐어? 모두 너를 쳐다보고 있을 거야. 누가 먼저 발표할지 친구랑 이야기해봤어?"

"아니."

"그러면 그 친구한테 네가 먼저 해도 되겠냐고 물어봐."

"왜? 나 먼저 하기 싫어."

"먼저 하는 게 더 나아. 두 번째 차례로 기다리면 용이 겁먹어. 이 게임의 목적은 용을 네 친구로 만드는 거야."

"내가 먼저 발표했으면 좋겠어?"

"응. 지금이 그 상황이라고 생각하면 느낌이 어때?"

"진짜 불안해."

"응. 나도 네가 그렇다는 걸 아는데, 괜찮아. 준비가 안 되거나 흥분되는 상황에서는 다들 그런 식으로 느끼는 게 당연해. 혹시 준비가 안 된 거야?"

"아니."

"그러면 너는 흥분된 상태일 거야. 흥분되면 몸에 에너지가 가득 차거든."

"응, 가슴이 터질 것 같아."

"좋아, 네가 정말 흥분되어 있고 많은 에너지를 갖고 있다는 의미야. 그대로 밀고 나가서 기운을 북돋워봐."

동공 지진.

"우리가 용을 더 크게 만들 수 있을지 확인해보자. 숨을 크게 다섯 번 쉴 거야. 숨을 들이쉴 때마다 용한테 네 숨을 불어넣고 있다고 생각해 봐. 내쉴 숨이 없을 때까지 계속 불어넣어 봐. 좋아, 숨 크게 들이쉬고. … 그리고 다섯. 용을 더 크게 만들 수 있었어?"

"아니. 똑같아. 계속 겁을 내네."

"좋아. 사실대로 말하자면, 용은 우리가 만드는 그대로의 모습을 하고 있어. 겁을 내는 그 용은 실제로는 흥분된 상태의 용이지. 그 용은 너를 도우려고 하고 있어. 너를 절대 해칠 수 생각이 없어. 이제 스위치를 돌릴 거야. 크게 숨을 들이쉬면서 용한테 다시 네 숨을 천천히 불어넣을 거야. 너한테 에너지가 필요하기 때문에 우리로서는 용이 계속 있었으면 좋겠어. 네가 숨을 크게 들이쉴 때 용을 진짜 이름으로 불러줬으면 좋겠어. 너는 그걸 계속 **겁**이라고 불렀지만, 걔의 실제 이름은 **흥분**이야. 너의 일부고. 그러니까 숨을 쉴 때마다 '내가 느끼는 건 흥분이야. 네가 여기 있어서 즐겁고 흥분돼'라고 생각했으면 좋겠어. 다시 시작해보자. … 그리고 다섯. 지금은 용이 어때 보여?"

"모르겠어. 비슷한 것 같아."

"괜찮아. 너는 오랫동안 그걸 잘못된 이름으로 불러왔으니까. 우리는 발표 때까지 매일 이 게임을 할 거야. 그리고 네가 그걸 **흥분**이라는 진짜 이름으로 불러줄 때마다 점점 친숙한 느낌이 들 거야."

불안한 아이들은 어쩔 줄 몰라 한다. 자신이 느끼는 각성에서 벗어나려는 시도를 통해 더 자신감을 얻을 것이라고 잘못 생각한다. 역설적으로, 각성의 효과를 약화하는 가장 확실한 방법은 그 존재를 받아들이는 것이다. 각성을 받아들일 때 각성의 날카로운 송곳니가 빠진다. 아이가 각성에게 갖는 공포는 거기서 빠져나오려는 불가능한 싸움에 있다. 그것이 자신의 일반적이고 자연스러운 부분임을 깨달을 때, 아이를 겁주는 힘은 사라지기 시작한다.

다른 예를 살펴보자. 지니는 열네 살이고 사춘기가 한창이다. 부모들은 전에도 지니와 사소하게 충돌하곤 했는데, 최근 지니에게 불안

증세가 생겨서 신경 쓰게 되었다. 지니의 친척 중에는 백신 접종을 거부하는 사람들이 있었다. 지니는 그들로부터 코로나 백신을 맞는 것에 관해 경고를 들었다. 방어형에다가 천식 이력까지 있는 지니는 결국 두근대는 가슴을 안고 앉아서 백신 주사를 기다려야 했다. 의자에 앉아서 그저 순서를 기다리는 것조차 고문이었다. 여러 생각이 맴돌고 몸 안의 화학작용이 폭풍처럼 일어나고 있을 때, 마음은 그것을 정리하느라 애를 먹고 있었다. 결국 지니는 자리에서 일어나 간호사한테 가서 자신에게 알레르기 반응이 있는 것 같다고 말했다. 사실은 그렇지 않았음에도 말이다. 지니는 공황 발작을 일으켰다.

자녀가 불안을 경험하고 공황 발작까지 겪을 때, 부모가 자녀를 돕기 위해 할 수 있는 일은 분명히 있다. 침술 그리고 침이 필요 없는 지압은 항상성이나 균형을 잡는 방법으로 수 세기 동안 동양의학에서 활용되었다. 다음은 자녀와 함께할 수 있는 방법이다.

오른손의 검지와 중지를 사용해서 왼손 바깥쪽 가장자리를 약 10초 동안 두드린다. 그런 다음 왼쪽 눈썹 바로 위의 이마를 똑같이 10초 동안 두드린다. 그렇게 계속 10초를 세면서 왼쪽 눈 옆의 관자놀이를 두드린다. 그러고 나서 왼쪽 눈 바로 밑 부분을 두드린다. 손을 옮겨서 코 바로 밑의 윗입술을 두드리고, 다시 손을 옮겨 왼쪽 뺨과 왼쪽 쇄골을 순서대로 10초간 두드린다. 다음에는 왼쪽 팔 밑의 위쪽 갈비뼈를 두드리고, 마지막으로 정수리를 두드린다. 필요할 때 이 동작을 반복하면 진정 효과를 얻을 수 있다.

공격형 자녀 진정시키기

영어에는 단방향 지향의 구문이 많다. 'fix up(수리하다)'이나 'tumble down(뒹굴다)'을 예로 들 수 있다. 하지만 우리는 'fix down'이나 'tumble up'이라는 표현은 절대 접하지 못한다. 그리고 'to calm(진정시키기)'도 그러한 방향 체계에 들어맞는다. 우리는 'calming down(진정하다)'만 생각할 수 있는데, 이것이 토착어 구문이기 때문이다. 공격형을 편안하게 만든다는 의미에서는 'calming up'이 확실히 맞는 표현이기 때문에 이것도 있어야 한다. 그러나 편안함을 넘어, 공격형을 진정시키는 것은 공격형을 유연하게 하고 각 성과의 관계에서 스위트 스폿을 넓히는 데 도움이 된다.

제니퍼는 그렇게 오랜 인생을 살지 않은 시점에 냉혹한 결론을 얻었다. '나는 절대 계속할 수 없을 거야.' 제니퍼는 열일곱 살에 고등학교 2학년이다. 초등학생 3학년 때 선생님에게서 산만함과 집중력 부족을 지적받았다. 4학년 때 제니퍼의 부모는 변덕스럽고 산만한 제니퍼의 행동을 조절하는 데 약이 도움이 될 거라는 의견을 들었다. 이에 제니퍼의 어머니는 한때 가족의 스트레스가 극심했던 것이 원인이라고 보았다.

제니퍼가 아홉 살 때 부모는 골치 아프고 거친 이혼 과정을 거쳤다. 두 사람의 결혼생활은 서로를 향한 불평으로 가득했고, 지금은 같이 살지 않지만 어머니는 제니퍼에게 남편에 대한 불평을 이어나가고 있다. 제니퍼의 부모는 자녀들을 나눠 기르기로 하면서, 오빠

조시는 아버지와, 제니퍼는 어머니와 지내게 되었다. 주말마다 남매는 어머니와 아버지 사이를 번갈아 가며 만났다. 제니퍼는 크게 혼란스러웠다. 어머니는 제니퍼와 더 잘 지내기 위해 노력할 것이라고 말했다. 그러나 제니퍼는 어머니와 더 잘 지내는 데에는 관심이 없었다. 아버지와 오빠만 끔찍이 그리웠다.

함께 살던 집이 팔린 후, 제니퍼와 엄마는 국도 101호를 따라 줄지어 서 있는 아파트 단지로 이사했다. 이후 몇 년 동안의 생활은 지독히 힘겨웠다. 제니퍼는 모르는 남성들이 집을 계속 들락거리는 모습을 지켜보았다. 그 남자들은 제니퍼를 보통 무시했는데, 그 이상의 일은 없었다. 제니퍼도 그들과 함께 있는 것 이상의 관계를 원하지 않았기 때문이다. 제니퍼는 갈수록 자주 자기 방에 머물게 되면서 혼자 있는 것을 위안으로 삼았다. 그러나 과제에 집중하는 일은 늘 어려웠다. 밤이 되면 엄지손가락을 입에 물고 방에 누워서 이어폰을 귀에 끼고 음악에 들으며 보내기 일쑤였다.

제니퍼는 주말을 무척 좋아했다. 조시와 아버지와 함께할 때 특히 그랬다. 제니퍼는 오빠를 숭배하다시피 했다. 그가 허락할 만한 곳이면 어디든 따라다녔고, 오빠도 자주 그녀를 데리고 다녔다. 조시가 포트나이트 게임을 하고 있으면, 제니퍼는 오빠의 어깨 너머로 구경했다. 그러다 제니퍼도 그 게임에 빠져들었다. 그러던 어느 날 밤, 기회가 왔다. "잠깐 대신하고 있어. 화장실 갔다 올게." 조시가 말했다. 그리고 몇 분 후 돌아왔을 때 조시는 동생의 플레이를 지켜보는 구경꾼이 되었다. 20분 후 게임이 끝나자 조시의 팀원들은 그의 플레이를 칭찬했다. 제니퍼는 곧 조시의 팀이 되어 '헐렁한 신발끈'이라는 닉네임을 썼다. 조시는 동생이 어린 여자아이라는 사실을 아무에게도 말하지 않았다. 게임에는 제니퍼가 정말 좋아하는 모든 요소가 있었다. 게임에는 불확실성과 어우러지는 짜릿한 느낌이 있었다.

새로운 것의 매력은 공격형에게 품질보증마크와 같지만, 부정적인 영향을 낳을 수 있다. 제니퍼처럼 새로운 것을 찾는 사람은 어떠한 활동이든 새로운 면이 상당한 것이라면 거의 무엇이든 빠져든다. PC게임은 제니퍼가 사춘기에 들어갈 때까지 엄청난 매력을 선사했다. 그리고 그 자리는 페이스북과 인스타그램, 스냅챗에 사진이나 영상을 올리고 '좋아요'나 댓글을 주고받는 것으로 대신했다. 안타깝게도 제니퍼가 게임 능력을 발휘하여 받은 성취감과 정복감은 그녀가 새로운 흥미를 좇으면서 사라졌다.

제니퍼는 소셜미디어 계정을 폰으로 관리하면서 하루를 시작하고 마무리한다. 폰은 학업과의 관계를 단절하는 데 큰 영향을 미쳤고, 무언가에 집중하고 과제를 끝내는 일은 점차 힘들어졌다. 우리는 대부분 온라인 정체성을 선택적인 것으로 받아들인다. 그러나 제니퍼에게는 그렇지 않았다. 많은 아이에게도 마찬가지다. 게시물을 확인하고 포스팅하고 다시 확인하는 일은 점점 필수가 되었다. 제니퍼의 소셜미디어 플랫폼은 그녀를 부렸고, 제니퍼는 끔찍한 대가를 치르고 있었다. 그 대가란 바로 스트레스. 제니퍼는 친구를 직접 만나는 일을 더는 만들지 않았고 점점 고립되어갔다. 그러던 어느 날 밤, 제니퍼는 자신의 페이스북 페이지를 확인하다가 자신에게 온라인 친구는 많지만, 실제 친구는 거의 없다는 사실을, 그리고 자신이 엄지 손가락은 정말 잘 놀리지만 슬프게도 언어 능력은 떨어졌다는 사실 을 깨달았다.

그러자 늘 활기 넘치던 소녀는 침울해하고 계속 불안해했다. 지치 고 안절부절못하며 지내던 제니퍼에게 폰을 버릴지 아니면 한 손을 없애버릴지 선택하라고 했다면, 이 소녀는 진지하게 고민했을 것이 다. 오랫동안 세대 차이를 연구한 심리학자 진 트웬지Jean Twenge 박 사는 제니퍼와 같은 디지털 원주민이 앞선 세대에 비해 순응적이고, 행복도는 낮으며, 더 외로워하는 편임을 확인했다. 오늘날 아이들은 자기 소유의 기계에 접속하면서 대화와 대면 접촉의 아날로그 세계 에 소홀하게 되었다.

안타깝게도 공격형은 조절에 어려움을 겪는 편이다. 무언가가 조 금이라도 좋으면 더 많은 게 훨씬 더 좋다. 제니퍼의 폰은 계속 알림 음을 울렸고, 알림음은 반드시 확인할 필요가 있는 정보가 있음을 의미했다. 제니퍼는 자기 손에 쥔 도구의 노예가 되었다.

제니퍼가 어머니 손에 끌려 우리를 찾아왔을 때도 폰 사용 습관은 좋지 못했다.

"폰을 제 옷장 속에 넣어두기도 했지만 거기서 소리가 들리면 가 서 가져와야 했어요. 공부는 당연히 못 하고 있죠. 이게 말도 안 된다 는 건 알지만, 손에 폰이 없으면 불안해요. 예전엔 기타를 몇 시간 동 안 칠 수 있었지만, 이제는 더 건드리지도 않아요."

제니퍼의 어머니인 레이철도 덧붙였다.

"그런데 대학에 들어갈 걱정이 없는 걸 빼면 제가 얘랑 똑같아요. 퇴근 후에는 저녁 시간 절반을 TV 보고, SNS하고, 구글링하는 데 쓰죠. 제가 제니퍼처럼 폰에 빠져 있을 때 얘한테 다른 무언가를 하라고 요구하기는 어려워요."

우리는 제니퍼와 어머니에게 도움될 만한 무언가를 해야 했다. 우리는 그들과 대화하면서 중요한 점을 배웠다. 분명히 두 사람은 모두 공격형이고 경쟁심이 강했다. 우리는 찾을 수 있는 문제는 무엇이든 찾았고, 고심 끝에 제니퍼에게서 폰을 뺏는 게임을 두 사람에게 제안했다.

차차 디지털 디톡스를 이루기 위해 이런 고안을 했다. 방법은 다음과 같다. 많은 공격형이 그렇듯, 제니퍼와 어머니는 일찍 잠자리에 든다. 역설적으로 들리겠지만, 공격형은 일반적으로 아침형 인간인 반면, 방어형은 보통 저녁형 인간이다. 밤은 일반적으로 자극과 각성이 상대적으로 낮은 시간대다. 방어형은 더 큰 편안함을 느끼는 이 시간을 귀중히 여기는 반면, 제니퍼와 어머니 같은 공격형은 각성이 약해지면서 졸리게 된다. 첫 주에 두 사람은 매일 밤 11시와 자정 사이에 한 시간씩 각자의 폰을 끄도록 했다. 두 사람이 보통 잠을 자는 시간대였다. 그리고 두 사람은 비밀번호를 바꾸고 그사이에 폰을 서로 교환해서 '단순한 체크'조차 못 하게 했다. 만약 두 사람이 그 시간에 깨어 있으면 서로의 하루를 알아보는 시간을 갖도록, 오래전에 잊힌 경험을 되살리도록 했다.

둘째 날 밤, 제니퍼는 엄마 방으로 가서 이렇게 말했다.

"엄마, 이건 아닌 거 같아. 내 폰 줘. 나도 엄마 폰 줄게."

그러나 레이철이 거부하자 제니퍼는 "알았어, 이제 더 이상 엄마랑 말 안 해" 하고 말하고는 문을 쾅 닫고 나갔다.

둘째 주에 우리는 시간을 1시간 30분으로 늘렸는데, 이는 게임을 거의 망칠 뻔한 스트레스 요인이었다. 우리는 제니퍼의 각성 스위트 스폿을 넓히도록 돕고자 했다. 각성이 부족한 공격형은 자극을 찾아다니면서 자신을 진정시킨다. 그리고 자극을 쉴 새 없이 찾아다닐 때는 보통 과한 자극을 받고 스스로 지쳐버린다. 제니퍼는 자신의 폰을 일정 시간 동안 누군가에게 넘김으로써 각성과의 관계성을 상대하고 재정의할 기회를 얻었다.

우리는 이러한 디지털 휴식을 '신체 지각에의 돌입body awareness plunge'으로 표현했다. 우리는 제니퍼에게 다음처럼 설명했다. 도파민이 조금 부족할 때 우리는 뇌 화학작용과 유일하게 관련이 있는 신체 감각을 느낄 수 있다고, 이러한 감각이 우리가 폰을 확인하는 것처럼 **무언가를 해야** 한다는 느낌을 우리에게 줄 수 있다고 말이다. 또한 우리가 이런 감각을 느낄 때 그렇게 행동하는 게 편한데, 그러한 행위가 신경계를 자극하면서 더 나은 느낌, 정상적인 느낌을 주기 때문이라고 설명했다. 덧붙여서 이러한 신체 감각은 도파민을 채우고자 하는 궁극의 목표를 달성하기 위해 발생한다고, 그리고 제니퍼가 그 감각을 멈추게 하는 방법을 생각하는 게 아니라 견디는 법을 배울 수 있다면 더 자유롭고 통제력을 가질 수 있을 것이라고 말했다. 우리는 제니퍼에게 그 감각을 간단히 기록해보되, 그 감각과 관

3부   나의 뇌 유형은 인간관계에서 어떻게 나타나는가?

계를 맺지 말고 그대로 두라고 요청했다.

둘째 주에 우리는 폰이 없는 상태에서 지내는 처음 1시간 15분 동안 스크린과 관련된 활동만 아니라면 무엇이든 원하는 대로 할 수 있도록 했다. 그리고 남은 15분 동안에는 조용한 곳을 찾아서 가만히 앉아 있어보라고 했다. "네? 아무것도 하지 말라고요?" 제니퍼는 당황해하면서 물었다. 고개를 끄덕인 우리는, 아무것도 하지 않는 것은 정말 중요한 일이라고 이야기했다. 그 **중요한 일**이란, 자신의 내면 세계에 은밀하게 들어가는 일이었다. 우리는 두 사람 모두에게 마지막 15분 동안 자신의 감정과 생각을 좋다거나 나쁘다거나 판단하지 말고 그저 호기심을 갖고 살펴보도록 했다.

공격형에게 사색의 시간은 아주 어렵고 불편할 수 있다. 여기서 중요한 능력은 이 내면세계에 등장하는 모든 것을 있는 그대로 받아들이고 자기 것으로 바라보는 일이다. 이러한 수용 연습은 침착함을 유지하고 두 손을 가만히 유지할 때 가장 잘 실천할 수 있다.

셋째 주에 우리는 재구조화하는 작업을 추가했다. 제니퍼는 폰 없이 지낸 경험을 이렇게 설명했다.

"저는 계속 무슨 일이 일어나고 있는지 궁금해하면서 제가 거기서 벗어나 있다고 생각해요. 무언가를 놓치지는 않고 있는지 확인하고 싶죠."

"그런 느낌이 들면 자신에게 이렇게 말해보도록 하세요. '나중에 충분히 따라잡을 수 있어. 나 자신과 함께하는 것 외에 지금 해야 할 일은 없어.'"

제니퍼가 폰을 끊게 만드는 일은 조금씩 이루어졌다. 목표는 제니퍼가 하루 동안 일시적으로 소셜미디어 계정에서 완전히 로그아웃하게 만드는 일이었다. 그 목표에 닿기까지는 험난했지만, 시간이 갈수록 제니퍼는 마음챙김 명상 연습을 통해 자신의 산만함을 집중으로 바꾸는 방법을 익혔다. 덕분에 외부 자극 사이의 조용한 갭을, 그녀가 배운 '사색의 순간'을 더 잘 견디게 되었다. 제니퍼와 함께하는 동안 집중력을 높이도록 만들어진 애플리케이션(루미노시티Luminosity, 엘리베이트Elevate, 코그니피트CogniFit 등)도 알려주었다.

우리가 제니퍼를 위해 고안한 프로그램의 두 번째 파트는 좀 더 복잡했다. 목표는 제니퍼가 각성 수준을 높여서 '캄 업calm up' 하는 방법을 찾도록 도움을 주는 일이었다. 앞서 설명했듯, 교사에게서 산만하고 지나치게 활동적이라고 지적받고 소아과 전문의로부터 진단받은 (공격형이 분명한) 아이들은 보통 각성제를 처방받는다. 이 아이들은 본질적으로 캄 업 하고 내적으로 더 평안한 느낌을 얻기 위해 쉴 새 없는 행동으로 자기 자극 법을 찾는다. 그래서 약학적으로 각성 수준(및 도파민 수준)을 높이는 각성제를 받으면 흥분 행동을 위한 보상적 탐색을 멈출 수 있다.

그런데 제니퍼에게는 약이 필요 없었다. 그저 자신을 몰입하게 만드는 무언가를 시작할 필요가 있었다. 그러한 활동이 강한 각성의 원천이고, 제니퍼가 자신만의 스위트 스폿 안에서 보내는 시간을 늘릴 것이었기 때문이다. 특히 스케이트보드를 타는 것처럼, 도전성과 불확실성, 숙달 시 보상 요소로 가득한 연습은 훌륭한 선택지였다.

제니퍼가 다시 보드를 타게 만드는 데는 그리 오랜 설득이 필요하지 않았다.

아이들은 우리에게 요구받는 행위의 이면에 놓인 목적을 알아야 한다. 우리는 제니퍼가 진행 중인 변형된 마음챙김 명상 훈련에는 아주 흥미로운 과학이 숨어 있다고 그녀에게 말했다. 마음챙김 명상을 하면 경계 설정, 방향 설정, 실행 통제 등 다른 유형의 주의력이 높아진다. 마음챙김 명상을 위한 짧은 10분짜리 오디오 가이드를 듣는 것만으로도 이와 같은 효과가 난다. 우리는 식단을 통해 도움을 얻는 방법도 있다고 설명했다. 잘 통제된 한 연구에 따르면, 믹스 베리 스무디는 여섯 시간 이상 집중력을 향상한다. 플라바놀이 풍부한 초콜릿은 의사결정과 계획을 관장하는 뇌 영역인 전전두피질의 산소화 수준을 크게 높인다. 또한 엔도르핀 분비도 촉진한다. 당이 적은 대체품으로서 비트루트 주스도 같은 효과를 낸다. 이 흙 맛 나는 음료는 뇌의 산소 수치를 크게 높인다. 그리고 우리는 제니퍼에게 자연에서 좀 더 많은 시간을 보낼 것을 권했다. 그렇게 하면, 인지적 유연성, 주의 통제력, 작업 기억력 등의 향상과 같은 실질적인 인지적 보상이 주어진다.

공격형은 보통 외향적이고 어떤 문제를 놓고 남 탓하기를 좋아하기 때문에 흔히 분노 조절 문제를 겪는다. 우리가 확인한 바로는 그들에게 '나를 미치게 하는 것' 리스트를 만들게 하면 도움이 된다. 예를 들어, 리스트의 각 항목에 대해 공격형 자녀가 그것이 **본인의** 잘못인지 **다른 사람의** 잘못인지 말하게 해보자. **다른 사람의** 잘못이라고 표시된 항목을 활용해서 자녀가 그 문제를 만드는 데 어떤 역할을 했을 수 있는지 살펴보게 하자. 목표는 비난에 의문을 제기하고 그에 맞는 적절한 책임감을 갖도록 독려하는 일이다.

자녀가 분노와 같은 부정적인 감정을 조절하는 데 도움이 되는 가장 건강한 방법은 당신이 아이에게 요구하는 것을 직접 하려고 하는 것이다. 자녀도 물론 부모가 열받는 사실을 알고, 상처 주는 표현을 하기 어려워하는 부모의 모습도 봐왔을 것이다. '내 말대로 해'는 부모의 오래된 통제 모델이다. 공격형 아이는 '내가 그렇게 말했으니까 그렇게 해, 그렇게 안 하면…'으로 이어지는 전형적인 위협 형태의 처벌에 그다지 민감하지 않다. 아이들은 본능적으로 따라한다. 그래서 우리가 하는 행위와 그들에게 하라고 말하는 행위가 서로 맞지 않으면, 우리가 하는 행위로 기운다.

우리는 업무 중 찾아온 한 부부의 문제를 통해 이 사실을 확인했다. 부부에게는 조나라는 미취학 자녀가 있었는데, '나쁜 말'을 했다는 이유로 유치원에서 귀가 조치를 받았다. 유치원 교사는 조나가 어떤 말을 했는지 그 일부를 전했다. 이 조숙한 네 살배기는 부모가 집에서 감정을 실어 쓴 표현을 똑같이 사용하여 소통하고 있었다. 아이의 어머니가 입을 열었다.

"그런 표현은 유치원에서 쓰지 말라고 말했어요. 그런데 말을 듣질 않네요."

조나는 분노와 충동 조절 문제의 초기 징후를 보이고 있었다. 우리는 조나가 자신의 분노를 표출할 수 있는 다른 방법을 찾을 수 있다면 부정적인 감정을 더 쉽게 조절하리라고 생각했다. 사실 그것은 가족 전체에게 도움이 될 만했다.

"조나한테 말하는 법을 가르치는 사람이 바로 부모님입니다. 여러분은 짜증 나거나 열받았을 때 사용하는 표현을 조나한테 가르쳐줬어요. 조나가 더 분별력 있길 바란다면 그 모델이 되어주세요. 감정을 전달하는 단어와 문구를 떠올리되 아이가 쓸 만한 단어로 바꿔주세요."

조나의 아버지가 몸을 기울였다.

"제가 말하는 방식을 꼭 바꿔야 하나요? 말은 그냥 나오잖아요. 심지어 그 말이 주는 느낌도 좋아요. 거기가 좋은 유치원인 건 아는데, 아이한테 안 맞을 수도 있어요."

"거기가 좋은지 안 좋은지는 중요하지 않아요. 아버님은 조나가 자신의 감정을 표현하면서 익힌 방식을 포기하라고 요구하고 있어요. 화법을 고치라고 하는데, 정작 본인은 그럴 생각이 없죠. 그건 가능하지 않은 요구예요. 조나는 부모님처럼 말할 거예요. 조나가 부모의 반응을 정말로 무서워한다면 부모 앞에서는 아니더라도 다른 곳에서 할 거예요. 조나한테 도움을 주고 싶어 오신 건가요, 아니면 여러분께 가장 쉽고 편한 무언가를 찾고 싶어 오신 건가요?"

여기서 '효과'나 '편안함'이냐를 물으면, 늘 솔직한 답변을 얻지는 못했다. 그래도 이때는 받았다고 생각한다. 부모에게 상대적으로 중요한 고민거리는 조나였다. 그래서 우리는 조나가 쓰는 표현 리스트를 만들어보라고 했다. 실제 리스트는 그들의 생각보다 짧았고, 재정의하기에도 그다지 힘들지 않았다.

조나와 함께 앉아서 이런 식으로 이야기해보라고 했다.

"우리가 모두 말하는 표현 중에는 상대를 불편하게 만들 수 있는 표현이 있어. 이게 그런 것들이야. 우리는 이런 표현 대신 다른 표현을 찾아서 자신이 느낀 바를 이야기해볼 거야. 만약 까먹고 여기에 있는 표현을 쓴다면, 서로에게 알려주면서 '이 느낌을 다른 방식으로 말할 수는 없을까?' 하고 물어볼 거야."

다음 방문 때 부모는 상황이 어떻게 진행되고 있는지를 우리에게 살짝 알려줬다. 조나의 아버지가 아내와 조나에게 말한 내용이다.

"내가 '젠장'이라는 표현을 많이 쓰는데, 대신에 '정장'이라고 바꿔볼게."

"'바보 자식'은 써도 돼?"

"안 그랬으면 좋겠어. 그냥 '나 화가 났는데, 이유를 말해줄게'라고 하는 건 어때?"

조나와 이러한 이야기를 나누고 나서 아주 좋은 결실이 있었다. 가족이 함께 이러한 연습에 참여하니, 조나에게 자신의 감정이 어떤지를 더 잘 설명하고 표현하는 방법을 알려주는 기회가 된 것이다. 이는 공격형에게 아주 유용한 능력에 해당한다. 조나는 자신의 기분을 다른 식으로 표현할 방법이 있는지, 부모에게 질문할 기회를 얻었다. 이처럼 개인적 판단을 피하는 모델링은 게임과 같은 특성을 띠는데, 이는 말하기 전에 생각하도록 가르쳤을 뿐 아니라 조나의 어휘력을 키우는 효과를 낳았다.

당신이 자녀를 캄 다운 하건 캄 업 하건, 그 과정은 자녀의 각성에 관한 스위트 스폿을 넓힌다. 그리고 그러한 확장은 각 뇌 유형의 강점을 지키는 동시에 약점을 줄인다. 방어형은 행동 레퍼토리를 다양하게 늘리면서 불안과 회피를 줄이고 즐거움과 기쁨에 예민해지는 한편, 공격형은 세부 내용에 더 주의를 기울이고 만족을 더 잘 미룰 수 있게 되며 부정적인 결과가 일어날 가능성을 인지하면서 자유로운 선택과 결정을 할 수 있게 된다. 방어형은 자신이 과잉 각성하고 '일어날 수 있는 무언가'에 매몰되는 경향을 버릴 수 있고, 공격형은 보상성 탐색 행위에 덜 의존할 수 있다. 그렇게 함으로써 두 가지 뇌 유형은 모두 현재에 더 집중하면서 자신의 최고 기량에 다가가게 된다.

자녀가 한 명만 있으면 전략을 더 확실하고 쉽게 적용할 수 있다. 다수의 자녀를 두고 있으면 그만큼 복잡함도 쌓인다. 한 자녀가 공격형이고 다른 자녀가 방어형일 때 특히 그렇다. 자녀를 캄 업 혹은 캄 다운 하는 방법을 배우면서 어떤 교훈을 얻었는가? 이것을 말로 표현하다 보면 이 지식을 활용하기가 훨씬 더 쉬워진다. 당신은 우리가 논의한 전략 중 하나를 어떻게 개인화해서 자녀에게 맞출 수 있는가? 이 접근법을 어떻게 구체화할 수 있는가? 합리적인 목표를 세워서 자녀를 능동적이고 정보에 밝은 참여자로 만들자.

마지막으로 한마디. 이러한 성향들은 서로 어우러진다. 자녀가 버렸으면 하는 습관들은 이미 굳어져 있다. 이러한 재형성은 하나의 과정이다. 성공적인 과정으로 만들려면 목표를 명확히 세우고 끈기를 가져야 한다. 무언가를 시작하는 일은 상대적으로 쉽다. 그러나 불만, 실수, 일시적인 실패를 경험하면서 그 과정을 계속 해나가기는 어렵다. 불완전함을 너그럽게 수용해야 히며 인내도 필요하다. 우리는 당신이 자기 자신에게 그렇게 해주길 바란다. 마찬가지로, 자녀의 고통에도 친절하고 사려 깊은 태도를 가져주길 바란다.

4부

나의 뇌 유형은
일상생활에서
어떻게 나타나는가?

10장

건강한 식습관 레시피

뇌 화학작용을 활용하여 건강한 음식 선택하기

쉰 살을 바라보는 스테이시는 살면서 잠시도 주저한 적이 없었다. 무릎이 조금 아파서 더는 뛰지는 못하고 몸무게가 14kg가량 늘긴 했지만, 10대인 두 자녀의 관심사에 계속 주의를 기울인다. 기혼인 스테이시는 여행에 대한 열정이 대단하고, 식도락가에 가깝다. 한편 막 48세가 된 제프는 12년 전에 이혼한 후 혼자 살고 있다. 그와 스테이시는 서로 모르는 사이다. 그런데 로스앤젤레스 시내에 있는 한 고층 건물의 서로 다른 층에서 근무하고 있고, 비슷한 점도 많다. 두 사람 모두 밝고 야망이 있으며 경력을 잘 쌓아가고 있다. 노화로 인한 질병에 걸릴 위험조차 비슷하다. 둘 다 심각한 과체중이고, 직장 탓에 만성 스트레스를 겪고 있으며, 주로 앉아서 생활하는 편이다. 수년 동안 헬스장에 다녔지만, 다양한 개인적 이유와 변명 탓에 잘 가지 않았다. 그리고 둘 다 다양한 다이어트를 반복했지만, 체중을 감량하고 나서 다시 몇 kg씩 늘곤 했다.

스테이시는 초콜릿을 좋아하고, 꼭두새벽까지 컴퓨터를 한다. 불면증 때문에 수면제를 먹은 적도 많지만 효과를 본 경우는 거의 없고, 한밤에 영화를 보다가 중간중간에 졸 뿐이다. 스트레스를 줄이기 위한 아이디어가 페이스북 구경이다. 가족력은 죽상동맥경화증, 고혈압, 심방세동, 위궤양, ADHD 등으로 복잡하다.

제프는 흡연자고, 가족력으로 경직결장염, 우울증, 강박장애, 뇌졸중, 제2형 당뇨병, 알츠하이머병 등을 앓고 있다. 제프에게도 수면장애가 있다. 수시로 주제가 바뀌는 골치 아픈 생각을 하느라 잠에 들지 못하거나, 잠이 들더라도 보통 몇 시간 안에 깨어 다시 한번 생각에 잠긴다.

스테이시와 제프 모두 조부모를 암으로 잃었고, 제프의 아버지는 당뇨로 인한 합병증으로 숨졌다. 둘 다 가계도에 나타난 건강 문제에 별생각이 없지만, 유전학적으로만 봤을 때 각자 중대한 위험 요소를 안고 있다.

우리는 왜 이렇게 뚱뚱해졌을까?

미국이 이토록 무거운 적은 없었다. 1990년 미국 인구 중 15%가 비만이었고, 2010년에는 그 비율이 25%까지 올랐다. 지금은 미국 성인 중 무려 36%가 비만이다(10대 이하는 현재 17%다). 이처럼 비만이 확산하자 의료보험 제도는 심각한 부담을 안았고, 체중 감량 산업은 660억 달러 수준에 달했다. 또한 국립보건원의 자금 지원으로 연구가 진행되었는데, 해당 문제를 더 잘 이해하고 해결하기 위한 방법을 찾는 데 10억 달러 이상이 투자되었다.

비만 확산의 이유는 해결 방안만큼 복잡하다. 유전자는 대사 과정에서 확실한 역할을 하지만, 우리의 유전자 구조는 하나의 상수일 뿐이다. 거기에는 늘어난 무게를 설명해주는 새로운 무언가가 없기 때문이다. 상대적으로 새로운 것이라면, 값싼 패스트푸드와 그리고 당분과 염분을 과하게 넣어서 정교하게 만든 고열량 인스턴트식품에 갖는 사랑이다. 우리는 당이 많이 들어간 음료를 사랑한다. 그러나 그러한 음료를 많이 마실수록 목은 더 마르게 되는데, 당분이 우리의 갈증 조절을 방해하고 속이기 때문이다. 또한 '건강'하다고 하는 대체 식품에도 나름의 단점이 있다. 가향 탄산수에는 무엇이 들어 있을까? 보통은 과일산에 해당하는 향 에센스다. 이것은 치아 법랑질을 연하게 하고 녹이기까지 할 수 있는데, 가공 처리된 탄산과 결합할 때 특히 그렇다.

더 나아가 우리가 매일 마주하는 수많은 화학물질은 호르몬 분비를 방해하고 흉내 내며, 우리가 지방을 저장하고 연소시키는 방식과 직접적인 영향을 주고받는다. 그러한 화학물질은 보건 과학자들 사이에서 걱정과 우려를 낳고 있다. 표본 수가 888에서 4,793까지 달하는 10가지 연구에 따르면, 비스페놀A 수치와 비만 위험 사이에는 양의 상관관계가 있다. 이러한 화학물질은 플라스틱 물병과 통조림 제품부터 비누와 샴푸까지 모든 것에 쓰인다. 심지어 먼지에도, 공기에도 있다. 비스페놀A는 에스트로겐 호르몬처럼 작용하는 것으로 알려져 있는데, 어렸을 때 노출되는 것이 가장 위험하다. 이와 같은 맥락에서 오하이오주립대학이 진행한 한 연구에 따르면, 우리가 도시에서 오염된 공기를 들이마시면 체중 증가로 이어진다. 그리고 인간의 지방량을 측정한 스웨덴의 어느 연구에 따르면, 혈중 오염 성분이 많은 사람이 적은 사람들보다 체중이 4.8kg 더 나갔다.

실제로 우리 중 70%가 과체중이다. 그러나 국제적인 상호 심사 저널인 《미국의학협회저널Journal of the Aerican Medical Association, JAMA》에 따르면, 체중 감량을 포기하는 사람 수가 늘어나고 있고, 그 어느 때보다 많은 사람이 앉아서 생활하고 있으며, 밖에서 활동하는 시간도 줄어들었다. 스트레스도 한몫한다. 《신경과학저널Journal of Neuroscience》의 최근 보고에 따르면, 만성적인 스트레스와 불안감은 의사결정에 큰 역할을 하는 전전두피질의 한 영역을 분리하는 작용을 한다(곧 저녁 식사를 할 텐데도 땅콩이나 콘칩을 크게 한 줌 먹는 이유가 여기 있다). 수면 부족도 상당한 역할을 한다. 수면이 부족하면 뇌가 무엇이 중요하고 중요하지 않은지의 차이를 인지하지 못한다. 그래서 피곤할 때 식욕에 더 쉽게 굴복하게 되는 것이다.

우리가 지금까지 알고 있는 것

체중 감량에 대해 알려진 사실을 정리해보면 다음과 같다. 저탄수화물과 팔레오 다이어트부터 저지방과 채식에 이르기까지, 온갖 식단 조절이 모두에게 통하지는 않는다. 그리고 운동만 하는 전략도 마찬가지다. 뇌가 신체에 연결된 방식과 그 연결을 활성화하는 화학작용은 지속적인 체중 감량을 어렵게 만든다. 그리고 체중을 줄인다고 해도 대부분 다시 살이 찐다. 실제로 식단 조절은 열량 연소율을 낮춘다. 케임브리지대학에서 진행된 연구에 따르면, 시상하부라는 뇌 영역의 뉴런들은 취식이 가능할 때 작동하여 우리를 먹게 만드는 반면, 음식이 부족할 때는 에너지 절약 모드로 돌입하여 우리의 지방 연소를 막는다.

다시 말해, 체중을 줄이고 유지하는 일은 힘들다. 상당한 노력이 필요하다. 그렇다면 체중을 줄이고 유지하는 사람들의 공통점은 무엇일까? 미국체중조절연구소에 따르면, 체중을 조절하여 적어도 1년간 유지한 사람들은 모두 일정한 행동 패턴을 유지한다. 즉 1주에 최소 1번 체중을 재고, 아침 식사를 거르지 않으며, 식단을 조절하고, TV를 주당 10시간 미만 시청하며, 매일 어떠한 운동을 한다.

감량한 체중을 유지하는 데 가장 나타나기 쉬운 장애물은 체중 감량을 방해하는 뇌의 반응이다. 실제로 과체중 상태의 몸은 계속 과체중 상태로 남는 듯하다. 워싱턴 의과대학의 최근 연구에 따르면, 우리가 단 음식을 좋아하는 성향은 보통 나이가 들면서 약해지지만,

과체중 남녀는 예외다. 과체중이 된 사람들은 나이가 들면서도 단것을 굉장히 좋아한다. 운명의 잔인한 장난일까? 그렇다고 보긴 어렵다. 반응하는 뇌는 탐욕스럽다. 몸을 보고는 다음에 허기질 때까지 유지할 수 있는 지방을 충분히 갖고 있다고 판단할 능력이 없다. 단것이 보이면 그저 "먹어버려"라고 말할 뿐이다.

우리 대부분은 한 번쯤 더 건강하고 의도적인 방식으로 식사를 하겠다고 결심해본 적이 있을 것이다. 그리고 많은 경우, 안타깝게도 그 결심은 얼마 지나지 않아 없던 것이 되었을 것이다. 스트레스를 주는 예기치 않은 사건, 기념일이나 축하 행사, 그저 너무 바쁜 생활 등 방해하는 일들이 많기 때문이다. 우리는 우리가 입에 넣는 음료와 음식이 우리의 전반적인 건강에 얼마나 중요한지 공감하기에, 다시 한번 '최상의 식단'을 꼭 지키겠노라고 다짐한다.

이번 장에서 우리는 뇌 유형이 각성과 갖는 관계성 그리고 식사 조절을 방해하는 요인, 이 둘 사이의 관계를 살펴볼 것이다.

혹시 다음 내용 중에 자신에게 해당하는 것이 있는가?

- 나는 지난 3년 동안 최소 2번, 다이어트를 시도했다가 실패했다.
- 예기치 못한 스트레스가 나의 다이어트 시도를 무산시켰다.
- 나는 불안감이나 걱정이 생기면 먹는다.
- 내가 먹기를 멈추지 못할 것 같은 특정한 음식들이 있다.
- 나는 혼자 있거나 지루하면 먹는다.

위 문장 중에 자신에게 해당하는 것이 있다면, 건강한 식사 습관을 지키기 위한 도움이 필요할 것이다. 식사 행위는 간단하고 단순하게 보이지만, 사람 대부분에게 실질적인 문젯거리가 된다. 뇌와의 싸움에서 이길 방법이 없기 때문이다. 본질적으로 식사 행위는 하나의 목적을 띤다. 생존에 필요한 정상적인 열량을 제공하는 것이다. 우리는 대부분 다행히 섭취 가능한 음식을 충분히 먹고, 배고프다고 먹기만 하지 않는다. 의례, 사회화, 습관을 통해서 먹는다. 그리고 더 중요하게는 대부분 편해지려고 먹는다. 과거에는 건강하지 못한 음식에 쉽게 접근하거나 일상에서 만성적인 스트레스를 얻는 경우가 적었다. 이러한 현재 상황이 우리에게 악영향을 미치는 뇌의 화학적 불균형을 활성화하는 데 완벽한 조건이 된다. 방어형과 공격형 모두 음식 섭취를 자기 진정 전략으로 활용하는 희생자로 전락할 수 있다. 그러나 여기에는 몇 가지 해결책이 있다.

잠시 개인적인 강화 장치에 대해 이야기해보자. 여기서 '개인적'이라는 것은 자신의 뇌에 **맞서는** 게 아니라 **호응하는** 방법을 배운다는 의미다. 자신만의 무술이라고 생각하자. 이를 통해 탄력을 받을 수 있다. 이러한 탄력은 자신의 동기 부여와 이를 통한 일상적인 결정을 부추기는 요소를 이해함으로써 생긴다. 강화 장치는 내재해 있고 본성을 따르는데, 당신의 순간적인 느낌을 생각과 의도, 즉 감정과 사고를 결합하기 때문에 효과가 있다. 우리는 변화를 만들고 유지할 수 있는 다면적인 결합이 필요하다. 그러한 강화 장치는 우리의 뇌 화학물질에 나타나는, 불균형에 영향을 미친다.

이때의 역학 혹은 방향이 각성과의 관계성이다. 각성과의 관계성이 만든 골치 아픈 성향이 어떻게 문제를 일으키는지는 우리는 이미 확인했다. 이제 이 성향들을 어떻게 이득이 되는 쪽으로 활용할 수 있을지 이야기할 것이다. 공격형의 강화 장치는 방어형의 강화 장치와 다르다. 방어형은 각성에 대한 반감을 활용하여 긍정적인 변화를 이끄는 방법을 배울 테고, 공격형은 각성에 대한 끌림을 활용하는 방법을 배울 것이다. 건강한 식사가 그토록 어려운 이유는, 우리가 패스트푸드, 좌식 생활, 영상이 지배하는 세상에 살면서 수백만 년 전에 만들어진 뇌에 살려달라고 하고 있기 때문이다. 두개골 속의 1.3kg짜리 기적이 발달한 시기는 영양 식품 재료가 부족하고 그것을 찾아 사냥하거나 땅에서 캐야 하는 시절이었다. 안전한 피난처를 찾고 휴식을 취하며 다음 도전에 대처하기 위해 열량을 비축하는 일이 야간 활동의 전부였을 때, 우리의 뇌는 활성화되어 있었다. 그런데 지금 우리가 가진 뇌와 아주 오래된 뇌 회로는 그 일이 완전히 끝났다고 여긴다. 자기 욕구보다 훨씬 더 많이 먹길 바라고, 우리가 움직이고 싶지 않으면 앉아서 에너지를 아끼라고 우리에게 말한다.

우리는 변화를 원할지 모르지만, 우리의 뇌는 그렇지 않다. 변화하려면, 우리의 무의식적인 습관이 내리는 지시에 맞서려면, 우리는 모든 강화 장치를 총동원해야 한다. 이제부터 우리에게 가장 자연스럽게 나타나는 경향을, 그리고 우리 뇌 유형의 타고난 성향을 활용하는 몇 가지 방법을 소개하고자 한다.

식습관에 영향을 미치는 숨은 요인

음식에 대한 욕망과 체중 감량에 대한 욕망을 악용한 많은 사기꾼이 있었다. 프랭크 켈로그Frank J. Kellogg(1845~1916, 미국의 특허 의약품 제조자—옮긴이)는 '켈로그 교수의 갈색 알약Professor Kellogg's Brown Tablets'을 만들어 체중 감량 상품으로 내놓았다. 켈로그는 배송비를 충당하고 '선의를 보이는' 측면에서 단 10센트만 투자하면 누구에게나 1달러 상당의 체중 감량 알약 패키지와 함께 카탈로그를 보내주겠다고 약속했다. 켈로그가 선보인 가짜 상품 마케팅은 엄청나게 성공했다. 그리고 이제 이 갈색 알약은 위약이라고 판명된 수많은 마법 치료제와 어깨를 나란히 하고 있다.

아직 발견되지 않은 마법이 있다면 오늘날의 대형 식품 제조업체의 조리실에 있을 것이다. 한 흥미로운 대면 연구에서 영양사들은 두 가지 식단을 짰다. 하나는 가공되지 않은 음식으로 구성하고, 다른 하나는 고도로 가공된 식품으로 구성했다. 각 식단은 열량, 탄수화물, 단백질, 당류, 염류, 섬유질 성분이 맞춰졌다. 참가자들은 어느 한쪽 식단의 맛에 특별한 기호를 갖고 있진 않았다. 그들은 2주 동안 가공 혹은 비가공 식단을 먹은 다음, 바꿔서 2주 동안 다른 식단을 먹었다. 현재 먹고 있는 식단이 무엇이든 원하는 대로 적게 먹어도 되고 많이 먹어도 되는 조건이었다. 그 결과 평균적으로 고도로 가공된 식품을 먹을 때 하루에 500칼로리를 더 섭취했고, 2주 동안 약 1kg의 체중이 늘었다.

우리가 가공식품을 먹는 기회가 있을 때 확실히 더 많이 먹는다는 것이 연구자들의 결론이었다. 왜일까? 위가 보내는 대사 신호가 섭취 음식의 에너지 밀도를 잴 때 가공식품을 구성하는 '비자연적' 조합을 잘못 파악하게 된다는 것이 그들의 설명이다. 보통 자연 상태의 탄수화물은 섬유질과 함께 제공되며 지방을 동반하는 경우가 드물다. 그러나 가공식품은 이러한 조합을 뒤섞어 섬유질을 내뱉고 지방을 들인다.

이렇게 상상해보자. 우리가 음식을 들이기로 할 때마다 뇌가 소화관과 대화를 나눈다면, 아마 이런 식이 될 것이다.

뇌   어이, 위장, 네 메시지 받았어. 난 배고파서 곧 먹으려고 해.
위장   알았어. 여기서 준비할게.
뇌   좋아, 시작해. 멈춰야 할 때 알려줘.
위장   그렇게 할게.

얼마 후….

위장   야, 네가 아래로 보내고 있는 조합으로 뭘 만들어야 할지 모르겠어. 대사 부하도 이해 못 하겠고. 뭔가 빠졌어. 일단 그냥 계속 먹어봐.

그렇게 계속 먹는 것이다. 우리가 고도의 가공식품을 위장에 보낼 때 그 식품의 비자연적인 조합은 정확히 인지되지 않는다. 그렇게 혼란에 빠진 위장은 계속 보내라고 전한다.

공격형과 방어형은 모두 그렇게 잘못 전달된 신호를 쉽게 받아들이는데, 이유는 서로 다르다. 방어형은 음식 소비를 통해 스트레스를 조절하고 각성을 줄이는 데 유용한 도구로 여긴다. 음식은 안도감을 전하는 가장 원시적인 형태다. 처음에 우리는 어머니 품에 안겨서 배를 채우며 안정감과 안도감을 얻고, 시간이 지나면 냉장고를 급습하면서 안도감을 찾는다. 방어형에게 각성을 줄일 더 나은 전략이 부족하면, 음식(특히 맛있는 가공 식료품) 섭취가 자신에게 해가 되더라도 정말 쉬운 해결책이 된다.

공격형의 경우도 습관적인 음식 선택에서 자신만의 문제를 안고 있다. 고도의 가공식품은 보상에 민감한 공격형에게 큰 '보상 가치'를 갖는다. 그들은 들뜨기 위해 먹는 경향이 있다. 맛있는 음식에 관한 생각에서 연쇄적인 행동 습관이 시작한다. 공격형은 각성을 높일 수 있는 무언가를 찾는다. 그들이 갈망하는 도파민 분비를 촉진하는 데 간식만큼 쉽게 얻을 수 있고 자극적인 것은 드물다.

소뇌는 주로 운동 협응에 관계한다고 오랫동안 여겨져 온 뇌 부위다. 포만감은 이 소뇌 깊숙이 위치한 작은 뉴런 주머니와 관련 있다. 이 뉴런들이 활성화될 때 우리는 배부르다고 느끼고, 이 뉴런들이 조용할 때 배고프다고 느낀다. 물론 이 뉴런들을 마술처럼 활성화하는 방법은 없다. 그러나 우리는 이들의 침묵을 대하는 효과적인 방법을 알려주고자 한다.

생각 없이 먹기

음식을 각성 조절 전략으로 반복해서 활용하는 일은 무의식적이고 습관적인 특성을 띤다. 신경과학은 이러한 습관이 어떻게 형성되는지 보여준다. 우리가 반복하는 행동은 연쇄적으로 일어나는 작은 행동들을 전부 기억하는 뇌의 루프를 만드는데, 이를 통해 서로 나뉜 부분들이 하나의 덩어리가 된다. 이렇게 기록된 반복은 과정을 수월하게 만들기 위해 도파민을 분비한다(방어형도 공격형처럼 소량의 도파민 분비를 즐긴다). 반복적인 연쇄 행동은 우리가 의도와 목적성을 띤 행동(즉 선택)을 대체할 수 있다.

습관은 그저 보상을 준다는 이유로 우리만의 자동 조정 행동군이 된다. 우리가 세상을 살아가는 방법을 배운 결과다. 신경과학은 강화된 연쇄 행동에 상응하는 뇌 회로를 발견했다. 우리가 과자 봉지에 손을 뻗을 때, 이 습관이 자신에게 도움이 안 되거나 해롭다는 것을 **알더라도** 행동을 강화하는 뇌 회로는 작동한다.

우리의 습관이 얼마나 자동으로 조정되는지 예를 들자면, 습관이 한 번 자리 잡고 나면 행동군의 시작과 끝만 뇌에 기록된다. 전체 중에서 중간 부분은 에너지 소비 측면에서 떨어져 나간다. 즉 사고 과정 없이 자동으로 실현된다. 그래서 우리는 콘칩을 보고 생각 없이 먹는다.

우리가 과자에 손을 뻗는 것을 의식하지 않는다는 의미가 아니다. 신피질이 그 순간과 상황을 지켜보고 선택하여 회로와 습관을 가동하고 있기 때문이다. 우리는 자동으로 행동할 따름이다.

그렇다면 우리는 그저 습관에 갇힌 것일까? 그럴 수도 있고 아닐 수도 있다. 오랫동안 강화된 습관이 반영구화된다는 사실을 우리는 알고 있다. 실제로 우리는 나쁜 습관을 없애지 않고 새롭고 더 건강한 습관으로 덮어씌운다. 나쁜 습관을 확실히 억누르고 새로운 습관을 만들려면 시간이 걸린다. 차이는 있겠지만 3개월은 꾸준히 새 루틴을 실천해야 한다. 우리는 이와 관련된 뇌 영역을 하나하나 따져보진 않겠지만, '억누르다'가 정확한 표현이다. 새로운 습관이 굳게 자리 잡기 전까지는 스트레스받는 순간과 무심함 혹은 변명 탓에 오래된 습관이 오래된 자동 조종의 힘과 더불어 다시 아주 쉽게 모습을 드러낸다.

당신이 뇌 화학작용을 이해한 것이 바로 여기서 도움이 된다. 나쁜 습관을 억누르려면 오래된 습관에 그랬던 것처럼 새로운 습관도 체계적이고 꾸준히 강화해야 한다. 가장 효과적인 강화 방법은 예측하기 어려운 패턴으로 무언가를 보상받는 것이다. 몇 번이라도 보상받지 못하면 관둘 정도로 너무 자주는 말고, 습관 유지에 지장이 없을 만큼의 주기로 받는 것이다. 방어형의 경우 각성을 낮추는 능력에 따라, 공격형의 경우 각성을 높이는 능력에 따라 건강하지 못한 식습관을 강화한다.

갈등의 언어

일단 살이 쪄서 지방으로 저장되면, 몸은 이렇게 저장된 지방을 생존에 필요한 자산으로 여긴다. 그러면서 점점 그것을 쉽게 포기하지 못해 체중 감량을 어렵게 만든다. 체중 감량이 문제라면, 그 과정은 인내와 끈기를 요구한다. 이러한 특성을 필요할 때 활성화하여 끌어다 쓰려면 동기 부여라는 연료가 필요하다.

문제는 변화에 대한 바람이 갈등을 일으킨다는 점이다. 우리는 자신이 체중을 줄여야 한다는 점을 알지만(경험에 접근하거나 관여하기), 목표 달성을 위한 변화 탓에 생기는 불편함을 겪고 싶지는 않아 한다(경험을 피하거나 거절하기). 공격형과 방어형은 이런 형태의 갈등에 나름의 취약점이 있다. 보통은 서로 다른 이유로 굴복한다. 우리는 여기서 갈등 자체의 형태를 바꾸는 방식으로 도움을 주고자 한다. 자신의 뇌 유형을 이해함으로써 그 체계를 바꿀 수 있다. 여기서 우리는 방어형에 대해 갈등을 접근-회피에서 회피-회피로 바꾸는 (한쪽을 다른 한쪽보다 나쁘게 만드는) 방식을 쓰고, 공격형에 대해 접근 쪽을 보완하는 (더 매력 있게 만드는) 방식을 쓴다. 우리는 이러한 전환과 보완이 훨씬 더 성공적인 결과를 낳는다는 사실을 확인했다.

회피-회피 갈등은 어느 쪽도 원하는 선택이 아닌 경우다. 나쁜 결과 두 가지 중에 최악을 고르는 셈이다. 방어형은 이 갈등 구조에 가장 민감한데, 우리는 이를 활용하여 방어형만의 동기 부여를 강화함으로써 원하는 결과를 얻는다.

접근-회피 가운데 접근 측면이 결과에 거듭 영향을 줄 만큼 그렇게 강하지 않을 때도 있다. 공격형은 특히 크게 보완되는 (보상받는) 갈등에 민감한데, 그러한 갈등을 통해 긍정적인 결과에 더 크게 집중하게 된다. 우리는 바로 이런 식의 갈등을 게임화하여 공격형 특유의 동기 부여 성향을 활용한다.

우리는 이것을 '강화 변화 전략Leveraged Change Strategies'이라고 부른다. 이 전략의 실행 방식은 다음과 같다.

- 1단계: **목표 세우기.** 예측할 수 있는 여정은 쉽게 이룰 수 있다. 예를 들어, 체중을 10% 감량하는 것이 될 수 있다. 당신의 목표는 무엇인가?
- 2단계: **식단 선택하기.** 선택할 수 있는 식단 조절 방식은 정말 다양하다. 우리가 추천하는 것은 열량이 아주 높거나 해로울 수 있는 음식군을 완전히 배제하는 식단이다. 이러한 식단은 보통 계속 지키기 어렵다. 그래도 열량을 적당히 줄이는 방향을 목표로 삼고 단백질, 섬유질, 탄수화물을 충분히 포함시키자. 우리는 기본적으로 '저혈당 지수' 음식으로 구성된 식사 계획을 선호한다. 어떤 식단이 당신에게 맞는가?
- 3단계: **각성 다루기.** 공격형은 자극과 흥분을 위해 먹는다. 이 때문에 양을 줄이고 주의를 기울인 식사는 각성 수준의 감소로 이어질 수 있다. 공격형은 각성의 감소를 내켜 하지 않는다. 시작일이 다가올 때 각성 수준을 보충하고 높이는 방법을 생각해보자. 도전적

인 프로젝트에 나서기, 사교 활동 계획하기, 한 번도 가본 적 없는 장소에 가보기, 출퇴근 경로 바꾸기, 새로운 하이킹 코스 찾기, 읽고 싶었던 책 구매하기 등이 도움이 된다. 새로운 습관 만들기에 시간을 들이면서 자신의 삶에 참신함과 자극을 줄 수 있는 방법은 무엇일까?

방어형은 선천적인 각성 수준이 과하기 때문에 자극과 흥분에 대한 보상에 덜 민감하다. 오래 유지해온 습관을 바꿀 때 나타나는 감정 상태를 받아들이는 일은 그 과정이 시작 전이라도 방어형을 각성시키고 불편하게 만들 수 있다. 따라서 극심한 스트레스 상태에 있다면, 스트레스가 완화되고 난 뒤에 시작하는 것이 좋다. 스트레스가 덜 하다면 본연의 각성 수준을 줄여보자. 매일 밤 온욕을 하거나 마음챙김 명상의 시간을 갖는 것도 방법일 수 있다. 첫날은 감정적으로 힘들 수 있다. 시작일에는 각성의 스위트 스폿에서 딱 중간에 있길 바란다. 이 시간을 현명하게 활용하면, 얼마 지나지 않아 큰 성과를 얻을 것이다.

- **4단계: 공격형의 갈등 쌓기와 방어형의 갈등 바꾸기.** 본연의 각성이 조금 낮은 사람들에게 음식은 그 시각적·미각적 신호와 더불어 쉽게 예측할 수 있는 기대 보상이다. 음식을 포기할 수 있으려면 그 음식을 다른 것으로 대체하는 것이 좋다. 보상과 그 주변을 맴도는 생각들은 공격형에게 주된 원동력이 된다. 보상은 원하는 무언가를 아주 간단하게 가져다준다. 당신이 받았으면 하는 소소하지만 중요한 것 열여섯 가지를 떠올려보고 적어보자(아니면 반복하고 싶

은 것도 좋다). 이렇게 고른 것들은 모두 온라인 장바구니를 두고 결제하는 것만큼 쉽게 접근할 수 있어야 한다. 그리고 각각을 호감도 순으로 1부터 16까지 숫자를 매겨보자. 이제 한 가지를 더 생각해 볼 텐데, 이게 훨씬 더 중요하고 가치 있다. 우리는 이것을 나중에 5단계에서 활용할 것이다.

다음 단계에서는 카드 두 벌이 필요하다. 식사 첫날, 조커를 포함한 카드 두 벌을 함께 섞는다. 눈에 띄는 곳에 카드 뭉치를 엎어 놓는다(실제로 시각적 신호를 만드는 일은 매우 중요하다). 무언가를 먹기 전에 카드 뭉치를 쳐다보자. 식사를 잘 조절해서 먹은 날에는 맨 위에 놓인 카드를 위로 뒤집자. 잠시 시간을 내어 자신이 성공적인 하루를 보냈음을 상기하고 자신에게 "내 목표에 한 걸음 더 가까워졌어"라고 말한다(내적 보상). 만약 카드를 뒤집어서 에이스나 2가 나오면 자신에게 "내 식사 계획이 보상을 받는군" 하고 말하고, 보상을 1번부터 받도록 한다(외적 보상). 조커가 나오면 다음 날은 계획을 쉬고 마음껏 먹으라.

목표를 이루지 못하면 어떻게 할까? 엎어진 카드를 뒤집는 대신에 뒤집어 놓은 맨 위쪽 카드를 카드 뭉치 어딘가에 다시 넣는다. 여기에 더 큰 동기를 부여하려면 시간 요소를 추가하자. 여기서 목표는 120일 안에 모든 카드를 뒤집는 것이다.

방어형에게는 건강한 식습관을 이행하는 과정이 확실히 불편할 것이다. 과자 봉지가 앞에 있을 때, "안 돼"라고 말하는 것은 쉽지 않다. 그러면 어떻게 해야 할까? 불편한 "안 돼"와 직접적으로 맞서는 무언가를 찾는 것이다. 그러려면 과자에 "돼"라고 말하는 것을 "안 돼"라고 말하는 것보다 훨씬 더 불편하게 만들어야 한다. 방어형이 회피에 민감하다는 사실을 고려할 때 이런 식의 갈등을 설정하는 것이 효과적이다. 피할 수 있고 피하고 싶은 열여섯 가지를 떠올려보고 적어보자(아니면 반복을 피하고 싶은 것도 좋다). 자신이 싫어하는 지인에게 안부 전화를 하는 것부터 자신이 반대하는 정당에 상당한 기부금을 보내는 것까지 무엇이든 될 수 있다. 창의력을 발휘해보자.

이어서 조커를 포함한 카드 두 벌을 준비한다. 카드를 쉽게 볼 수 있도록 눈에 잘 띄는 곳에 엎어놓자. 식단을 잘 조절한 날마다 카드 한 장을 뒤집고 자신에게 이렇게 말하자. "나는 건강하고 지속적인 습관을 만드는 중이야. 오늘은 성공적이었어." 에이스나 2가 나오면 자신에게 이렇게 말하자. "'내가 피하고 싶은 것 리스트'에서 항목 하나를 지울 수 있어." 조커를 고른 날에는 다음 날을 쉬는 날로 정해서 원하는 것을 마음껏 먹자.

식단 조절을 제대로 하지 못한 날에는 맨 위의 카드를 엎어놓은 카드 더미 중간에 다시 넣는다. 물론 목표는 모든 카드를 뒤집고 모든 항목을 지우는 것이다. 강도를 높이고 싶다면 제약 사항을 추가할 수 있다. 120일 동안 모든 카드를 뒤집지 못했다면, 두 가지 항목을 골라서 동시에 하는 것이다.

- 5단계: **책임감 키우기.** 카드를 통해 '내적' 책임감을 키우려면 '외적' 책임감을 키우는 일이 도움이 된다. 연구에 따르면, 우리가 행

동에 옮기는 약속이 공개적일수록 약속을 지킬 가능성이 커진다. 가족이든, 친구든, 직장 동료든 당신이 이루려고 하는 것을 그들에게 말한다. 당신이 가진 계획의 구체적인 내용을 적어도 두세 사람에게 알린다. 그리고 계속 책임감을 느끼도록 도와달라고 부탁한다. 이를테면 "가끔 '네 그 계획은 어떻게 되어가?' 정도로 물어봐줘"라고 부탁하면 도움이 될 것이다.

마지막 카드를 뒤집은 날 마지막 항목을 자신에게 대접하자. 공격형에게 이것은 지극히 타당한 보상이고 성공했음을 의미한다. 그렇게 마지막 카드를 뒤집은 후 방어형은 가장 강력하고 의미 있는 회피를 지움으로써 안도의 한숨을 쉴 수 있다.

- 6단계: **새로 만든 습관과 건강한 삶을 위한 여정 이어나가기.** 누군가에게는 이것을 행동에 옮기기가 말처럼 쉽지 않을 것이다. 만약 자신이 건강하지 못한 오랜 식습관으로 돌아갔다면 다시 시작해보자. 그 카드들을 꺼내서 새로운 마음으로 다시 시작해보자.

스테이시와 제프

공격형인 스테이시와 방어형인 제프가 더 건강한 식사를 위해 자신의 뇌 유형을 어떻게 강화했는지 더 이야기해보자. 앞서 이야기한 것처럼, 두 사람은 위험 요소를 갖춘 자신의 뇌 화학작용에 별 관심이 없었다. 그러나 우리의 관심 여부를 떠나서 우리의 식사 방식은 그러한 요소들과 예측 가능한 방식으로 상호작용한다. 과체중 상태는 유전적 위험에 관한 취약성을 강화하는데, 스테이시와 제프 모두 그러한 상태에 있었다. 스테이시는 건강에 얽힌 이 확연한 관계를 무시했고, 자신의 무릎 상태와 옷을 입었을 때의 느낌에 더 신경 쓰는 듯했다. 제프는 자신의 유전적 위험이 무엇인지를 직설적인 용어로 마주하고는 망연자실했다. 체중을 어느 정도 빼지 않으면 어떤 일이 예상되는지 지적받자 걱정에 빠졌다. 체중을 10% 줄이는 것이 건강에 큰 도움이 된다는 전문가의 말을 토대로, 스테이시와 제프는 모두 그 수치를 합리적인 목표로 삼고 저혈당 식단을 시작했다.

변화를 지속하려면 전후로 예측 가능한 움직임이 당연히 있어야 한다. 아무리 좋은 의도로 세운 계획이라도 중단 없이 계속해 나가는 경우는 드물다. 가장 강력한 변수는 동기 부여다. 이는 개인의 고유한 뇌 화학작용에 따라 복잡한 문제를 일으키기도 한다. 체중 감량을 원하는 스테이시와 제프의 경우, 뇌의 화학적 불균형에 의해 동기 부여가 방해받고 있었다. 두 사람이 각자의 목표를 방해한 방식을 몇 가지 살펴보겠다.

스테이시는 **폭식**을 즐겼다. 피자 가게는 그냥 지나치기에 어려웠고, TV를 보면서 별생각 없이 감자칩 한 통을 순식간에 비워버렸다. 먹는 행위는 우리의 보상 회로를 점화하여 그 과정을 필요에서 즐거움으로 바꾼다. 음식은 뇌의 보상 센터를 자극하여 도파민 분비를 촉진시키고, 이는 생존이 아닌 경험 감각을 위한 취식을 강화한다. 이러한 보상 회로의 신호는 우리의 포만감을 압도한다. 우리는 충동 조절이 어려운 공격형인 스테이시에게 폭식 충동이 생겨서 조절이 어려울 때를 대비해 게임을 폰에 다운받아서 잠시 관심을 다른 데로 돌리고 충동을 줄이도록 요구했다. 스테이시가 다양한 자극을 얻으려면 게임을 주기적으로 바꿀 필요가 있었다. 그녀는 과거에 몇 번의 다이어트를 시도했지만, 만족 지연 능력 부족으로 모두 실패했다. 이러한 능력 부족은 많은 공격형이 겪는 일반적인 문제다. 스테이시는 처방받은 애더럴에 기대서 스트레스와 각성에 대한 욕구를 조절했다. 실제 각성제는 그녀의 집중력을 향상시켰다. 그러나 스테이시는 각성제의 효과를 잘 알고 있어서 그것을 남용했다.

반대로 제프는 만족을 나중으로 잘 미룰 수 있지만, 늘 막연한 불안감을 안고 살아서 평소 즐거움을 거의 느끼지 못했다. 잠들기 전 치즈 케이크 한 조각과 와인 한 잔이 스트레스가 심한 삶에 대한 위안으로 여길 정도로 즐거움이 거의 없었다. 제프는 그저 음식과 술로 자신을 달랬다.

일단 혼자 살고 있는 제프는 일정을 지키는 일을 어려워했다. 우리는 제프에게 자기 전에 3시간 동안 음식을 먹지 않도록 함으로써 혈당 급증을 줄이고 신진대사 속도를 늦추어서 몸을 쉬게 할 준비를 할 수 있도록 했다. 또한 일일 식단표를 준비해 하루 5~6번의 식사를 계획하도록 했다. 조금씩 자주 먹게 되면 탄수화물로 가득한 간식 섭취를 줄일 수 있다.

우리는 스테이시에게도 꼭두새벽까지 당 수치가 요동치는 일이 없도록 자기 전 3시간 동안 음식을 먹지 말라고 했다. 그동안 스테이시는 혈당이 떨어지면 각성 수준을 유지하기 위해 무의식적으로 음식을 찾았다. 이렇게 밤늦게 먹는 패턴은 역류성 식도염의 원인이 되었는데, 식사와 간식의 지속적인 섭취를 돕기 위해 그녀의 위산이 끊임없이 흘러나왔기 때문이다.

수면 부족은 스테이시에게 큰 문제였다. 운이 좋아 잠을 잘 자는 날의 수면은 다섯 시간 정도였다. 수면 부족은 고열량 탄수화물 식품을 찾게 한다고 오랫동안 알려져왔다. 너무 피곤할 때 왜 무의식적으로 탄수화물에 끌리는지 그 이유를 생각해본 적 있는가? 더 나아가 여러 연구에 따르면, 더 많이 잘수록 자연스럽게 더 적은 열량을 섭취하게 된다. 우리는 스테이시에게 수면을 더 잘 챙기는 구체적인 방법을 몇 가지 소개했고, 그녀는 그것들을 자신의 계획에 반영했다.

우리는 제프와 스테이시 모두에게 (자유롭게 먹는 날과 더불어) '치트 밀cheat meal(식단 조절 계획에서 벗어나 일시적으로 먹는 식사)'을 계획에 포함하라고 주문했다. 《소비자심리학저널Journal of Consumer Psychology》의 최근 연구에 따르면, 일정한 프로그램에 치트 밀을 포함하면 오랫동안 체중을 줄이는 데 도움을 준다. 정밀하게 이루어진 다른 여러 연구에서도 이러한 발견은 의미가 있었다. 주말에는 상대적으로 느슨한 식사 스케줄을 따르고 주중에는 상대적으로 제한적인 식사 방식을 따르는 사람이 체중 변화를 오랫동안 더 잘 유지할 수 있다는 증거는 차고 넘친다.

제프는 치트 밀을 먹는다는 생각만 해도 불안해했다. 위험하게 느껴졌기 때문이다. 제프는 체중 증가가 건강에 미칠 악영향이 두려워서 처음에는 참았다. 우리는 그에게 불편하더라도 치트 밀을 식단에 넣도록 요구했다. 그리고 자신의 건강에 관한 관심이 제프가 활용하고 있는 강화 도구였기에, 우리는 제프가 그것을 꼭 유지하길 바랐다. 제프는 일주일에 한 번 마음껏 하는 식사가 얼마나 자신의 건강을 쉽게 해칠 수 있는지를 강력하게 상기하기 위한 수단으로 삼았다. 기억하자. 행동의 누적 효과를 좌우하는 것은 예외가 아니라 규칙이라는 점과 방어형은 건강에 따른 결과를 두려워하는 만큼 시간이 지날수록 덜 탐닉하는 경향이 있다는 점을.

스테이시에게 치트 밀은 제프와는 완전히 다른 무언가를 선사했다. 스테이시는 이 식사를 한 주 동안의 자제에 대한 멋진 보상으로 여기게 되었다. 또한 치트 밀은 그녀가 그토록 바라던 강한 자극과 다양성을 안겼다.

우리는 전체론적인 접근법을 바탕으로 제프를 의학적으로 진단했다. 최근 당화혜모글로빈 수치를 봤을 때 그는 확실히 당뇨병 전기 환자에 해당했다(제프의 수치는 6.8인데, 정상 수치는 5.7 밑이다). 체중 감량만으로도 이러한 수치를 정상 및 보호 수준으로 만들 수 있다. 제프는 늘어나는 허리둘레와 앉아서 생활하는 방식이 자신의 미래를 예고하는 것으로 보았기 때문에 결과에 놀라지 않았다. 방어형은 보통 탄수화물을 좋아한다. 탄수화물 음식이 세로토닌을 증가시키기 때문이다. 그러나 탄수화물 음식은 당으로도 바뀔 수 있어서 당뇨 수치를 높인다. 제프는 탄수화물을 고려해서 단백질을 더 보충하라는 권고를 받았다. 제프는 처음에 우리와 체중 감량의 필요성을 논의했을 때 공포와 절망감이 뒤섞인 익숙한 느낌을 받았다. 과거에 다른 의사와 이런 대화를 해본 적이 있었기 때문이다. 그러나 처음으로 개인에 맞춘 전략을 제안받고 나서는 안정을 찾았다. 그 전략의 기반은 그만의 뇌 화학작용과 그동안 그를 실패하게 만든 반사행동이었다.

우리는 제프와 스테이시 모두에게 구하기 쉬운 세 가지 보조제를 권했다. 첫 번째로 추천한 보조제는 가르시니아 캄보지아garcinia cambogia로, 식욕을 줄이고 포만감을 알려주는 신호인 렙틴 민감성을 높이는 역할을 한다(그리고 우리가 앞서 언급한 소뇌의 뉴런들을 활성화하는 데 도움이 될 수 있다). 우리의 뇌는 위와 밀접한 관계가 있다. 우리가 잠시 무얼 먹지 않으면, 뇌는 우리의 식욕을 자극하는 그렐린 호르몬을 분비한다. 그리고 우리가 먹으면 장-뇌 경로가 활성화되어 렙틴과 인슐린이 분비된다. 두 번째로 추천한 보조제는 흰강낭콩 추출물로, 이것은 탄수화물이 당으로 전환되는 능력을 감소시킨다. 세 번째로 추천한 보조제는 베르베린berberine이다. 인간의 신체는 두 가지 지방을 갖는다. 갈색 지방과 백색 지방이다. 갈색 지방은 백색 지방처럼 열량을 저장하기보다는 소모한다. 우리는 아기일 때 갈색 지방을 많이 갖지만, 성인이 될 때쯤 갈색 지방은 대부분 사라진다. 그리고 갈색 지방은 우리의 전체 지방 중 5%에 못 미치는 비율을 차지하지만, 전체 열량 소비 중 70%를 차지한다. 반면에 우리의 복부, 허벅지 위쪽, 허리 군살에 축적되는 흰색 지방은 열량을 거의 소모하지 않는다. 캘리포니아대학교 연구진은 특정 단백질량을 늘려서 백색 지방을 갈색 지방으로 바꾸는 방법을 찾아냈다. 그 결과 자체로 체중 감량이 이루어지는 셈이다. 베르베린은 이 특정 단백질을 활성화하여 백색 지방 일부를 갈색 지방으로 전환시킨다. 또 무엇이 있는지 아는가? 바로 운동이다. 이 부분은 다음 장에서 더 자세히 이야기하겠다.

식욕 억제뿐 아니라 비만 및 당뇨병 환자의 인슐린 저항성을 개선하는 일반 약품인 메트포르민metformin도 프로그램에 추가했다. 한편여러 장기에 작용하여 체중 감량에 도움을 주는 미국 식품의약국 허가를 받은 새로운 식이 조절 약품도 있다. 이 약품들은 뇌가 그만 먹으라고 말해주는 호르몬인 렙틴을 더 많이 분비하도록 자극하고, 위가 팽창한 상태를 더 오래 유지시켜 우리에게 포만감을 주며, 췌장에서 더 많은 인슐린을 만들어서 체내 당을 잡아주고, 당 저장 물질인 글루카곤 호르몬을 억제하는 작용을 한다. 이 새로운 처방 제품이 꽤 비쌀 수도 있어서, 적절할 때 이 약을 구할 수 있도록 담당 의사를 통해 보험 관련 정보를 자문받도록 했다. 명심해야 할 것은 처방약이든 보충제든, 이런 약들은 성공으로 가는 길의 일부일 뿐이다. 성공을 지속하려면 건강한 식습관을 유지하려는 동기 부여와 노력이라는 진정한 마법이 더해져야 한다. 이를 달성하는 최고의 방법은 뇌 화학작용을 활용하는 일이다.

우리는 스테이시와 제프가 먹는 음식을 바꾸기 전에 각자 한 주동안 '나는 먹을 수 있지만 먹을 필요는 없는' 음식 시뮬레이션을 진행했다. 여기에는 각자 선호하는 음식에 대한 충동 항목을 포함했다. 먹는 과정을 덜 반사적이고 더 의도적인 것으로 받아들이는 작업은 필수다.

이 준비 주간에 두 사람은 '건강한 습관 차트'를 만들었다. 여기에는 매일 2리터씩 물을 마시고, 식사에 푸른잎채소를 추가하며, 하루 중 가장 많은 양의 식사하고 나서(열량을 소모하기 가장 좋은 때다) 30분씩 걷는다는 목표를 포함시켰다. 두 사람에게는 서로 상당히 다른 과제도 주어졌다. 제프에게는 (회피에 민감한 그의 방어형 성향을 강화용으로 이용하기 위해) 그가 피하고 싶은 것을 정리한 리스트를, 스테이시에게는 보상에 민감한 자신의 공격형 성향을 활용하도록 자신에게 주고 싶은 것을 리스트로 정리하게 했다.

건강한 식사를 연습하는 첫 주 동안 두 사람은 접시에 있는 음식의 반만 먹고 나머지는 20분 동안 오븐에 넣어두기로 했다. 먹는 속도를 줄이고, 포만감을 주는 렙틴 호르몬이 효과를 내기 시작하도록 기회를 주는 전략이었다. 그 주가 끝날 때쯤 스테이시는 미뤄둔 분량의 일부를, 어느 날 밤에는 전부를 냉장고에 넣었다. 제프도 조금 덜 먹게 되었다고 알려주었다.

우리가 스테이시에게 활용한 두 번째 '속임수'는 그녀가 감자칩을 습관적으로 먹는 문제를 해결하는 데 목적이 있었다. 이 속임수는 공격형이 고통 한계점이 낮다는 사실을 활용하지만, 회피성이 강한 방어형에게도 효과적이다.

스테이시는 감자칩만큼 하루의 긴장을 풀어주는 것은 없다고 느졌다. 소량씩 먹기를 좋아하지 않는 터라 저녁 뉴스를 보며 감자칩을 통째로 해치우고 있었다. 결국 스테이시는 저차원적 기술이지만 놀라울 만큼 효과적인 대책을 받아들이기로 했다.

- 1단계: 스테이시는 0.6cm 두께의 고무줄을 받아서 자신이 자주 쓰지 않는 손의 팔목에 꼈다.
- 2단계: 스테이시가 감자칩을 처음 떠올리는 순간은 뉴스를 볼 때였다. 스테이시는 손을 뻗어서 자신에게 고무줄을 튕겼다(공격형은 보통 고통을 참기 어려워하기 때문에, 이것은 스테이시에게 꽤 불쾌한 일이다). 스테이시는 첫 번째 튕김과 함께 감자칩에 대한 욕구가 사라진 것을 확인했다(감각은 관심받기 위해 경쟁하는데, 스테이시가 팔목을 문지르며 앉아 있는 동안 그녀의 뇌는 따끔함의 여운만 떠올리고 있었다).
- 3단계: 뉴스를 본 지 10분 후, 스테이시는 자리에서 일어나 찬장에 있던 감자칩 통을 손에 넣었다. 이때 또 한 번 고무줄을 튕겼다.

이 연습에서는 나쁜 습관을 구성요소 단위로 해체하는 일이 중요하다. 감자칩을 맛있게 먹는 생각을 하면 고무줄을 맞고, 식료품 저장고에서 새 감자칩 통을 손에 쥐면 고무줄을 맞고, 그 통을 까면 고무줄을 맞고, 감자칩을 하나씩 먹을 때마다 고무줄을 맞는 것이다. 이 계획은 적어도 한 달 동안 따라야 한다. 스테이시는 부엌에 개봉하지 않은 감자칩 통 하나를 나름 '마음을 든든히 하려고' 두고 있다.

그러나 이제는 감자칩을 떠올릴 때마다 고무줄 맞는 것이 떠오른다.

그러면 두 사람은 실제로 어떻게 했을까? 6개월 정도 지났을 때 스테이시는 과거 습관을 다시 소환하여 자신이 그토록 좋아하던 감자칩을 아무 생각 없이 또 한 번 맛있게 먹었다. 그동안 12kg의 체중을 감량한 그녀는 그 고무줄을 다시 찾아서 튕기는 연습을 또 할 거라고 우리에게 말했다. 수면도 좋아져서 매일 밤 평균 약 8시간씩 잤다. 카드 두 벌을 뒤집는 게임을 108일 만에 성공적으로 끝냈고, 감자칩 문제를 넘어서 건강한 식사 계획도 유지했다.

제프의 경우, 카드는 두 번째 라운드까지 갔는데, 두 번째 라운드는 첫 번째 라운드보다 훨씬 빨리 끝냈다. 그리고 제프는 중간에 예상한 장애물을 맞닥뜨리긴 했지만, 15kg 체중 감량에 성공했고, 와인은 주말 밤에만 최대 한 잔으로 제한했다. 사회생활도 약간 맵시 있게 가꿨다. 얼마 전에는 자신이 오랫동안 키우고 싶어 하던 새 강아지 한 마리와 같이 나타났다. 이제는 새로 맞이한 친구를 돌보느라 바쁜 사람이 되었다.

우리는 모두 한쪽 뇌 유형이 두드러지지만, 대부분 자신의 행동 방식과 의사결정 동기를 통해 두 유형의 측면을 모두 확인할 수 있다. 자신의 공격형 혹은 방어형 같은 성향이 스테이시와 제프의 성향보다 더 애매하다고 느낀다면, 체중을 감량하고 싶을 때 강화 변화 전략을 적절히 섞어서 활용하면 된다.

이런 식으로 할 수 있다. 자신에게 주려고 하는 여덟 가지 보상 리스트와 더불어 여덟 가지 회피 리스트를 적는다. 이때 보상은 보통 때는 허락하지 않지만 즐거움을 줄 만한 것이어야 하고, 회피는 웬만하면 하지 않을 것이어야 한다. 저 성가신 이웃을 위해 잔디를 깎겠다고 말하거나, 지난 5년 동안 약속만 하고 미뤄두었던 창고 청소를 하는 것처럼 말이다. 카드를 뒤집을 때 에이스나 2가 나오면, 보상 항목 한 가지를 실천하거나 회피 항목 한 가지를 지울 수 있다. 우리 내담자 중에는 자신의 회피 리스트를 아내에게 만들게 한 남자도 있었다. 그 리스트의 항목을 지우면서 정말 보람을 느꼈다고 한다. 당신이 카드 게임을 120일 안에 완료하는 경우를 기준으로 특별한 보상 혹은 끔찍한 회피 사항을 걸도록 한다. 3개월 안에 완료하지 못하면, 남은 보상을 몰수하고 여전히 지우지 못한 회피 사항을 실천하도록 한다.

당신은 얼마나 오래, 얼마나 건강하게 살고 싶은가? 이 질문에 대답하기 가장 좋은 때가 바로 지금이다. 미래를 위해 헌신하기란 어려운 일이 아니다. 우리는 당신을 응원한다.

11장

운동하고 숙면하는 사피엔스

뇌 유형이 움직임 및 수면 패턴과 상호작용하는 방식을 이해하고, 더 건강한 결과를 얻기 위해 이 두 가지를 변화시키는 방법 익히기

'주체의식' 혹은 '자유의지'란 우리에게 주어진 선택지들을 의식적으로 면밀히 살펴보고 우리의 삶을 구성하는 의사결정과 선택을 할 줄 아는 능력을 가리킨다. 이에 대해 이야기해보자. 주체의식을 갖는다는 것은 우리가 인과관계에 의도적으로 개입해 행위를 선택할 수 있다는 의미다. 행위가 우리의 과거 경험을 통해 단순한 산물이 되게 하는 게 아니다. 만약 이 책에 주제가 있다면, 그것은 바로 주체의식과 제약이다. 우리는 살아가면서 의사결정을 얼마나 자유롭게 할까? 또 얼마나 제약을 받을까? 우리는 지금까지 자신이 직면한 제약 사항을 살펴봤다. 뇌의 화학작용에서 나타나는 미묘한 불균형의 영향, 각성과의 관계로 인한 무의식적인 영향이 바로 그것이다. 그러나 당연히 제약 사항은 이 외에도 많다. 우리의 DNA, 우리를 키워낸 부

모, 우리가 자란 세상, 우리가 받은 교육, 우리가 시달린 환경 오염물질, 우리의 영양 섭취, 형제자매와의 경험, 우리의 문화적·인지적 편향 등 끝이 없다.

주체의식이 필요한 경우를 들자면, 시간이 지나서도 꾸준히 하는 운동을 들 수 있겠다. 몸에 불편한 무언가를 하게 만들고, 그것을 반복하게 만들기란 쉽지 않다. 등산로, 해변, 체육관에 가보면 누구나 쉽게 운동한다는 인상을 받을 것이다. 안타깝게도 이러한 인상은 실상과 거리가 멀다. 우리는 자신이 더 움직여야 한다는 것을 알고 있고, 그런 이야기를 꽤 자주 들었다. 우리는 운동의 전반적인 이점을 이미 알고 있다.

규칙적인 운동은 치매를 포함한 모든 만성 질환의 발병은 물론 노화까지 늦춘다. 운동은 긍정적 감정 조절을 도모하고 인지 기술을 유지하게 하는 역할을 한다. 운동은 이 모든 것을 어떻게 이루는 걸까? 운동은 우리 몸이 당장은 내키지 않아 할 활동에 관여하기를 요구한다. 이렇게 집중된 활동은 혈류와 산소의 양을 늘리고, 신경 생성(뇌에서의 새로운 뉴런이 발생하는 것)을 일으킨다. 결국 이러한 현상이 신경 회로의 강도와 본래의 특징을 강화하고, 스트레스 관련 화학물질(코르티솔과 아드레날린)을 감소시킨다. 운동은 뉴런의 생존과 분화에 결정적인 역할을 하는 중요한 뉴로트로핀neurotrophin(신경세포의 성장과 발달, 그리고 적절한 기능 수행을 도와주는 단백질)을 상향 조절한다. 이러한 연쇄적인 과정이 실제로 해마(기억의 구심점)와 전전두피질(실행 기능의 구심점)을 비롯한 뇌의 성장을 이끈다. 우리는 움직임으로써 이 모든 것을 얻는 셈이다.

삶에서 단점이 거의 없고 장점이 이토록 많은 것은 드물다. 분명한 이점이 그토록 많은데, 왜 많은 사람은 실제로 그렇게 하기 힘들어할까? 다시 주체의식으로 돌아가보자. 자유의지는 존재하는 것일까, 아닐까? 철학자들은 오래전에 그 존재에 의문을 품었고, 비교적 최근에는 신경과학자들이 그것이 환상에 불과함을 결정적으로 보여줬다. 다시 말해, 우리의 의식적인 숙고와 의사결정이 뇌의 무의식적 활동에 따른 산물이라는 것이다. 즉 본질적으로 우리가 의사를 결정하는 것이 아니라 우리가 의사결정을 했다는 것을 의식적으로 인식하기 전에 뇌가 먼저 결정을 내린다는 것을 시사한다. 신경과학을 더 파고들지는 않겠지만 꽤 설득력 있는 주장이다.

그렇다면 어떻게 생각해야 할까? 사람은 그저 뇌의 뉴런들이 행동하는 방식을 학습한 로봇일까? 이 장의 주제로 돌아와서, 만약 당신이 앉아서 생활을 많이 하는 편이라면, 소파가 등산로보다 낫다고 이미 결정한 뇌에게 인질로 잡혀 있는 것일까? 우리는 그렇게 생각하지 않는다. 그러나 자동 조정을 통한 기능을 선호하는 뇌에게 선택을 요구하려면 특별한 노력이 필요하다.

나쁜 습관을 바꾸려고 노력해본 적이 있는 사람이라면 그 목표를 이루는 일이 얼마나 어려운지 잘 알 것이다. 이때 자신의 각성과의 관계성을 이해하면, 중요한 발판을 마련할 수 있다. 이러한 이해는 자신의 뇌 유형 성향을 활용하여 뇌의 의사결정을 의도적으로 바꿀 수 있게 하고, 큰 자유를 허락한다.

다수의 심리학 연구에 따르면, 의도와 목적이 분명한 추론은 우리가 살면서 하는 행동을 바꾼다. 예를 들면 이렇다. 다이어트 중인 참가자들에게 자신의 체중을 늘리게 만드는 먹음직스러운 음식들을 준비하도록 한 다음, 서로 다른 두 집단으로 나눴다. 한 집단에게는 단순히 체중 감량이라는 목표가 주었고, 다른 집단은 심리학자들이 '실행 의도'라고 부르는 것을 활용하도록 지도받았다. 이들은 의식적인 의도를 만들어서 자신을 유혹하는 음식에 대한 생각을 무시하도록 요구받았다. 이렇게 의도적인 전략을 단순히 사용한 그룹이 의식적 의도를 두지 않은 집단보다 음식을 훨씬 더 적게 먹었다. 다른 연구에 따르면, 사람이 의식적인 추론을 하면 과거의 실수로부터 배우고 충동적인 행동을 덜 하는 데 도움이 된다. 인지행동치료에 쓰이는 전략인 **재구조화**reframing는 우리 개개인이 부정적인 감정 반응으로부터 벗어나도록 하고, 몸에서 나타난 신호를 더 긍정적인 방식으로 재해석하는 방법이다. 그러나 무의식적인 행동과의 차이에는 대가가 따른다. 그 대가는 바로 현재에 충실하고 노력하는 것이다.

우리의 기본적인 반사적 성향을 무시하는 일은 가능하다. 당신의 뇌는 당신이 우편물을 여는 동안 앉으라고 지시할 수도 있지만, 원한다면 서 있을 수 있다. 당신의 뇌는 당신을 엘리베이터로 이끌겠지만, 의식적인 의도를 통해 계단을 이용하겠다고 선택할 수 있다.

한 가지 분명히 하자. 우리는 모두 어느 정도 주체의식을 갖고 있다. 기본적인 성향에 굴복하지 않는 반대편에 선택의 자유가 있다. 주체의식은 깨어 있는 것이고, 수동적이 아닌 능동적인 것이며, 사후 대응이 아닌 사전 예방의 방식으로 행동하는 것이다.

우리는 자신에게 가장 쉬운 선택이라는 이유로 편안함에 점차 중독되었다. 그리고 운동을 꾸준히 하는 일은 절대로 소파 위에서 뒹굴며 팝콘을 먹어치우는 것만큼 편하지는 않을 것이다. 그렇게 끌리는 성향과 자동으로 조종하는 뇌를 막아 세우려면 노력이 필요하고 편안함에 대한 탐닉을 거부하려는 의지가 필요하다. 현재 너무 많은 사람이 운동의 이점보다 무의식적으로 편안함을 추구하는 습관을 우선시하고 있다. 그러나 늘 이런 식은 아니었다.

편안함이 사치일 때

진화는 인색하다. 그 인색하고 달팽이처럼 느린 과정이 이어지면서 생존에 도움이 되는 특성이나 능력이 더해지고 더 이상 필요 없는 것은 퇴화한다. 진화 초기의 어느 시점에 우리의 조상들은 비타민 C를 스스로 만들 수 있었지만, 비타민 C가 우리 식단에 흔해지면서 그 능력이 사라졌다. 자연의 진화 역사에는 그러한 예가 허다하다. **호모 사피엔스**인 우리는 직립 이족 보행을 할 수 있게 되었고 큰 뇌를 갖게 되었다. 과학은 이것이 우연한 관계성에 불과한 것이 아니라고 말한다. 즉 사냥 도구를 들고 달리는 능력을 통해 우리의 먹잇감을 지치게 하고 추월할 수 있었던 것이다. 인간의 다리는 지구성 관련 근육 구조체인 지근 섬유로 가득 차 있다. 사냥하러 다니던 고대의 인간보다 빠른 생명체는 많았지만, 인류의 선조들에게는 사냥감이 지쳐서 취약해질 때까지 계속 달릴 수 있는 지구력이 있었다. 실제로 과학은 장거리를 이동하는 능력이 식량 공급원을 만들어서 우리의 종을 특징짓는 거대한 뇌의 성장을 이끌었다고 설명한다. 그러나 그러한 성공에는 대가가 따랐다. 우리의 거대한 뇌가 활동하고 유지하기 위해 상당한 양의 에너지가 필요하게 되면서, 불필요한 에너지 소비를 줄이기 위해 근육의 발달을 제한했다. 더구나 머리를 많이 쓰며 온종일 앉아서 일하는 현대인들에겐 근육량이 절대적으로 부족하다. 이제 이제 건강을 유지하기 위해 **움직여야 한다**.

계통상 우리와 가까이 있는 종, 즉 침팬지, 보노보, 오랑우탄, 고릴라 등은 인간과 같은 방식으로 움직이도록 설계되지 않았다. 이들은 주로 앉아서 생활하는데도 체지방이나 대사 장애, 심혈관 질환이 거의 없다. 실질적으로 그들은 소파에 널부러져 있어도 대가를 치르지 않을 수 있다. 이와 대조적으로 여러 연구는 우리가 앉아 있는 시간이 수명을 단축시킨다는 점을 보여준다. 한 연구에 따르면, 우리가 〈왕좌의 게임Game of Thrones〉 시리즈 전체를 보는 동안 살아 있는 시간에서 얼추 하루 정도가 사라진다. 우리의 명석한 두뇌는 우리가 원하면 아주 조금만 움직일 수 있도록 해주는 기술을 만들었다. 그리고 여기에 빠지면서 스스로를 죽이고 있다. 우리와 같은 계보에 있는 다른 종과 달리 우리는 움직여야 한다. 운동은 선택이 아닌 필수다.

움직이기 싫어하는 방어형

우리를 찾아온 방어형 커플에 대해 이야기해보겠다. 머시는 47세, 쉴라는 52세로 두 사람 모두 팬데믹 초기에 코로나에 걸렸다. 둘은 함께 사는 커플이었기 때문에 바이러스를 공유할 수밖에 없었다. 머시와 쉴라 모두 비만이었다. 머시는 제2형 당뇨병에 가까웠기 때문에 코로나 회복도 더뎠다. 그녀가 거의 2주 동안 입원하는 동안 다행히 인공호흡기를 쓸 정도는 아니었지만, 계속되는 피로와 식은땀은 여전했다. 원래 가지고 있던 만성적인 불안감과 낮은 수준의 우울감은 병원 생활을 하면서 더욱 커졌다. 머시와 쉴라는 생각보다 길어진 격리 기간에 탓에 재택근무를 했다. 머시는 회계사고, 쉴라는 고등학교 수학 교사다.

이 커플은 격리 후 받은 첫 건강 검진에서 당황하고 말았다. 머시의 A1C(혈당 수치)는 6.7로 당뇨병 전증에 해당했다. 이를 계기로 코로나 후유증과 주로 부적절한 식습관 및 생활 습관으로 발생하는 제2형 당뇨병에 관한 최근 연구 결과에 대한 논의가 시작됐다. 의사들은 인슐린 민감성이 정상인 사람도 코로나에서 회복하고 몇 달이 지나면 당뇨병을 앓을 수 있다는 사실을 발견하고 있다. 이는 바이러스로 인한 염증성 사이토카인의 폭증과 면역체계의 반응과 관련이 있다. 권장되는 치료법은 바로 운동이다. 운동은 전신 염증의 적이다. 머시의 상황은 위험했다. 당뇨병의 진행을 막고 싶다면 머시는 열심히 움직여야 했다.

머시에겐 불면증도 있었다. 잠을 이루지 못하는 동안, 오래 이어지는 코로나 상황이 삶의 질에 어떠한 영향을 미칠지를 불안해했다. 또한 요통과 경련을 앓고 있는 쉴라를 걱정했고, 이런 증상이 유발할 수 있는 문제들을 염려했다. 이러한 상황에서 머시에게 세로토닌 불균형 반사가 일어났고 그로 인해 주삿바늘에 대한 두려움이 커지면서, 그녀는 생활방식을 바꿔 상황을 역전시켜야겠다는 동기를 갖게 되었다.

쉴라도 방어형이다. 여러모로 머시와 닮았는데, 두 사람의 모든 유사점은 서로에게 도움이 되지 않았다. 두 사람 모두 주디 블럼Judy Blum의 작품을 읽으며 자랐고, 〈이보다 더 좋을 순 없다As Good As It Gets〉를 가장 좋아하는 영화로 꼽는다. 둘 다 모두 외동이고, 약을 멀리했으며, 지방간 질환을 앓았고, 운동을 싫어했다. 쉴라는 중학교 시절 이후로 운동을 한 적이 없었고, 그렇게 끈질기게 버텨왔다. 그리고 최근 들어 열쇠를 둔 위치, 사물의 이름, 기억하고 있던 친구 생일 등 사소한 것을 자꾸 잊어버리기 시작했다. 친모가 알츠하이머병을 앓았기 때문에 특히 겁을 먹었다. 또한 쉴라는 골다공증을 앓고 있지만 약은 거부했다. 따라서 일정한 저항 운동이 대체 처방될 수 있었다. 이 커플에게 동기를 부여하는 일은 그들의 생활방식을 성공적으로 바꾸는 데 상당히 중요했다.

쉴라도 머시처럼 수면 문제를 겪었다. 그녀는 자신의 요통에 대한 걱정과 수술을 받아야 할지도 모른다는 극심한 두려움에서 벗어나기 위해 이른 아침까지 TV를 봤다. 우리의 권유 끝에 쉴라는 자신의 척추 문제를 제대로 이해하기 위해 허리 MRI 검사를 받기로 했다. 우리는 쉴라의 증상을 바탕으로, 그녀의 요통이 체중 감량과 운동 프로그램으로 해결될 것 같다고 전했다.

피로는 두 사람 모두에게 문제였다. 쉴라가 오후 4시가 되면 체력이 완전히 바닥난다고 말하자, 머시는 고개를 끄덕이며 동의했다. 그리고 함께 누워서 낮잠을 자야 하는 시간이 하루 중 가장 평화로운 시간임을 인정하며, 두 사람은 함께 웃으면서 손을 맞잡았다. 체중, 운동, 잠과 관련한 생활방식을 조정하는 일이 얼마나 중요한지, 이제는 그들도 분명히 알고 있다.

머시와 쉴라에게 주어진 숙제

두 사람의 생활방식에서 운동을 설득하는 일은 쉽지 않을 터였지만, 두 사람 모두 세부 내용에 관심이 많았기 때문에, 우리는 머시와 쉴라에게 체중 감량 프로그램과 머시의 혈당 문제와 관련해서 운동의 이점을 알아 오도록 했다. 우리는 사람들이 스스로 숙제를 하면 건강관리에 더 적극적이고 긍정적으로 관여한다는 사실을 알고 있었다. 알맞은 정보를 습득할 뿐 아니라 자신이 책임져야 하는 아주 중요한 부분도 확실히 인식하게 된다. 한 주가 지났을 때, 두 사람은 몸을 움직이는 데 대한 아주 긍정적인 태도와 함께 결과물을 가져왔다. 두 사람이 발견한 주요 내용은 다음과 같다.

- 유산소 운동과 저항 운동을 병행하여 주당 150분씩 진행하는 운동이 제2형 당뇨병에 차도를 가져온다는 강력한 근거가 있다.
- 행복감을 증대하고 불안을 감소시키는 내인성 신경전달물질인 아난다미드는 특정 식단으로 보충할 수 있고, 초콜릿에서도 자연적으로 발견된다. 이 물질은 우리에게 운동을 하고 식단을 조절하도록 동기를 주는 것으로 확인됐다.
- 유산소 운동이나 저항 운동은 얼마간 고통을 줄이는 것으로 증명되었다. 여러 연구에 따르면, 운동은 만성 요통과 섬유근육통을 앓는 사람에게 특히 도움이 된다.
- 운동은 뇌유래신경영양인자brain-derived neurotrophic factor, BDNF 수준을 높이는 것으로 확인되었다. 유산소 운동과 저항 운동을 통해 이 단백질을 늘리면 기억력 저하, 우울증, 불안증, 인슐린 민감성, 계절성 우울증, 폭식증 등을 개선하고, 비만도를 줄이며, 노화 속도를 늦출 수 있다.
- 운동은 AMP 의존성 단백질 인산화효소AMP-activated protein kinase, AMPK를 늘려서 세포 노화를 늦춘다. 특히 세포 노화를 가속화하는 제2형 당뇨병과 관련이 있다. 단식도 오메가3와 시나몬이 그러한 것처럼 AMPK를 늘린다. 돌외잎 추출물이 함유된 보조제 역시 AMPK 활동을 증가시키는 것으로 나타났다.
- 마음챙김 명상 혹은 현재 순간 알아차림은 운동에 더 강한 동기를 부여한다.
- 고강도 훈련은 운동 프로그램을 더 잘 따르도록 자극한다.

- 연구에 따르면, 장기적인 동기 부여는 자신이 하고 있는 운동을 얼마나 즐기고 있는지에 달려 있다. 걷기 운동이 즐거우면, 자신이 좋아하지 않는 다른 운동보다 걷기 운동을 계속할 가능성이 더 크다.
- 유산소 운동과 저항 운동의 효과는 신경 퇴행성 질환(알츠하이머병과 파킨슨병, 헌팅턴병, 골다공증 등) 및 정신 질환 상태(불안증, 공황장애, 우울증, 수면장애 등)를 치료하는 데 비약물 치료와 비슷한 이점이 있는 것으로 나타났다.
- 일부 연구에서 요가와 명상은 활동적인 신체 활동은 물론 우울증과 불안증 완화를 위한 약물 치료와 비교했을 때 더 좋은 효과를 보였다.
- 저항 운동은 뼈의 밀도를 개선하고 그 점진적인 손실 진행을 제한함으로써 골다공증에 도움이 되는 것으로 나타났다.

우리는 실제 프로그램을 위한 최선의 선택 사항을 두고 논의를 진행했다. 이 프로그램은 불안증, 우울증, 머시의 혈당 문제, 쉴라의 골밀도와 미래 인지 기능 등 그들의 여러 문제에 구체적으로 도움이 될 것이었다. 우리가 두 사람에 대해 염려한 첫 번째 사항은 그들이 어떻게 스케줄을 지킬 것인가였다(방어형의 약점이다). 우리는 머시에게 활동 일정표를 만들게 했다. 그리고 무엇을 신경 써야 하는지를 상기시키는 장치로 월별 페이지 맨 위에 인슐린 주사기를 표현한 클립 아트 조각을 하나씩 붙이도록 했다. 우리는 매일 20분 걷기, 온라인

요가 클래스, 처음엔 가벼운 강도로 시작해서 점점 강도가 세지는 프로그램으로 구성된 격주 단위 저항 운동 등의 계획을 짰다. 이는 실천 가능한 예방 조치로서, 알츠하이머병에 걸린 친모를 둔 쉴라에게 특히 호소력 있게 다가갔다. 또한 쉴라가 골다공증 치료를 위해 의사로부터 추천받은 포사맥스(골다공증 치료제 상품―옮긴이)의 대안이 될 수 있었다. 두 사람은 우울증과 불안증 문제를 위한 비약물적 접근법으로서 매일 10분간의 호흡 명상도 진행했다.

우리는 BDNF 수치를 높이는 목적으로 운동 루틴에 더해 일광욕, 키토 혹은 팔레오 다이어트, 간헐적 단식(하루에 식사 시간을 8시간 이내로 제한하기) 등을 추천했다. 간헐적 단식은 소화관의 미생물 군집을 변화시켜서 부티레이트butyrate의 생산을 늘린다. 부티레이트는 뇌의 BDNF와 신경세포의 생산을 늘리는 것으로 알려진 대사물이다. 또한 미생물군집의 이러한 재구성은 (에너지를 위해 당을 저장하는) 백색 지방을 (혈당을 분해하는) 갈색 지방으로 변환하는 데 도움을 주고, 당뇨병 환자의 망막증을 개선하는 것으로 나타났다. 우리는 두 사람에게 커피, 다크초콜릿, 블루베리, 엑스트라버진 올리브오일은 물론 카스카라, 아연, 마그네슘, 커큐민, 레스베라트롤, 오메가3 지방산 등의 보충제 같은 것을 특정해서 식단에 추가하라고 권했다. 이것들은 모두 체중을 관리하고 운동을 촉진하는 포괄적인 프로그램에 도움이 되는 것으로 증명되었다.

각성과의 관계성을 강화 도구로 활용하기

깊이 뿌리 내린 습관을 바꾸는 것보다 어려운 일은 드물다. 새롭고 건강한 활동을 짧은 기간 동안 하기는 쉽지만, 그러한 활동을 고정적으로 하기는 정말 어렵다. 머시와 쉴라의 경우 건강을 챙기고 체중을 줄이는 목표가 단순히 미용은 아니었다. 이러한 변화는 두 사람이 맞이할 미래의 건강과 수명에 아주 중요했다.

방어형의 경우, 나쁜 무언가를 피하면 그 행위가 각성을 줄이고 정서적으로 더 큰 안정감을 주기 때문에 보상이 된다. 앞서도 이야기했듯, 우리는 방어형의 동기 부여를 긍정적인 쪽으로 강화하기 위해 방어형의 회피 성향을 활용한다. 우리는 방어형에 관해 익힌 내용을 바탕으로 강력한 갈등을 만들기 위해 함께 노력한다. 그냥 흔한 갈등이 아니라 회피-회피 역학을 만드는 갈등 말이다. 머시가 규칙적인 운동에 갖는 불편함에 대해 우리는 매일 주사를 맞을 수도 있다는 위협을 남겼다. 우리는 움직이기 위한 신체적인 노력보다 더 강력한(보상성의), 머시가 피할 수 있는 무언가를 찾고 있었다. 머시는 체중 감량과 체력 향상으로 인슐린 민감성이 높아지면 경구 투약이나 자신의 가장 큰 두려움인 주사를 맞아야 하는 일을 피할 수 있을지 모른다.

쉴라의 경우, 우리는 다른 조치를 취했다. 쉴라는 자신의 어머니 사진을 우리에게 보여주었다. 어머니는 현재 요양병원에서 기억력 치료를 받고 있다. 사진 속 어머니는 여전히 사랑스러웠지만, 두 눈은 공허했다.

"어머니는 제가 누구인지도 기억하지 못해요."

눈물이 그렁그렁한 쉴라가 계속 말을 이어나갔다.

"이 사진을 보는 게 힘들어요. 이 사진을 받고 나서 오늘 처음 꺼낸 거예요. 사진을 보면 너무 슬프고 두렵거든요. 엄마처럼 되긴 싫어요. 머시를 잊게 되니까요."

그러자 머시는 쉴라의 등을 팔로 감싸며 말했다.

"쉴라가 나를 잊지 않길, 쉴라에게서 공허한 눈을 보는 일이 없길 바라는 건 나도 마찬가지야."

머시는 천천히 쉴라를 흔들면서 등을 두드려줬다.

그 순간, 우리는 운동을 꺼리는 쉴라에게 대응할 강력한 방법을 찾았다. 쉴라의 회피 성향을 활용한 계획을 세웠다. 우리는 쉴라에게 어머니의 사진을 냉장고 문에 붙이도록 했다. 그러고는 쉴라에게 쉴라와 머시의 다정한 순간을 담은 사진을 그 옆에 붙이라고 했다. 이는 쉴라가 잊고 싶지 않은 머시와의 기억을 상기시키는 장치였다. 그리고 우리는 쉴라에게 알츠하이머병 환자의 뇌 MRI에서 보이는 독특한 변화를 담은 사진을 주면서 욕실 거울에 붙이도록 했다. 이 사진들은 3달 동안 그 자리를 지킬 터였다. 쉴라는 친모의 사진을 보고는 머시를 향했다. 그러자 머시는 고개를 끄덕이며 이렇게 말했다.

"내가 도와줄게. 우린 서로 도울 수 있어. 같이 건강해지자."

자신에게 생활방식의 변화가 필요할 때 이에 대한 저항을 극복하기 위한 또 다른 도구가 있다면, 그것은 바로 책임감이다. 책임감은 동기 부여를 유지하는 데 필수적이다. 다시 말하건대, 우리의 뇌 화학작용은 우리를 각성으로 몰고 가거나 각성으로부터 숨김으로써 이러한 상황을 조율한다. 내향적인 방어형은 자신에게 필요한 행동으로 이끌어주는 (그리고 가끔은 떠미는) 누군가와 함께할 때 최선을 다한다. 다행히 쉴라와 머시는 서로 그 끈을 놓지 않게 하는 역할을 했다. 또 어떤 사람은 인터넷상에서 서로 흥미를 보이는 사이처럼 실제로는 덜 친한 누군가와 연결될지도 모른다. 그러한 경우는 1대 1이나 집단 형태로 존재한다. 담당 의료진 역시 책임감을 위한 또 다른 방책이 될 수 있다. 의사보다 더 긴 시간 동안 함께해줄 수 있는 전담 간호사나 임상 간호사가 있는 경우는 특히 그렇다. 그러면 담당자와 더 자주 일정을 잡아서 혈액 검사, 혈압, 체질량 지수 등을 확인하고 진척 상황을 수량화할 수 있다. 매일 체중을 재는 일도 자신이 어떤 상태인지를 상기시켜주는 역할을 한다. 보통 이렇게 하면 목표에 계속 집중하게 되어 세밀하게 조정할 수 있다. 체중 확인은 우리를 솔직하게 해주고, 책임감을 높이며, 인내를 갖게 해준다. 우리는 두 사람에게 책임감을 느끼게 하기 위한 또 다른 지표로서 하루의 걸음 수를 측정하는 몇 가지 웨어러블 장치를 제안했다.

계획에 돌입하고 3개월이 지나자, 쉴라와 머시의 하루 20분 걷기는 인근을 거닐며 40분 걷는 것으로 자연스럽게 바뀌었다. 우리는 저항 운동을 더 많이 하라고 부추겼다. 두 사람 모두 더 큰 에너지를 느꼈고, 오후 낮잠은 확 줄었다. 그리고 두 사람 모두 체중을 줄였다. 무엇보다 그들을 흥분시키고 우리를 흐뭇하게 만든 사실은 수치의 긍정적인 변화였다. 몸무게와 체질량 지수는 물론, 계속 올라가던 머시의 혈당 수치도 6.7에서 멈췄다.

모든 계획이 머시와 쉴라에게 그랬던 것처럼 전부 잘 통하는 것은 아니다. 우리는 이 프로그램들을 결과 중심의 실험으로 생각하는데, 말 그대로 '실험'이기 때문이다. 어떤 것은 다른 것보다 더 잘 통한다. 대부분은 작은 성공과 실패를 거듭하며 진행된다. 우리는 인간이고, 편안함의 유혹은 강력하다. 과거의 실패를 바탕으로 미래의 성공을 제한하기란 너무도 쉬운 일이다. 우리는 내담자들에게 앞을 내다보고 뇌의 화학적 동기 부여 유형을 알맞게 활용하여 조금씩 점진적으로 행동하도록 격려한다. 성공으로 가는 길은 올바른 방향으로 점점 더 많이 행동하는 것이다. 우리는 도중에 낙오하는 내담자가 있으면, 그 이유를 파악하고 부정적인 판단 없이 다시 궤도에 오르도록 독려한다.

몇 달 후 우리는 머시와 쉴라를 다시 만났다. 머시의 A1C는 내려가서 이제 6.4였다. 머시의 인슐린 민감성은 여전히 주의 깊은 관리가 필요했지만, 머시는 당뇨병으로 넘어가지 않았다. 두 사람 모두 체중을 더 줄여야 했지만, 건강한 식습관을 유지하려고 노력을 기울이고 있었다. 두 사람은 실제로 운동을 즐기게 되었고, 최근에는 온라인 복싱 수업을 추가했다고 밝혔다. 그리고 자신감은 커졌고 불안감은 줄었으며 앞으로가 기대된다고 말했다.

앞으로 한두 해 후에 이 여성들이 어떻게 되어 있을지 우리는 알 수 없다. 그들이 자신을 위해 확실하게 정의된 아주 중요한 활로를 만들기를 바란다. 그 길을 벗어나면 본인들이 알 것이다. 중요한 점은, 궤도에서 벗어났더라도 다시 궤도로 들어서는 방법을 그들도 정확히 안다는 것이다. 편안함은 계속 유혹의 손짓을 보낸다. 규칙적인 운동을 위해서는 계획과 노력 그리고 불편함에 대한 인내가 필요하다. 그들이 만든 변화가 얼마나 오래갈지는 시간만이 말해줄 것이다. 우리의 희망이 어디에 있는지 당신은 알고 있다.

공격형 일으켜 움직이기

뉴욕 맨해튼은 세로로 짧고 가로로 긴 도미노를 세워둔 것처럼 거리가 구성되어 있다. 1번가부터 12번가까지 가면 도시의 너비를 횡단한 셈이고, 남북으로 같은 블록 수만큼 걸으면 업타운에서 다운타운까지 갈 수 있다. 우리가 이 이야기를 하는 이유가 있다. 주인공의 이름은 모건이다. 모건은 주로 앉아서 지낸다. 미국인이라면 대부분 앉아서 지낸다. 안타깝게도 오래 앉아 있으면 예측 가능한 건강상의 위험이 따라온다.

45세 이상의 성인 약 8천 명을 대상으로 진행한 최근 연구에 따르면, 이들이 하루 평균 앉아서 보내는 시간은 12.3시간이다. 연구자들에 따르면, 하루에 13시간 넘게 앉은 사람은 11시간 미만으로 앉은 사람보다 200% 더 높은 사망 위험을 보였다. 앉아 있는 총 시간만 중요한 게 아니라 앉아 있는 지속 시간도 중요하다. 한 번에 90분

넘게 앉은 사람은 한 번에 보통 90분 미만으로 앉은 사람보다 200% 더 높은 사망 위험을 보였다. 이에 대한 이유는 여전히 불확실하지만, 연구자들은 감소한 인슐린 민감성과 감속한 대사 활동과 관련이 있을 것으로 내다본다. 요컨대 우리는 움직일 필요, 운동할 필요뿐 아니라 더 자주 일어서고, 깨어 있는 동안에는 너무 오래 앉아 있지 않을 필요도 있다.

앞서 언급했듯이, 프리랜서 그래픽 디자이너인 모건은 하루 중 너무 많은 시간을 앉아서 보내고, 운동은 전혀 하지 않는다. 그는 잘 모르는 사람과 수다 떨기를 좋아하는 아주 다정다감하고 상냥한 남자이긴 하지만, 컴퓨터 앞에 앉아 있거나 밤늦게까지 야구 경기 혹은 영화 보는 일을 더 좋아한다. 혹은 자신이 모으는 정치 현수막과 배지 수집품 수를 늘리기 위해 옥션 사이트를 돌아다니기도 한다. 또 카넬불레, 바게트, 냉동 스니커즈 바 등 여러 음식에 중독되어 있다. 나이는 47세, 혈압은 콜레스테롤과 함께 매해 꾸준히 올랐다. 18kg 가량 과체중이기까지 하다.

전에 모건을 봤을 때 우리는 그의 늘어나는 허리둘레와 활동성 낮은 생활방식을 두고 위험하다고 경고했다. 여기에 모건은 고개를 끄덕이며 인정했지만, 이후 의미 있는 실천은 거의 없었다. 건강에 큰 문제가 생길 듯한 전조가 보이면 잠시 불안해할 뿐 곧 잊었다. 공격형의 중요한 약점이 이러한 성향이다. 진심 어린 약속이 편안한 부정 뒤로 빠져나가는 것.

그러나 우리가 지금 마주한 모건은 다른 사람이었다. 모건은 사무실로 들어와서 의자에 털썩 앉더니 이렇게 말했다.

"이 몸으로 트랙을 달렸다는 게 믿기시나요? 고등학교 때는 꽤 괜찮은 단거리 선수였어요. 그런데 지금은 우편물을 가지러 내려가면 숨이 가쁘죠. 심장 뛰는 게 느껴져요. 저를 보세요. 제가 어떻게 되었는지 보시라고요."

도대체 무슨 일이 생긴 걸까? 바로 캐럴 때문이었다. 모건은 언젠가 정치 용품을 인터넷에서 찾다가 채팅방에 들어가게 됐고, 거기서 이 물건에 비슷한 열정을 가진 캐럴이라는 여성을 발견했다. 캐럴은 모건의 관심을 끌었고, 모건은 캐럴을 정말 좋아하게 되었다. 캐럴 역시 모건을 좋아하는 것 같았다. 그러나 모건은 오프라인에서 캐럴을 만나기 두려워했다. 모건은 캐럴이 자신을 한 번 보고 연락을 끊을까 봐 걱정했다.

"더 괜찮게 보이고 싶어요. 지금보다 나아진다면 만날 수 있죠. 캐럴과 이런저런 곳에 가서 시간을 보낼 수 있으면 좋을 텐데, 캐럴 같은 여자는 저처럼 살찐 남자랑은 절대 어디를 안 갈 거란 말이죠. 살을 빼고 싶어요. 저번에는 바지를 새로 사러 갔는데, 직원들이 저한테 맞는 사이즈가 없다고, 온라인으로 주문해야 한다고 그러더라고요. 아주 큰 바지를 말이죠!"

사람을 움직이게 하려면 때로는 건강 문제를 정리한 리스트 그 이상이 필요하다. 공격형에게는 특히 그렇다. 건강한 자존감과 함께 때로는 캐럴이 필요하다.

우리가 그동안 확인한 사실이 있다면, 사람은 본인이 준비되었을 때 시작할 수 있다는 점이다. 누군가에게 변화를 강요할 수는 없다. 그런데 모건은 준비가 된 듯했다. 모건은 살을 빼고 건강해지고 싶어 했다. 그래서 우리는 모건에게 더 움직이고, 덜 앉고, 덜 먹으라고 제안했다. 그가 원하는 무엇이든 먹되 평소에 먹는 양의 절반만 먹을 수 있는 '하프 다이어트'를 권했다. 그리고 한 주 동안 앉은 시간을 세세히 살피고 기록하게 했다. 그 기록을 본 모건은 자신이 하루에 거의 14시간 동안 앉아 있다는 사실을 발견하고 큰 충격을 받았다. 우리는 그가 하루에 최대 11시간까지만 앉을 수 있도록 시간을 정했고, 그에게 30분마다 일어서서 방에서 나가라고 말했다. 그래서 모건은 30분마다 일어서라는 알림을 받도록 자신의 폰에 알람을 맞추기로 했다.

"그래서 하루에 세 시간 덜 앉는다고 하면 그 남은 시간에는 무엇을 할까요?"

우리는 움직이기 시작하는 방법을 배우라고 답했다. 우리는 모건을 위해 점진적인 걷기 프로그램을 마련했다. 그리고 앞서 이야기한 카드를 활용한 열여섯 가지 보상 전략도 설명했다. 첫째 날, 우리는 모건에게 자신이 사는 65번가에서 남쪽으로 짧은 세 블록을 걸어간 다음 집으로 돌아오라고 했다. 그리고 그에게 왕복 시간이 얼마나 걸리는지 파악하고 맨 위에 있는 카드를 뒤집으라고 전했다. 그리고 둘째 날에는 같은 세 블록을 다시 걸어갔다 오되 이번에는 30초를 줄이라고 했다. 그는 성공 후 카드 하나를 더 뒤집었다. 셋째 날에는 네 블록을 걸어서 갔다 와서 시간을 재고, 넷째 날에는 다시 30

초를 줄이라고 요구했다. 목표는 모든 카드를 뒤집을 때까지 이틀에 한 블록씩 더 걷고, 30초씩 시간을 계속 줄이는 일이었다.

다음번에 우리를 만난 모건은 아주 신이 나 있었다. 그는 자신이 걸은 시간과 거리, 자신의 체중, 총 앉은 시간 그리고 카드를 뒤집는 데 성공하거나 실패한 경우를 스프레드시트에 정리해서 가져왔다. 모건은 이제 10블록을 30분 이하로 걸을 수 있었고, 하프 다이어트로 체중을 6kg이나 줄였다. 그는 혈압, 콜레스테롤, 중성지방 모두 좋은 방향으로 나아가고 있음을 알고 더 신났다.

"정말 기분 좋아요. 하루에 앉아 있는 시간도 12시간 밑으로 줄였고, 30분마다 일어서서 스쿼트, 터치다운 점프, 팔굽혀펴기를 몇 번 하고 있어요. 걷고 나면 얼마나 기분이 좋아지는지를 그동안 아무도 저한테 얘기해주지 않았어요."

우리는 프로그램을 다시 조정해서 좀 더 어렵게 만들었다. 아, 모건이 결국 캐럴을 직접 만났고 둘이 정말 잘 지내고 있다는 이야기를 우리가 했던가? 실제로 캐럴은 모건이 걸을 때 동참하기 시작했다. 모건은 진행 상태에 있다. 그가 이 프로그램을 계속 일관성 있게 해나갈 수 있는지는 두고 봐야 한다. 오랫동안 자리 잡은 습관은 사라지지 않고 순간적으로 비활성화될 뿐이다. 우리가 할 수 있는 최선은 그 습관을 새 습관으로 덮는 일이다. 모건은 시간이 지나서도 성과를 거두려면 계속 방심하지 말아야 한다.

계속 책임지게 하기

공격형은 보통 즉각적인 보상 이후, 그것에 관심이 빨리 식고 쉽게 지루함을 느끼는 만큼 책임감을 느끼기 어려워한다. 운동은 아주 중요하다. 운동을 함으로써 가치 있는 무언가를 얻고, 운동을 하지 않음으로써 가치 있는 무언가를 잃는다. 그 중간은 없다. 그리고 운동에는 약속이 필요하다. 자신이 내킬 때 열심히 움직이는 것과 날이 너무 덥거나 추워서 불편할 때나 다른 것을 하고 싶을 때에도 똑같이 열심히 움직이는 것, 이 둘은 서로 완전히 다르다. 쉽게 산만해지고 급한 충동을 느끼며 만족을 미루는 데에 반감을 느낀다면, 확실히 운동 습관을 유지하기 어려울 수 있다. 공격형은 보통 건강 위험에 별다른 반응을 보이지 않기 때문에 운동이 중요하지 않다고 여길 수 있다. 그러나 도파민 분비를 지향하는 공격형은 한 번 루틴을 만들면 그 루틴을 즐기기 쉽다. 그리고 루틴이 확실하게 자리를 잡으면 그 루틴 자체가 보상이 된다.

유익한 무언가를 하지 않는 것에 대해 방어형을 두렵게 만들기는 꽤 쉽다. X를 하는 것이 곧 Y를 피하는 것임을 보여주면 된다. 원래 신중하고 쉽게 불안해하는 사람에게는 아주 안 좋은 무언가를 피하는 것이 운동과 같은 불편한 무언가를 하는 데 들이는 노력과 동일한 가치를 띤다. 그러나 공격형은 보통 손해를 피하지 않는다. 그렇다면 공격형에게 책임감을 갖게 하기 위해선 어떻게 해야 할까?

당신이 공격형이라면, 루틴에 대한 자신의 애착을 확신하고 그 루틴이 몸에 밸 때까지 프로그램을 진행해야 한다. 그 프로그램이 (무엇이건) 습관적 루틴의 범주에 들어가도록 꾸준하고 오랫동안 실천하는 일이 중요하다. 공격형은 보상에 아주 민감하고, 보상 이벤트는 아주 다양한 형태로 나타난다. 보상이 되는 한 가지는 행위의 결과에 대한 정보인데, 그것이 즉각적일수록 효과가 높다. 공격형에게 어필하는 조건이 있다면, 스마트폰 앱을 활용하여 소모 열량, 걸은 거리 혹은 관련 지표가 될 수 있는 건 무엇이든 빠르게 피드백을 주는 것이다. 즉각성에는 확실한 보상이 되는 부분이 있다. 식스팩 복근을 만드는 데 드는 시간은 즉각적이지 않지만, 그 목표를 향한 진행 과정의 즉각적이고 구체적인 증거는 실시간으로 측정되고 기록될 수 있다. 이러한 측정이 보상을 주고 루틴을 강화한다.

다른 사람과 함께하는 것도 동기 부여 유지에 도움이 될 수 있다. 공격형은 누군가와 함께하기를 좋아하는 편이다. 함께하는 사람이 운동 모임에 나온다고 하면 침대 위에 누워 있기가 더 어려워진다. 같은 목표를 가진 모임을 찾으면 더 좋다. 모건이 그렇게 했다. 캐럴 친구 세 명이 이 두 사람의 걷기에 동참하고 싶어 했다. 적절한 상황에 서로 용기를 주고 지지하며 약간의 압박을 주는 역할이 모임의 힘이다. 모임에 참석하는 일이 쉽고 편할 때뿐 아니라 가기 귀찮을 때도 다른 사람과의 약속을 고려해서 나가는 것이다.

공격형은 만족 지연에 특히 능숙하지 않기 때문에 현실적이고 단기간에 이룰 수 있는 목표를 설정해야 한다. 18kg 감량이 꽤 끌리는 목표일 테지만, 1kg 감량이 훨씬 더 쉽게 이룰 수 있는 목표다. 작은 목표들을 계속 이루고 모으자. 각각을 중요한 작은 승리로 받아들이자. 그러한 인정을 자신에게 말로 표현하거나 이룬 내용을 일종의 도표로 구체화해보자. 작은 목표라도 얕보지 말자. 중요한 것은 방향이다.

수면 부족

연구에 따르면, 수면 부족률은 비만율의 가파른 증가와 동시에 지난 50년 동안 나이를 불문하고 증가해왔다. 수면 부족의 결과는 피곤한 것을 넘어 우리의 전반적인 삶의 질을 서서히 무너뜨린다. 수면 부족은 인지 수행을 늦추면서 면역 기능 장애를 촉진하는 전염증성 사이토카인의 분비를 늘려 학습, 기억, 통증 지각, 즉 인지력 향상 및 역치 감소에 부정적인 영향을 끼친다. 만성적인 수면 부족은 탄수화물 대사, 식욕, 음식 섭취, 단백질 합성에도 부정적인 결과를 가져온다. 또한 각성 상태에서 회복할 때 복구 기능을 하는 서파 수면을 방해해, 주요 장기와 조직에 대사 산물이 제거되지 않은 채 쌓이게 되고 전반적인 염증성 외상이 더해진다. 이러한 염증성 외상은 암을 포함한 만성 질환을 유발하고 악화한다. 우울장애가 뇌의 염증성 변화와 직접적인 연관이 있다는 강력한 증거도 있다. 서파 수면이 부족하면 에너지 회복이 저하되어 피로가 쌓이게 된다.

수면장애는 보통 렙틴과 그렐린을 조절하는 데 악영향을 미치는

데, 이는 비만을 부추긴다. 수면 부족이 체중 증가로 이어지는 새로운 위험 요인은 멀티미디어 플랫폼 이용이다. 멀티미디어 플랫폼을 이용하는 시간이 많아지면 자연스럽게 앉아 있는 시간이 늘어나고 더 많은 칼로리를 섭취하게 된다.

수면장애는 특정 호르몬과 신경전달물질의 문제와 관련 있다. 두 가지 주역은 그리스어로 식욕을 뜻하는 오렉신과 우리의 수면/각성 상태의 항상성을 조절하는 멜라토닌이다. 오렉신 뉴런을 자극하면 각성 상태가 증가한다. 수면 부족으로 오렉신의 수치가 낮아지면 각성 상태를 유지하는 데 필요한 에너지 이상으로 배고픔과 식욕을 증가시키는 것으로 알려져 있다.

멜라토닌은 우리의 생체 리듬을 조절하는데, 이 호르몬의 농도는 주간보다 야간에 10배 더 높다. 빛에 노출되면 보통 멜라토닌이 증가하는 상황이 억제된다. 뇌의 멜라토닌 수치는 날이 어두워진 후에 높아져서 밤 11시부터 새벽 3시 사이에 최고조를 이룬 후, 새벽 동이 트기 전에 급격히 낮아진다. 그만큼 멜라토닌 분비는 수면의 시작에 중요한 역할을 한다. 나이가 들면 멜라토닌의 야간 농도가 감소한다. 결국 나이 든 사람은 멜라토닌 부족으로 불면증을 겪기 쉽다. 공격형에게 흔히 나타나는 늦잠 습관은 빛과 활동으로 인해 멜라토닌 분비에 방해를 주고 수면 유도 효과를 떨어뜨린다.

수면 문제 해결하기

이 책에서 자세히 살펴보진 않겠지만, 하지불안증후군과 수면무호흡증 같은 명확한 수면장애는 여럿 있다. 여기서 중요한 것은, 미세한 뇌의 화학적 불균형이 우리의 휴식과 상호작용하여 건강한 수면을 방해하는 주범이 될 수 있다는 것이다. 우리는 모두 이러한 불균형을 조금씩 안고 살지만, 모두가 수면 문제를 겪는 것은 아니다. 그러나 각성과의 관계성만큼 건강한 수면을 방해할 수 있는 것은 없다. 이러한 뇌의 불균형은 공격형과 방어형에게 예측 가능한 동시에 다양한 수면 패턴을 만들어 충분한 숙면을 하는 데 방해가 될 수 있다. 수면 패턴과 관련하여 뇌 유형 성향을 정리하자면 다음과 같다.

행동	방어형	공격형
언제 잠을 자는가?	일찍 자는 편이다.	늦게 자는 편이다.
금방 잠드는 편인가?	비교적 오래 걸린다	비교적 빨리 잠든다
꿈을 자주 꾸는가?	보통 그렇다.	보통 그렇지 않다
한밤중에 깨는가?	자주 깬다.	거의 안 깬다.
다시 잠들려면 얼마나 있어야 하는가?	바로 잠들지는 못한다.	보통 바로 잠든다.
언제 일어나는가?	비교적 늦게 일어난다.	비교적 일찍 일어난다.
자주 낮잠을 자는가?	자주 잔다.	거의 자지 않는다.
수면 문제 해결 전략	높은 각성 수준을 약화한다.	낮은 각성 수준을 견딘다.

위에서 언급한 내용은 절대치가 아니라 공격형과 방어형의 성향일 뿐이다. 모든 공격형과 방어형이 위의 분류에 완벽하게 들어맞지는 않는다. 그렇다면 왜 이런 성향이 생길까? 방어형은 과하게 각성하기 때문에 불안으로 경험하는 불편한 각성 신호를 의식하지 않거나 약하게 하는 방법으로 수면을 활용하곤 한다. 위의 표를 보면 각성이 어떻게 우리의 수면 문제의 패턴을 어떻게 엮어가는지 확인할 수 있다. 많은 방어형은 각성 때문에 그날의 자극을 누그러뜨리려 일찍 잠자리에 들 뿐 아니라 잠이 드는 데 아주 힘든 과정을 겪곤 한다. 방어형이 상대적으로 밤에 자주 깨고, 다시 쉽게 잠들지 못하며, 아침에 침대를 쉽게 떠나지 못하는 이유도 각성 때문이다.

그렇다면 공격형은 어떨까? 공격형은 편안한 각성 상태를 유지하기 위해 자신을 자극하는 방법을 찾는데, 보통 밤늦게까지 지속되다 보니 잠자는 시간이 늦어진다. 공격형은 낮은 각성 상태에 있기 때문에 보통 아주 잘 잔다. 자다가 중간에 깨는 일이 별로 없고, 깬다고 해도 꽤 빨리 다시 잠든다. 이른 아침에 본연의 멜라토닌 수준이 약해지고 코르티솔이 늘기 시작함에 따라, 일찍 깨서 침대에서 나와 하루를 시작할 준비를 하곤 한다. 밤에 적절한 시간에 잘 수 있으면 보통 질 좋은 잠을 잔다. 그렇다고 모든 공격형이 잠을 제대로 자는 것은 아니다. 공격형이라도 스트레스가 심한 시기에는 각성 수준이 높아질 수 있다. 그럴 때 공격형도 방어형처럼 수면 패턴에 지장을 받을 수 있다.

당신이 이러한 수면 패턴을 겪고 있다면 무엇을 할 수 있을까? 규칙적인 취침 및 기상 시간 정하기, 시원하고 어두운 수면 공간 조성하기, 취침 최소 1시간 전 TV 시청이나 폰 사용 금지하기, 취침 전에 부드러운 음악 감상이나 목욕 등 자신을 진정시키는 활동하기, 침대를 수면과 성생활 용도로만 삼기 등 일반적인 전략은 복잡하지 않다.

이는 공격형에게 평소보다 일찍 잠자리에 드는 것을 보통 의미하며, 이를 위해서는 저녁에 자극적인 것을 좇지 않고 상대적으로 낮은 각성 수준의 실망감을 참는 법을 익혀야 한다. 공격형의 건강한 수면에 가장 큰 걸림돌은 밤늦게까지 미디어 보기를 즐기는 일이다. 뭔가를 놓치는 것에 대한 두려움을 자주 경험하는 공격형은 아직 볼거리나 할 거리가 더 남아 있다고 스스로를 설득한다. 공격형의 숙면 전략은 본질적으로 전략이 아니다. 그저 적당한 취침 시간을 정하고, 이를 닦고, 불을 끄면 된다. 그 정도로 간단할 수도 있다. 그러나 이 단순한 전략이 규칙적인 루틴으로 이어지기는 쉽지 않다.

방어형은 어떨까? 방어형의 전략은 각성을 조절하고 약화하는 방법을 찾는 일이 전부다. 지금까지 우리는 이 책에서 그러한 여러 방법을 제시했다. 그러나 다시 말하건대 전략은 단순할 수 있으나, 이를 실행하려면 뇌의 화학적 불균형을 지속적으로 해결해야 한다. 감정 조절과 스트레스 관리에 대해서는 다음 장에서 더 자세히 알아보겠다.

수면 문제를 해결하는 방식에 관해서 우리의 내담자 몇 사람의 예를 살펴보겠다. 케빈은 미식축구리그의 은퇴 선수다. 그런데 그는 은

퇴 후 10년 동안, 선수 시절에 수비수로서 경험한 모든 신체적 충돌보다 더 큰 대가를 치러야 했다. 그가 호소하는 증상은 주간 피로였지만, 우리 눈에 비친 그는 비만과 좌식 생활 습관을 포함한 여러 문제를 갖고 있었다. 케빈은 오후가 되면 피곤하다고 호소했는데, 그의 유일한 방어책은 30분 낮잠이었다. 하루에 커피를 여섯 잔이나 마셔도 자신이 원하는 만큼 주의력과 활력을 유지하긴 어려웠다. 하루 중 가장 좋아하는 시간은 밤 10시였다. 이때는 보통 소셜미디어에 접속해 선수 시절의 옛 동료들과 연락을 주고받았다. 당신은 케빈이 공격형임을 짐작했을 것이다.

36세의 이혼 여성인 위니도 수면 부족과 더불어 어느 정도의 과체중을 가지고 있었다. 8살 아들 조던을 둔 싱글맘으로서 준법률가로 일하며 치열하게 살고 있다. 위니는 밤마다 침대에 누워 TV를 보다가 보드카 토닉을 한 모금 마신 후 깜박 졸곤 했다. 그러다 자려고 TV와 불을 끄고 나면 정신이 말짱해서 이런저런 생각에 빠졌다. 잠이 들더라도 깊이 자지 못했다. 그녀는 평소 우울증과 공황장애를 앓고 있었는데, 커다란 피자로 자신을 달래기 일쑤였다. 위니는 자신이 체중을 줄여야 한다는 것을 알고 있었지만, 수면 부족으로 다이어트를 할 의지는 없었다. 위니는 방어형이다.

위니와 케빈 모두 건강상의 위험을 여럿 안고 있다. 그중 수면이 가장 큰 문제였다. 둘 다 덜 먹고, 더 많이 움직이고, 더 많이 자야 한다. 앞의 두 가지 문제를 고심한 후 우리는 수면에 초점을 맞췄다.

우리는 두 사람 모두에게 수면 일지를 쓰도록 했다. 그들은 이 일지를 쓰면서 놀라운 사실을 몇 가지 발견했다. 두 사람 모두 자신이 실제로 얼마나 늦게 자는지 잘 인식하지 못하고 있었다. 위니는 스스로 말한 보드카 토닉 1잔이 아니라 주중 거의 매일 밤 평균 2잔을 마시는 것으로 기록했다. 밤늦게 초콜릿 아몬드 바(위니)와 초콜릿을 입힌 건포도(케빈)를 통해 카페인을 섭취한다는 사실도 그들의 일지를 보고 알게 되었다.

우리는 잠들 시간에 가까워졌을 때 인지적·신체적 각성을 줄이는 일이 중요하다고 강조했다(케빈 같은 공격형에게 어렵고, 방어형인 위니에게는 필수적인 일이다). 그러려면 블루라이트를 뿜어내는 폰과 TV, 전자책 등을 보는 것을 그만두어야 한다(두 사람 모두에게 아주 어려운 일이다). 빛은 멜라토닌 생산에 부정적인 영향을 미치기 때문에 밤에는 피하는 것이 좋다. 또한 우리는 케빈과 위니에게 계획한 취침 시간 1시간 전에 멜라토닌을 5mg씩 섭취하라고 충고했다. 멜라토닌 생산을 방해하는 특정한 빛의 파장을 차단하기 위해 취침 시간 3시간 전에 앰버 렌즈 안경을 쓰는 것도 고려해보라고 했다. 머리맡의 조명을 피하는 일 역시 중요하다.

위니는 자신이 침대맡의 전등을 끄고 나서 쉽게 부정적인 생각에 빠진다는 사실을 깨달았다. 부정적인 생각은 각성 수준을 높인다. 위니의 부정적인 생각이 빠르고 얕은 호흡으로 이어지고, 이것이 혈중 산소 수치를 높여 투쟁-회피 반응에 대비하게 만든다는 것이 우리의 생각이었다. 우리는 위니에게 밤마다 10분씩 천천히 배로 심호흡해보도록 했다. 이 방법은 안정감을 주면서 산소와 이산화탄소의 교환을 더 원활하게 한다.

우리는 위니에게 정확한 취침 기상 시간을 세우도록 했는데, 사실 이것이 습관이 되려면 몇 달이 필요했다. 다행히 방어형인 위니에게는 즉각적인 만족이 필요 없었고, 수면 일지를 꾸준히 쓰면서 자신의 진전 상황을 확인하는 데 도움을 받았다.

방어형이 대부분 그렇듯, 위니는 아침에 활기를 찾는 속도가 느린 편이었다. 우리는 그녀가 생체 리듬을 더 빠르게 바꾸도록 아침 광선 요법을 활용하도록 했다. 이 전략은 라이트박스를 통해 쉽게 실천할 수 있는데, 라이트박스는 다양한 파장과 강도로 상용화되어 있다. 우리는 위니에게 밤마다 보드카 토닉을 마시지 않는 것도 고려하도록 했다. 알코올은 수면의 가장 처음이자 가장 얕은 단계의 지속 시간을 늘리고, 에너지를 회복시키고 생체 리듬을 유지하는 것으로 알려진 더 깊은 수면 단계를 방해한다. 대신에 우리는 위니에게 앞서 제안한 5mg의 멜라토닌이 수면 유도에 충분하지 않다면 가바펜틴을 소량 복용해보도록 했다. 가바펜틴은 불안감을 줄이고 편안한 수면을 촉진하는 천연 신경전달물질이다. 우리는 위니에게 가바펜틴의 최소 복용량 100mg에서 시작해서 자기 한 시간 전에 한 캡슐, 잠자리에 들기 직전에 두 캡슐을 섭취해보도록 했다. 여기서 다시 우리는 위니가 목표 지향적인 태도를 유지하는 데 도움이 되도록 여러 웨어러블 기기에 대해 논의했다. 위니가 수면의 양을 늘리는 데 얼마나 진전이 있는지를 이러한 기기를 통해 측정하고자 했다. 우리는 이것이 어떻게 새로운 취침 습관을 미세하게 조정하여 숙면

4부 나의 뇌 유형은 일상생활에서 어떻게 나타나는가?

시간을 최대화하도록 동기 부여를 할 수 있는지 설명했다.

케빈은 긴장을 심하게 했다. 그래서 우리는 긴장을 완화하는 목적으로 정수리부터 발끝까지 몸을 천천히 타고 내려가면서 점진적으로 근육을 부위별로 이완하는 운동을 케빈에게 알려줬다. 우리는 케빈이 몸 아래로 점점 내려가면서 각 부위의 긴장을 확실히 풀도록 했다. 천천히 아래로 움직이면서 "이제 눈썹에 힘을 뺀다, 이제 턱 근육을 풀어준다, 이제 어깨를 늘어뜨린다" 이런 식으로 말하면서 말이다. 또한 늦은 시간이나 초저녁에 카페인과 니코틴을 허용하면 전체 수면 시간뿐 아니라 처음 수면에 드는 시간과 수면의 질에도 영향을 미치는 만큼 이 두 가지를 멀리하라고 요구했다. 무엇보다 케빈이 해야 할 중요한 한 가지는 밤늦게까지 하는 소셜미디어를 그만두는 일이었다. 케빈 본인조차 자신의 수면 일지를 보고는 자신이 소셜미디어에 상당한 시간을 쏟는다는 사실에 충격을 받았다. 케빈은 크게 불평하기는 했지만, 늦어도 자정까지는 잠자리에 든다는 데 동의했다. 그에게는 이른 시간이었다.

공격형에게 수면 습관을 바꾸도록 동기를 부여할 때 보상을 쓰면 쉽다. 경험에 기반하는 보상은 기분을 더 좋게 만든다. 우리는 케빈이 아침에 일어날 때마다 다음의 내용을 자신에게 질문하도록 했다. 1) 나는 정신이 더 말짱한 상태인가? 2) 내 기분에 점수를 매긴다면 몇 점일까? 3) 내 에너지 수준은 어느 정도일까? 그리고 최소 두 가지 질문에 긍정적으로 답했다면 더 좋은 기분을 보상받았다고 여기도록 했다.

그런 다음 우리는 늘 해야 하는 일을 했다. 편안히 앉아 숨을 고르고, 우리의 내담자들이 나아지는 상태를 기다리면서 지켜보기.

상호작용하는 생활방식의 변화

변화하는 일은 시간이 지나면서 힘들어지고, 큰 다짐과 함께 지속적인 노력이 있어야 이뤄질 수 있다. 우리는 저항에 부딪히면 인내심을 발휘한다. 그것은 예상 밖의 일이 아니다. 우리가 케빈과 위니를 이야기하기로 한 이유는 바로 그것을, 익숙한 것에 대한 편안함에 매달리는 모습을 확인했기 때문이다. 두 사람 모두 그것을 숨기지 않는다는 한 가지 장점을 갖고 있었다. 위니는 일주일도 안 되어 밤마다 보드카 토닉을 다시 마시기 시작했다. 우리가 제시한 명상을 시도했지만, 별다른 효과를 보지 못했다. 위니는 호흡에 집중하다 보니 예민해졌다고 말했다. 호흡을 생각하니 숨 쉬는 법을 잊어버릴 것 같았고, 그것이 자신을 더 불안하게 만들었다고 했다.

케빈은 우리가 제안한 대로 자정에 알람이 울리면 취침에 들고자 했다. 충실히 실천했다. 그러다가 알람을 끄고 확인하고 싶은 것 하나만 더 보고 폰을 끄겠다고 다짐했다. 그리고 이것이 또 하나의 더로 이어졌다. 그리고 또 하나 더.

위니와 케빈의 수면 문제는 계속되었다. 우리는 다시 위니를 위한 운동과 케빈을 위한 식단에 집중했다. 위니는 어느 정도 체중 감량에 성공했지만, 마침 팬데믹이 닥치자 위니는 다시 예전의 생활로 돌아갔다. 그러다가 우리는 무언가를 발견했다. 그녀가 고등학생 시절에 농구를 했었다는 사실이다. 우리는 위니에게 차고에 농구 골대를 설치해서 아들 조던에게 농구하는 법을 가르치라고 부추겼다. 또한 세로토닌을 늘리도록 선택적 세로토닌 재흡수 저해제(SSRI)를 섭취하도록 했다.

케빈은 은퇴 후 몇 년 동안 체중이 크게 늘었지만, 규칙적으로 운동을 계속했다. 그의 루틴은 잠자리에서 벗어난 다음 바로 러닝머신 타기였다. 이른 시간에 운동을 하면 남은 하루 동안 더 많은 신진대사를 태울 수 있지만, 식욕이 더 자극받기도 한다. 우리는 케빈에게 하프 다이어트를 제안했고, 운동 시간을 늦은 오후나 초저녁으로 바꾸도록 했다.

케빈의 수면 상태에는 진전이 없었지만, 체중은 줄고 있었다. 프로그램에 돌입하고 몇 달이 지났을 때 케빈의 이야기는 우리를 잠시 멍하게 만들었다. 자신이 늦은 밤에 소셜미디어를 하면서 자신을 남들과 비교하고 부러워하곤 했다는 것.

"누가 저보다 더 멋진 몸매를 유지했는지, 누가 저보다 더 망가졌는지 확인하기를 멈추질 못하겠더라고요. 그런데 체중을 이만큼 빼고 나니까 제가 어떤 상태이고 사람들과 어떻게 어울릴지 확인하려고 보는 일에 흥미를 잃었어요. 더는 중요하지 않거든요."

우리의 생활방식에 확실히 구별되는 요소가 있어도, 우리는 모두 완전한 인간이다. 하나의 요소가 바뀌면 모든 요소가 바뀐다. 위니에게도 확실한 변화가 있었다. 위니의 체중이 많이 줄지는 않았지만, 과거의 점프슛을 되찾아서 크게 자랑스러워했다. 화상 요가 수업을 시작했고, 자신이 불안함과 우울함을 예전보다 덜 느낀다고 우리에게 전했다. 위니가 술을 완전히 끊은 사실을 알았을 때 우리는 정말 기뻤다.

"저는 보드카 토닉이 제 외로움을 없애준다고 생각하곤 했어요. 그런데 지금은 조던과 더 많은 시간을 보내고, 저녁 식사 후에는 책을 읽어주죠. 농구가 우리의 입을 다시 열게 했다고 생각해요. 흥미롭죠. 저 자신에게 느끼는 연민은 줄고 조던과 제 삶에서 느끼는 유대감은 커졌어요."

확실히 위니는 자신을 진정시키는 법을 배우고 있다. 우리는 이 과정이 이어지면서 더 나은 수면으로 천천히 바뀌길 바란다. 그리고 케빈은 감량한 체중을 유지했고, 최근에는 저녁 뉴스를 보다가 깜빡 졸았다고 우리에게 말했다. 그는 자정이 되기 전에 잠이 들고, 아침에 일찍 일어나면 얼마나 기분이 좋은지를 여전히 우리에게 얘기한다.

운동하고 휴식하기. 간단하지만 복잡하다. 편안함 뒤에 숨기보다는 건강해지는 쪽을 택하자. 운동과 수면으로 건강한 미래를 맞이하자.

12장

스트레스 줄타기

삶은 스트레스의 경험이다. 스트레스가 되는 피할 수 없는 일들을 우리가 어떻게 대하느냐는 우리의 뇌 화학작용으로부터 큰 영향을 받는다.

복잡한 삶을 살면서 스트레스를 겪지 않는 사람은 없다. 스트레스는 늘 찾아온다. 모든 것은 스트레스 관리에 달려 있다. 우리는 각자 매일 스트레스를 관리한다. 우리의 뇌 유형은 예측 가능한 방식으로 스트레스를 대비한다. 건강한 방식도 있고, 아닌 방식도 있다. 스트레스에 관해서는 자신을 이해하는 일 그리고 건강하지 못하고 자신에게 도움이 되지 않는 스트레스 반응을 막는 일이 중요하다. 이번 장에서 우리는 스트레스의 통제를 받는 몇 사람과 그들이 이와 관련해서 무엇을 배웠는지를 소개하고자 한다.

제프가 공황 발작을 일으킨 것은 일요일 오전 7시가 조금 지난 시각이었다. 10장에서 체중 때문에 고생하던 제프를 기억하는가? 제프는 자신의 새 프로그램을 성공적으로 진행하고 8개월 후에 우리를 만났지만, 쉽게 말을 꺼내지 못했다. 그리고 마음을 추스르더니, 함께 치료하며 만나 부부의 연을 맺은 아내 스테이시가 다른 남자에 게 갔다고 말했다. 제프는 큰 충격을 받은 채 혼란스러워하며 심하 게 불안해했다. 그러더니 심호흡을 몇 분 동안 하고는 아내의 부정 을 어떻게 발견했는지, 그 참담한 이야기를 우리에게 들려주었다. 그 러면서 위스키를 매일 찾게 된 내용도 상세히 전했다. 행동에 진전 을 보이는 많은 사람이 그렇듯, 나쁜 습관의 재발은 늘 코앞에 있고 예기치 못한 엄청난 스트레스가 이를 촉발시키기도 한다. 그러나 재 발은 실패가 아니다. 뒷걸음질을 막는 방법은 많다. 우리는 스트레스 가 어떻게 나쁜 기분을 만드는지를 그리고 스트레스 대응에 도움이 될 만한 뇌 유형에 따른 구체적인 전략을 살펴본 후, 제프의 사례로 돌아가서 우리가 그의 위기를 어떻게 극복하도록 도왔는지 이야기 하려고 한다.

스트레스는 생물학적 균형 혹은 항상성에 찾아오는 변화로 정의 된다. 그러나 항상성은 개념일 뿐 상수가 아니다. 존재하지 않는 유 니콘과 같다. 관점에 따른 개념이다. 균형을 잃는다는 것이 그것을 판단하는 사람과 그것이 일어나는 맥락에 따라 상대적이기 때문이 다. 어떤 사람은 담당의로부터 암 검진 결과 양성이 나왔다는 소식 을 접할 때 항상성이 바뀐다. 또 어떤 사람은 배스킨라빈스에 들어 갔다가 민트 초코칩 아이스크림이 동났다는 사실을 알 때 기분이 언 짢아진다. 우리는 끝없이 무의식적으로 항상성을 추구하지만, 그것 을 방해하는 일로 인해 각성이 생긴다. 이러한 각성을 견디는 능력이 위와 같은 변화에 대한 우리의 반응을 이끈다. 우리는 모두 스트레스에 취약하고, 뇌의 화학적 불균형에 따라 스트레스에 반사적으로 방어한다.

기상나팔을 부는 대자연

자신의 어머니가 자꾸 통제하려 든다고 생각한 적이 있다면, 대자연이라는 어머니를 생각해보길 바란다. 대자연에 비하면 어머니는 귀여운 수준이다. 대자연의 가장 큰 기상나팔 소리는 우리에게 주는 스트레스에 대한 경각심으로, 이는 생존에 관한 가장 강력한 경고에 해당한다. 정말 순식간에 발생하는 이 생물학적 반사는 대자연의 지휘하에 우리가 일촉즉발의 위협을 경험하고, 뇌, 뇌하수체, 부신, 면역체계 등 서로 조직화되어 있는 부위 네 곳을 개입시킬 때 나타난다. 이것은 보통 투쟁-회피 반응으로 일컬어지는 자동 반응으로 우리의 DNA에 뿌리내리고 있는데, 살아 있는 모든 생명체가 이를 공유한다. 대자연이 이러한 일련의 상황들을 설계하는 방식은 다음과 같다.

1. 부신피질자극호르몬 방출인자corticotropin-releasing factor, CRF는 뇌의 시상하부에 의해 바로 분비되고, 뇌하수체로부터 부신피질자극호르몬의 분비를 자극한다.
2. 그러면 부신피질자극호르몬은 부신으로부터 스트레스 대응 호르

몬인 코르티솔의 분비를 자극한다.

3. 이제 코르티솔은 신경계를 활성화하여 교감 신경계, 즉 신경계의 활성화 부위를 자극하고, 이는 혈류에 포도당을 끌어들여 우리의 투쟁-회피 반응을 위한 에너지 소비를 극대화한다.

스트레스 반응은 두근거림, 과호흡, 인지 확장, 집중 등으로 나타난다. 코르티솔의 급성 분비는 인슐린 분비를 억제하고, 이는 포도당 대사를 방해한다. 그 결과 이 에너지원이 우리의 근골격계에서 더 많이 쓰여 우리 자신을 더 잘 보호할 수 있도록 한다. 이 경보가 울리면 소화, 성기능, 염증 감소, 기억 생성, 염분과 수분의 균형 유지 등 중요도가 비교적 낮은 다른 생존함수는 동시에 억제된다. 시상하부와 뇌하수체 사이에만 존재하는 혈관 '고속' 도로를 통해, 이 거센 흐름을 신속히 활성화하도록 고안된 고농도 호르몬이 뇌하수체에 흘러넘치게 된다.

이러한 피드백 루프는 스트레스에 오랫동안 노출될 때 생기는 듯하다. 여러 연구에 따르면, 불안증과 약물 사용 모두 기능 장애가 있는 시상하부뇌하수체부신축HPA과 관련 있다. 약물 남용은 범불안장애, 외상후스트레스장애post-traumatic stress disorder, PTSD, 공황장애, 강박장애, 우울장애 등 스트레스로 불안 장애가 생겼을 때 자신을 진정시키는 가장 흔한 방법이다. 또한 이러한 정서 장애뿐 아니라 시상하부뇌하수체부신축의 손상, 자가면역질환, 고혈압과도 관련이 있는 것으로 밝혀졌다.

대자연에서 생긴 약간의 각성

정의에 따르면, 스트레스는 우리의 생존 본능에 자극을 주는 일이다. 극심한 스트레스 장애란, 심각한 부상, 생명의 위협, 성폭행 등 트라우마를 초래하는 사건에 노출되고 나서 한 달 안에 강화된 스트레스 반응이 나타나는 것이라고 설명된다. 이러한 장애들은 PTSD로 바뀔 가능성이 크다. 이러한 극단적인 증상이 인생에 변화를 초래하고 평생 갈 만큼 다루기 힘든 조건이 되기 전에, 이러한 장애들을 인식하고 다루어야 한다. 공황발작, 사회불안, 강박장애 등 기존 관련 장애도 악화되기 쉽기 때문에 최대한 빠른 개입이 요구된다. 약물은 치료의 중심이 되곤 한다. 그런데 어떤 약물은 의사가 처방하지만, 또 어떤 약물은 불법으로 얻는 경우도 있다. 우리에게는 지금 이 반응을 다루기 위한 또 다른 무기가 있다. 우리의 뇌 화학작용을 활용하여 개인에 맞춰 더 정확하고 오래가는 해결책을 두는 일이다.

방어형이 코르티솔 분비를 경험하면 회피로 반응하고, 공격형이 코르티솔과 만나면 무의식적인 접근으로 반응한다. 최근의 한 뉴스 영상에 따르면, 한 젊은 여성이 자신의 강아지 세 마리와 함께 뒷마당에 나와 있다가 갑자기 큰 짐승 한 마리가 펜스를 넘으려는 모습을 발견했다. 그러자 여성은 망설이지 않고 문제의 이름 모를 불청객에게 달려가 그것을 주먹으로 내리쳐서 자빠뜨렸다. '그것'은 다름 아닌 거대한 불곰이었다. 나중에 여성은 자신이 자기 개들을 지키려고 나섰을 때 그것이 곰이었는지 몰랐다고 밝혔다. 만약 알았다면 고민했을지 모르지만, 각성 수준이 압도적이어서 반격해야겠다는 생각뿐이었다. 이러한 반사 반응은 예상할 수 있으면서도 무모한데, 발생 원인은 도파민의 불균형이다. 이 여성이 방어형이었다면, 개들은 상황을 알아서 감당해야 했을 것이다.

스트레스 요인은 대부분 뒷마당의 펜스를 올라타는 곰도 아니고, 전광석화 같은 반응을 요구하지도 않는다. 즉 스트레스로 인해 이러한 호르몬과 신경전달물질이 나올 때 방어형과 공격형 모두 계획을 가지고 대처하는 것이 필요하다. 반사적인 반응은 본능적으로 만들어지는 반응일 뿐이고, 지혜로울 수도 있고 아닐 수도 있다. 즉각적인 반응이 필요하지 않은 상황에서는 잠시 시간을 가져보자. 입을 다물고 숨을 코로 깊이 들이마신 후에 아주 천천히 내쉬는 데 집중해보자. 이처럼 몰입해서 차분하게 진행하는 호흡은 큰 도움을 주면서 다음 움직임을 계획하는 데 도움을 준다. 이 훈련은 어느 정도 연습이 필요하지만, 빠르게 보상을 줄 것이다.

스트레스 반응이 행동으로 이어지는 순서는 간단하다. 이 반응을 ARC로 구조화해보자.

Action(스트레스를 주는 상황) → Reaction(반사 행동을 초래하는 신경화학적 반응) → Control(감정의 불편을 무시하느냐 받아들이느냐의 여부)

이제 제프의 이야기로 돌아가서 상실로 인한 스트레스와 분투하는 그의 상황을 분석해보자.

상실에 대응하기

제프는 결혼생활이 파국에 이르러 힘들어했다. 상대를 충분히 배려하지 못한 점, 살이 쪄서 스테이시에게 예전만큼 매력을 주지 못한 점, 마지막에 남은 렉서스를 최저가로 구매하려고 알아보다가 너무 오랫동안 시간을 끌었던 점 등을 떠올리며 자책했다. 아직 치료가 필요한 자신의 당뇨병도 걱정하며 괴로워했다. 제프가 자기 건강을 너무 깊이 생각한 탓에 스테이시는 불면증에 시달려야 했다. 제프는 우리와 머리를 맞대기 시작한 후 자신의 수면과 절주, 일상적인 걷기, 체중 감량 등 여러모로 과거에 비해 훨씬 잘하고 있었기 때문에, 이러한 불안한 생각은 실패했다는 느낌과 뒤섞였다. 이 고통스러운 느낌에는 스테이시에 대한 분노가 전혀 없었다. 제프는 관계 속에서 확인한 자신의 결점과 건강 문제와 관련한 자신의 뒷걸음질을 두고 자책했다.

제프의 스트레스 반응은 완벽했다. 그의 코르티솔 농도는 알코올 농도에 버금갔다. 신경화학적으로 봤을 때 그의 불균형한 세로토닌 상태는 최저 기록을 경신했다. 그는 다음에 어떤 일이 일어날지 걱정했지만, 통제 시도는 그에게 불가능하게 느껴졌다. 우리가 보기에 제프는 과식하고 과음하는 생활로 다시 빠질 수 있었다. 그러나 제프가 경험한 불행을 우리는 기회로 봤다. 압박을 받을 때 대처하는 방법을 익히는 일은 자신의 새로운 전략을 연습하고 세세하게 조절하기에 아주 좋은 기회이기 때문이다.

제프의 마비된 듯한 불안한 느낌은 많은 사람에게도 익숙할 것이다. 각성에 대한 방어형의 가장 자연스러운 반응은 회피다. 그러한 불편한 느낌이 찾아왔을 때 몇 초 동안이라도 가만히 있는 것은 우리 뇌 유형에 상관없이 아주 중요하다. 이 불편한 순간에 우리는 그러한 감정을 더 건강한 방식으로 처리하는 법을 배울 수 있고, 실제로 통제력을 다시 얻을 수 있음을 스스로 증명할 수 있다. 대자연은 우리가 위협적인 상황에서 회복하는 데 얼마나 오랜 시간이 걸리는지에 관심이 없다. 대자연의 유일한 임무는 경보를 울리는 일이다. 이 순간을 벗어나는 데 도움이 되는 방법은 단기적인 3단 요법을 활용하는 일이다. 내 몸을 꼬집어보자. 신체의 고통은 경보 반응을 일으켜 끊임없는 생각과 감정의 흐름을 가로막는다. 우리가 제프에게 건넨 두 번째 해결 도구는 관점이었다. 우리는 제프에게 스테이시를 잃는 것보다 더 곤란한 상황을 생각하라고 요구했다. 그러자 그의 머릿속에는 최근에 자신의 누이가 받은 췌장암 진단이 떠올랐다. 이러한 상대적 상실감은 자신의 아내에 관한 끊임없는 불안감을 어느 정도 낮췄다. 마지막으로 세 번째 해결 도구는 탄수화물 간식, 10분 걷기 등 자신의 세로토닌 수준을 높이는 일이었다. 꼬집기, 관점 바꾸기, 약간의 세로토닌 채우기 등 이처럼 간단한 행위들은 통제와 비슷한 효과를 낳는데, 우리가 통제되지 않는다는 느낌을 받을 때 실제로 할 수 있는 것들이다.

우리는 말하기 꺼려지는 문제, 즉 술에 무뎌지고 취하고자 하는 제프의 욕구도 해결할 필요가 있었다. 제프는 우리의 치료를 받기 시작한 시점에 술이 자신의 불안감을 얼마나 빠르게 악화하는지를 본능적으로 알고 있었다. 이 자가 치료 방식에 대한 의존을 막 끊기 시작한 때였다. 제프는 알코올 중독이 여느 중독 장애와 마찬가지로 만성적인 의학적 질환이고, 뇌 화학작용으로 생겨서 스트레스를 통해 유발된다는 사실을 일찍이 치료받으면서 알고 있었다. 알코올이 얕은 수면 시간을 늘리고 유지해서 수면 주기를 방해한다는 사실도 이해하고 있었다. 자신의 의존성에 대해 지식적으로는 우위를 점했지만, 이 파괴적인 반사 반응에는 여전히 취약했다.

이후 몇 주 동안 우리는 제프와 긴밀히 소통했다. 제프는 평생 지녀온 사회불안 탓에 익명의 알코올 중독자들 모임을 멀리했다. 우리는 그를 회복 전문가에게 소개해서 이후 90일 동안 매일 익명의 알코올 중독자들 모임에 함께 나가도록 했다. 새로운 사람을 만나는 두려움과 다시 알코올을 남용할지 모른다는 당혹감을 떨치기 위해서였다.

또한 우리는 제프에게 한 온라인 CBT(인지행동치료) 상담 프로그램을 소개했다. 이 치료 형태는 논리의 오류(개인적인 왜곡)를 지적하도록 고안된 쌍방향 프로그램을 포함하고, 기존의 믿음과 생각에 관해 이성적인 대안을 마련하는 데 도움을 준다. 문제를 생각하는 방식을 바꾸면 문제를 느끼는 방식이 바뀔 것이라는 견해에 기반한 것이다. 연구에 따르면, 6개월간의 CBT 접근법과 약물 요법을 비교한 결과, CBT 접근법이 더 효과가 좋았다. CBT는 개인 단위나 영상 플랫폼으로도 운영될 수 있다. 코로나 시기에 진행된 연구에 따르면,

불안 장애에 대한 온라인 개입은 대면 치료 못지않은 성과를 냈다. CBT는 급성 외상성 공황장애에 도움이 되는 것으로 밝혀졌는데, 비교적 빠른 효과와 장기적인 이점이 있었다. 일찍 시작하면 PTSD 발병률을 낮출 수 있음을 뒷받침하는 자료도 있다.

우리는 제프에게 매일 자신의 행동과 감정을 기록한 일기를 쓰도록 했다. 그리고 제프가 루틴과 일정을 잘 지키지 못할 것에 대비해 그와 나란히 움직일 알코올 중독자 모임의 후원자를 두어서 식사, 모임, 약물 등에 관한 엄격한 일정표를 짜고 지키도록 했다.

처방약을 통한 자기 진정의 길

불안 장애를 비롯한 다양한 정신 질환을 치료할 때, 약물 개입이 신중하고 꾸준하고 안전하게 이뤄지고 실력 있는 전문가를 통해 진행되면 단기적·장기적인 이득을 얻을 수 있다. 이러한 상태에 대한 약물 치료는 19세기 후반에 도입되었고, 이때 쓰인 약물로는 모르핀, 브롬화칼륨, 클로랄하이드레이트, 파라알데하이드 등이 있다. 그러나 이들은 포괄적인 진정제로서, 그 정체가 나중에야 밝혀진 뇌의 화학적 불균형을 정확히 해결하지는 못했다. 이후 100년 동안 우리는 일반적인 불안부터 공황장애, 강박장애 등 여러 불안 장애에 얽힌 뇌 화학작용을 더 잘 이해하게 되었고, 여기에 기반하여 타깃이 명확한 약물이 도입되었다. 프로이트파의 몰락으로 일컬어지기도

하는 현대의 신경정신약리학 분야는 최초의 벤조디아제핀과 (제프가 금주 중 경험한 극심한 불안 증세를 해결하고자 우리가 그에게 준 약물인) 리브륨과 함께 1950년대에 등장했다. 이후 바륨이 1963년, 재낵스가 1981년에 나왔고, 프로작의 등장과 함께 1987년 SSRI가 막을 올렸다.

제프가 처음에 알코올 금단 증상을 이겨내고자 필요로 했던 약물은 벤조디아제핀이었다. 글루탐산염은 알코올 금단의 압박을 받을 때 분비되는 신경전달물질로 심각한 불안 증세를 초래하는데, 벤조디아제핀이 이 반응을 완화한다. 그러나 제프의 경우, 약물로는 불충분했고 의학적·심리학적 접근법과 알코올 중독자 모임의 지원이 함께 어우러져야 했다. 우리는 제프에게 리브륨과 더불어 SSRI 치료를 시작했다. 이는 우울한 기분을 완화하고 최근의 높은 불안 정도를 낮추는 데 필요한 세로토닌 분비에 효과가 있었다. 그러나 약물과 알코올에 금단 증상을 겪는 사람들은 대부분 수면장애를 경험하는데, 이러한 약물들의 대사물질이 물질의 특징과 남용 기간에 따라 오랫동안 뇌에 남을 수 있기 때문이다. 제프는 중독의 위험 없이 과하게 각성한 신경계를 진정시키고 근심 가득한 생각을 줄이도록 만들어진 가바펜틴을 소량 처방받았다. 중독성 없이 신경전달물질을 북돋우는 약물 효과에 행동 전략을 결합한 결과, 제프는 진정 효과를 주는 중독성 물질에 의존하지 않고 자신의 스트레스와 알코올 의존 성향을 통제하는 새로운 방법을 얻을 수 있었다.

약물 남용을 통한 자기 진정 효과

공황장애, 사회불안, 강박장애 등으로 나타나는 심각한 만성 불안 장애를 앓는 많은 사람은 자신을 진정시키려다가 약물을 남용하게 된다. 그러나 이러한 선택적 신경전달물질로 얻는 일시적인 효과는 부정적인 감정을 잠시 풀어줄 뿐이다. 우리의 위대한 철학자인 호머 심슨(미국의 TV 애니메이션 시리즈 〈심슨 가족〉에 등장하는 주인공 캐릭터—옮긴이)은 "맥주, 지금은 이 맥주로 일단 해결"이라는 명언을 남겼다. 호주에서 약 9천 명의 환자를 대상으로 진행한 연구에 따르면, 사회불안은 약물 사용 장애가 있는 개인에게 가장 흔한 불안 장애이고, 사회불안을 가진 환자가 그렇지 않은 사람에 비해 알코올에 의존할 가능성이 두세 배 높다. 이와 관련하여 캐나다에서 진행한 연구에 따르면, 강박장애가 있는 사람은 그렇지 않은 사람에 비해 알코올과 약물 사용 장애를 평생 가지고 갈 가능성이 훨씬 더 컸다. 우리는 또한 불안 관련 장애가 약물 사용 장애에 앞서 진행된다는 사실을 여러 연구를 통해 배웠다. 시상하부뇌하수체부신축을 기억하는가? 최근 데이터에 따르면, 불안 장애와 약물 사용 장애는 시상하부뇌하수체부신축과의 신경생물학적 관계가 동일하다. 시상하부뇌하수체부신축은 장기간의 약물 남용 그리고 지속적인 스트레스가 있을 때 과민하게 반응한다.

우리가 제프를 치료하면서 그의 강박장애와 관련해 발견한 또 다른 특징은 소셜미디어와 문자 메시지에 대한 그의 의존성이었다. 여러 연구에 따르면, 슬픔, 불만족, 외로움 등을 겪는 사람이 자신의 휴대전화에 의존하는 것은 자기 진정의 메커니즘이고, 감정에 휩싸이지 않도록 주의를 환기하는 장치가 된다. 불안 증상은 소셜미디어에 대한 오랜 의존을 강화하는 것으로 알려졌다. 우리는 제프에게 소셜미디어와 문자 확인을 하루에 두 번(오전 10시에 몇 분 동안, 그리고 오후 4시에 몇 분간)으로 한정할 것을 제안했다. 이는 제프가 일어나서 가장 먼저 하고 잠들기 직전에 마지막으로 하는 폰 확인 습관을 깨기 위함이었다. 이 새로운 반복 습관을 들이기 시작하고 몇 달이 지난 지금, 제프는 이것을 꾸준히 잘 실천하고 있다.

암 판정을 받은 순간

"암은 저를 무너뜨리지 않았어요, 저를 일으켜 세웠죠."

—마이클 더글러스Michael Douglas(1944~ , 미국의 유명 배우—옮긴이), 생명을 위협하는 질병에 맞서며

주디는 아주 젊어 보이는 52세 여성이다. 유방 영상 진단을 주기적으로 실시하다가 암을 선고받았다. 안타깝게도 림프절까지 암이 전이되어 있었다. 유방암 가족력이 있었지만, 주디는 아주 성실하게 선별법을 대하진 않았다. 유방 자기 진단에 절대 시간을 들이지 않았고, 유방조영상을 마지막으로 찍은 지 4년이 넘었다. 주디는 무의식

적으로 자신이 암을 찾지 않으면 암도 자신을 찾지 않을 거라는 느낌을 가졌다. 암에 걸린다는 두려움은 주디를 꼼짝 못 하게 했다. 우리는 '암'이라는 단어를 죽음과 연관시키지만, 실제로 이 트라우마를 가진 환자 중 최소 50%가 암을 만성 질환으로 여기고 있다. 지난 10년 동안 통계 수치는 극적으로 나아졌지만, 암이라는 표현만큼 시상하부뇌하수체부신축과 코르티솔 분비를 자극하는 것은 없다.

주디의 진단은 PTSD의 재발로 이어졌다. PTSD는 누군가가 강렬하거나 끔찍하거나 위험한 상황을 경험한 후에 나타나는 상태를 가리킨다. 주디는 지난해에 어머니가 급성 백혈병 진단을 받고 급속도로 죽음을 맞이하는 걸 지켜보아야만 했다. 그러면서 크게 동요했다. 그 기간에 주디는 계속되는 불안을 달래기 위해 주기적으로 마리화나를 피우기 시작했다. 각성과 반응도가 높아지면서 쉽게 놀라고 초조해했으며 수면 문제를 겪을 만큼 여러모로 고통받았는데, 여기에 마리화나가 도움을 주는 듯했다. 딱히 해결책을 찾지는 않았다. 그러면서 악몽과 슬픔을 곁에 둔 것은 물론, 어머니의 말년에 함께 많은 시간을 보내지 않은 것에 대한 죄책감까지 느꼈다.

PTSD 증상은 사건 발생 후 오랫동안 이어지고 악몽, 회상, 고립감, 슬픔, 공포, 분노 등으로 되살아난다. 이때 불안 장애, 약물 남용, 우울증 등의 상태가 동반된다. 상당수의 경우 빨리 치료를 받으면 6개월 안에 호전되지만, 어떤 사람은 평생 증상을 안고 산다. 현재 이 장애는 유전적 특성이 관여하는 것으로 여겨지고 있고, 여성의 수가 더 많다. 민족 간의 차이도 확인되었는데, 아프리카계 미국인,

라틴 아메리카인, 아메리칸 인디언 등이 큰 영향을 받았다.

주디는 암 전문가와 약속을 잡았다. 그리고 그 의사로부터 힘과 용기가 되는 말을 들었다. 그러나 주디는 애초에 최악의 상황을 두려워했고 온라인으로 최악의 시나리오를 확인하느라 여념이 없었다. 이처럼 겁나는 조사를 진행하는 동안 젤리와 도넛에 빠졌다. 걱정하느라 수면 패턴이 흔들렸고, 헬스장에도 그만 가게 되었다. 우리는 스트레스가 면역 반응에 미치는 부정적인 영향과 앞으로 고군분투하면서 맞을 수 있는 결과를 주디에게 설명했다.

우리가 주디에게 뇌 유형 테스트를 시킨 결과, 주디는 방어형으로 나왔다. 우리는 유방암에 관한 최신 정보를 주디에게 기꺼이 제공했다. 주디가 진단받았을 때 그러한 정보가 부족했다. 그리고 주디는 2년 전 폐경기에 접어들면서 시작한 에스트로겐 대체 요법을 지금까지 진행하고 있었다. 우리는 에스트로겐과 가족성 유방암과의 강한 관련성을 고려할 때 해당 요법을 관둘 필요가 있다고 설명했다. 우리는 주디의 에스트로겐과 HER-2 수치는 물론 새로운 혈액 및 유전 표지를 검사하여 목표가 명확한 치료를 진행하고자 했다. 이러한 지식을 바탕으로 주디는 자신의 새로운 진단에 대해 어느 정도 통제력을 가지면서 치료진과 잘 협력할 수 있었다. 방어형에게 정보는 곧 힘이 되고, 스트레스를 줄이는 데 훌륭한 도구가 된다.

우리는 주디에게 인지행동 치료사를 연결해줬다. 그리고 주디의 PTSD를 해결할 새로운 방법으로서 마음챙김 명상과 태극권도 함께 소개했다. 또 사회불안을 앓은 이력을 고려해서는 주디가 편하게 대할 수 있는 반려동물을 입양하도록 했다. 그렇게 주디는 새로운 룸메이트와 함께 집으로 오게 되었다. 두 살짜리 코커스패니얼로, 이름은 '카와이'라고 지었다. 자신이 집중할 수 있는 반려동물을 둠으로써 주디는 현실에 몰두할 수 있었고, 자기 인생에서 아주 중요한 이 순간에 충실할 수 있었다. 하루에 몇 번씩 카와이를 산책시키기도 했는데, 이는 주로 앉아서 생활하던 주디를 움직이게 하는 기회가 되었다. 마지막으로 우리는 미생물군집에 대한 자료를 주디와 공유했다. 고탄수화물 식단이 면역 반응의 조화를 돕는 미생물군입에 미치는 부정적 영향을 조명한 자료였다. 이는 주디가 젤리 도넛을 끊는 동기가 되었다. 우리는 1년 동안 주디를 지켜봤다. 그 사이에 주디는 새로운 습관을 통해 확실한 차도를 보였다.

의료 때문에 스트레스를 심하게 받는가?

"보험 회사 관료가 아닌 의학 전문가가 의료 결정을 내려야 한다."

—바버라 박서Barbara Boxer(1940~ , 미국의 기자 출신 정치인—옮긴이)

넘쳐나는 건강 정보와 여기에 의존하는 의료 체계를 이해하는 일은 상당한 스트레스를 준다. 우리는 대부분 자신의 증상에 겁을 먹으면 바로 인터넷을 뒤진다. 자기 부담금도 없고, 대기할 필요도 없으니 말이다. 우리의 불안감을 달래줄 수 있는 완벽한 소식통이다. 그러나 이러한 일에 공을 들일수록 스트레스가 높아질 가능성이 크다. 대부분의 탐색이 결국 심각하고 끔찍한 발견으로 이어지기 때문이다. 지금부터 공격형과 방어형이 어떻게 자신만의 성향을 활용하여 이러한 미로를 더 잘 빠져나갈 수 있을지 살펴보자.

앨런은 배설 기능에 문제가 있었다. 갑자기 화장실에 부리나케 달려가야 했고, 밤마다 서너 번은 소변을 보러 갔으며, 소변 물줄기가 장미 정원에서 방울방울 나오는 급수 시설과 비슷해졌음을 깨달았다. 아버지와 삼촌 모두 전립선암을 앓았는데, 앨런 본인도 그러한 운명을 맞을까 봐 두려웠다.

앨런은 **급성 진료 불안증**을 앓고 있었다. 이는 방어형에게 특히 흔한 문제다. 방어형은 공격형보다 고통을 훨씬 잘 참을 수 있지만, 이에 따른 장점이 방어형의 비관주의와 불안에 압도당하기도 한다. 이러한 상태는 내과·외과·치과 진료에 대한 과도한 두려움으로 정의된다. 이 때문에 필요한 진단이 완벽하게 이루어지지 못하는 경우가 많다. 스트레스는 진료 자체뿐 아니라 진료를 받아야 한다는 예상 때문에도 나타난다. 앨런의 의사는 그에게 일련의 진단을 내렸다. 검사를 기다리는 동안 앨런은 불안에 떨었다. 이것이 단순한 검사일 수 있음에도, 앨런은 조직 검사 결과를 기다리는 열흘이 버거운 듯했다. 혈액 검사를 떠올리기만 해도 나타나는 각성, MRI로 인한 폐소공포증 혹은 조직 검사를 받는다는 생각에 몸 둘 바를 몰랐다. 무엇보다 가족력을 고려했을 때 정기 검진을 미루고 있는 자신이 못마땅했다.

이것이 우리가 앨런을 만났을 때의 이야기다. 우리는 앨런이 받을 검사와 진료에 관해 이야기하며 많은 시간을 보냈다. 고통과 회복을 포함하여 예상할 수 있는 내용을 겨우 이해한 앨런은 그제야 자신의 가장 큰 두려움을 털어놨다. 그것은 바로 성기능 상실이었다. 필요한 진료의 종류에 따라 다르겠지만, 우리는 남성 대부분이 로봇 수술 기술과 새로운 방사선 시술을 쓴다고 성기능을 잃지는 않는다고 설명했다. 그럼에도 그는 발기 부전이 생길까 봐 계속해서 걱정했고, 그럴 가능성이 적다는 것을 세 번에 걸쳐 안심시켰다. 우리는 그의 두려움이 현실이 된다는 가정하에 비아그라, 시알리스, 음경 주사제 등의 치료법까지 논의했다. 앨런이 고려조차 하지 않은 실금도 발병할 우려가 적을 것이라고 이야기했다. 상황을 좀 더 확실히 하기 위해 앨런이 신체적 혹은 감정적 불편을 참을 수 없다면 언제든 조직 검사를 중단할 수 있음을 약속했다. 우리는 앨런이 진료 기간에 들을 수 있는 음악 플레이리스트를 정리해 오도록 했다. 그동안 여러 임상 실험에서 진료에 대해 느끼는 불안에 음악을 개입시키면 어떤 영향이 나타날지 살펴봤는데, 그 결과 진료 15~20분 전과 진료 중에 환자에게 음악을 노출하면 불안과 심박수가 크게 줄었다. 명상도 도움이 된다. 앨런에게 가까운 친구나 가족 구성원을 데려와도 된다고 말한 것 역시 그의 불안을 줄였다. 우리는 앨런이 이러한 검사와 여기서 생길 수 있는 결정으로 인한 스트레스를 줄이도록 가바펜틴과 같은 항불안제 또는 프로프라놀롤 같은 베타차단제 처방을 의사와 논의하도록 했다.

4부 나의 뇌 유형은 일상생활에서 어떻게 나타나는가?

우리는 앨런이 병원 방문을 둘러싼 각성을 완화할 수 있도록 최근에 생긴 문제와 강박적 걱정에 관한 잠재적인 치료 방안을 풍부하게 제공했다. 심각해질 수 있는 질환을 살펴볼 때 환자에게 적절한 정보를 제공하는 것은 좋은 약이 된다. 다음과 같은 방식을 추천한다.

— 도움이 될 수 있는 전문의 리스트를 확보하여 누구를 선택하면 가장 좋을지 미리 결정하도록 담당의와 함께 검토한다. 그런 다음 이 의사들을 검색하여 그들의 프로필을 살펴본다.
— 자신이 찾는 약국을 검토한다. 브랜드 처방전 혹은 일반 처방전이 자신의 최근 처방전과 다른 점이 있는가?
— 업무 시간 후에 치료가 필요할 경우 어떤 상황이 벌어지는지 살펴본다. 전화에 답하는 사람은 누구인가? 자동으로 응급실에 연결되는가? 입원할 필요가 있을 때 담당의가 치료 일정을 조율할 수 있는가?
— 알레르기, 복용 중인 약, 비상 연락망, 자신의 특이 사항 등을 포함한 자신의 모든 건강 정보를 담은 카드를 지갑에 넣어서 다닌다.
— 자신의 의료 기록을 폰에 저장해둔다. 담당의가 바뀔 수 있고, 아니면 여행하다가 응급 상황을 맞았을 때를 고려하여 의사가 자신의 중요한 정보를 모두 확보할 수 있도록 한다.
— 평소에 먹는 처방약, 진통제 같은 다른 필요 약, 메스꺼움과 설사 시에 복용하는 광범위한 항생제 등 필요한 약을 여행용 키트로 준비한다.

—진료 전에 질문 및 목적을 정리한 리스트를 준비한다. 진료 전에 이 리스트를 확인하여 모든 질문에 확실한 답을 받도록 한다.

—진료를 받으러 갈 때 도움이 될 수 있는 무언가 혹은 누군가를 대동한다. 대기실에 있을 때 폰을 쓸 수 없을 가능성이 클 것임을 고려하면 책도 좋다.

—간호사 혹은 의사의 이메일 주소를 확보한다. 그래서 그들이 동의한다는 조건에 따라 더 알맞은 시간에 소통할 수 있도록 한다.

—자신의 건강 문제를 잘 이해하기 위한 최고의 방법을 파악할 수 있도록 담당의에게 도움을 구한다.

—마지막으로 자신이 진료에 어떻게 반응하고 수면과 식단에 어떠한 영향을 받는지 담당의에게 충분히 설명하고, 전문가의 전략을 행동에 적용하는 것이 좋다.

공격형인 47세의 마리아는 자신의 의료 프로그램과 관련하여 다른 문제를 갖고 있었다. 원래 잘 참지 못하는 성격인 데다가 자신이 만날 수 있는 의사는 물론 이용 가능한 진료, 병원, 약 그리고 배상 청구 방법까지 일방적으로 명시한, 또 늘 바뀌는 의료보험의 세부 내용에 집중하기를 어려워했다. 또한 세부 방침을 무조건 따르는 것도 지루했다. 마리아가 의사를 보러 가려면 일종의 장려책이나 보상이 필요했고, 그래서 진료를 받으면 매번 쇼핑 계획을 세웠다. 소통할 필요가 있을 때 끝없이 기다려야 하는 ARS 시스템에는 화가 솟구쳤고, 특히 2년마다 약관과 주치의를 바꾸는 보험업자에게 짜증이 났다. 마리아에게는 도움이 필요했다.

마리아는 대형 식료품 마트에서 관리직으로 근무했다. 동료들에게 거칠고 공격적인 사람, 다른 사람의 의견에는 별로 관심을 두지 않는 사람, 감정 기복이 큰 사람으로 여겨졌다. 주변 사람들은 마리아가 들떠 있을 때 그 흔치 않은 상황을 즐기곤 했다. 그러나 그 이면을 너무 잘 알았기 때문에 마리아의 기분을 상하지 않게 하려고 조심했다. 마리아는 기혼자였고 두 명의 고등학생 자녀를 두고 있었다. 그녀는 스키를 타는 것을 좋아했는데, 최근에는 행글라이딩에 빠졌다. 마리아와 남편 빈센트는 좋은 관계를 잘 유지해오다가 최근 갈등을 일으키기 시작했다. 빈센트는 마리아의 감정 기복이 점점 심해지고 그녀의 분노도 더 변덕스럽고 드세짐을 느꼈다. 어느 날 마리아는 퇴근 후 집으로 돌아오는 길에 교통경찰에게 과속을 지적받고 경찰과 싸울 뻔했다. 마리아는 깊이 자지 못했고, 일과성 열감을 앓기 시작해서 침대보를 적시는 것은 물론 성생활에서도 문제를 겪게 되었다. 마리아는 현재 폐경기에 들어섰다. 신호는 있었다. 6개월 동안 생리 주기가 불규칙했고, 이어진 3개월 동안 생리를 하지 않았기 때문이다. 수면 패턴도 달라졌고 기분 변화도 분명했으며 편두통도 심하게 앓았다. 그러나 마리아는 무시했다. 마리아는 이러한 문제들이 지난 몇 개월 동안 의사로부터 처방받은 마약류 진통제 노르코 때문이라고 생각했다. 그리고 최근 복용량을 하루 6알로 늘렸다가 의사로부터 처방 연장을 거부당하자 심각한 금단 증상을 겪었다. 우리의 도움이 필요했다.

마리아에게는 달갑지 않은 폐경을 복잡하게 만든 상황이 두 가지 있었다. 심한 마약류 진통제 중독 그리고 그녀를 보호하지 못하는 의료 시스템이었다. 마리아의 보험업자는 12단계 프로그램을 허용했지만, 그 외 정신과 치료, 노르코를 안전하게 해독하기 위한 처방약, 그녀가 쉽게 도움을 받을 수 있는 시설 등은 보험이 보장하는 범위에서 벗어난다고 말했다. 보험업자가 인식하는 건강 문제는 선택적이다. 중독 세계에서는 이러한 만성 내과 질환이 주목받지 못한다. 약물 남용이 심해지는 상황에서 불안증, 우울증, 불면증 같은 감정적 혹은 심리적 문제는 뒷전으로 밀려나고 연관성을 무시당한다. 우리는 화가 난 마리아를 비난하지 않았다. 마리아는 의존 가능성을 제대로 알려주지 않으면서 이러한 약을 처방한 의사를 비난했다. 스트레스를 주어 자신의 편두통을 유발하는 동료들도 비난했다. 더 빨리 나서지 않은 남편도 비난했다. 공격형은 남을 비난하고 자기 책임을 회피하길 좋아한다.

우리는 우선 마리아가 마약류 진통제 중독에서 벗어나게 만들어야 했다. 우리는 빈센트의 확실한 지원을 요구했다. 빈센트는 마리아가 이러한 약물을 복용한다는 사실을 전혀 몰랐는데, 완전한 공개와 투명성이야말로 우리가 의도한 치료의 첫 단계였다. 우리는 가족 모임을 마련하여 중독의 진전 과정, 이러한 질병을 약화하는 뇌 화학작용, 관련 행동을 부추기고 유지시키는 데 스트레스가 하는 역할 등을 이해하도록 이야기를 나누었다. 우리는 모두 다양한 방법으로 자신을 진정시킨다. 건강한 방법도 있고, 아닌 방법도 있다. 마약류 진통제는 당연히 '아닌' 쪽에 들어간다. 마리아의 즉각적인 만족 욕구도 논의되었는데, 우리는 그녀가 가진 공격형 특유의 보상으로 인한 동기 부여가 이번 치료에서는 충족되지 않을 것이라고 설명했다. 중독 치료에는 평생에 걸친 노력이 필요하기 때문이다. 우리는 중독이 유전적인 요인에서 비롯하고 뇌 화학작용을 통해 나타나며 스트레스로부터 촉발하는 질병임을 설명했다. 우리는 마리아를 마약류 진통제에서 벗어나게 하는 프로그램에 전념하도록 외래환자를 위한 12단계 프로그램을 이행할 것을 요구했고, 자비를 들여서라도 상담을 받도록 했다. 중독은 유전병이기 때문에 상담에는 개인 치료와 가족 치료가 포함된다. 가족 구성원 한 사람이 이 질병과 싸울 때 가족 모두가 트라우마를 겪는다. 이처럼 간단한 계획을 공유한 후 우리는 마리아가 노르코를 끊도록 했다. 이는 그녀의 교감 신경계를 활성화하여 심박수를 높였다. 땀이 나고, 잠을 제대로 못 자며, 식욕이 떨어지고, 설사와 심한 근육통을 유발했다. 다행히 마리아는 중독성 없는 약을 받아서 각각의 증상을 완화했다. 우리는 고통을 쉽게 참지 못하는 그녀에게 이 험난한 2주를 보내고 얻을 수 있는 보상에 집중하도록 했다. 아내의 해독 치료와 더불어 빈센트는 고가의 헬스클럽에 1년짜리 회원권을 끊었다.

　우리는 엄격한 수면 관리와 건강한 자기 진정 방식을 포함한 수면 프로그램을 시작했다. 빈센트에게 간호모를 씌워 주면서 마리아의 혈압, 맥박, 체온을 모니터하는 방법을 알려줬다. 방어형인 빈센트는 마리아의 증상, 활력 징후, 불편 사항, 우리가 제시한 치료 옵션에 대한 그녀의 반응 등을 빈틈없이 기록했다. 우리는 마리아가 해독에 관해 안정을 찾으면 행동 치료를 시작할 것이고, 그녀의 도파민 불균형에 대한 안전하고 명확한 약물 조치를 통해 그녀의 뇌 화학작용을 다시 안정화할 거라고 약속했다. 우리는 도파민을 활성화하는 약품 리스트에서 이 약물들을 선택했다. 이 약들에 대한 마리아의 개인적인 반응을 바탕으로 적절한 조합이 조절될 터였다. 마리아의 수면장애에 관해서는 도파민을 타깃으로 한 진정제(세로켈, 가바펜틴)를 골랐다. 이 모든 약물은 면밀하게 관리되었고, 마리아가 새로운 자기 진정 방식을 익히고 12단계 프로그램과 개인 및 가족 치료를 포괄하는 재발 방지 프로그램을 진행할 때 잠깐씩 중단되곤 했다. 또한 산부인과 의사에게도 그녀의 폐경 문제를 전달했다.

14개월 후, 마리아는 모든 약을 끊고 요가와 명상 클래스를 다니고 있다. 회복 프로그램에서 만난 새로운 두 친구와는 절친한 사이가 되었다. 식료품 마트의 동료들과의 관계도 회복했다. 마리아와 빈센트는 예전의 관계로 되돌아갔고, 다가오는 겨울에 가족 스키 여행을 가기로 했다. 마리아의 궁극적인 업무 보상과 일생일대의 경험은 그렇게 모두 잘 풀렸다.

재정적 스트레스

비상금 원칙, 우리는 그걸 이제 이렇게 부르고 있어. 비상금은 보호자야, 신

과 같지. 우리는 비상금 안에서 지내. 그리고 우리는 비상금으로부터 보호를 받지. 그게 없으면 보호도 없어!

—영화 〈로스트 인 아메리카Lost in America〉(1985)에서 배우 앨버트 브룩스Albert Brooks의 비상금에 관한 대사

코로나 시기에 세계적인 금융 스트레스가 나타나자 우리는 모두 각성이 높아지는 경험을 했다. 자신을 어떻게 보호해야 할지 알 수 없다는 점, 익숙하고 편한 모든 것으로부터 분리되면서 나타난 영향, 변덕스럽고 만족스럽지 못한 정보만 흘러넘치는 상황, 자신 또는 사랑하는 누군가가 정말로 죽을 수 있다는 사실 때문이었다. 얼마나 오랫동안 마스크를 쓰게 될까? 코로나가 언제 끝날지도 모르는 상황에서 이 불안하고 현실적인 혼란을 어떻게 견딜 수 있을까? 각성의 결과에 방어형은 큰 충격을 경험했고, 공격형도 그냥 무시할 수 없었다. 불안정하고 분열이 심한 정치 풍토는 우리가 난생처음 경험하는 사회적 수준의 사회적 스트레스와 맞물리면서, 집단적 불안감은 훨씬 강해졌다.

돈에 대한 불안감은 모두를 불편하게 만들었다. 신경화학적으로 계획 능력이 약한 공격형은 비상금을 모아둘 가능성이 적다. 또 자신의 각성을 관리할 때 보상을 찾는 성향을 띠기 때문에 무모한 소비를 자동적인 진정 전략으로 삼을 수 있다. 위험하면서도 빨리 부자가 될 수 있는 방법이나 투자 계획을 좇는 것도 가려운 데를 긁어준다. 그런데 가짜 뉴스와 잘못된 정보의 홍수는 이들의 동요를 부

추겼다. 이는 친밀한 관계에 틈을 내기도 하고 낯선 사람과 벌이는 싸움의 원인이 되기도 한다. 이러한 상황을 초래한 이유는 자기 재정 관리의 해결책을 책임감 있게 찾지 않고 반사적으로 남 탓을 하고 나섰기 때문이다. 팬데믹 기간에 이어진 공포는 이들의 시상하부 뇌하수체부신축을 자극했고, 그로 인한 코르티솔 폭풍은 혼란의 통제를 어렵게 만들었다.

방어형 역시 현실적 두려움과 맞서 싸웠다. 자기 진정을 위한 대처 기술에도 어려움을 겪었다. 피해를 회피하는 성향을 다듬기에는 이번이 완벽한 시기였다. 전략을 계획하고 세부화하는 방어형의 능력은 장점이었지만, 부정적인 목소리에 크게 압도당하는 바람에 쉽게 나서지 못했다. 방어형은 비상금의 원칙을 이해했고, 돈을 모으는 데 익숙했으며, 자신의 재정 상태를 알고 있었고, 공격형에 비해 긴 게임을 전반적으로 훨씬 잘 이어나갈 수 있었다. 가진 돈으로 위험을 감수하지 않았고, 실제로 소비 습관을 조정했다. 이처럼 방어형은 자신을 보호하는 데 능숙하지만, 스트레스와 불안에는 취약하다. 방어형의 자기 진정 전략에 알코올, 마약류 진정제 등의 물질이 들어가는 경우가 허다하다. 알코올 소비는 격리 기간에 증가했다. 두 가지 뇌 유형 모두 수면 패턴이 흔들렸고, 사람들이 집에 더 오래 머무르게 되면서 운동을 통한 불안 감소 효과도 빛을 보지 못했다.

엘리엇의 삶도 팬데믹으로 무너졌다. 그는 보통 자신이 책임지기보다는 남을 탓하는 편인데, 이제 우리는 그의 실제 사정이 뇌 화학 작용 속에 아주 깊이 숨겨져 있음을 알고 있다. 52세인 엘리엇은 한

때 프로 스포츠팀과 일부 고급 유명인을 상대하는 여행사를 아주 성공적으로 운영하고 있었다. 사업에는 부침이 없었고, 그는 걱정 없이 호화로운 생활방식을 고수했다. 그는 자신의 사치를 아주 안전해 보이는 자기 사업의 홍보 수단으로 합리화했다. 그러나 코로나는 달랐다. 다른 많은 사업과 마찬가지로 그의 회사도 주저앉았다. 그가 상대하던 프로 스포츠팀들은 이동 없이 지역에 머무는 쪽을 택했고, 그의 몇몇 유명인 고객은 제작사의 폐업으로 실직 상태가 되었다. 엘리엇에게는 번드르르한 옷장, 고급 헬스장의 고가 회원권, 컨버터블 마세라티가 있었다. 그러나 셔먼 오크스에 있는 닉의 아파트를 빼고는 갈 곳이 없었다. 닉은 엘리엇의 마약상이었다. 그러나 코카인의 수요가 늘고 닉이 전보다 더 잘나가자, 시기심을 참지 못하고 결국 엘리엇은 닉을 때리고 말았다. 닉이 엘리엇의 공급자에서 피해자로 바뀌는 순간이었다. 엘리엇은 보통 화가 나면 이런 식으로 행동했다. 닉이 자신의 불법 행위 탓에 경찰을 불러 고소할 수 없다는 사실이 그나마 다행이었다.

격리 기간 중 엘리엇의 생활은 자신의 대처 요령만큼 엉망이었다. 지난 12년 동안 그의 아내로 지낸 신시아는 그들의 사업이 무너지는 상황을 보고 나서, 그리고 엘리엇이 재정 계획을 전혀 세우지 않은 사실을 알고 나서 폭발했다. 신시아는 엘리엇과 꽤 많은 시간을 집에서 함께하면서 그가 몰래 모아놓은 포르노 비디오들을 발견했다. 그리고 남편이 코카인에 중독되었다는 사실을 알고는 분노가 치밀어서 이혼을 청구했다. 엘리엇은 어쩔 수 없이 그들의 집과 자신이 아끼던 스포츠카를 팔았다. 엘리엇의 동요와 경조증은 코카인 남용과 자살 충동을 부추겼다. 결국 약간의 동정심을 품고 있던 신시아가 우리를 찾아와 도움을 간청했다.

첫 상담 후 우리는 엘리엇을 코카인에서 벗어나게 한 다음 그의 신경화학적인 균형을 다시 잡아서 그의 건강을 되찾게 할 계획을 세웠다. 그의 근본적인 화학적 불균형을 기준으로 행동 변화 전략을 짜야 했다. 엘리엇은 분명 공격형이었다. 우리가 이러한 진단을 내린 단서는 분명했다. 엘리엇은 자신의 몰락을 바이러스 **탓으로 돌렸고**, 포르노와 코카인에 **중독**되었으며, **부족한 계획** 능력을 보였다. 또한 스포츠카와 비싼 옷으로 **자기 보상**을 했고, 엄청난 **위험**을 감수했으며, 자신의 **분노**를 주체하지 못했다. 스트레스가 심한 상황이 닥칠 때 반응하는 그의 대처 요령에는 확실히 세심한 조정이 필요했다. 그가 각성제와 잘못된 행동으로 자신의 나쁜 기분을 달래려는 시도는 즉시 만족감을 주었지만 오래가지는 못했다. 그의 코카인 남용은 도파민을 필요보다 훨씬 많이 신체에 공급했다. 그로 인해 그의 수면 주기와 식습관이 망가졌고, 운동에 대한 흥미는 사라졌으며, 한때 힘이 되던 아내는 그의 삶 밖으로 밀려났다.

처음에 엘리엇의 프로그램에는 각성제 중독을 없애고 자살에 관한 생각을 다루는 작업이 포함되었다. 엘리엇이 안정된 후에는 행동 수정, 분노 조절, 재정 계획, 스트레스에 대한 반사적 반응을 견디면서 건설적으로 상호작용할 수 있는 생활 습관 변화를 위한 치료법을 추가했다.

각성제 중독을 없애기 위해 우리는 코카인 사용을 막았다. 그러자 글루타메이트 같은 전달물질이 동요하며 급증했다. 이러한 전달물질은 교감 신경계를 동원해 엘리엇의 도파민 욕구를 자극하며 불편하게 만든다. 엘리엇은 자신의 신경계를 진정시키기 위해 코카인을 사용했는데, 이러한 패턴이 심각한 중독으로 이어진 것이다. 우리는 이것을 약물로 진정시키고 행동 치료를 진행했다. 중독의 치료 과정은 남용의 만성화 정도, 남용 약물의 복용 수준, 복잡한 의학적 문제 등에 따라 천차만별이다. 일반적으로 각성제의 경우, 해독에 약 1주일이 걸린다.

엘리엇이 해독되고 난 뒤, 우리는 그의 도파민 불균형을 제어하기 위해 장기적으로 안정화 약물을 투여하기 시작했다. 여기에는 라믹탈, 아빌리파이 등 여러 각성제가 포함되었지만, 그의 자살 충동을 고려할 때 리튬이 좋은 선택이었다. 리튬은 비교적 빠르게 작용하고 자살 충동을 줄이는 역할을 한다. 이 시기에 우리는 엘리엇이 외면하던 건강한 식습관과 운동을 포함하기로 했다. 그리고 그의 행동 치료에는 마음챙김 명상과 CBT 같은 진정 훈련이 포함되었다. 두 가지 모두 그의 약물 및 행동 중독에 도움이 되는 것이다. 12단계 프로그램을 시작하면서 우리는 그가 금주 단체와 관계를 맺을 수 있도록 후원자 한 명을 소개해주었다. 또 개인 심리치료를 제안했다. 모든 금주 프로그램의 기본은 그의 치료 팀 내부와의 관계성이다. 엘리엇 개인은 물론이고 환자와 주기적으로 지속적인 소통을 해야 하는 의료진과 서로의 진행 상황을 평가하고 치료법을 세세하게 조정할 수 있어야 한다. 이와 함께 엘리엇의 전반적인 건강 상태나 치료를 방해할 수 있는 근본적인 혹은 복잡한 문제를 평가하기 위한 철저한 의학적 검토도 이루어졌다.

3주 차가 되자 엘리엇은 자살 충동을 줄였고, 멜라토닌과 가바펜틴만으로 잠을 더 잘 자게 되었다. 또한 매일 산책을 하고 체계적인 식사 프로그램을 실천했다. 그의 온라인 포르노 중독은 치료를 통해 해결되었다.

다음 단계는 엘리엇에게 자산 관리사를 소개하는 일이었다. 많은 공격형에게 그렇듯, 엘리엇에게도 계획은 복잡한 문제였다. 우선 상세한 예산 짜기, 채권자와 피하는 일 없이 소통하기, 은행과 신용카드 명세서 검토하기, 일반적인 재정 문제 해결하기 등 그 모든 것이 그에게는 없는 기술이었다.

엘리엇을 위한 계획에는 현실적이면서도 과감한 목표를 세우는 작업이 포함되었다. 이를테면 치료진에게 자신의 상황 꾸준히 알리기, 아내와 함께 재정 관련 결정 내리기, 충동 소비를 하려고 할 때 잠시 고민해보기, 갑작스러운 긴급상황에 대비해 비상금 마련하기, 청구서 납부 내용을 기록하고 자동 납부 방식으로 전환하기, 필요한 변화에 대처할 수 있도록 상세하게 예산 짜기 등을 들 수 있다. 또한 우리는 엘리엇에게 자신의 부채를 다시 조정할 수 있는지 알아보도록 채무자들에게 연락하여 직접 만나보라고 권했다. 엘리엇은 매력 있는 공격형이었기에 이러한 논의에서 유리한 면이 있었다.

엘리엇이 중독에서 벗어나서 더 나은 생활방식을 꾸려가며 재산 관리 계획을 세웠을 때, 우리는 그에게 분노를 조절하는 방법을 소개했다. 공격형은 분노로 자신을 표현하는데, 분노를 제대로 제어하지 못할 때가 많다. 반응성 충동이 상황을 이끌고, 대개 비난이 섞여 있다. 여기서 목표는 반응 시간을 늦추고, 어느 정도의 책임 소재를 찾으며, 자신의 분노를 조절하는 건설적인 방법을 연습하는 것이다. 여기서 핵심은 피곤하거나 약속 시간에 늦거나 조급하거나 이미 스트레스를 받았을 경우 등 분노를 유발할 가능성이 높은 상황을 이해한 후 습관화될 수 있는 반응을 누그러뜨리는 전략을 만드는 것이다. 우리는 부정적인 반사 작용이 엘리엇의 기분을 얼마나 더 나쁘게 만들지를 지적하면서, 그의 부정적인 반응을 긍정적인 반응으로 바꾸도록 지도했다. 우리는 엘리엇에게 그를 자극하는 가장 흔한 요인들인 교통체증, 가까스로 충돌을 피한 차선 변경, 사람들이 길게 늘어선 줄이 줄어들지 않게 만드는 계산대의 누군가 등을 나열하고, 그러한 순간에 자신의 감정이 어떤지 확인하도록 했다. 그런 다음 이 리스트에 있는 항목마다 그 상황에 적절하고 자신이 받아들일 수 있는 새로운 대응책을 제시하도록 했다. 또한 일주일 동안 매일 리스트를 살펴보고, 그가 크게 개의치 않는 것은 1점, 자신을 미치게 만드는 것은 10점으로 하여 각 기분에 대한 우선순위를 매기도록 했다. 그리고 그의 반응 충동을 1분 동안 참아보고, 이를 새로운 대응책으로 대체하도록 요청했다. 엘리엇은 1분 동안 심호흡하거나 60초를 세면서 이러한 패턴을 만들어갔다. 이 연습을 통해 엘리엇은 분노를 부추기고 상황을 더욱 불안하게 만들던 격정적이고 주체할 수 없는 반응을 멈추고 어느 정도 통제할 수 있게 되었다. 또한 우리는 물리적으로 그 상황에서 벗어나 심호흡하기, 분노를 유발한 사람과 같은 상황에 처한 자신을 상상해보기, 조용한 곳으로 가서 팔다리 스트레칭하기, 환경이 허락한다면 소리 지르기 등의 방법을 제안했다. 개인적으로 분노를 유발하는 사건을 주기적으로 검토하면, 분노 조절 문제가 있는 사람은 자신의 행동 패턴을 파악하고 대체 행동을 강화할 수 있는 능력을 키울 수 있다.

이혼, 자신의 암 발병 소식, 건강보험제도에 얽힌 문제, 돈이나 실직에 관한 고민 등 정말 다양한 상황이 스트레스를 만든다. 우리의 시상하부뇌하수체부신축을 통한 생체 반응은 우리의 몸에 코르티솔을 쏟아내어 반응을 이끈다. 이러한 불편한 감정 상태에 대한 우리의 반응 방식은 우리가 공격형인지 혹은 방어형인지에 따라 다르다. 자신의 뇌 유형에 맞춰야 건강한 반응을 보장할 수 있다. 우리의 본능적인 성향에 맞춰 건강하게 조절하려면 새로운 선택과 결정을 학습하고 연습하고 완성해야 한다.

글을 마치며

공격형은 가끔 자신에게 약간의 방어형 성향이 있음을 깨닫는다. 그 반대도 마찬가지라는 점은 설명할 필요도 없다. 그것이 일반적이고 자연적이다. 이 책을 읽는 동안 당신이 이해한 자신의 뇌 유형의 장점과 잠재적인 약점에 관한 자세한 내용들을 통합할 수 있기를 바란다. 자신의 각성과의 관계가 업무, 인간관계, 생활방식 등에서 내리는 결정을 어떻게 좌우하는지 확인했기를 바란다. 그리고 그 과정에서, 우리가 소개한 용기 있고 결단력 있는 내담자들의 이야기를 통해 스스로 겪어온 어려움을 조금이나마 보았길 바란다. 우리가 제안한 전략, 훈련, 심리 모델이 만병통치약이 될 수는 없다. 우리는 마법을 믿지 않으며, 모든 것을 고친다는 개념도 의심한다. 우리의 목표는 더 평범하다. 인간으로서 우리는 습관에 얽매이고 변화에 저항하지만, 우리의 행동에는 변화가 필요할지 모른다. 우리가 제시한 일종의 변화들은 쉽지 않다. 노력과 끈기가 필요하다. 그러나 우리가 확인한 결과, 실천하면 큰 도움이 되었다. 세상에서 바라는 최선의 모습에 스스로 도움이 되지 않는 일을 할 때가 있다. 이러한 일을 평가하는 방식과 관점을 당신에게 제공하길 우리는 바랐다.

자기 뇌 유형의 패배적인 측면을 버리는 방법을 익히면, 자신의 삶에 어느 정도의 자유와 균형을 얻을 수 있다. 당신의 도전을 응원한다.

감사의 말

이 책은 우리가 지난 몇 년 동안 내담자들에게서 배운 것을 통해 비로소 쓰일 수 있었다. 책의 탄생으로 이어진 제안서를 준비하는 데 큰 도움이 되었던 로리 와이너에게 감사의 말을 전한다. 초반에 브레인스토밍을 해준 클리프 아인슈타인에게도 감사를 전한다. 프로젝트를 능숙하게 관리하여 완벽하게 진행해준 우리의 작가 대리인 질 마에게도 고맙다. 노만 펄스타인과 앨버트 브룩스에게도 우리의 특별한 감사를 전한다. 두 사람은 초고를 꼼꼼히 보고 자신의 의견과 지혜를 기꺼이 공유해주었다. 수전 설리번에게도 감사를 전한다. "짧을수록 좋다"는 그녀의 전언은 늘 신경 쓸 수는 없어도 늘 가슴속에 있었다. 메모를 통해 내용을 성숙하게 만들고 원고를 꼼꼼히 봐준 우리의 편집자 데니스 실베스트로, 최종 편집을 거든 셰리 와서 먼에게도 감사를 전한다. 마이크 키퍼와 스튜어트 키퍼, 할런드 윈터, 앨런 블라우스타인, 리즈 콜, 발, 데니스, 베로니카, 에런, 짐 브룩스, 마이런 섀페로, 피터 틸든, 데이비드 카민스키, 주디스 델라필드, 대니얼 시모어, 존 하웰에게도 감사를 표한다.

이 내용이 끝나려면 나와 함께 일한 데이비드에 대한 감사가 반드시 있어야 한다. 데이비드는 우리의 차이를 유머와 품의로 이겨냈고, 발견과 퍼즐 풀기로 이어지는 이 길고 험난한 여정을 나와 함께해왔다. 호기심과 끈기가 오래도록 어우러지면서 우리의 우정을 따른 결과였다. 데이비드, 이 모험을 당신과 함께해서 참 기쁩니다.

나의 소중한 친구 코널에게도 깊은 감사를 전한다. 그가 뛰어난 재능의 명문장가로서 보인 헌신, 책임감, 나에 대한 인내 그리고 오랫동안 같이 나누어서 개인적으로 영광스러운 소중한 우정 등 여러 가지가 우리의 프로젝트와 함께했다.

돌외잎 추출물 • 419

동기 부여 • 31, 44, 50, 89, 92, 106, 109, 131, 140, 150, 152, 161-162, 180, 184, 199, 203-205, 207, 209-210, 225, 232, 261, 278, 387, 394-395, 397, 400, 405, 417, 419-420, 422, 424-425, 432, 441, 467

디지털 디톡스 • 369

ㄹ

라믹탈 • 473

라이트박스 • 440

레이 로즌먼 • 28

렙틴 • 404-406, 433

로널드 랭 • 354

로라 부시 • 60

〈로스트 인 아메리카〉 • 469

루미노시티 • 372

루틴 • 27, 29, 86, 131-135, 190-191, 276, 421, 431-432, 437, 443, 454

리디아 질로우스카 • 206

리브륨 • 455

리처드 드라이퍼스 • 43-44

리탈린 • 120, 206, 324, 334

리튬 • 473

ㅁ

마시멜로 실험 • 93, 106, 168, 227

마음챙김 명상 • 81, 166, 183, 198, 206, 281, 332, 358, 372-373, 396, 419, 459, 473

마이어 프리드먼 • 28-29

마이어스 브릭스 성격 유형 검사(MBTI) • 140

마이클 더글러스 • 457

말콤 글래드웰 • 59

메트포르민 • 405

멜라토닌 • 434, 436, 439-440, 474

면역체계 • 35, 272-273, 416

모르핀 • 454

모호함 • 111-112, 114-116, 152

무시 신호 • 107

《미국의학협회저널(JAMA)》 • 384

미생물군집 • 35, 268-270, 290, 421, 460

믹스 베리 스무디 • 373

ㅂ

바륨 • 455

바버라 박서 • 460

바소프레신 • 263-265

바오밥나무 열매 • 290

반응성 • 83, 189, 237, 242, 475

발기 부전 • 332-333, 462

발효 음식 • 270, 290

방어적 비관주의 • 156

방어형 아기 • 47-49, 63, 82